Natasha Sizlo

Dein Schicksal in den Sternen

NATASHA SIZLO

DEIN SCHICKSAL IN DEN STERNEN

EINE WAHRE GESCHICHTE ÜBER LIEBE, VERLUST UND DIE KRAFT DER ASTROLOGIE

Aus dem Amerikanischen
von Marie Rahn

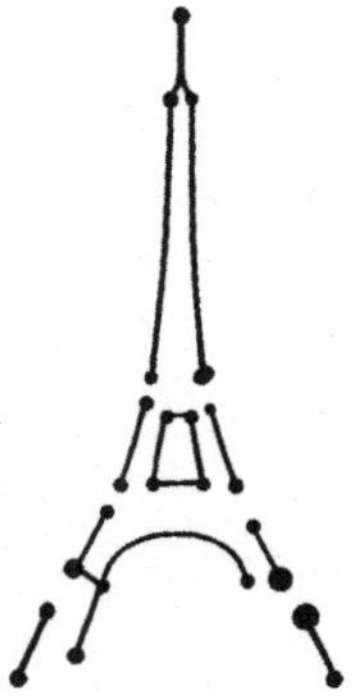

Allegria

Besuchen Sie uns im Internet:
www.ullstein.de

Wir verpflichten uns zu Nachhaltigkeit
- Klimaneutrales Produkt
- Papiere aus nachhaltiger Waldwirtschaft und anderen kontrollierten Quellen
- ullstein.de/nachhaltigkeit

MIX
Papier aus verantwortungsvollen Quellen
FSC® C104608
FSC www.fsc.org

Allegria ist ein Verlag der Ullstein Buchverlage
1. Auflage November 2022

Gesetzt aus der Albertina powered by *pepyrus*
Druck und Bindearbeiten: Nørhaven, Viborg-Dänemark
ISBN 978-3-7934-2441-3

Für meine Schwester Tara
Für meine Mutter Edna
Für meinen Vater, den Großen Bob Sizlo

Den Wind unter meinen Flügeln

Inhalt

Anmerkung der Autorin

Dieses Buch erzählt die wahre Geschichte meiner Suche nach der Liebe. Doch da die Wahrheit jedes Menschen subjektiv ist, ist mir klar, dass sich manche Personen anders an die in diesem Buch beschriebenen Ereignisse erinnern als ich. Zum Schutz der Privatsphäre habe ich bestimmte Namen, Charakteristika und Orte geändert. Gespräche und Ereignisse wurden aus meiner Erinnerung heraus erschaffen und manchmal auch verdichtet, um nur die Essenz des Gesagten oder Vorgefallenen zu beschreiben. Da Vertraulichkeit in der Immobilienbranche wesentlich ist, sind alle Häuser, ihre Besitzer und Käufer nur Erfindungen, die ich mithilfe meiner langjährigen Erfahrung als Maklerin in L.A. zusammengestellt habe. Dieses Buch ist kein Ersatz für einen Besuch beim Arzt, beim Immobilienmakler oder bei einem Astrologen. Die Stimmen in meinem Kopf sind alle real.

Jedes Kapitel beginnt mit einer kurzen Passage über eines der zwölf Häuser im Tierkreis. Diese Passsagen sollen die Neugier wecken und die Selbstwahrnehmung fördern. Die renommierte Astrologin Stephanie Jourdan beriet mich bei diesen Einführungen, für etwaige Fehler bin ich selbst verantwortlich.

Prolog

Dienstag, 22. Oktober 2019
0.37 Uhr
Paris

»Was zum Teufel war das denn?«, fragte Tara, kaum dass wir um die Ecke gebogen waren. Sie blieb abrupt auf dem Bürgersteig stehen und wandte sich mit weit aufgerissenen Augen zu mir.

Wir standen im gedämpften Licht einer Straßenlaterne. Mein Herz hämmerte. *War das wirklich passiert? War er es wirklich?*

»Ich ... ich weiß nicht«, sagte ich und holte tief Luft. »Plötzlich war er da. Wie aus dem Nichts. Wie im Traum. Er hat gesagt, er ist Schriftsteller und schreibt gerade etwas über Liebe und Schicksal. Und er ist nur diese eine Nacht in Paris. Ich kann einfach nicht fassen, was gerade passiert ist. Es fühlte sich so vertraut an.«

»Oh, mein Gott, könnte er der Eine sein? Heilige Scheiße, Tasha, du musst zurück. Auf der Stelle! Bevor er weg ist.«

»Aber wirkt das nicht komisch? Ich meine, wahrscheinlich ist er jetzt schon wieder im Hotel. Wie soll ich ihn denn finden? Er könnte in der Bar sein. Oder auf dem Weg zu seinem Zimmer. Soll ich etwa an jede einzelne Tür klopfen? Ich kenne ja nicht mal seinen Namen!«

»Ja, das sollst du! Nach allem, was wir durchgemacht haben, hier in Paris und auch das ganze letzte Jahr, wäre es im Gegenteil völlig *normal*, wenn du dem heißesten Typen ganz Europas nachrennen würdest. Er hat es doch selbst gesagt: Hier hat das Schicksal seine Hand im Spiel! Muss erst eine Kristallkugel vom Himmel fallen und dich am Kopf treffen? Das war Bestimmung. Dieser Kerl könnte dein Seelenverwandter sein!«

Aber so hatte ich mir das nicht vorgestellt. Eigentlich hatte ich geplant, mein mitternachtsblaues Samtkleid, Riemchenpumps und die aufregendsten Dessous zu tragen, die ich dabeihatte. Ich wollte verführerisch geschminkt sein, und mein Haar sollte in natürlich wirkenden Wellen über meine Schultern fallen, verdammt noch mal! Unsicher blickte ich auf meinen abblätternden Nagellack, auf meine Jeans und Sneaker und dann zurück zum Hôtel Costes, dessen imposanter Umriss in der Dunkelheit kaum sichtbar war.

Tara seufzte. »Bist du nicht genau deshalb hierhergekommen?«

Sie hatte recht. Eigentlich sollte ich sofort der Funkenspur der Magie folgen und mich nicht cool davon abwenden. Ich holte tief Luft und zwang mich, daran zu denken, wo ich war und warum. Auf einem kopfsteingepflasterten Bürgersteig. In der Rue Saint-Honoré im 1. Arrondissement, umgeben von den Schaufenstern von Saint Laurent, Balenciaga und Louis Vuitton. Im Herzen von Paris. In der Stadt der *Liebe.* In der Ferne glitzerte der Eiffelturm wie eine Spitze aus Sternen vor dem unendlichen schwarzen Himmel.

Sterne. Ich war ihnen über den halben Globus bis nach Paris gefolgt. Wirklich und wahrhaftig.

»Das träume ich doch nicht, oder?«

»Nein, Tash. Es ist zwar schon spät, aber du träumst nicht. Ich war selbst dabei. Er hat irgendwie etwas Besonderes an sich.«

Mist. Sollte ich das wirklich tun? Mein einziges Versprechen brechen, das ich in Paris gegeben hatte, auf das Weckerklingeln bei Morgengrauen pfeifen und zurück zu einem Hotel rennen, in dem wir nicht mal wohnten, um einen Mann zu suchen, den ich gerade erst getroffen hatte, der vielleicht aber für mich bestimmt war? Ich konnte es nicht glauben, aber meine vernünftige, vorausschauende große Schwester befahl mir, genau das zu tun.

Vielleicht war das ein Zeichen?

Ach, wenn mir doch nur die Sterne sagen könnten, was ich tun sollte.

Erstes Haus

Enchanté

Am Anfang eines Horoskops steht das Erste Haus, das auch den Ausgangspunkt im Leben eines Menschen widerspiegelt. Das Horoskop wird dargestellt durch einen Kreis, der in zwölf gleiche Abschnitte – ›Häuser‹ genannt – unterteilt ist. Jedes Haus repräsentiert einen Bereich möglicher Stärken und Entwicklungen wie zum Beispiel ›Beziehungen‹, ›Gesundheit‹, ›Finanzen‹ und ›Ziele‹. Bei unserer Geburt stehen Sonne und Mond sowie alle Planeten in einem der zwölf Häuser. Manchmal befinden sich mehrere Planeten in einem Haus, und manchmal ist ein Haus leer. Ein Geburtshoroskop (oder Radixhoroskop) zeigt an, wo die Planeten und Sterne am Tag, am Ort und in der Minute der Geburt einer bestimmten Person standen. Da sich das ungefähr alle vier Minuten ändert, ist es wichtig, den Ort sowie Datum und Uhrzeit der Geburt zu wissen.

Das Erste Haus steht dafür, wie man sich definiert. Für die Ursprünge der Persönlichkeit und das Erscheinungsbild. Es lädt uns ein, uns zu fragen: Mag ich das? Fühlt es sich gut an? Was wünsche ich mir? Wie bekomme ich, was ich mir wünsche? Das Erste Haus spiegelt auch unsere ersten sieben Lebensjahre wider, die sowohl unsere Persönlichkeit als auch unser Alter Ego geformt haben, das später unsere andere Seite, unser Lebenspartner, wird. Das Alter Ego umfasst Aspekte, die abgelegt wurden, aber dennoch nicht verloren sind. Sie bleiben als Alter Ego im Siebten Haus erhalten und bilden einen Schatz aus geheimen Erkenntnissen, Talenten und Wünschen.

Mein Erstes Haus sind die Fische, beherrscht vom Planeten Neptun. Fische stehen für Loslassen und Hingabe ans Unbekannte.

Ich hatte resigniert.

Ich war eine alleinerziehende, berufstätige Mutter kurz vor ihrem vierundvierzigsten Geburtstag, die notorisch pleite war und in einem winzigen gelben Bungalow in Pacific Palisades wohnte, einem ruhigen, aber teuren Viertel im Westen von Los Angeles. Nach meiner Scheidung wendete ich fast mein gesamtes Monatsbudget für die Miete auf, nur um in der Nähe meiner älteren Schwester Tara wohnen zu können. Sie half mir bei der Kinderbetreuung, die ich mir nicht mehr leisten konnte. Meine Hauptsorge galt dem Geld und der Frage, wie und wann ich genug verdienen würde, um meine kleine, dreiköpfige Familie über die Runden zu bringen. Das allerdings musste ich in der glamourösen Branche geheim halten, in der ich mittlerweile arbeitete, denn ich verkaufte für ein Unternehmen namens *The Agency* exklusive Immobilien an Prominente und VIPs. (Ja, die Vermittlungsagentur für Luxusanwesen, die von Mauricio Umansky und Billy Rose gegründet wurde und aus *The Real Housewives of Beverly Hills* und *Million Dollar Listing Los Angeles* bekannt ist.) Da zählte der schöne Schein.

Deshalb investierte ich nach meinem ersten Verkaufsabschluss fast meine gesamte Provision in ein paar Accessoires, die für meinen neuen Beruf unabdingbar waren: eine schicke Handtasche, trendige, überteuerte Sneakers und einen geleasten Audi, den ich einmal pro Woche in die Waschanlage fuhr. Damals hatte ich wirklich keine andere Wahl. Ich musste viel, viel mehr Häuser verkaufen als nur dieses eine, und zwar schnell. Mein Sohn Dashiell war erst acht und meine Tochter Margot elf, als ich anfing, unseren Lebensunterhalt als Immobilienmaklerin zu verdienen. Sie waren von mir abhängig. Also kam es darauf an, mich so gut wie möglich an die smarten Makler in meiner Niederlassung anzupassen. Wie sagte meine Freundin Katie so schön? »Welcher vernünftige Mensch würde sein Zehn-Millionen-Dollar-Haus einer Maklerin mit einer Familienkutsche und einer Billighandtasche von Forever 21 anvertrauen?« Katie wusste genau, wie es war, von Gehaltsscheck zu Gehaltsscheck zu leben, und hatte wohl nicht ganz unrecht. Dennoch fand ich es mehrere Jahre und Verkaufsabschlüsse später immer noch kräftezehrend, ein falsches Image zu verkaufen. Es ist nicht leicht, sich zu verstellen, nicht mal, wenn es nur Teilzeit ist und aus gutem Grund geschieht.

Außerdem litt ich unter Liebeskummer und Existenzangst. An manchen Tagen dachte ich, ich würde buchstäblich daran zerbrechen, so sehr vermisste ich einen Mann namens Philippe und so sehr machte ich mir Sorgen um meine Zukunft. Aber zuerst zu Philippe. Über ihn konnte ich schon immer viel einfacher reden – endlos und mit jedem, der noch zuhören wollte. Philippe und ich hatten uns vor nicht allzu langer Zeit getrennt. Wieder einmal. Unzählige Male hatten wir versucht, unsere leidenschaftliche, doch aberwitzig verrückte Liebesaffäre in eine vernünftige Beziehung zu verwandeln. Wir waren beide geschieden und beide *Eltern*. Mit Verantwortung. Wir wussten also, was wir anstreben sollten. Trotzdem …

Ich dachte jeden einzelnen Tag an ihn.

Aber mein schlimmstes Problem, das weitaus schrecklicher war als meine Scheidung, meine finanziellen Sorgen und sogar Philippe, war die Krankheit meines geliebten Vaters. Zwei Jahre zuvor war bei ihm eine fortschreitende, unheilbare Lungenkrankheit diagnostiziert worden. Seine Ärzte gaben ihm höchstens noch drei Monate. Mein Vater war der einzige Mensch in meinem ganzen Leben, der sich selbst meine kleinsten Probleme angehört hatte und dennoch unverbrüchlich daran glaubte, dass seine Tochter alles schaffen konnte. Ich sperrte mich gegen jeden Gedanken an einen Abschied oder gegen die niederschmetternde Vorstellung, dass Dash und Margot, die mittlerweile zwölf und fünfzehn waren, ihn ebenfalls verlieren würden. Ich konnte einfach nicht daran denken. Lieber würde ich meine Hand über eine offene Flamme halten. Und nicht mehr wegziehen. Stattdessen haderte ich mit dem Gedanken, dass ich schon wieder versagt und mehrere Jahre an einen Mann verschwendet hatte, der eben doch nicht ganz der Richtige war. Dass es eben doch keine zweite Chance auf ein Happy End geben würde, bei dem ich unter dem stolzen Blick meines Vaters den Gang zum Altar hinunter in die Arme meines liebenden Mannes schritt, der mich und meine Kinder für immer lieben würde. Der Eine war nicht aufgetaucht, solange meinem Vater noch Zeit blieb. Dabei hatte ich immer gedacht, er hätte alle Zeit der Welt, und das würde sich nie ändern. Jetzt musste ich meinen Traum aufgeben und etwas anderes für die Zukunft meiner kleinen Familie planen. Aber ich wusste nicht, wo ich anfangen sollte. Mein Herz war völlig taub.

Als mir meine total ausgeflippte, aber allerbeste Freundin Nicole zu meinem Geburtstag im Oktober ein Horoskop von einer angesagten Astrologin schenkte, dachte ich also: *Wieso nicht, zum Teufel!* Was auch immer mich bis hierhin geleitet haben mochte, hatte nicht funktioniert. Und als bräuchte ich noch ein Zeichen aus dem Universum, dass ich *irgendetwas* anders machten sollte, hatte mich die Besitzerin eines unverschämt luxuriösen Anwesens ein paar Tage zuvor bei der Vorbereitung einer Hausbesichtigung gebeten, die Kacke ihres Kleinkinds aus dem Infinity Pool zu entfernen. Während wir gerade über die Vorteile sprachen, den Verkaufswert eines Hauses über ›Zestimates‹ einzuschätzen statt mittels realer Abschlüsse, hatte sie das kleine braune Würstchen vorbeidriften sehen. Ob ich mich wohl darum kümmern könnte? Die Frage war rein rhetorisch. Lag es daran, dass ich zu meinem Kleid Sneakers trug (hübsche, ich schwöre!) und keine schwindelerregenden, Ehrfurcht gebietenden High Heels, wie ein paar meiner Kolleginnen sie bevorzugten? Oder sah ich einfach aus wie jemand, der lächelnd zu allem Ja sagte, was ihm das Universum entgegenschleuderte – selbst wenn es Kinderkacke war? Falls es Sie interessiert: Ich holte das Würstchen aus dem Pool. Und am nächsten Tag brachte ich einen Geschenkkorb mit nützlichen Utensilien zum Trockenwerden mit, inklusive »Alle müssen mal aufs Klo« von Taro Gomi. Denn wir müssen alle hin und wieder daran erinnert werden: *Shit happens.* Ist doch okay. Außerdem dachte ich: *Welches Signal ich auch immer aussende, das muss aufhören, und wenn mir die Sterne dabei helfen können, dann bitte!* Dabei war es egal, dass ich gar nicht an den ganzen Quatsch mit dem Universum glaubte. Und an Astrologie erst recht nicht.

Ich war von Eltern erzogen worden, die an die heilige Dreifaltigkeit von Bildung, Logik und harter Arbeit glaubten, und betrachtete Astrologie genauso, wie ich Sojaburger und das Festival *Burning Man* betrachtete: Das war was für meine New-Age-Freunde hier in L.A., aber nichts für mich. Als bekennende Ungläubige waren meine Erfahrungen mit Astrologie und dergleichen auf die Wahrsagerinnen vom Hollywood Boulevard begrenzt, die mit einem schrillen Kopftuch unter blinkenden Neonanzeigen in Kristallkugeln starrten. Und mit ›Sitzungen‹ – ganz gleich welcher Art – brauchte man mir erst gar nicht zu kommen. Wieso sollte man gutes Geld für Lügen, Schmeichelei und Bullshit verschwenden? Ich war also noch nie jemand gewesen, der sich astrologischen Rat suchte.

Aber jetzt, ohne Philippe und unvorstellbarerweise schon bald ohne meinen Vater, wusste ich nicht mehr genau, was für ein Mensch ich eigentlich war oder was aus mir werden würde.

Philippe hatte ich kurz nach meiner katastrophalen Scheidung kennengelernt. Vermutlich sind die meisten Scheidungen katastrophal, aber meine gehörte zur Kategorie, wo der Mann Knall auf Fall die Koffer packt und man innerhalb weniger Monate sein Haus verliert, der Hund stirbt, die Stelle und alles Geld flöten geht, sodass man pleite und starr vor Schock mit einem Haufen Umzugskartons in einer winzigen Wohnung landet – und weiterhin versuchen muss, zwei Kinder in Los Angeles aufzuziehen. Das Leben wurde sehr schnell sehr hart. Dem Teufel standen Tür und Tor offen.

Auftritt Philippe. Er war attraktiv, Franzose, sonnengebräunt und vor allem *amüsant*. Er schlenderte mit einer unverschämten *joie de vivre* in mein Kartenhaus, die ich als Ehefrau und Mutter so ganz vergessen hatte. Der Prachtkerl war eine willkommene Ablenkung von meiner in Schutt und Asche liegenden Welt: Er rauchte Kette, trank ständig Rosé und brüllte Flüche wie *Merde!* und *Putain!* aus seinem weißen Porsche Cabrio, während er über den Abbot Kinney Boulevard zu seiner Junggesellenbude in Venice raste. Er flirtete mit seinen hippieschicken Nachbarinnen, drückte mit selbstbewusstem Grinsen prüfend die Baguettes in Gjustas Bäckerei und war ein Meister in der Küche und im Bett. Philippe war laut und ausfallend, sexy und berauschend. Alles an ihm fühlte sich falsch an. Außer sein großes Herz. Weshalb ich mich vielleicht so rettungslos in ihn verliebte.

Am Anfang unserer Beziehung war Philippe der wahr gewordene Traum jeder Geschiedenen. Wann immer mein Mann die Kinder hatte, floh ich aus der nüchternen Realität und genoss so viel Freiheit wie möglich: Ich fing an zu rauchen, trank mehr Wein, als ich je für möglich gehalten hatte, und entdeckte die wahre Bedeutung von ›der beste Sex meines Lebens‹. Zu meiner Überraschung entwickelte sich unsere heiße Affäre zu einer echten Liebesgeschichte. Auch wenn wir uns auf amerikanischem Boden befanden, war alles an Philippe französisch. Und genau das brauchte ich. Wir besuchten Weinverkostungen, fuhren Rad und machten Picknicks im Park. Wir genossen Salade niçoise und Rosé zum Lunch, Cocktails auf einer Dachterrasse bei Sonnenuntergang, Steak Frites mit ein paar Flaschen Bordeaux oder Côtes du Rhône zum Dinner und Wodka auf Eis und Kaviar als Mitternachtssnack. Ich fühlte mich wie ein ganz anderer Mensch. Mein altes Ich wusste nichts über erlesenen französischen Wein oder die Kunst, ein Omelett zuzubereiten.

Philippe und ich tanzten bis zum Morgengrauen in der Küche, rauchten eine Marlboro Light nach der anderen und verloren uns in der Musik von Al Green, Van Morrison und Nina Simones Version von Jacques Brels *Ne me quitte pas.* Wir hielten Händchen auf der Straße und tunkten Croissants in Café au lait, während die Sonne über den Kanälen von Venice aufging. Ich cremte ihm am Strand den Rücken ein, und er las mir im Bett französische Gedichte vor. Wir hatten zu jeder Stunde des Tages und in jedem Zimmer seines Strandlofts verrückten, leidenschaftlichen Sex. Ich nahm ihn sogar zu einem Schultreffen mit, um meine ehemaligen Klassenkameraden mit meinem perfekten französischen Freund zu beeindrucken. Die Chemie zwischen uns war einfach vollkommen. Bevor ich mich's versah, waren wir eine feste Einheit. Aus einer Nacht wurde ein Monat, dann ein Jahr und dann ein halbes Jahrzehnt.

Denn das mit uns war nicht nur eine stürmische Romanze. Wir stimmten die Besuchszeiten unserer Kinder bei unseren Ex-Partnern aufeinander ab, damit seine drei Teenager Josephine, Theo und Charlie Zeit mit meinen Sprösslingen verbringen konnten. Philippe machte Dash mit dem *Grand Prix* von Monaco bekannt und half Margot bei den Mathehausaufgaben. Charlie und Margot wurden beste Freundinnen, fast schon wie Schwestern. Dash und Theo spielten trotz ihres Altersunterschiedes miteinander Videogames und Golf. Philippe ging mit allen fünf Kindern einkaufen und forderte sie auf, die verrücktesten Lebensmittelkombinationen zu suchen, die sie finden konnten: Litschis, Frühstücksfleisch, Hornmelone und Knochenmark. Damit kochte er dann wie in der Show *Chopped Mystery Basket* jedes Mal ein köstliches Essen. Es war ein Fest. Ein chaotisches, wunderschönes Fest, das ich gerne als Probelauf betrachtete. *Wäre es nicht großartig, wenn das für immer so sein könnte?*

Ich dachte, ich hätte die Liebe meines Lebens gefunden. Philippe vergaß nie, mich zum Wagen zu begleiten oder mir die Tür aufzuhalten. Er sorgte dafür, dass ich Zeit hatte, für meine Maklerprüfung zu lernen. Er legte mir schon oft einen Pulli über die Schultern, noch bevor ich merkte, dass mir kalt wurde. Aber vor allem richtete er mich auf, wenn ich zu schwach war, nach meiner gescheiterten Ehe und Karriere für mich einzustehen. Er ermutigte mich, mein Leben in die Hand zu nehmen. Nie nannte er mich ›Tash‹ oder ›Tasha‹ wie fast alle anderen. Nein, mit seinem romantischen französischen Akzent flüsterte er mir ›Natasha‹ ins Ohr und inspirierte mich so, in den ausdrucksstarken Namen zu wachsen, den mir meine Eltern in Erinnerung an die slawischen Wurzeln meines Vaters gegeben hatten und der mich mein ganzes Leben lang eingeschüchtert hatte. »Du musst dir deinen Namen aneignen«, sagte er zu mir. »Du bist Natasha. Auch wenn du viel verloren hast, aber deinen Namen kannst du niemals verlieren.« Philippe sah meine Unsicherheiten und in guter Absicht begangenen Fehler und akzeptierte mich dennoch vorbehaltlos. Er meinte wirklich *mich*. Da er ebenfalls frisch geschieden war, redeten wir stundenlang über Verlust, Schmerz und gebrochene Herzen – das heißt, eigentlich redete ich, während Philippe eine Post-Scheidungs-Playlist zusammenstellte und mit einer Zigarette in der einen und einem Glas Wein in der anderen Hand in der Küche herumtanzte. *»Cherie«*, sagte er dann, hob mein Kinn und gab mir einen Kuss, »was wir haben, ist einfach perfekt. Daran soll sich nie etwas ändern.«

Und es *war* auch perfekt. Eine Weile.

Zwar liebte ich Philippe mit jeder Faser meines Herzens, doch im Stillen ertrank ich in einem Meer aus wachsender Enttäuschung und Frustration. Ich spürte, dass ich mich nach einer ruhigeren, konventionelleren Zukunft sehnte, als Philippe sie anzustreben schien.

»Ach nein, noch nicht«, erwiderte Philippe jedes Mal, wenn ich ihn bat, unsere Familien zu vereinen und zusammenzuziehen. »Wozu die Eile? Wir waren doch beide schon mal verheiratet, und wie ist das gelaufen?«

Vielleicht hatte er recht. Sehnte ich mich nur nach etwas, was die Gesellschaft mir als ultimatives Ziel einer jeden Beziehung suggerierte?

Doch da ich ein neues Leben aufbauen und Kinder aufziehen musste, fragte ich mich schon, ob wirklich alles perfekt war. Denn an den Kinderwochenenden musste ich uns drei und haufenweise Gepäck zu Philippes auch nicht besonders großer Wohnung und wieder zurück verfrachten (mein winziges Apartment ging gar nicht). Das ständige Hin und Her laugte uns alle ziemlich aus. Und wenn Philippe und ich allein waren, begannen die langen Nächte mit Alkohol, Nikotin und wildem Sex auch langsam an mir zu zehren. Aus einer gelegentlichen Zigarette war mittlerweile eine ausgewachsene Sucht geworden, die ich vor meinen Freunden und Verwandten verbergen musste. Die durchzechten Nächte bedeuteten, dass ich viel zu oft zu verkatert für die Anforderungen meiner neuen Karriere als Immobilienmaklerin war (ganz zu schweigen von den Herausforderungen des Mutterseins). Der beste Sex meines Lebens führte immer wieder zu Harnwegsinfektionen, die ich mit Antibiotika bekämpfte, und schließlich zu einer ungeplanten Schwangerschaft, der wir uns beide nicht gewachsen sahen. Dieses Ereignis zerschmetterte erst mich und letzten Endes dann unsere Beziehung. Und mein Schultreffen? Da wurden wir beim Sex auf der Toilette ertappt, als wir auf den Abschleppdienst warteten, nachdem sein Wagen es irgendwie hinbekommen hatte, gefährlich über einer Klippe zu hängen. Wir hatten völlig die Kontrolle verloren.

Ich befand mich an einem Scheideweg, da ich einerseits einen *beau gosse* liebte – das ist französisch für den heißesten Typen aller Zeiten –, gleichzeitig aber von einer glücklichen Familie und einer gesicherten Zukunft träumte, in der ich nicht ständig stank wie ein Aschenbecher, gegen einen Kater kämpfte und die Hälfte der Zeit aus dem Koffer lebte. So hinreißend Philippes sorgloser *Joie-de-vivre*-Lebensstil am Anfang unserer Affäre auch schien, nun war er nicht länger haltbar. Nach einem Streit zu viel über die Zukunft unserer Beziehung packte ich meine Koffer und sagte Lebewohl. Was mir so schwerfiel wie kaum etwas in meinem Leben.

Ich hoffte, Philippe würde mir nachlaufen, doch das tat er nicht. Jedenfalls nicht so, wie ich hoffte.

Nie hätte ich gedacht, dass es mir so schwerfallen würde, loszulassen und weiterzumachen. Monate vergingen, und doch gehörte mein Herz immer noch Philippe. Ich durchforstete die Stadt auf der Suche nach der nächsten Liebe meines Lebens, ließ mir zum ersten Mal im Leben Botox spritzen und stürzte mich in die Datingszene von L.A. Mit meinen Freundinnen suchte ich alle Singletreffs auf: mit der Hollywoodtruppe das ›Chateau‹, den Möchtegerntypen das ›Bungalow‹, den Autoren das ›Alfred‹, mit den Feinschmeckern die Bauernmärkte, mit den epilierten Schönheiten das ›Hot 8 Yoga‹ und mit all den hippen Cleaneaters freitagabends Biosupermärkte in Venice. Ich lud mir Tinder, Hinge und The League aufs Handy. Nachdem ich etliche unerbetene Schwanzfotos gelöscht hatte, versuchte ich es mit jedem vielversprechenden Kandidaten, der mir angezeigt wurde. Ich senkte meine Mindestanforderung, was die Größe betraf, und machte vor ›Catch LA‹ mit Short Belgian Billionaire herum, während ich auf mein Uber wartete. Ich hatte eine Affäre mit einem sexy Surfer – von meinen Freunden und mir nur *Bigwave* genannt –, die ich aber beendete, als ich es satthatte, mir seine endlosen Schwärmereien über ›endgeile Wellen‹ und ›krasse Brecher‹ anzuhören – oder seinen peinlichen Spitznamen für mich: N-Meister. Geschockt musste ich zusehen, wie ein Mann, den ich Russischer Chirurg nannte, seine Fähigkeiten demonstrierte und während unseres Picknicks am Hollywood Bowl vor meinen Augen eine unschuldige Biene zerteilte. Ich ließ mich in der SHOREbar auf Hot Millennial ein. Und auf Hotter Millennial bei einem sexy Livekonzert im Peppermint Club. Ich ging sogar mit einem Mann aus, der sein eigenes Kimchi zubereitete. Warnung an alle: Zu viel Kimchi verursacht schreckliche Blähungen.

Ich versuchte es. Wirklich, ich gab mir Mühe.

Aber ganz gleich, wie sehr ich mich anstrengte, meine nächste große Liebe zu finden, mein Herz flog doch immer zu Philippe zurück. Ich steckte fest. Ich fragte meine Freunde um Rat, doch keiner konnte mir sagen, wie ich über ihn hinwegkommen sollte. Meine Schwester Tara hatte kapituliert. Kein Friseur konnte mein Problem lösen. Selbst mein Lieblingsbarkeeper im Tasting Kitchen – der Süße, der aussah wie Ryan Gosling – wirkte irgendwann genervt, weil ich immer mit der alten Leier kam.

»Nur damit Sie's wissen, ich glaube nicht an Astrologie«, sagte ich zur Astrologin, als sie mich ein paar Tage nach meinem Geburtstag anrief.

»Verstehe«, erwiderte sie mit ruhiger, wissender Stimme. »Müssen Sie auch nicht.«

Die Astrologin Stephanie Jourdan hatte sich in gewissen Kreisen einen Namen gemacht und verfügte über eine kultige, aber diskrete Anhängerschaft aus internationalen Topstars und Spitzenpolitikern. Nach dreißig Jahren Berufserfahrung war ihre Praxis exklusiver als die Terrasse des Little Beach House (der Members-only-Club des ›Soho House‹ am ›Strand der Milliardäre‹ in Malibu). Neue Klienten wurden nur über Empfehlungen akzeptiert, und wer auf die Warteliste kam, musste sechs bis zwölf Monate Geduld haben. Am Anfang der Sitzung erläuterte Stephanie erst einmal ihre Arbeitsweise. »Tut mir leid, dass ich Ihnen die Astrologie in ein, zwei Minuten nahezubringen versuche«, lachte sie, »aber ich möchte, dass Sie verstehen, worüber ich rede.«

Ich hatte Stephanie schon Wochen vorher das Datum, die Uhrzeit und den Ort meiner Geburt zugeschickt. Sie beschrieb nun, wie sie damit mein Geburtshoroskop erstellte, das wir für die Sitzung benutzten. »Ihr Geburtshoroskop zeigt, wo die Sonne, der Mond und die Planeten in Beziehung zur Erde standen, als Sie geboren wurden«, sagte sie. »Ich glaube an Reinkarnation und lese Horoskope aus dieser Perspektive. Manche Horoskope scheinen von früheren Leben kaum beeinflusst zu sein, während andere von den Problemen, Beziehungen, Verlusten und Leistungen früherer Leben geradezu geprägt sind. Diese Sitzung gründet auf Ihrem Geburtshoroskop, das zeigt, welches Leben Sie vor Ihrer physischen Inkarnation für sich geplant haben.«

Moment mal ... Was?

»Menschen sind wunderbar kreativ und drücken häufig ihren freien Willen dadurch aus, dass sie ein ganz anderes Leben wählen als ihr vorheriges. Das Geburtshoroskop zeigt Ihre Möglichkeiten an. Wenn ich Ihr Geburtshoroskop betrachte, sehe ich, dass Sie ziemlich spirituell und immer von einigen verstorbenen Menschen umgeben sind. Sie stehen in so enger Verbindung mit Geistern, dass Sie das nicht mal als ungewöhnlich empfinden. Möglicherweise denken Sie, das wären nur Stimmen in Ihrem Kopf oder einfach Gedanken, aber das stimmt nicht. In Ihrem Wohnzimmer sind ziemlich viele Leute«, lachte sie, »nur dass sie keine Körper haben.«

Oh, mein Gott, die ist ja völlig durchgeknallt, dachte ich und sah mich nervös in meinem Wohnzimmer um.

»Also gut, auch wenn Sie nicht an Astrologie glauben, kennen Sie wahrscheinlich Ihr Sonnenzeichen, das bekannteste Sternzeichen«, fuhr Stefanie fort. »Sie sind Waage. Aber die Konstellation vom Mond und den anderen Planeten zum Zeitpunkt und Ort Ihrer Geburt ergänzen das Bild von Ihnen um weitere Aspekte. Wie eine Uhr ist das Horoskop in zwölf Abschnitte oder auch Häuser unterteilt, die jeweils von einem anderen Sternzeichen bestimmt werden. Das Horoskop beginnt auf neun Uhr mit dem Ersten Haus, und dann geht es gegen den Uhrzeigersinn weiter. Können Sie mir folgen?«

»Ja, ich glaube schon«, sagte ich und fragte mich, wie ich dazu gekommen war, meine Zeit mit einer trendigen L.A.-Astrologin zu verschwenden, die über Sonnenzeichen und frühere Leben schwafelte.

»Betrachten wir jetzt Ihr Horoskop«, fuhr sie fort, »bei Ihrer Geburt standen Erde, Sonne und Pluto in einer Linie. In der Astrologie nennt man das *Pluto Alien* oder *Pluto Power Alien*. Der Pluto umfasst Bereiche wie Geburt, Tod und Sex. Und Steuern. Er steht für Transformation und Mystik, für Menschen, die Dinge sehen, die andere nicht sehen. Für Schamanismus und Macht. In Ihrem Horoskop steht Pluto im Achten Haus. Menschen, die damit geboren werden, sterben meist schon bei ihrer Geburt«, erklärte sie vollkommen sachlich. »Oder mit siebeneinhalb, mit fünfzehn, mit einundzwanzig oder mit dreißig. Am Anfang haben sie es nicht leicht. Doch wenn sie es erst mal geschafft haben, vierundvierzig zu werden, kriegen sie ein fantastisches Leben. Dann kommt es richtig in Gang, dann entwickelt man echte Stärke, und mit einem Mal profitiert man von den Vorteilen dieser Kraft. Sie sind gerade vierundvierzig geworden, nicht wahr?«

»Vor zwei Tagen«, antwortete ich leicht benommen, da ich auf einmal an die heikelsten Momente in meinem Leben denken musste: als ich mit sieben fast in einem Pool ertrunken wäre, als ich mit fünfzehn vom Internat flog, als ich mit einundzwanzig mit Panikattacken und Drogensucht kämpfte und mit dreißig ohne jede Vorwarnung an einer verheerenden postnatalen Depression litt. Kristallkugel hin oder her: Diese ›Wahrsagerin‹ hatte plötzlich meine ganze Aufmerksamkeit.

»Großartig«, rief Stephanie aus. »Dann kommt jetzt Ihre Superpowerzeit. Und ganz viel Spaß! Im Wesentlichen heißt das, die harte Zeit ist vorbei und Sie müssen sich nicht mehr darum kümmern, was andere von Ihnen denken. Wir bezeichnen Menschen mit einem solchen Horoskop als Aliens, weil sie ganz anders sind als andere. Da Sie Waage sind, müssen Sie sich immer mit anderen vergleichen, aber das ist jetzt vorbei. Sie werden ganz anders sein als die meisten Menschen. So ist es einfach.«

Während Stephanie die weiteren Einzelheiten meines Horoskops erklärte, ertappte ich mich dabei, dass ich ihr wie gebannt zuhörte. »Bei Ihrer Geburt standen Pluto und Venus in einem Winkel von sechs Grad zueinander«, sagte sie. »Venus regelt Verbundenheit und Pluto Loslösung. Damit herrscht bei Ihnen eine interessante Dynamik, denn Sie sind sehr leidenschaftlich und engagiert, können aber, wenn sich etwas für Sie nicht richtig anfühlt, von einer Minute auf die andere Schluss machen. Ergibt das Sinn für Sie? Können Sie sich damit identifizieren?«

»Ja«, antwortete ich. Denn so war ich, genauso konnte man all meine Beziehungen beschreiben. Von einer Freundin, die geschockt war, weil ich beim ersten Anzeichen von Problemen sofort die Flucht ergriff und nie lange genug aushielt, um vernünftig mit meinen Gefühlen umzugehen, hatte ich sogar den Spitznamen »Schluss und weg« bekommen. Diese Eigenschaft sorgte auch in der Beziehung zu meiner zwanghaft verantwortungsvollen Schwester Tara für Spannungen, da sie befürchtete, ich würde mich sofort aus dem Staub machen, wenn die Krankheit unseres Vaters sich verschlimmerte.

Während Stephanie mit ihrer Deutung fortfuhr, faszinierte mich immer mehr, wie sie fast wissenschaftlich die Position der Planeten und ihre Auswirkungen auf mein Leben beschrieb. Sie nannte Einzelheiten aus meinem Leben, die sie eigentlich nicht wissen konnte.

Manche waren simpel wie »Sie ziehen sich zu jugendlich für Ihr Alter an« – *Hallo? Ich bin Single in L.A.!* Manche waren ernster: »Ihrem Vater bleibt nicht mehr viel Zeit. Die Krankheit war lang und schwer, aber sobald er auf die andere Seite kommt, wird er sofort Erleichterung verspüren und immer an Ihrer Seite bleiben. Er ist wirklich ein sehr hilfreicher und witziger Geist.«

Stephanie sprach auch über meine frühere Karriere als Journalistin – die ich schon lange zuvor aufgegeben hatte – und sagte voraus, dass ich noch innerhalb dieses Jahres wieder schreiben würde. »Sie haben Merkur, den Planeten der Autoren, in Ihrem Neunten Haus, das auch das Haus des Verlagswesens ist. Der Immobilienhandel wird Ihnen bleiben, Sie sind gut darin, aber das befriedigt nicht Ihre Seele. Sie sollten anfangen, sich wieder als Autorin zu sehen. Ihr Glückspunkt ist es, eine Geschichte zu erzählen.«

»Glückspunkt? Was ist das?«, fragte ich.

»Der höchste Ausdruck Ihrer selbst, wo Sie die größte Unterstützung vom Universum und Ihrem höheren Selbst bekommen. Man erlangt es nicht so leicht, wie man sich das bei so etwas wie Schicksal normalerweise vorstellt. Sie können es sich eher wie eine wertvolle Reise vorstellen, die die fantastischsten Ergebnisse mit sich bringt, wenn man sich auf sie einlässt«, erklärte Stephanie.

Ich musste ganz ehrlich zugeben, dass ich nicht mal wusste, wann ich das letzte Mal über so etwas wie Schicksal nachgedacht hatte. Das Konzept kam mir altmodisch vor, wie etwas, was schon seit Langem überholt war. Aber vielleicht stimmte das gar nicht?

»Nun, mit vierundvierzig, verstehen Sie langsam, was ein Lebenspartner wirklich bedeutet«, fuhr Stephanie fort. »Dass man mit ihm eine Beziehung eingeht, die ganzheitlich und vollkommen ist. Nicht, dass Sie einen Partner *brauchen*, sondern dass Sie bereit sind, Ihr Leben zu teilen. Gemeinsam Spaß zu haben. Sie haben ein einzigartiges Horoskop, das wirklich großartig ist. Dies wird ein bedeutendes und wunderbares Jahr für Sie. Ich sehe ein Abenteuer am Horizont.«

Volle sechzig Minuten hörte ich schweigend zu, wie Stephanie mir Einsichten in meine Kindheit, meine Familie, meine Karriere und meinen gesamten Lebensweg eröffnete. Nicht alles ergab für mich Sinn – »Es klingt vielleicht übertrieben, aber Menschen mit Ihrem Horoskop sind äußerst selten. Herrgott, Sie sind ein dreifacher Alien!« –, aber das meiste, was sie sagte, konnte einfach kein Zufall sein. Es haute mich völlig um.

»Möchten Sie noch etwas Spezifisches wissen, bevor wir die Sitzung beenden?«, fragte sie schließlich.

»Ehrlich gesagt, ja«, gestand ich verlegen. »Es gibt einen Mann in meinem Leben, über den ich einfach nicht hinwegkomme. Könnten Sie sich das mal ansehen?«

»Na klar«, nickte Stephanie. »Wissen Sie zufällig Ort und Datum seiner Geburt?«

»Ja, äh, warten Sie mal ...« Ich dachte angestrengt nach. An Daten hatte ich mich noch nie gut erinnern können. Als meine Kinder noch klein waren, hatte ich sie wiederholt am falschen Tag zu Geburtstagspartys gebracht. Eines denkwürdigen Tages hatte man mich sogar für eine Stalkerin gehalten, weil ich vor dem Haus von Paul Stanley, dem Gitarristen von Kiss, auftauchte, obwohl sein Sohn erst zwei Wochen später Geburtstag hatte.

»4. November 1968«, sagte ich hastig, in der Angst, wir hätten nicht mehr genug Zeit, »Paris, Frankreich.«

»Wie lautet sein Vorname?«

»Philippe.«

»Philippe, gut. Da ich davon ausgehe, dass Sie die genaue Uhrzeit nicht wissen, gehe ich jetzt mal von zwölf Uhr mittags aus.« Eine Weile kam nichts mehr von ihr. Ich hörte sie tippen und leise vor sich hin murmeln. Ich wartete mit angehaltenem Atem.

»Ich weiß nicht, ob dieser Mensch mit Ihnen gemeinsam wachsen will«, sagte sie schließlich widerstrebend und nannte mir ein paar Punkte, wo unsere Geburtshoroskope und die Planeten nicht zueinander passten. Schließlich befand sie: »Der ist nichts für Sie.«

Es ist schwer, die Flutwelle zu beschreiben, die mich in diesem Augenblick durchströmte. Es war keine Erleichterung, dazu war zu viel Liebe, Traurigkeit und Verlust darin. Doch auf einmal konnte ich loslassen. Philippe war nicht mein Schicksal. Unsere Liebesgeschichte stand nicht in den Sternen. Es war Zeit, sie hinter mir zu lassen.

Und genau das versuchte ich auch. Meine vier besten Freundinnen – Nicole, Katie, KC und Heather – überraschten mich zusammen mit meiner Schwester Tara mit einer verspäteten Geburtstagsfeier und überschütteten mich mit Geschenken für mein vor mir liegendes Superpowerjahr: Rosenquarz, um die Liebe anzuziehen, fliegende Wunschzettel, um den Einen zu manifestieren, Intimspray mit Ananasduft, um für bessere Zeiten gerüstet zu sein (googeln Sie das mal, und wenn Sie heute sonst nichts tun!), knallroten Lippenstift von Chanel und schwarze Spitzendessous. Ich sagte Philippe im Stillen noch mal Lebewohl und wünschte mir, als ich die Kerzen meines Kuchens ausblies, die wahre Liebe zu finden.

Da sich der Gesundheitszustand meines Vaters verschlechterte, wusste ich, die nächsten Monate würden zu den schwersten meines Lebens zählen. Doch nachdem ich jetzt aus dem eisernen Griff unerwiderter Liebe befreit war, kam eine solche Hoffnung und Zuversicht in mir auf, wie ich sie seit Jahren nicht verspürt hatte. Ich erzählte in der ganzen Stadt von meiner allwissenden Astrologin, und mein Gang hatte neuen Schwung.

Bis mir Facebook eines Morgens einen Geburtstag anzeigte.

Philippe hat heute Geburtstag, funkte mir mein Handy vom Nachttisch zu. Ich setzte mich auf und bewunderte eine Weile, wie die goldene Herbstsonne mein Zimmer erfüllte. Zum ersten Mal seit Jahren löste Philippes Name nicht den Adrenalinschock aus, an den ich mich schon gewöhnt hatte. Ich tippte auf sein Profil, sah ein Foto von ihm, auf dem er mit einer hübschen Brünetten Margaritas trank, und fühlte nichts. Es war offiziell. Ich war über ihn hinweg.

Daraufhin schaltete ich den Fernseher ein und setzte den Wasserkessel auf. *Herrlich*, dachte ich, *ich bin endlich frei*. Ich schnappte mir die Cafetière und löffelte Kaffeepulver hinein. Savannah Guthrie lächelte mir strahlend vom Bildschirm zu. »Hier ist TODAY, live aus Studio 1 A vom Rockefeller Plaza.«

Da sah ich es. In leuchtendem Orange blinkte mir FREITAG, 2. NOVEMBER entgegen.

Philippes Geburtstag. War nicht am 4., sondern am 2. November.

2. NOVEMBER, VERDAMMT!

Ich stürzte zum Computer und schrieb, während der Kessel im Hintergrund pfiff, eine E-Mail.

Hallo Stephanie,
ich habe gerade erst erfahren, dass der Mann, nach dem ich Sie fragte (mein Ex-Freund Philippe) am 2. November in Paris geboren wurde (nicht am 4.)! Ändert das was an dem, was Sie mir über ihn gesagt haben? Ich habe doch nicht einen großen Fehler gemacht, oder?
Natasha

Sofort mailte mir Stephanies Assistentin zurück (*Astrologinnen haben Assistentinnen???*):

Hallo Natasha,
leider ist Stephanie die nächsten sechs Monate ausgebucht, aber wenn Sie eine bestimmte Frage haben, könnte ich Ihnen in etwa drei Wochen die Antwort telefonisch durchgeben. Sie berechnet sieben Dollar die Minute.
Sheri

Sieben Dollar die Minute? Das ist mehr, als mein Scheidungsanwalt verlangt hat!, dachte ich und erkannte, wie absurd das alles war. Und doch:

Super, danke, Sheri. Fünf Minuten wären großartig.

Als ich drei Wochen später einen Anruf von Stephanies Assistentin bekam, steckte ich gerade im Berufsverkehr auf dem Freeway 405. Wegen des Woolsey-Feuers war Malibu evakuiert worden, und ich wollte mit einer Freundin im Shutters, einem Hotel am Strand von Santa Monica, was trinken. Denn wo könnte man wohl besser die wahre Liebe finden als in einem Fünf-Sterne-Hotel mit heißen, aus Malibu vertriebenen Wochenend-Dads, so mein Gedanke.

»Hi, Natasha, hier ist Sheri, Stephanie Jourdans Assistentin. Hätten Sie fünf Minuten Zeit?«

»Aber ja«, sagte ich mit Blick auf die endlose Schlange vorwärtskriechender Wagen vor mir. Ich konnte Rauch in der Luft riechen.

»Okay, gut. Die Zeit beginnt ... jetzt«, setzte sie an. Sie holte tief Luft und sichtete raschelnd Papiere. »2. November 1968 in Paris ... Sind Sie bereit? ... Er ist der perfekte Mann für Sie!«, verkündete sie mit einer grässlich schrillen Stimme die frohe himmlische Botschaft.

»Tut mir leid, was?«

»Die Uhrzeit könnte noch etwas beeinflussen«, fuhr sie fort, »aber Mars steht im Siebten Haus, also für *Ehemann*. Venus im Sechzig-Grad-Winkel zur Sonne: Das bedeutet eine langjährige Beziehung oder Ehe. Am wichtigsten aber ist, dass er mit Ihrem Glückspunkt übereinstimmt. Das ist soo aufregend! ER IST DER PERFEKTE MANN FÜR SIE!«

Während Sheri brabbelnd weitere Details lieferte, starrte ich sprachlos auf den Stau vor mir.

Überraschenderweise gab es im Shutters keine heißen Malibu-Dads, genauso wenig wie im Casa del Mar. Doch das hielt mich nicht davon ab, sofort die Bar anzusteuern und den stärksten Drink zu bestellen, den ich verkraften konnte.

»Einen Tequila. Mit viel Limette«, sagte ich zum Barkeeper und schrieb Nicole eine SMS.

> *Stephanie sagt, Philippe ist PERFEKT für mich. Sie sagt, er ist DER EINE!*

Ich kippte den Tequila und saugte an der Limette. Dann schrieb ich:

> *DAS KANN NICHT WAHR SEIN!!!*

Sofort kam eine SMS von Nicole:

> *Mir hat mal eine Astrologin gesagt: Nur ein Narr folgt den Sternen. Ein weiser Mensch achtet auf sie.*

Ich: *Was soll das bitte heißen?*

Nicole: *Diese Deutungen sind Richtlinien, keine Anweisungen, und sollen im Hinterkopf behalten werden. Erst wenn du in deiner Mitte angekommen bist, findest du deinen Leitstern.*

Ich: *Tja, laut DEINER ASTROLOGIN vögelt mein Leitstern gerade eine hübsche Brünette von Facebook.*

Es wurde eine lange Nacht. Vier Tequila, drei Gläser Chardonnay und eine sehr verschwommene Uber-Fahrt später landete ich wieder in meinem kleinen, gelben Haus und litt an gebrochenem Herzen wegen eines Mannes, den ich nicht haben konnte.

Als ich am nächsten Morgen aufwachte, erwarteten mich dröhnende Kopfschmerzen und ein verpasster Anruf von meiner Schwester.

»Hey, Schwesterherz. Gestern Nacht ging es Dad plötzlich viel schlechter«, hörte ich Taras Stimme. »Er möchte heute ein Familientreffen, um die Optionen für sein Lebensende zu besprechen. Offenbar will er etwas, das sich assistierter Suizid nennt. Und er hat die fixe Idee, den perfekten Song zu hören, wenn er seinen Stecker zieht. Also ... ich brauche Hilfe. Ruf mich an, sobald du wach bist.«

Ich stieg unter die Dusche, ließ mir das warme Wasser übers Gesicht strömen und versuchte nach Kräften, den Kater zu vertreiben und die Nachricht meiner Schwester zu verdauen.

Lebensende.

Assistierter Suizid.

Bis zu diesem Augenblick hatte ich es ziemlich gut geschafft, Ruhe zu bewahren, während mein Vater mit Lungenfibrose kämpfte, einer Krankheit, bei der das Lungengewebe langsam verhärtet, sodass das Atmen immer schwieriger wird, bis man es eines Tages nicht mehr kann. Obwohl mir Dutzende niederschmetternde Röntgenbilder gezeigt worden waren, ich unzählige Schläuche von Sauerstoffgeräten entwirrt und praktisch jede Hospizschwester in Santa Barbara befragt hatte, leugnete ich innerlich immer noch, dass mein Vater im Sterben lag. Menschen wie mein Vater wurden einfach nicht krank, und vor allem starben sie nicht.

Mein Vater war in Detroit geboren, hatte das MIT, das Massachusetts Institute of Technology, besucht (womit er der erste College-Absolvent in seiner Familie war) und stand für Werte und Initiativkraft, Wissenschaft und Logik. Er besaß einen unermüdlichen Intellekt und konnte fast jedes Problem lösen. Von der schriftlichen Division in der fünften Klasse über das Rückwärtseinparken bis zum Kitten der Scherben nach meiner Scheidung – mein Vater hatte mir immer geholfen. Er war mein Leitstern und führte mich selbstlos seit dem Tag meiner Geburt, immer bereit, alles wieder in Ordnung zu bringen. Ich brauchte ihn noch. Es wäre großartig gewesen, wenn ich mit vierzig aufgewacht wäre und alles wäre in bester Ordnung gewesen, weit und breit keine Krise in Sicht. Aber das war mir nicht vergönnt. Eigentlich niemandem, den ich kannte.

Ich wollte mich an den Glauben klammern, dass Lungenfibrose nur ein weiteres der scheinbar unlösbaren Probleme war, die mein Vater in seinem Leben gelöst hatte. Ich wollte das Unmögliche: dass mein Vater für immer bei mir blieb.

Aber es gab kein *Für Immer*. Das war's.

Lebensende.

Assistierter Suizid.

Ich ließ mich auf den Boden der Dusche gleiten und schnappte nach Luft, weil ich mich nicht mehr der nackten Tatsache entziehen konnte, dass meine Welt zusammenbrach. Ich rollte mich zu einer Kugel zusammen und umschlang meine Knie, während das Wasser mir auf die Haut trommelte und Tränen über meine Wangen liefen. Ich weinte über meine Verluste: nicht nur, weil ich meinen Vater, meinen Fels in der Brandung, verlieren würde, sondern auch, weil ich Philippe verloren hatte, der offenbar meine einzige Chance auf wahre Liebe war, aber keine gemeinsame Zukunft mit mir aufbauen wollte. Wie sich herausstellte, war es mein Schicksal, mein Leben allein zu verbringen. Ich weinte und weinte und weinte. Irgendwann wurde das Wasser kalt, und ich fühlte mich innerlich wie ausgehöhlt. Ich weinte, bis ich keine Tränen mehr hatte. Und dann lag ich still da, mit der Wange auf den Fliesen, und sah zu, wie das Wasser in den Abfluss rann.

Als ich mich schließlich hochhievte, die Dusche verließ und mich prüfend im Spiegel betrachtete, starrte mir eine Fremde entgegen: rote, geschwollene Augen ohne einen Funken von Leben, ein abgezehrtes, ausgelaugtes Gesicht. Ich war verschwunden.

Da fiel mir etwas ins Auge. Es war ein Kinderfoto von mir, das zwischen unzähligen Anti-Aging-Cremes und Tonics steckte. Ich griff danach und betrachtete es. Sechs Jahre. Blümchenkleid. Blonde Zöpfchen. Strahlend blaue Augen. Die kleine Natasha, voller Hoffnung. Mit sechs glaubte ich noch an Liebe, Magie und die unendlichen Möglichkeiten des Universums. In diesem Alter hatte ich ein offenes Herz und eine unerschöpfliche Fantasie.

Ich drehte das Foto um. Dort stand in der Schrift meines Vaters, verblichen, aber noch lesbar:

Alles kann passieren, Kind, ALLES kann sein.
Shel Silverstein

Da traf es mich wie ein Blitz. Sofort simste ich Nicole.

Ich hatte gerade eine unglaubliche Erkenntnis! Ich muss so viele Männer wie möglich finden, die am 2. November 1968 in Paris geboren sind! Schließlich ist Philippe nicht der einzige, oder?

Sofort schrieb Nicole zurück:

Hahahaha Hahahaha! Perfekt! Geben wir eine Anzeige auf!

Ich: *OMG, SUPER IDEE! YES!!!!*

Nicole: *Und dann kannst du darüber schreiben. Genau wie Stephanie gesagt hat!*

Ich: *Na, klar. Titel:* MEIN ERBÄRMLICHES LEBEN!

Nicole: *Nein.* DIE UNGLAUBLICHE, ABER WAHRE GESCHICHTE, WIE NATASHA IHREN SEELENVERWANDTEN FAND.

Ich: *Seelenverwandter. Gefällt mir.*

Nicole: *Natürlich müssen wir nach Paris.*

Ich: *YES!!*

Nicole: *Tash, ich liebe dich!*

Zweites Haus

Paris ist immer eine gute Idee

Das Zweite Haus steht für das, was einem wichtig und von Wert ist. Es ist von Natur aus passiv. Das Erste Haus setzt etwas in Gang, das Zweite Haus empfängt das Ergebnis. Es ähnelt einem Baum, der weiß, dass er nur wachsen und ganz er selbst sein muss. Dieses Haus steht für die Erkenntnis, dass alle erforderlichen Ressourcen sich zeigen werden, wenn sie vonnöten sind.

In meinem Zweiten Haus steht der Widder. Der Widder weiß, was er will, strebt danach und verlangt seine Belohnung für eine gut gelöste Aufgabe – eine ganz andere Energie also, als einfach zu empfangen, was man verdient, nur weil man da ist.

Der Widder beherrscht auch die Menschen, und das Zweite Haus steht für empfangene Liebe. Irgendwie muss meine Seele also diese beiden Prinzipien so zusammenpacken, dass es für einen Baum Sinn ergibt.

Als ich mein Elternhaus in Summerland erreichte, einem Küstenstädtchen 90 Meilen südlich von Los Angeles, stand Taras Wagen bereits in der Auffahrt. Ich hatte Dash und Margot an diesem Nachmittag bei ihrem Vater gelassen. Solche Familienentscheidungen waren zu beunruhigend und nur etwas für Erwachsene. Noch vor ein paar Wochen hatte Dash seinen Großvater besucht und hatte mit ihm, auf dem Sofa aneinander gekuschelt, einen Schwarz-Weiß-Film über den Zweiten Weltkrieg angeschaut. Bei der Erinnerung musste ich lächeln. In letzter Zeit sahen wir uns nur noch über Facetime, wenn Bob zu schwach für Besuche war; dazu stellten wir unser Handy auf die Küchentheke, während

Dash sein berühmtes Steak briet und Margot ihm Neuigkeiten aus der Schule erzählte. Bob liebte diese ›Familienessen‹ und verlangte immer seine Lieblingsspeise – Chicken Wings – fürs nächste Mal. Nicht, dass er die überhaupt noch essen konnte. Oder sonst etwas.

Ich schnappte mir die kleine, weiße Orchidee, die ich unterwegs auf einem der Höfe gekauft hatte, holte tief Luft und ging ins Haus. Meine Schwester saß mit einem gelben Block am Fußende des gemieteten Klinikbettes.

»Hey, Tasha, schön, dass du da bist!«, begrüßte mich Tara. »Ich helfe Dad gerade, eine Liste mit Vor- und Nachteilen zum Thema ›Sterben in Würde‹ zusammenzustellen. Übrigens ist das der richtige Ausdruck dafür, Dad, ich hab's heute Morgen gegoogelt.« Sie warf mir einen Blick zu und zog die Augenbraue hoch, unser Geheimzeichen für *Willkommen in der Welt des Wahnsinns*, das wir in den letzten Jahren perfektioniert hatten. »Du weißt doch, wie gern Dad Listen anlegt.«

Das stimmt. Mein Elternhaus ist tapeziert mit neonfarbenen Post-its und unzähligen To-do-Listen. Ein Klebezettel an der lebenswichtigen Sauerstoffflasche meines Vaters war an meine Mutter gerichtet und warnte in Großbuchstaben: NICHT ZUDREHEN. HÄLT BOB AM LEBEN!

Mein zweiundachtzigjähriger Vater strahlte mich vom Bett aus an und wackelte vor Freude mit den Zehen.

»So eine Liste habe ich auch für Colin angelegt, als er sich nicht entscheiden konnte, was für eine Piñata er zum achten Geburtstag haben wollte«, verkündete Tara zuversichtlich, »so was ist ziemlich hilfreich.«

Also gut, wie es aussieht, hat der Zug sich in Bewegung gesetzt, daher springe ich besser auf, dachte ich, trat über ein paar Schläuche und Kabel und lehnte mich über das Bettgitter, um meinem Vater einen Kuss auf den Kopf zu drücken.

»Hi, Dad. Wie fühlst du dich?«

Darauf reckte Dad einen Daumen in die Höhe. »Cool«, sagte er über das laute Summen des Sauerstoffgeräts hinweg. Allerdings sah mein Dad ganz und gar nicht cool aus. Sein Körper war schmal und gebrechlich, und seine einst rosigen Wangen hatten einen fahlen Grauton angenommen. Seine Nase war von den Sauerstoffröhrchen rot und wund. Er brauchte dringend einen Friseur und eine Rasur. Sein breiter, goldener Ring vom MIT und der glänzende Ehering hingen lose an seinen knochigen Fingern. »Aber ich hätte auch lieber eine Piñata«, bemerkte er lächelnd.

Humor wurde in unserer Familie großgeschrieben. Wenn wir uns bei einer Bergtour verirrten oder überstürzt in die Notaufnahme mussten, liefen wir zur Höchstform auf. In Krisenmomenten waren wir es, die für gute Stimmung sorgten. Die meisten Leute würden in Panik zur Feuerwehr rasen, wenn am Weihnachtsmorgen der Finger ihres Kindes in der gezackten Klemme eines Weihnachtsengels feststeckte. Aber unsere Familie? *Auf zur Feuerwehr, gucken wir uns mal die Rutschstange an!* Bob war unser Anführer und brachte uns von Anfang an bei, dass es bei Krisen vor allem darauf ankommt, *wie* man damit umgeht. Er war der Meister darin, aus Zitronen Limonade und aus jeder Katastrophe ein Abenteuer zu machen. Das Titellied unserer unfallträchtigen, aber lustigen Kindheit war Monty Pythons »Always Look on the Bright Side of Life«.

»Dad macht sich große Sorgen wegen seines Todes«, erklärte meine Schwester, während ich mich setzte. An der Wand hing ein großes Whiteboard mit einer langen Liste der Medikamente, die mein Vater täglich einnehmen musste. LORAZEPAM, MORPHIUM, HALDOL, TIKOSYN, SENNA, MIRTAZAPIN stand dort in ordentlicher kirschroter Schrift, gefolgt von »Wasser im Sauerstoffkompressor nicht vergessen!« in Blau und »Erfolg ist nicht endgültig, Misserfolg ist nicht fatal; entscheidend ist der Mut weiterzumachen« von Winston Churchill in Grün.

»Er will nicht langsam ersticken, weil seine Lungen schon bald schlappmachen werden«, fuhr Tara fort. »Er will auf seine Art sterben und hat ein Medikament bestellt, das sein Leben beendet. Mom hat es heute Morgen geholt.« Als sie auf das Tütchen von der Apotheke zeigte, verging ihr der Humor, und ihre Augen füllten sich mit Tränen. »Sein Arzt hat ihm gestern Abend eröffnet, dass ihm nur noch wenige Wochen bleiben, und wir überlegen jetzt, ob das Medikament wirklich das Richtige ist oder welche Möglichkeiten es sonst noch gibt. Richtig, Dad?«

»Wenn ich es einnehme, sollt ihr alle hier sein, und es soll ›The Wind Beneath My Wings‹ gespielt werden«, fügte Dad hinzu. »Vorzugsweise an einem Dienstag.«

»Oh, Mann! Bette Midler kommt definitiv auf die Contra-Seite«, bemerkte meine Schwester und kritzelte etwas auf den Notizblock. »Wie wär's mit ›My Way‹? Oder mit ›Midnight Train to Georgia‹?« Tara zog erneut die Augenbraue hoch. »Wir arbeiten noch an Dads Todes-Playlist.«

So hätte ich mir das nie vorgestellt. Für mich war der Tod bislang entweder eine Nulllinie im Krankenhaus gewesen, während die Familie sich in der Cafeteria gerade ein Club Sandwich gönnte (noch eine Lieblingsspeise meines Vaters). Oder auch ein Unfall, ein außer Kontrolle geratener Wagen, ein unerwarteter Herzanfall, ein Kopfsprung in zu flaches Wasser. Ich hatte keine Ahnung gehabt, dass der Tod sich so langsam und schmerzlich, so schleppend und verstörend vollziehen konnte. Dass man Entscheidungen treffen, Ärzte aufsuchen, Krankenschwestern einstellen, die Familie zusammenrufen, Beerdigungsinstitute prüfen und Friedhöfe besichtigen musste. Und ganz gewiss hatte ich nie damit gerechnet, jemals zu einem Familientreffen gerufen zu werden, um zu besprechen, ob mein Vater, mein Fels in der Brandung, besser langsam ersticken oder ein großes Glas mit tödlicher Medizin leeren sollte. Und wieso eigentlich an einem Dienstag?

»Ist schon gut, Dad«, sagte meine Schwester. »Jetzt sind ja deine Mädchen hier, und alles wird gut werden. Wir werden dir helfen und dich unterstützen, wie auch immer du dich entscheidest.«

»Wo ist Mom?«, fragte ich mich laut.

Meine Mom, oder Edna, wie wir sie oft nannten, befand sich noch im Zustand des Schocks und der Leugnung angesichts der Tatsache, ihren Mann zu verlieren, mit dem sie seit sechsundfünfzig Jahren verheiratet war. In den letzten Monaten hatte sie es irgendwie immer geschafft, unseren Familientreffen fernzubleiben.

Bin in der Waschanlage,

simste sie Tara, als der Arzt in der Klinik uns die grellrosa Patientenverfügung mit der Überschrift *Nicht wiederbeleben!* überreichte. »Ich lass mir die Zähne bleachen«, erklärte sie am Telefon, als ich den Chef der Carpinteria-Summerland-Feuerwache fragte, ob sein Team dabei helfen könnte, Dad zu Hause die Treppe hinaufzuhieven. »Ich geh mit dem Nachbarshund Gassi«, verkündete sie und stürzte aus der Tür, als meine Schwester und ich uns zur Befragung einer bunten Mischung aus Krankenpflegern zusammensetzten, die wir übers Internet ausgewählt hatten, nachdem uns eine der Schwestern im Hospiz den weisen Rat gegeben hatte, uns Hilfe zu suchen. Denn für einen Todkranken wie Bob zu sorgen, war ein Job rund um die Uhr. Allerdings konnte ich es Mom nicht verdenken, dass sie sich vor den Vorstellungsgesprächen drückte. Nach der Heulsuse – einer ausgebildeten Fachkraft, die nach einem Blick auf den Zustand meines Vaters buchstäblich zu heulen anfing – und der Diva – einer laut ihrer eigenen Aussage überqualifizierten Aushilfskraft, die noch vor Ende des Vorstellungsgesprächs abrauschte, weil wir ihren Status anzweifelten – hatte ich eigentlich auch keine Lust mehr.

»Wofür hält sich diese Diva eigentlich?«, rief ich aus, knallte die Tür zu und sackte auf dem Sofa zusammen. »Nehmen wir doch einfach Celeste. Sie hat zwar noch nie eine Mikrowelle gesehen und wird Dad wahrscheinlich auch nicht pünktlich die Medikamente geben, aber ich weiß nicht, irgendwie gefällt sie mir, weil sie mich am Ende des Gesprächs gebeten hat, sie für Tinder zu fotografieren. Ich hab eine Schwäche für Leute, die sich nach Liebe sehnen und sich mit richtiger Beleuchtung auskennen.« Celeste war unsere erste Kandidatin gewesen, und wir mochten ihre warmherzige Art, befürchteten aber, dass sie bislang nicht mal die Pflege einer Zimmerpflanze übernommen hatte. Doch im Vergleich mit der Diva, der Heulsuse und ähnlichen Kandidatinnen war die Sache klar, zumal wir mehr als eine Pflegerin brauchten.

Meine Mutter Edna ist eine hartgesottene Schottin, die 1936 in den

Slums von Edinburgh geboren wurde. Sie erinnert sich noch allzu gut daran, wie sie während der Bombardierungen im Zweiten Weltkrieg nachts in Luftschutzbunkern kauerte und fast verging aus Angst vor Gefangennahme und Folter durch die Nazis. Ihr Leben war hart, da sie mit ihren Eltern und zwei Brüdern in einer Einzimmerwohnung ohne Heizung und ohne warmes Wasser aufwuchs. Ihre Mutter war an Kinderlähmung erkrankt, und ihr Vater, ein Asthmatiker, wollte unbedingt seinem Land dienen. Als meine Mom drei war, berief ihn die Royal Airforce schließlich als Flakschütze ein. Sie sah ihn erst bei Kriegsende wieder. Da war sie mittlerweile zehn, unterernährt von den mickrigen staatlichen Essensrationen und im Besitz nur eines Kleids und eines Paar Schuhe.

Als junges Mädchen bewunderte Edna die Hollywoodstars im Kino um die Ecke und die heldenhaften amerikanischen Soldaten, die auf der Princess Street vor dem Schloss herumstolzierten, Kleider und Süßigkeiten verteilten und die Anwohner vor einer Invasion beschützten. »Kaugummi, Kaugummi«, bettelten die Kinder, worauf die Soldaten ihnen ihr erstes Kaugummi und gleichzeitig die Hoffnung auf eine bessere Zukunft schenkten. Mit zwölf befand Edna, dass der einzige Weg aus der Armut der war, nach Amerika auszuwandern und einen Amerikaner zu heiraten. Für Kinder der Arbeiterklasse endete die Schule mit vierzehn. Danach arbeitete Edna gleichzeitig als Zeitungsbotin und Kellnerin, später als Sekretärin und schaffte es irgendwie, so viel Geld zu sparen, dass sie mit einundzwanzig eine Einzelfahrkarte in die USA kaufen konnte. Als sie dort ankam, hatte sie nur vierzig Dollar in der Tasche.

Meine Eltern lernten sich in Los Angeles kennen, in einem Wohnhaus auf dem Wilshire Boulevard. Edna wohnte oben, Bob unten. Beide starteten quasi mit Nichts. Mein Dad hatte gerade seinen Abschluss am MIT gemacht und war nach Los Angeles gezogen, um unter Palmen und blauem Himmel ein neues Leben zu beginnen. Obwohl er kaum den ausgeprägten schottischen Akzent meiner Mutter verstand, war es Liebe auf den ersten Blick. Tagsüber arbeitete mein Vater als Ingenieur, nachts studierte er Jura. Seine Liebe drückte er in mathematischen Begriffen aus wie »Ich liebe dich bis zum Totalgrad, dem Maximum der Grade«, und ständig zeichnete er liegende Achten als Symbol der Unendlichkeit auf Servietten. Mein gebildeter, freundlicher Vater war für meine Mutter ein Märchenprinz, viel besser als jeder Hollywoodstar oder Soldat in Uniform. Er zeigte ihr ein Leben, das sie nie für möglich gehalten hatte, und gab jeden Penny, den er hatte (oder auch nicht hatte, aber dann mittels Kreditkarte aufbringen konnte), dafür aus, seine Edna zu verwöhnen. Sie machten die ganze Stadt unsicher, und Bob spendierte Edna Kleider von Bullocks und raffinierte Cocktails im ›Luau‹ in Beverly Hills. Als Ednas Eltern aus Schottland zu Besuch kamen, machte er ihr spontan einen Heiratsantrag, damit ihr Vater sie den Gang zum Altar hinunterführen konnte, wie sie es sich immer erträumt hatte. Dad schwor, ihr ein Leben zu bieten, in dem sie sich immer sicher fühlen konnte und niemals mehr Angst oder Hunger leiden musste. Er hielt Wort und widmete sein ganzes Leben dem Ziel, sie und damit auch uns glücklich zu machen.

»Mom ist bei einer Besichtigung«, erklärte Tara, ließ ihre Kaugummiblase platzen und klickte nervös mit ihrem Kuli.

Habe ich schon erwähnt, dass meine Mutter ebenfalls Immobilienmaklerin ist? So bekam ich nach einer Reihe Fehlstarts in anderen Branchen einen Fuß in die Tür.

»Zurück zur Liste. Pro und Kontra von Selbstmordtrank versus natürlicher Tod.« Meine Schwester versuchte zu klingen wie eine toughe Betreuerin im Pfadfinderlager, aber hinter ihren markigen Worten hörte ich Trauer und Erschöpfung. »Ich habe übrigens heute mit dem Apotheker gesprochen, und der versicherte mir, er hätte Zitronenaroma in den Trank gemixt, um den bitteren Geschmack zu mildern, den du befürchtet hast«, sagte sie. »Das ist also was Gutes. Aber leider – und das ist ein Nachteil – ist das Fläschchen ziemlich groß, und du musst *alles austrinken*, Dad. *Innerhalb von zwei Minuten*. Ich befürchte, du bist so schwach und hast solche Schwierigkeiten beim Schlucken, dass dir das vielleicht nicht gelingen wird. Ich weiß auch nicht, was passiert, wenn du nur die Hälfte runterbringst.«

Oh mein Gott, ist das denn wirklich wahr?, dachte ich und stellte mir vor, wie mein Vater zur Musik des Albums *Beaches* um sein Ende kämpfte.

»Aber der Vorteil wäre, dass du es an einem Dienstag tun könntest.«

Meine Schwester Tara ist drei Jahre älter als ich: Einserabschluss, glücklich verheiratet, Mutter zweier Jungen; sie gehört zu den Menschen, die nie einen Elternabend vergessen, bei jeder Spendenaktion dabei sind und ihre Söhne mit beschrifteten Stiften und Pinterest-reifen Lunchboxen zur Schule schicken, obwohl die Jungs beide schon Teenager sind. Nach außen hin sind wir völlige Gegensätze. Sie ist klein, ich bin groß. Sie ist kurvig, ich bin flach. Sie ist blond, ich bin dunkel. Sie plant und organisiert alles, ich schiebe alles bis zur letzten Sekunde auf. Sie hält sich an Regeln, ich bemühe mich nach Kräften, sie zu brechen. Wir treiben uns gegenseitig in den Wahnsinn. Mich frustriert ihr Gehabe als Helikoptermutter und ihre übervorsichtige Art. Sie hasst an mir, dass ich Entscheidungen spontan treffe und mich, ohne lange zu überlegen, in potenziell gefährliche Situationen stürze. Seit ich denken kann, habe ich Grenzen überschritten. Zum Beispiel als ich mit knapp sechzehn nachts aus dem Fenster meines Zimmers stieg und versuchte, den Wagen meiner Eltern zu knacken, um zu meinen Freunden in einen Billardschuppen namens Don Q zu kommen – was meine von Regeln besessene große Schwester verhinderte, indem sie sich dramatisch auf die Motorhaube warf und dort blieb. Heute können wir darüber lachen. »Auf dem Weg ins Don Q?«, fragt sie jedes Mal, wenn sie meint, ich würde mich ein bisschen zu weit vorwagen. Es ist ihre Art, auf mich aufzupassen: Sie stellt sich zwischen mich und die große, böse Welt. Es ist auch ihre Art, die Kontrolle zu behalten, wogegen ich mich mein ganzes Leben gewehrt habe.

»Dad, wenn du beschließt, das tödliche Mittel *nicht* zu nehmen, dann bleiben wir hier an deiner Seite, bis zum Ende«, sagte Tara. »Die Ärzte sind bereit, deine Morphiumdosis so zu erhöhen, dass du keine Schmerzen hast. Damit kannst du auch leichter atmen und hast keine

Angst. Die Hospizschwestern haben mir gezeigt, wie ich dir die Medikamente verabreichen kann, wenn sie nicht da sind. Also gebe ich dir die vorgeschriebene Dosis selbst, wann immer du sie brauchst. Du wirst nicht allein sein«, versicherte sie unbeholfen und mit zitternder Stimme.

»Wir kümmern uns um dich, versprochen«, sagte ich wie aufs Stichwort, »wir sorgen dafür, dass du keine Schmerzen und keine Angst hast, wenn du, äh ...«

Niemand hatte mich darauf vorbereitet, wie schwer es sein würde, das Wort ›sterben‹ auszusprechen. In den letzten Monaten hatte unsere Familie es stets vermieden und durch Umschreibungen ersetzt wie: ›den Löffel abgeben‹, ›ins Gras beißen‹, ›über den Jordan gehen‹ oder ›ablaufen‹ – der Lieblingsausdruck meines Vaters. Aber es gab keine Löffel abzugeben. Kein Gras zu beißen. Und Menschen laufen nicht ab. Milch läuft ab. Coupons laufen ab. Menschen *sterben*. Es führte kein Weg daran vorbei: Mein Vater lag im Sterben.

Dad rann eine Träne über die Wange.

»Alles in Ordnung, Dad?«, fragte Tara. »Hast du Schmerzen? Sollen wir den Pfleger rufen?«

Ich hatte nie gehört, dass mein Vater sich beklagte, obwohl er an einer schweren, Angst einflößenden Krankheit litt, die viele Beschwerden mit sich brachte. In den letzten Monaten, während er nach und nach die Fähigkeit einbüßte, Auto zu fahren, zu gehen, zu stehen, zu essen, zu trinken, zu sprechen und letzten Endes auch selbstständig zu atmen, hatte er nicht ein einziges Mal gefragt: »Warum ausgerechnet ich?« Nie hatte er geäußert, dass er Schmerzen hatte oder Angst. Nein, er hatte uns nur mit seinen leuchtend blauen Augen angelächelt und behauptet, alles wäre ›cool‹.

»Ich will eure Mom nicht allein lassen«, sagte er schließlich verlegen und mit brechender Stimme. »Ich hab doch versprochen, sie bis in alle Ewigkeit zu lieben. Für immer für sie zu sorgen. Aber das kann ich nicht.«

Es war herzzerreißend, meinen einst unbesiegbaren Vater so zu sehen: bettlägerig, überall von Schläuchen umgeben, angeschlossen an ein laut summendes Sauerstoffgerät, untröstlich. Noch nie hatte ich meinen Vater weinen sehen.

»Ist schon gut, Dad«, log Tara, »es wird alles gut.«

Nachdem meine Schwester ihm gesagt hatte, welch ein außergewöhnlicher Mann, welch ein guter Vater und Ehemann er war, und nachdem sie ihm versprochen hatte, wir würden uns immer um unsere Mutter kümmern, wandte sie sich erschöpft und unter Tränen zu mir.

»Ich kann nicht mehr«, sagte sie, als Martin – der heiße Hospizpfleger Mitte zwanzig, der während unseres Gesprächs geduldig vor der Tür gewartet hatte – hereinkam, um die Vitalwerte meines Vaters zu prüfen. »Du musst uns jetzt aufheitern. Das Thema wechseln. Mir bricht das Herz. Tu oder sag was – ganz egal was!«

»Ist gut«, erwiderte ich und versuchte, den Ernst der Lage und das Ausmaß ihrer Bitte zu verdauen. Schließlich hatte sie gerade erst angeboten, die Verantwortung für seine Medikation zu übernehmen, wenn er unter Schmerzen ersticken, ins Koma fallen und sterben würde. »Lass mich nachdenken.«

Und dann erzählte ich Bob von meiner Sitzung mit der Astrologin. »Ich habe einen Plan, Dad. Und ich glaube, er wird dir gefallen.«

Mein Vater und meine Schwester hörten aufmerksam zu, als ich wieder einmal die Geschichte von Nicoles verrücktem Geburtstagsgeschenk zum Besten gab. Wie ich erst skeptisch und widerwillig gewesen war und nur Minuten später zu hundert Prozent bekehrt. Wie ich der Astrologin das falsche Geburtsdatum genannt und danach ihre Assistentin angerufen hatte. – »Ist das zu fassen, Dad? Astrologen haben Assistentinnen!« – Wie ich erfuhr, dass mein vollkommen unpassender Ex-Freund laut Horoskop perfekt zu mir und meinem Glückspunkt passte. – »Ist das nicht ein unglaublicher Zufall?« – Wie ich deshalb zusammenbrach, aber schließlich auf die wahrscheinlich brillante Idee kam, jeden Mann zu suchen, der am 2. November 1968 in Paris geboren war. – »Denn komm schon, Dad, er ist ja nicht der Einzige, oder?«

Ich war mir nicht sicher, wie mein Dad reagieren würde. Er war kein spiritueller Mensch und glaubte höchstwahrscheinlich nicht an Astrologie. Er hatte sich geweigert, sich mit dem Geistlichen des Hospizes zu treffen, und uns das Versprechen abgenommen, auf seiner Trauerfeier nichts Religiöses zuzulassen, denn seine Religion war »Logik und Fakten«. Er wollte nicht mal eine Trauerfeier. Aber für seine Verhältnisse hatte sich Bob ziemlich ungewöhnlich für einen Kristall interessiert, den eine Freundin mir zum Geburtstag geschenkt hatte. Er hatte mich sogar gebeten, ihm auch einen Halbedelstein für seinen Nachttisch zu kaufen. Verblüfft hatte ich Nicole angerufen und um Rat gefragt. Von so was hatte ich überhaupt keine Ahnung. »Das ist leicht. Amethyst, Karneol und Kunzit. Die werden deinem Dad bei seinem heiligen Übergang helfen«, hatte sie gesagt.

»Ich glaube an Energie«, hatte Bob mehrfach erklärt, während er die glänzenden Halbedelsteine in Händen hielt. Er hatte erzählt, wie man bei den alten Funkgeräten Kristalle zur Übertragung von Schallwellen genutzt hatte, die auch eine Form von Energie waren, und mit einem Mal war der alte Bob vom MIT wieder da gewesen. Damals hatte ich gedacht, mein Vater könnte sich einfach nicht einen letzten naturwissenschaftlichen Vortrag verkneifen, aber als ich ihm jetzt vom Schicksal und den Sternen erzählte, fragte ich mich doch, ob er uns nicht auch den Weg zu etwas anderem gewiesen hatte, das nicht so einfach zu quantifizieren war. Doch kaum hatte ich das gedacht, verwarf ich es schon wieder. Schließlich war das hier *Bob*, Mr Logik und Fakten. Plötzlich überkam mich die Sorge, die Vorstellung von mir, wie ich wegen einer aus der Luft gegriffenen Prophezeiung einem imaginären Traummann nachjagte, würde ihm einen Herzinfarkt bescheren. Mich schauderte bei dem Gedanken, er könnte in der Überzeugung gehen, dass sein kleines Mädchen vollkommen den Verstand verloren hatte. Auf gar keinen Fall wollte ich meinen Vater auf seinem Sterbebett aufregen.

Eine gute Viertelstunde lang starrten meine Schwester und ich ihn an, während er das Ganze mit wissenschaftlicher Gründlichkeit durchdachte. Dann sagte er stockend: »Sieht so aus, als würdest du nach Paris fliegen. Lass dir auf jeden Fall einen Pass zeigen. Du willst doch, dass es wirklich der Richtige ist.«

Moment mal. Mein Dad fand meine hirnrissige Idee tatsächlich *cool.*

»Schnapp ihn dir«, brachte er hervor. »Wir treffen uns dort.«

Dads Reaktion war unerwartet fröhlich und unbeschwert. Sein ganzer Körper entspannte sich, und das Funkeln kehrte in seine blauen Augen zurück. Das war der Bob, den ich kannte und so sehr liebte. Es war, als hätte er gerade ein mathematisches Problem gelöst, das Fachleute die letzten fünfzig Jahre beschäftigt hatte. Bevor ich mich's versah, erzählte er mir lauter Ungeheuerlichkeiten, die er aus Liebe getan hatte. »Einmal fuhr ich nonstop von Detroit nach Los Angeles, nur um mit deiner Mutter essen zu gehen«, sagte er. »Zwei Tage ohne Schlaf, und dazu wurde ich fast verhaftet, weil ich hundert Meilen die Stunde fuhr, aber ich sag dir, das war es wert. Versprich mir, dass du nie den Glauben an Liebe und Magie aufgeben wirst.«

Was? Bob glaubte an Magie? Oder war es das Morphium, das aus ihm sprach?

»Versprich es mir«, wiederholte er laut und deutlich.

»Ist gut, Dad. Ich verspreche es. Ich werde nie den Glauben an Liebe und Magie aufgeben.«

»Ja! Auf Liebe und Magie! Schluss mit dem Trübsinn! Scheiß doch aufs Leben, das uns lehren will, wie wir leben sollen«, lachte meine Schwester, zeigte dem Himmel den Stinkefinger und holte eine Flasche Tequila aus der Küche.

»Bring mir ein Modelo mit«, befahl mein Dad und schockte uns damit beide, weil er sein mexikanisches Lieblingsbier wollte.

»Wirst du dich wirklich mit mir in Paris treffen, Dad?«, fragte ich. »Würde dein Geist den ganzen Weg nach Frankreich fliegen, um mir bei der Suche nach meinem Seelenverwandten zu helfen?«

Daraufhin reckte mein Vater nur seinen Daumen. Ich sah, dass er müde wurde.

»Einfach toll!«, rief ich aus. »Wir fliegen nach Paris!« Ich griff durch die Schläuche nach den Füßen meines Vaters und rieb sie liebevoll. Er trug ein Paar gelber rutschfester Socken, die uns die Klinik mitgegeben hatte. Die makellosen Sohlen erinnerten mich schmerzlich daran, dass er nie wieder stehen würde. »Ich liebe dich, Dad.«

Mein Vater nickte nur. Zum Sprechen war er zu müde.

»Tara, du solltest auch mitkommen«, rief ich. »Das wird spaßig!« Ich konnte sehen, dass meine Schwester im Geiste schon eine Liste mit Pros und Kontras erstellte. Typisch für sie. »Komm schon! Dad wird auch da sein. Wer will denn auf eine Reise mit Bob verzichten, die in die Stadt der Liebe geht?«

»Na gut, ich komme mit«, erklärte sie widerstrebend, gab mir ein Schnapsglas mit Tequila und schenkte meinem Vater ein Bier ein. »Aber wehe, du erschreckst mich als Geist, Dad. Du weißt, wie schreckhaft ich bin.«

Mein Vater antwortete nicht, sondern schloss die Augen und atmete mühsam. Tara und ich beobachteten ihn, weil wir nicht wussten, ob er eingeschlafen oder nur zu schwach zum Sprechen war. Ein paar Minuten saßen wir da und fragten uns, ob wir Martin rufen sollten.

Als Dad schließlich mit flatternden Lidern die Augen öffnete, schien er etwas sagen zu wollen, brachte aber kein Wort heraus. Der Arzt hatte uns vorgewarnt, dass er irgendwann seine Stimme verlieren würde. Wir beugten uns beide vor, um zu hören, was er über das laute Summen des Sauerstoffgeräts hinweg sagen wollte. Ich warf Tara einen Blick zu. *Haben wir es zu weit getrieben? Ging es zu weit, dass wir über Dads Geist geredet und an seinem Sterbebett Tequila gebechert haben? Sieht so bei den meisten der Abschied aus? Ist es jetzt so weit? Ist das jetzt der Abschied?*

Plötzlich brach mein Vater das Schweigen.

»Buuuh!«, heulte er, so laut er konnte, mit seiner freundlichsten Geisterstimme. »Buhuuuu!«

Meine Schwester schoss wie eine Rakete in die Höhe. Ich brach in lautes Gelächter aus. Martin stürzte zur Tür herein. Das war das Lustigste, das ich je gesehen hatte. Mein Vater kicherte vergnügt. Meine Schwester platzte ebenfalls los. Auf einmal schnaubten und johlten wir alle, bis uns die Tränen kamen, aber diesmal vor Belustigung und

Freude. Selbst Martin lachte. Wir konnten einfach nicht aufhören. Wir lachten und lachten, bis wir nicht mehr konnten.

Tara beendete schließlich ihre Pro-und-Kontra-Liste. Es wurde beschlossen, dass Bob ganz natürlich im Beisein seiner drei Mädchen sterben würde. Mein Vater stellte sich auf seine Weise tapfer seinem Schicksal, in perfekter Balance zwischen Unvermeidlichkeit und freiem Willen. Wir vervollständigten seine Todes-Playlist, gewährten Dad seine Bette Midler, gaben aber noch eine kräftige Dosis Motown und Sinatra dazu und rundeten den Tag mit einem kleinen Tänzchen zu Nappy Roots »It's Gonna Be Good Day« ab. Selbst Martin machte mit. Wie konnte man auch stillstehen, wenn die Kinder den munteren Refrain sangen?

And ain't nobody gotta cry today
Cause ain't nobody gonna die today.

Es war wirklich ein guter Tag. Einer der allerbesten.

»Wir sehen uns in Paris«, sagte mein Vater, und er lächelte noch, als er einschlief.

Zwei Wochen später starb er. An einem Dienstag. Glaube ich zumindest. An Daten konnte ich mich noch nie gut erinnern.

Drittes Haus

Tanz mit einem Franzosen

Denken, reden, schreiben und sich fortbewegen: Willkommen im Dritten Haus. Dieses Haus beherbergt auch die Menschen, die man kennenlernt und mit denen man durchs Leben geht, zum Beispiel Geschwister, Nachbarn, Klassenkameraden und Mitreisende.

Welches Sternzeichen auch immer man im Dritten Haus hat, es sagt einem, wie man sich selbst ausdrückt. Und der Planet, der dieses Haus regiert, zeigt, wie man es anstellt, seinen Ausdruck zu vervollkommnen.

Ich habe im Dritten Haus das bodenständige Sternzeichen des Stiers. Klingt gut, oder? Nach einem kurzen Blick auf mein Horoskop kann ich sagen, dass ich mich anmutig und elegant ausdrücke. Aber bei näherem Hinsehen wird der Stier von der Venus dominiert, die in meinem Achten Haus steht, und das hat Auswirkungen auf mein Drittes Haus. Das Achte Haus ist nicht zu unterschätzen und zieht manchmal Charaktere aus der Unterwelt an. Stephanie würde behaupten, dass das nicht immer schlecht ist. Es ist einfach, wie es ist.

»Beerdigungsinstitut *Remembered Forever*«, stand auf dem Schild im Schaufenster. »Einäscherung ab 1450 Dollar.« Das Institut befand sich in einer schmalen Einkaufspassage zwischen einem Fitness-Studio und einem ganzheitlichen Therapiezentrum. Ich war hier, um Bob abzuholen. Und eine Urne auszusuchen.

Aber es gab so viele Urnen. Urnen aus glänzendem Walnussholz und nüchternem Metall, aus Porzellan und aus Marmor. Eine Urne ganz aus Salz, die sich rückstandslos im Meer auflösen würde. Es gab christliche und jüdische Urnen, Militärurnen und Sporturnen. Eine sah aus wie ein basketballgroßer Golfball und trug auf der rauen, weißen Oberfläche den Schriftzug ›Fairway to Heaven‹. In Schaukästen lagen kleine, herzförmige Anhänger, Broschen in Flügelform und Muster glasähnlicher Schmuckstücke, in die die Asche geliebter Angehöriger gepresst werden konnte. Ein kleines Schild mit Weihnachtsmotiven suggerierte, dass Erinnerungsschmuck aus Kremierungsasche ein geschmackvolles Geschenk für die bevorstehenden Feiertage wäre. Das Bestattungsinstitut war einerseits ein ganz normaler Laden mit Acrylregalen und laminierten Preisschildchen (ich konnte mir hier ohne Weiteres Hundeleinen und Leckerlis oder auch orthopädische Schuhe vorstellen) und andererseits ein völlig abgefahrenes Etablissement. Gab es wirklich Leute, die ihre geliebte Tante Deedee zu einem Diamanten pressen lassen wollten?

Trotz aller offensichtlichen Verrücktheit fühlte es sich irgendwie gut an zu shoppen. Ich meine, abgesehen von den zwanzig schwarzen Kleidern, die ich mir in Vorbereitung auf die Beerdigung hatte schicken lassen (und von denen ich neunzehn natürlich zurücksenden würde), war das mein erstes Shoppen seit Monaten. Als ich es mir noch leisten konnte, war Shoppen meine Form von Therapie. Denn in Geschäften passiert nie etwas Schlimmes. Im Gegenteil, Läden sind Orte voller verheißungsvoller Möglichkeiten. Da war es jetzt unwichtig, dass dieser spezielle Laden nur Behältnisse für die letzte Aufbewahrung von Toten anbot. Daran würde ich keinen Gedanken verschwenden. Ich konnte mich genauso gut in einer Elyse-Walker-Boutique befinden und Düfte ausprobieren. Oder bei Zara und hoffen, dass meine Kreditkarte nicht gesperrt war.

Ich achtete darauf, mich beschäftigt zu halten. Das Bestattungsinstitut war nur ein Punkt von vielen auf der Post-Mortem-Liste, die ich abhaken musste. Das gemietete Klinikbett war entfernt worden, genauso wie das Whiteboard, nachdem Winston Churchills kluger Spruch und Dads irres Arzneihaiku abgewischt worden waren. Wir hatten das Sauerstoffgerät zurückgegeben, und der todbringende Trank war fachgemäß entsorgt worden. Nun befand sich nur noch das pinkfarbene Post-it in Dads Zimmer, das vorher an diesem Trank geklebt hatte und auf dem stand: *Nur für Bob. Nicht einnehmen!* SONST STIRBST DU!! Also nächster Punkt: die Urne. Was shoppen erforderte. *Mach ich!*

»Kann ich Ihnen helfen?«, fragte der Angestellte, der hinter einem Vorhang auftauchte und mich in die Wirklichkeit zurückriss.

Sofort schossen mir wilde Gedanken über das durch den Kopf, was sich hinter diesem Vorhang befinden mochte. Lagen da Leichen? Stapelweise Leichen? War da der Ofen? Bergeweise Asche? *Natasha, Konzentration!* Als ich in die gütigen blauen Augen des Bestattungsunternehmers blickte (die mich so sehr an die meines Vaters erinnerten), spürte ich, wie mir das Blut in die Wangen schoss und Tränen in die Augen traten. *Durchatmen. Ist doch nur shoppen.*

»Äh ja, hi. Ich bin Natasha Sizlo und wollte meinen Dad abholen. Bob. Robert Sizlo. Er ist …« Ich stockte und tippte nervös mit dem Finger auf eine biologisch abbaubare Urne, die mit einem echten Baum verkauft wurde. *Moment, man kann Asche vergraben und gleichzeitig einen Baum pflanzen? Irgendwie cool.*

»Bereit, Natasha«, sagte der Bestatter sanft, »Ihr Vater ist bereit. Sie müssen nur noch eine Urne auswählen. Nehmen Sie sich Zeit. Ich heiße Ken und bin für Sie da.«

»Ist gut.« Ich schluckte hart und merkte, dass ich nicht wusste, was ich jetzt machen sollte. Wieso war das eigentlich *meine* Aufgabe? Wieso saß ich nicht zu Hause und bestellte wie meine Schwester Totenscheine übers Internet? Oder ließ mir die Zähne reinigen wie meine Mutter? Ich hatte Kopfschmerzen, ich hatte Herzschmerzen. Während ich beklommen durch den Raum schlenderte, machte sich Ken am Empfangstisch zu schaffen.

Wir könnten Dads Asche mit Wildblumensamen
verstreuen, dann würde er sich in ein Mohnblumenfeld
verwandeln wie im ›Zauberer von Oz‹,

simste ich Tara, als ich ein Döschen mit Wildblumensamen in die Hand nahm.

Wildblumen sind viel besser als eine Urne auf einem Friedhof.

Dad will keine Blume sein,

simste Tara zurück.

Halte dich an den Plan. Er hat sich schon vor Jahren die Grabstelle ausgesucht. Sie ist bezahlt. Er liebte diesen verdammten Friedhof. Er ging sogar mit Mom hin, um ihr den Grabstein zu zeigen, den er ihr als Überraschung zum Valentinstag entworfen hatte, weißt du nicht mehr? Nichts zeigt einem seine Liebe besser als eine letzte Ruhestätte mit Meerblick. Haha.

OMG, Dad war echt irre. Wie haben wir nur unsere Kindheit überlebt?

Keine Ahnung. Haben wir das?

Vielleicht würde er sich umentscheiden, wenn er wüsste, dass er EINE SONNENBLUME würde …

Nein.

Könnte er nicht ein Baum werden? Bitte.

Er wollte kein Baum sein.

Wenn er ein Baum wäre, könnte ich ihn wieder umarmen. Ich will ihn nicht in eine Urne einsperren. Das ist so ...

Tasha. Du bist die beste Schwester der Welt. Danke, dass du das tust. Such eine Urne aus. Jetzt.

»Diese hier«, sagte ich schließlich zu Ken und wies auf das schlichteste, bescheidenste Gefäß, das ich finden konnte, eine matt glänzende, goldene Urne ohne jede Verzierung. Bob mochte keine Aufmerksamkeit auf sich ziehen. »Aber wenn ich sterbe, werde ich eine Eiche«, murmelte ich unbeholfen.

Ken lächelte. »In ein paar Minuten ist alles fertig.«

Die Vorstellung, dass mein Dad in all seiner Großartigkeit auf etwas reduziert worden war, das in ein kleines Gefäß passte, welches für immer in der Erde begraben wurde, war mehr, als ich verkraften konnte. Noch vor ein paar Tagen hatte er mir gesagt, dass er mich liebte. Und jetzt war sein Körper, mit dem er mir das zugeflüstert hatte, nur noch Asche. Asche, die vorübergehend in eine Urne kam. Diese Urne. Und dann in die Erde. Für immer. Ich wusste nicht, wieso man das je für eine gute Idee hatte halten können. Es war keine gute Idee.

»Halt!«, rief ich, als Ken im Hinterzimmer verschwinden wollte. »Ich möchte nur ... ich meine ... könnten Sie ... äh ... einen Teil von meinem Dad zurückbehalten, das heißt, könnte ich etwas von der Asche haben? Nur für mich?«

»Möchten Sie etwas von seiner Asche in einem anderen Gefäß haben? Vielleicht in einem Röhrchen zum Verstreuen?«

»Ja! Genau.« Ich rang mir ein Lächeln ab, erleichtert, dass er mich verstand. Tara allerdings würde das nicht verstehen – im Gegenteil, wenn sie davon erführe, würde sie wütend sein. Aber ich musste es ihr ja nicht sofort erzählen, ich konnte den rechten Zeitpunkt abwarten. Vielleicht würde dann ja alles gut sein. Eine Träne lief mir über die Wange, und ich zitterte. Mir war vollkommen klar, dass das nicht richtig war. Ich konnte nur nicht anders. »Sehr gut. Danke.«

Er kam mit zwei Päckchen zurück. Eines war die Urne für den Friedhof und das andere ein langes, schmales Röhrchen, das aussah wie ein wunderschöner, kleiner, goldener Zauberstab. Mein Dad, nur für mich.

»Wissen Sie«, sagte Ken in einem tröstenden Ton, den er über die Jahre perfektioniert haben musste, »ich bin froh, Sie heute hier zu sehen. Verzeihen Sie, wenn ich so offen spreche, aber ich habe mir Sorgen um Sie gemacht. Neulich Nacht wirkten Sie ziemlich aufgelöst.«

Verdammt! Ich hatte schon halb gehofft, dieser freundliche und tüchtige Mann hätte das wie durch ein Wunder vergessen. Es für einen ganz normalen Arbeitstag gehalten – besser gesagt, eine Arbeits*nacht*. Einer wie der andere. Oder eben nicht.

Tatsächlich hatten Ken und ich uns ein paar Tage vorher schon mal getroffen. Um drei Uhr morgens. Nachdem Bob gestorben war und wir alle Anrufe erledigt hatten, brachte Tara meine Mom ins Bett und mir fiel die Aufgabe zu, den Bestatter anzurufen. Ken. Ich hatte ihn bereits dreimal telefonisch hergebeten und wieder weggeschickt, und jetzt dämmerte schon fast der Morgen. Wahrscheinlich dachte er, ich wäre vollkommen durchgedreht. Vielleicht war ich das auch. Ich wollte einfach nicht, dass Bob für immer sein Zimmer und sein Haus verließ. Doch wusste ich, dass Mom es nicht ertragen würde, wenn seine Leiche am nächsten Morgen noch da wäre, also durfte sich Ken schließlich auf den Weg machen. Ich wartete zusammen mit Dad. Die Pflegekräfte hatten ihn gewaschen, angezogen und schließlich mit einem strahlend weißen Laken zugedeckt. Dads weiche, rote Decke lag ordentlich gefaltet auf einem Stuhl, zusammen mit einem Kissen mit der Aufschrift ›Ich liebe dich mehr‹, das ich ihm geschenkt hatte, und einem Stoffhund von Tara. Ich berührte seine Hand.

»Dad«, flüsterte ich. »Man holt jetzt deinen Körper ab, aber du musst hier bei uns bleiben. Denn wo wir sind, gibt's Spaß. Vergiss das nicht.«

Ich erinnere mich nicht daran, wie sie ins Haus kamen. In den Tagen vor Dads Tod waren so viele Fremde ein- und ausgegangen. Schließlich brachten wir draußen einfach eine Lockbox an und gaben dem Hospiz den Zahlencode. Ken und sein Helfer, ein großer, stiller Mann, der mit seinem bleichen Gesicht, dem zerzausten Haar und dem Flanellhemd wirkte, als wäre er für diese Aufgabe gecastet worden, baten mich, den Raum zu verlassen, um meinen Dad für den Transport vorzubereiten. Da ich nicht wusste, was das bedeutete, wartete ich ziemlich nervös in der Eingangshalle, wo Bob mich immer begrüßt hatte, wenn ich durch die Tür gestürmt kam.

»Mein Baby!«, rief er dann und schloss mich in seine Arme. »Wie geht's, wie steht's?«, fragte er munter. Mein Dad war immer so voller Leben gewesen. Ich schaute mich in dem Haus um, das er gebaut hatte, bis mein Blick auf einem gerahmten Poster von Joe Namath verharrte, das er stolz an die Wand gehängt hatte. Früher fand ich es abartig, ein Poster mit einem Footballspieler ins Wohnzimmer zu hängen. Aber in dieser Nacht sah ich Joe mit anderen Augen. Er trug das rotgoldene Trikot der 49ers und stand mit triumphierend erhobenen Armen auf dem Footballfeld. Das Poster war von Joe persönlich mit einer Widmung versehen worden. Sie lautete: *Für Bob. Alles ist möglich! – Joe Cool.* Genau das hatte mein Vater auch immer zu mir gesagt. *Alles kann passieren, Kind.* Wenn es Probleme gab, lächelte er, reckte die Daumen und sagte: »Sei Joe Cool.« Wenn mein Dad das zu einem seiner geliebten Mädchen sagte, hieß das, jetzt war er ja da und wir konnten aufhören, uns Sorgen zu machen. Deshalb nannten wir seine Todes-Playlist auch Joe Cool. Bob *war* Joe Cool.

Aber in jener Nacht gab es keine dicken Umarmungen mehr und kein »Mein Baby!« Es war unheimlich still. Ich war allein.

Als der Bestatter und sein Gehilfe endlich aus dem Schlafzimmer auftauchten, war mein Vater auf eine Trage geschnallt und sein ganzer Körper von Kopf bis Fuß eng in ein dunkelblaues Tuch gewickelt.

WIE EINE VERDAMMTE MUMIE.

Ich konnte sein Gesicht nicht sehen. Ich wollte sein Gesicht sehen. Aber jetzt war er eine Mumie, die bald in die Katakomben kommen würde. Ich wusste nicht, was ich machen sollte. Niemand hatte mich darauf vorbereitet, dass der Mensch, den man liebte, zu einem reinen Gegenstand wurde, wenn sein Körper in ein Tuch gewickelt war.

Weinend folgte ich den beiden Männern, die sich vorsichtig ihren Weg aus dem Haus bahnten. Obwohl ›weinen‹ vielleicht ein zu schwaches Wort dafür ist. Nach einem Todesfall entdeckt man, dass der Körper Geräusche von sich gibt, die man nie für möglich gehalten hätte. Und dass einen niemand darauf vorbereiten kann, wie es sich anfühlt, wenn man zwei Fremden folgt, die den toten Vater auf einer Trage aus dem Elternhaus bringen.

Draußen blieb ich wie gebannt stehen, denn die Sterne am Himmel funkelten außergewöhnlich hell. Solche Sterne gab's eigentlich nicht in L.A. Zu viel Smog und Lichtverschmutzung. Aber diese Sterne schienen mich direkt in den Himmel zu ziehen. Eine ganze Minute driftete ich in einem tranceähnlichen Zustand über der Welt und betrachtete von oben mein Leben. *Passiert so etwas, wenn Trauer und Erschöpfung zusammenkommen und man den Sinn für die Realität verliert?* Der warme Santa-Ana-Wind umschmeichelte mich, genau der Wind, der die Brände durch Ventura und Santa Barbara trieb und für die heftige Rauchentwicklung sorgte, die die schwachen Lungen meines Vaters angegriffen hatte. Genau das hatte den Ausschlag gegeben. Das Universum ist mächtig. *Es hat die Kontrolle*, dachte ich. *Nicht ich.*

»Stopp«, rief ich plötzlich, als Ken und sein Helfer meinen Vater in den Wagen hieven wollten. »Ich brauch noch eine Minute. Stopp! Bitte!«

Als die Männer zurückwichen, ging ich zu meinem Vater und zupfte so lange an dem Tuch, bis ich sein Gesicht sehen konnte. Es war erstarrt. Kalt. Grau. Ich betrachtete ihn ein letztes Mal, während ein Teil von mir immer noch hoch über mir driftete und auf uns beide herabschaute, auf einen Vater und seine Tochter unter einem Himmel voller prächtiger Sterne. Ich erinnerte mich daran, wie er mir in der Sackgasse unseres alten Hauses in Oregon gezeigt hatte, wie man einen Baseball wirft. Wie er mir stolz zugesehen hatte, wie ich im Internat auf einem Pferd ritt. Wie er mich einfach nur umarmte, als ich aus diesem Internat geworfen wurde. Wie er mich zum Klang von Dudelsäcken den Gang zum Altar hinunterführte, mit einer weißen Blume im Knopfloch. Wie er mir versicherte, dass alles gut werden würde, als ich zur letzten Mediationssitzung vor meiner Scheidung ging. Wie er sich mit meinem Buchhalter traf, um meine Firma aufzulösen, und neben mir im Gerichtssaal stand, als ich offiziell Insolvenz anmeldete. Immer lächelnd, immer mit der Aufforderung, ›Joe Cool‹ zu sein.

Ich küsste seine Stirn, seine Wangen, seine Nase, immer wieder, und sagte dabei »Ich liebe dich«, lauter und lauter, während Tränen von meinem Gesicht auf seines tropften. Ich musste sichergehen, dass er mich hörte. »ICHLIEBEDICHLIEBEDICHLIEBEDICH!«, schluchzte ich. »Fahr nicht mit dem Wagen weg«, sagte ich. »Das bist du nicht mehr. Du bist nicht dein Körper. Bleib bei uns. Bleib bei Mom. Du musst bei uns bleiben, Dad.«

Und da spürte ich ihn. Zum ersten Mal. Genau da spürte ich zum ersten Mal den Geist meines Vaters. Und er fuhr nicht mit dem Wagen weg.

»Ich? Mir geht's gut. Sehr gut sogar. Richtig gut, weil ich jetzt diese schönen Gefäße habe, danke«, versicherte ich Ken, als er mir die schlichte Urne und den glitzernden goldenen Zauberstab mit Bobs Asche reichte. Den Zauberstab stopfte ich tief in meine Tasche – es war genau die knallrote Tasche von Celine, die ich nach meinem ersten Verkaufsabschluss mit Katie bei Barneys New York gekauft hatte. Die Tasche, die mir half, nach der Scheidung meinen Weg aus den rauchenden Trümmern meiner Existenz zurück in die Arbeitswelt zu finden. Doch trotz der allerbesten Blendertasche, die man für Geld kriegen konnte, war es kein guter Tag beim Bestattungsinstitut. Nicht mal ansatzweise.

Als ich eine Stunde später in meine Einfahrt bog, überkam mich große Erleichterung, endlich zu Hause zu sein. Auch wenn es nicht viele wissen, denn ich habe einen großen Freundeskreis und rede ziemlich viel, vor allem, wenn ich nervös bin, so bin ich doch im Grunde meines Herzens ein introvertierter Mensch. Mein Zuhause ist dort, wo ich mich zurückziehen und Kraft tanken kann. Doch an diesem Nachmittag traf mich völlig unerwartet der Anblick der zwanzig schwarzen Kleider, die noch mit Preisschild überall in meinem winzigen gelben Haus hingen und mich an eine weitere unglaublich traurige Pflicht erinnerten. Die mir zeigten, dass der Tod alles Gute zerstören kann. Ich sackte auf die Couch, hüllte mich in eine Decke und versuchte, nicht schon wieder die Fassung zu verlieren. Von außen wirkte mein heiteres, pittoreskes gelbes Haus mit seinem winzigen Garten voller Blumen und Schmetterlinge einfach perfekt. Aber im Inneren war es finster. Das war ich: ein gelbes Haus voller Trauerkleider.

Bob starb mitten in der Weihnachtszeit, einer Zeit, die meine Familie normalerweise liebt. Doch in diesem Dezember, während alle anderen emsig Geschenke kauften und Plätzchen buken, konnte ich mich einfach nicht von der Couch rühren. Ich konnte mich weder anziehen noch kochen, nicht mal *denken*. Ich fühlte mich schwer und leer zugleich. Als die Nachbarn die Weihnachtsbeleuchtung anbrachten, ließ ich all meine Jalousien herunter, um sie nicht sehen zu müssen. Freunde riefen an, aber ich nahm nicht ab. Ich ging nicht zur Arbeit. Ich wollte, dass die Welt aufhörte, sich zu drehen. Weihnachten sollte abgesagt werden. Andererseits wünschte ich mir verzweifelt ein magisches Weihnachtsfest für Dash und Margot. Eine meiner Spezialitäten war überbordende Festtagsstimmung, darin war ich besser als jeder andere. Rückblickend glaube ich, dass ich mit meinen Exzessen zu Weihnachten meine langsam implodierende Ehe kompensieren wollte. Dieses Weihnachtsfest aber würde das erste für mich und meine Kinder in diesem kleinen gelben Haus sein. Wir waren vom großen Haus mit ihrem Dad erst in eine Schuhschachtel umgezogen, dann in eine Miniwohnung, wo ich mir mit Dash ein Schlafzimmer teilen musste, und schließlich in den Bungalow. In ein Häuschen, wo ich Weihnachten wieder zu einem magischen Fest für meine Kinder gestalten konnte, wenn auch in kleinerem Maßstab. Und aus anderem Grund: um zu feiern, dass wir drei endlich einen Ort gefunden hatten, aus dem wir ein Zuhause erschaffen konnten. Aber in meiner Trauer schien mir selbst die einfachste Aufgabe unmöglich.

Dash und Margot waren mit ihrem Dad ein paar Tage auf Reisen und würden bald zurückkehren. Ich spürte schmerzlich ihre Abwesenheit. Das Haus war viel zu still, wenn Dash nicht lautstark Videospiele zockte und Margot mir nicht erklärte, ich könnte entweder sofort mit dem Kompostieren anfangen oder mit ihr darüber ein Video für TikTok filmen. Es fehlte mir, mit ihnen zu lachen und sie zu umarmen. Zwar redete ich mir ein, ich hätte noch massig Zeit, um den Weihnachtsschmuck hervorzukramen und die Strümpfe zu füllen. Aber zwei Tage, bevor meine Kinder heimkommen sollten, hatte ich immer noch nichts vorbereitet. Weder ein Weihnachtsmenü geplant, noch Kakaovorräte eingekauft, noch Kerzen angezündet. Ich hatte nur einen kleinen Baum gekauft, der ungeschmückt auf dem Wohnzimmerboden lag. Ganz sicher hätte mein Dad gesagt: »Liebe Güte, Natasha! Der arme Baum. So kannst du doch nicht feiern. Aber keine Sorge, das habe ich ganz schnell in Ordnung gebracht.« Nur würde er mir nie wieder mit dem Weihnachtsbaum oder anderen Aufgaben helfen. Von meinem Nest auf der Couch starrte ich dumpf auf den Tannenbaum. Wem wollte ich was vormachen? Weihnachten würde dieses Jahr das reinste Desaster werden.

»Ach, Schätzchen!«

Blinzelnd blickte ich auf. Sonnenlicht flutete in mein dämmriges Haus. Monique, die gute Seele bei The Agency und meine liebe Freundin, stand mit einem Arm voller Blumen auf der Türschwelle. Offenbar hatte ich nicht abgeschlossen. Monique legte die Blumen weg und stürzte zu mir, um mich in den Arm zu nehmen.

»So schlimm ist es also, wie?«, bemerkte sie und betrachtete das dunkle, unordentliche Zimmer mit den schwarzen Kleidern in ihren Plastikhüllen und dem Baum auf dem Boden.

Ich nickte nur, weil ich befürchtete, sonst die Fassung zu verlieren.

»Deshalb wollte ich mal nach dir schauen. Und ich bin froh, dass ich hier bin!«

Eigentlich redete ich nicht gern über mein Privatleben, vor allem nicht bei der Arbeit, doch Monique war ebenfalls alleinerziehende Mutter und hatte beide Eltern verloren. Sie würde mich niemals verurteilen.

»Wie soll ich das nur schaffen? Meine armen Kinder. Es ist doch Weihnachten. Aber ich habe keinen Weihnachtsschmuck, keine Geschenke und nicht mal Geschenkpapier. Bob lag im Sterben und ...« An diesem Punkt fing ich an zu schluchzen und wies mit dramatischer Geste auf mein winziges Wohnzimmer.

»Lass es nur raus«, sagte Monique und rieb mir den Rücken. »Also, wir machen Folgendes. Hör mir gut zu. Weihnachten wird schön werden. Sehr schön. Du wirst sehen, morgen komme ich zurück. Du konzentrierst dich nur darauf, dich auszuruhen. Und weißt du was? Auf einer Beerdigung sehen alle schwarzen Kleider gleich aus. Nimm das bequemste.«

Am nächsten Tag kehrte Monique in Begleitung von Alejandra zurück, einer weiteren lieben Kollegin aus dem Büro. Sie schleppten ungefähr zehn Tüten von Target ins Haus. Ich befand mich immer noch auf der Couch.

»Bleib, wo du bist, Schätzchen. Wir schmücken deinen Baum, dein Haus, die Zimmer der Kinder und packen Geschenke ein. Du musst nicht mal kochen. The Agency hat bei Gelson's ein Weihnachtsmenü für deine ganze Familie bestellt.«

Ich konnte nicht aufhören zu weinen, konnte mich nicht mal anständig bedanken. Aber Monique und Alejandra verstanden mich auch so. Ich lag einfach auf der Seite und sah zu, wie Weihnachten um mich herum entstand: ein immer größer werdendes Licht in der erdrückenden Finsternis der Trauer.

Zwar war Weihnachten ohne Bob nicht mehr dasselbe, aber es wurde trotzdem ein schöner Tag. Zum ersten Mal seit meiner Scheidung lud ich Taras Familie und Edna ein, um gemeinsam mit ihnen zu feiern. In einem normalen Jahr hätte ich mein kleines Haus für viel zu klein und bescheiden gehalten. Außerdem gingen wir an Weihnachten für gewöhnlich alle zu Bob und Edna. Aber in diesem Jahr hatte ich dank meiner Kolleginnen das Essen und den bunten Weihnachtsschmuck. Meine

Familie quetschte sich an unseren Esstisch und freute sich über das leckere Menü und die Aufmerksamkeit von Freunden. Monique hatte sogar daran gedacht, Margot und Dash gemütliche Weihnachtspyjamas zu kaufen. In einem Pyjama mit Rentieren kann man nicht weinen. Der Zauber von Weihnachten war auch in unser kleines gelbes Haus gekommen.

Wir haben es geschafft, dachte ich nach dem Essen, als alle nach Hause gegangen waren. *Wir haben das erste Weihnachten ohne den Großen Bob Sizlo überlebt.* Mit einem Glas Wein in der Hand ließ ich mich wieder aufs Sofa sinken, schloss die Augen und hörte zu, wie Dash und Margot leise das Geschenkpapier und leere Teller wegräumten. Sie waren liebe Kinder.

»Mom!«, rief Dash aufgeregt. »Da liegt noch was unter dem Baum. Wir haben ein Geschenk übersehen!«

Oh, was?

»Oh, mein Gott, Dash«, sagte Margot. »Weißt du noch, wie Mom und Dad das auch immer gemacht haben, als wir noch klein waren? Wie sie ein letztes Geschenk kurz vor dem Schlafengehen unter dem Baum versteckten? Eine letzte Überraschung, bevor der schönste Tag des Jahres endete? Aah ...«

»Es ist ein großer Umschlag, voller Papiere«, meldete Dash verwirrt.

»Lottoscheine?«, fragte Margot hoffnungsvoll.

»Bring mir das mal«, bat ich von der Couch aus. Dash reichte mir einige offiziell wirkende Papiere und einen großen braunen Umschlag. STAAT VON KALIFORNIEN. MINISTERIUM FÜR GESUNDHEIT. Darunter ein blaues, raffiniertes Emblem des Staates. Und dann, in kleineren, aber ebenfalls fett gedruckten Buchstaben STERBEURKUNDE. Mit dem Namen meines Vaters darunter. Offenbar hatte meine Mom die Papiere mitgenommen und unter dem Weihnachtsbaum liegen gelassen. So was passiert schon mal. Nicht, dass sie auch nur erwähnt hatte, dass diese angekommen waren. Bis heute hatte sich Mom auch rar gemacht. Ihre hektischen Aktivitäten, die von ständigen Hausbesichtigungen, Terminen bei Apple und Cardioeinheiten bis hin zu irgendwelchen sinnlosen Tätigkeiten reichten, seit sich der Zustand meines Vaters verschlechterte, hatten sich nach seinem Tod noch verdoppelt. *Danke, Edna.* Sofort simste ich meiner Schwester.

> *Du rätst nie, was der Weihnachtsmann mir gebracht hat,*

schrieb ich und fügte ein Foto hinzu.

> HoHoHo.

> *OMG! Die Sterbeurkunde! Ich hab mich schon gefragt, wann die kommt. Da warst du dieses Jahr aber ein braves Mädchen. Hahahaha, so lustig. Das kommt von Dad. Das ist sein Geist. Er will uns zum Lachen bringen!*

Und so lachte ich, erst zögernd und leise, doch kurz darauf prustete ich schon vor Lachen und kriegte mich nicht mehr ein. So hatte ich nicht mehr gelacht, seit mein Dad meine Schwester auf seinem Sterbebett mit Geistergeheul erschreckt hatte – nachdem ich ihm von der Schnapsidee mit Paris erzählt und er mir versprochen hatte, sich dort als Geist mit mir zu treffen. Jener Moment war genauso wie dieser hier: düster und absurd und unendlich komisch. *Hi, Dad.*

> *Leg sie bitte an einen sicheren Ort,*

simste Tara.

> AUF GAR KEINEN FALL *darfst du Dads Sterbeurkunde verlieren.*

Also ging ich zu meinem Schreibtisch in der Küche und zog die Schublade auf, wo ich meine Andenken aufbewahre. Ich wusste nicht, wo ich sie sonst verstauen sollte. Da fiel mir unter den vielen Schätzen eine elegante Karte ins Auge. Philippes persönliches Briefpapier, sein eingeprägter Name mit einem energischen Schnörkel unterstrichen. Auf der Karte stand ein französisches Gedicht, das er mir letztes Jahr vor unserer Trennung zum Geburtstag geschenkt hatte. Ich hatte keine Ahnung, was es bedeutete oder wie man die Worte aussprach, aber ich merkte, dass ich Philippe vermisste. Lange betrachtete ich seine Schrift. Seinen Namen. Dann steckte ich die Karte in meine Handtasche zu Bobs Asche. *Ich habe Paris nicht vergessen, Dad. Frohe Weihnachten.* Danach ging ich ins Bett.

Mein Vater hatte sich eine Beerdigung im kleinen Kreis gewünscht. Und so standen an einem sonnigen Januartag nur sieben Menschen an seinem Grab auf dem Friedhof von Santa Barbara, mit Blick aufs Meer. Ich trug eine bequeme schwarze Hose, ein schwarzes Oberteil und einen Blazer, alles Sachen, die ich schon hatte. Und Sneaker. Monique hatte recht. Bei einer Beerdigung ist alles gleich schwarz. Und alle zwanzig ›Vielleicht-Kleider‹ gingen zurück zu Nordstrom, Shopbop und Revolve. Nun blieb nur noch eines zu tun: feiern. Wir hatten Dads ferneren Verwandten versprochen, dass zwar die Beerdigung im kleinsten Kreis stattfinden würde, wir aber danach eine große, unvergessliche Feier auf das Leben des Großen Bob Sizlo veranstalten würden, und zwar bald.

Ich hatte die Aufgabe übernommen, die Einladungen über Paperless Post zu verschicken, obwohl mir gar nicht nach feiern war. Genauso wenig wie Tara oder meiner Mutter. Eine Party zu Ehren von Bob, wo wir stundenlang über ihn und seinen Tod reden mussten, würde alles erst real machen. Also schoben wir die Sache immer wieder auf, bis der Bruder meines Vaters anrief und fragte, ob vielleicht seine Einladung übersehen worden wäre. Er brauchte einen Abschluss. Ich hingegen brauchte einen Tequila, wenn ich die Party planen sollte. Also ging ich in die Küche, schnitt eine Limone in Scheiben und klappte meinen Laptop auf.

Wir müssen das jetzt angehen,

schrieb ich meiner Schwester.

Keine Angst, du kümmerst dich nur um das Essen, die Blumen und die Videos. Ich lade alle ein und halte eine fabelhafte Rede.

Du bist die Beste, Tasha,

antwortete sie.

Stundenlang grübelte ich, welche Schriftart ich für die Einladung wählen sollte. Und welche Farbe für die Schrift. Wer hätte gedacht, dass es so verdammt viele Schriftarten gab? Und das Foto. Natürlich brauchte ich für die Einladung noch ein Foto von Bob. Aber wie sollte ich nur ein Foto finden, das alles zeigte, was dieser Mann mir gegeben hatte? Ein Bild, das charakteristisch für ihn war? Sollte es eins sein, das erst vor Kurzem aufgenommen worden war? Oder eines mit Tara und mir als Kindern? Die Auswahl war einfach viel zu groß. So kam es, dass ich mich nach endlosen Korrekturen an der Einladung und endlosen Tequilas schließlich für eine Aufnahme entschied, die meine Schwester mir geschickt hatte. Sie zeigte meine Eltern am Anfang ihrer Beziehung und war ein Schwarz-Weiß-Foto, vermutlich eines von vieren aus einem Automaten. Edna hatte wohl auf seinem Schoß gesessen, sie quetschten sich in der Kabine wie Sardinen aneinander und grinsten von einem Ohr zum anderen: frisch verliebt, Anfang zwanzig, neu in Los Angeles. Mein Dad hatte Edna bis zuletzt so angelächelt.

Ich entschied mich für eine rote Schrift. Purpurrot, die Farbe des MIT.

Würde mich je ein Mann so lieben, wie mein Dad meine Mom geliebt hatte? Wie er mich geliebt hatte? *Bis zum Totalgrad, Natasha. Ich liebe dich bis zur Unendlichkeit.*

Da. Ich hatte es getan. Ich speicherte die Einladung und fing an, die Gäste aufzulisten. Zuerst die Familie. Bobs jüngeren Bruder Tom. Die Cousins und Cousinen. Ednas jüngeren Bruder Murdoch und den ganzen schottischen Clan. Ich bat meine Mom und Tara per E-Mail um eine Liste all ihrer Freunde. Und dann öffnete ich die Datei mit meinen Kontakten. Mit all den wunderbaren Frauen in meinem Leben: Nicole, meine spirituelle Vorreiterin, Katie, die Sachliche. Kira, meine Modeikone. Sonia mit ihrer Lebenserfahrung. KC, eine wahre Komödiantin. Heather, die immer zum Feiern aufgelegt war. Und Penelope, eine eingefleischte Romantikerin, die der Liebe wegen von L.A. nach Ibiza gezogen war. Die Liste wurde länger und länger. Und ich trank ein Glas nach dem anderen.

Ich tue es,

simste ich Tara Stunden später.

Jetzt wird es wirklich wahr, Schwesterherz. Wir schmeißen eine Party für Dad. Eine große, umwerfende Party. Jetzt gibt es kein Zurück mehr.

Die Liste war noch nicht vollständig. Ich lud Kollegen von The Agency ein. Alle, die das vergangene Jahr an meinem Leben teilgenommen hatten. Billy Rose, Michel Grady, Keri White und natürlich Monique und Alejandra.

Ich kippte einen Tequila nach dem nächsten. Fuck. Fuck fuck fuck.

Dies wird die unglaublichste Party aller Zeiten,

simste ich Tara und saugte ein Limettenscheibchen aus.

Du machst mir Angst. Was genau ist los?,

antwortete Tara schließlich.

Aber ich konnte nicht aufhören. Ich lud Freunde aus Kindertagen ein. Schwestern aus dem Hospiz. Martin. Freunde aus Übersee.

Freunde, die Bob nie gekannt hatten. Meinen Ex-Mann. Meine ehemaligen Schwiegereltern. Ich lud sogar ein paar Internetdates ein.

Und dann lud ich Philippe ein.

Der Tag der Trauerfeier für den Großen Bob Sizlo war stürmisch und kühl. Dunkle Wolken brauten sich zusammen, und es fegte ein kalter Wind. Als ich am Haus meiner Eltern eintraf, stellte Tara trotz des Wetters draußen Reihen von Stühlen auf. Ich sah ein Podium. Und ein Mikrofon. *O Gott.* Ich wusste, dass ich aus irgendwelchen Gründen fünfundsiebzig Personen zu dieser Party eingeladen hatte, hatte aber nicht wirklich bedacht, dass das auch bedeutete, vor all diesen Leuten EINE REDE ZU HALTEN. Ich gehörte nicht an ein Mikrofon. Ich gehörte nicht auf ein Podium. Zwar hatte ich an Dads Grab ein paar Worte gesprochen. Doch da hatten nur sieben Verwandte teilgenommen und nicht jeder Ex im Umkreis von fünfzig Meilen und meine Kollegen. Ich gehöre zu denen, die vor einer großen Menge einen Blackout bekommen. Das war schon immer so. Im Kindergarten dachte jemand, es wäre doch nett, wenn ich in einem lila Gymnastikanzug mit Zylinder zu Frank Sinatras »New York, New York« singen und tanzen würde. Mein Dad saß strahlend in der ersten Reihe und drückte eine große, schwarze Kamera an sein Auge. Die Musik setzte ein. Aber ich erstarrte. Wie ein Reh im Scheinwerferlicht. Ich hatte den Text und die Schritte vergessen. Einfach alles. Ich war wie gelähmt. Denn man weiß ja, was Tieren zustößt, die im Scheinwerferlicht erstarren. SIE STERBEN!

»Tara? Tara! Hör mir zu. Es wird regnen. Guck doch. Das ist schlecht für das Mikrofon. Wir sollten alles ins Haus verlegen. Wo wir kein Mikrofon brauchen.«

Tara sah mich finster an.

»Nein, es wird *nicht* regnen, Tasha. Ich verbiete es. Dieser Garten hat Dad einfach alles bedeutet. Er liebte es, ihn seinen Freunden zu zeigen und damit anzugeben. Und genau das werden wir jetzt tun. Weil Dad sich das *wünscht.* Jetzt hol den Wein aus deinem Wagen. Und such Mom. Sie muss hier irgendwo sein.«

Tara hatte den Verstand verloren. Bob hätte sich nicht gewünscht, dass wir im eiskalten Regen saßen. Aber jetzt klappte sie noch mehr Stühle auf und murmelte etwas von Blumen und davon, dass man dem Caterer auf die Finger gucken musste. Ich hatte ja keine Ahnung, dass sie die ganze Nacht damit zugebracht hatte, Fotos zu sortieren und das Haus nach ihren Vorstellungen vorzubereiten – oder dass sie Dads freundlichen Geist gespürt hatte, als sie sein altes Zimmer aufräumte (natürlich war Bob gekommen, um ihr bei der Party zu helfen). Also ging ich ihr lieber aus dem Weg und holte den Wein. Als ich meinen Wagen erreichte, sah ich einen hochgewachsenen Mann die Kisten tragen, die ich gerade hatte ausladen wollen.

»Weinlieferung.« *Dieser französische Akzent. Philippe. Er war gekommen.*

»Hi ... ich ... äh, danke, dass du heute hier bist. Es ist noch ein bisschen früh, aber ...«

»Die Party für Bob hätte ich mir doch nicht entgehen lassen. Ich hab euren Dad geliebt. Es tut mir ja so leid, Natasha. Wie geht's meinem Mädchen?« *Wieso muss er immer so verdammt gut aussehen?*

»Nicht so gut. Ich habe Angst, eine Scheißangst. Ich weiß nicht, ob ich das schaffe. Tara stellt *Stuhlreihen* auf.«

»Ah«, sagte er und zwinkerte mir zu. »Stuhlreihen. Verstehe. Natasha, du wirst großartig sein. Ich weiß es.«

Mein Herz klopfte wie wild. Nicht nur wegen der Rede. An einem ohnehin schon aufwühlenden Tag brachte mich Philippes Anwesenheit nur noch mehr aus der Fassung. Dabei war ich diejenige, die ihn eingeladen hatte.

»Ich übernehme das, Natasha. Geh du mal zu deiner Familie.« Lächelnd brachte Philippe den Wein ins Haus.

Langsam füllten sich Haus und Garten. Es kamen meine Freundinnen. Verwandte. Fremde. Mein Boss. Ich begrüßte alle, bat sie, sich ins Gästebuch einzutragen, und nahm Blumen entgegen. Und die ganze Zeit knüllte ich nervös meine Rede in meiner Hand. Tara hatte recht gehabt, als sie mir riet, nicht den schillernd bunten Paillettenrock und das T-Shirt mit dem grellen Aufdruck anzuziehen, das ich als riesigen

Stinkefinger für den Tod tragen wollte. »Schon klar, Tash. Ich weiß nur nicht, ob das auch jeder verstehen wird.« Alle trugen geschmackvolles Schwarz, genau wie sie vorhergesagt hatte. Das heißt, alle bis auf Philippe. Er wusste, dass ich ihn nicht gern in Schwarz sah. Er wusste verdammt gut, wie sehr er mir in einem frischen weißen Hemd gefiel. Irgendwie kam dieser Kerl mit seinem weißen Hemd ziemlich sexy daher. So als könnte niemand was dagegen sagen. Nicht mal auf einer Trauerfeier.

Nervös blickte ich zu den Stühlen, der Leinwand und dem Projektor, die Tara aufgestellt hatte. Sie kniete auf dem Boden und prüfte die Kabel, die zu ... riesigen Lautsprechern führten. Guter Gott! Ich musste es noch mal versuchen. Vor allem, weil die Wolken über uns immer bedrohlicher aussahen. Ich lief Gefahr, nicht nur gedemütigt, sondern auch noch durch einen Stromschlag getötet zu werden.

»Tara! Lass uns alles nach drinnen verlegen, verdammt noch mal. Guck mal zum Himmel!« Gut möglich, dass ich meine Stimme erhoben hatte.

Tara stand auf und drehte sich zu mir um. Ich sah Tränen in ihren Augen. Und wilde Entschlossenheit.

»NEIN, Tash. Ich hab's satt, dass du die Nerven verlierst, wann immer es dir einfällt. Du hast dir schon Asche von Dad geklaut, ohne Mom zu fragen. Ohne mich zu fragen. Bob war auch mein Vater. Glaub ja nicht, ich hätte das auch nur eine Sekunde vergessen ...«

Tara hatte Bobs Asche bei der Beerdigung in meiner Tasche entdeckt. *Nachdem* wir die eigentliche Urne ins Grab gelassen und uns verabschiedet hatten. Wie sich zeigte, waren glänzend goldene Zauberstäbe ziemlich auffällig. Sie wurde so wütend, wie ich befürchtet hatte. Sogar noch wütender. Aber es war zu spät, etwas zu ändern. Als ich den Friedhofsangestellten fragte, ob wir den Zauberstab noch irgendwie zur Urne legen könnten, nur, um alles ein bisschen zu entschärfen, sah er mich an, als wäre ich verrückt. »Lady, es ist eigentlich nicht unsere Aufgabe, hier irgendwas *auszugraben*, wenn Sie verstehen, was ich meine.«

Und jetzt hatte ich zum falschen Zeitpunkt in ein Wespennest gestochen.

Gerade als Tara wirklich explodieren wollte, teilte sich die Wolkendecke so dramatisch wie der Vorhang im Theater, und die Sonne tauchte auf. Die Ränder der Wolken wurden von hinten angeleuchtet und präsentierten sich als surreale mauvefarbene Zuckerwatte vor einem Firmament aus tiffanyblauem Satin. Es war ein spektakulärer Himmel, bei dem die Leute normalerweise rechts ranfuhren, um ein Foto zu machen. Und der Himmel war genauso auch an dem Tag gewesen, als Dad starb. Tara und ich standen wie vom Donner gerührt im Garten. *Dad?* Er hatte es immer gehasst, wenn wir uns stritten. Oft war er dazwischengegangen und hatte dafür gesorgt, dass wir uns wieder vertrugen, auch, als wir schon längst erwachsen waren. Tara und ich starrten zum fantastischen Himmel und dachten beide das Gleiche: *Es ist Zeit.*

Wenn es ein Ereignis im Leben gibt, bei dem man nicht in der ersten Reihe sitzen will, dann ist es eine Trauerfeier. Liebend gern hätte ich meinen Platz einem anderen überlassen. Und mich versteckt. Stattdessen stand ich auf und nahm das Mikro. Sah die Menge der Besucher vor mir. Schweigend und erwartungsvoll. Ganz kurz verlor ich die Fähigkeit zu sprechen. Erstarrte wie das arme Reh im Scheinwerferlicht. Genau, wie ich es die ganze Zeit gewusst hatte.

Und dann entdeckte ich ihn. Philippe. Er saß mit seiner Tochter Charlie in der allerletzten Reihe. Etwas früher hatte ich gesehen, wie sie und Margot die Köpfe zusammensteckten. Die Mädchen schmiedeten ständig Pläne, wie sie uns wieder zusammenbringen konnten. In diesem Moment saß Philippe zwar ganz weit entfernt, doch fühlte ich mich ihm näher als irgendjemand anderem. Seine mitfühlende Miene zeigte, dass er wusste, wie verzweifelt ich in meinem Innern war und welchen Mut ich aufbringen musste, um zittrig vor den Trauergästen zu stehen. Ich spürte förmlich, wie er mich sanft berührte und mir ins Ohr flüsterte: *»Dein Name ist Natasha.«*

Und so begann ich zu sprechen. Ich erzählte, wie sehr mein Vater seine Familie geliebt hatte – und Bananen und Frank Sinatra, Zwiebelsandwichs und das MIT, Einkäufe bei Costco und lange Gespräche. Wie er verrückte Dinge tat, weil er auch das Leben bis zum Totalgrad liebte. Zum Beispiel kaufte er der Basketballmannschaft Utah Jazz den Tourenbus ab, um ihn als Familienwagen zu nutzen. In dieser Kuriosität aus den Achtzigerjahren lernte Tara Autofahren. Im Grunde war es ein Wohnmobil mit Minibar, Fernseher und Ausziehbett. Die Jungs im Ort nannten ihn *Partyvan* und kürten die Sizloschwestern damit zu einer Art mythischer Einhörner.

Ich sprach auch über Dads Liebe zu Edna.

»Nie habe ich einen Menschen gekannt, der so lieben konnte, wie Dad dich geliebt hat, Mom.« Mittlerweile weinten alle. Und lachten. Ich fühlte mich ausgelaugt und gleichzeitig erleichtert. Danach gingen wir ins Haus, wo Tara eine große Ausstellung mit Erinnerungsstücken aus dem Leben meines Vaters aufgebaut hatte. Die schottische Seite meiner Familie stimmte laute Gesänge an, wie Schotten das bei jeder Trauerfeier tun. Man kann sich das wie eine Endlosschleife von »Auld Lang Syne« vorstellen. Jemand versuchte, die Stimmung mit Musik aus den Fünfzigerjahren zu heben, worauf alle anfingen zu tanzen. Auch Tara und ich tanzten und tanzten und tanzten und verbrannten damit ein bisschen von unserer Trauer. Ein Tanzduell der Sizloschwestern, wie in alten Zeiten. Tara ist eine ausgebildete Ballerina mit einem sechsten Sinn für ihren Körper in jedem Raum und kann *richtig* tanzen, während ich immer nur aus zuckenden Ellbogen und Knien bestehe. Schließlich bog meine Schwester sich vor Lachen über meine spastischen Verrenkungen und erklärte sich wieder mal zur Siegerin. Sie ging in die Küche, um wieder zu Atem zu kommen und ein Glas Wasser zu trinken.

Da tauchte Philippe vor mir auf.

»Gut gemacht«, sagte er, nahm mich in den Arm und küsste mich auf die Wange. Ein bisschen zu lang, aber ich wehrte ihn nicht ab. »Ich bin stolz auf dich, Natasha. Und Bob wäre auch stolz auf dich.« Ich schmiegte meinen Kopf an seine Schulter. In meine Lieblingsmulde. Es fühlte sich an, als würde ich nach Hause kommen. Philippe roch so vertraut. So *lebendig*. Ich sog seinen Geruch ein. Braune Augen. Sonnengebräunte Haut. Ein schwacher Akzent. Das weiße Hemd. Ich liebte ihn immer noch. Es fühlte sich so gut an, von seinen starken Armen umfangen zu sein. Als die ersten Töne von »La Vie en Rose« erklangen, begannen Philippe und ich zu tanzen. Langsam. *Meinte Stephanie deshalb, Philippe wäre der perfekte Mann für mich? Vielleicht musste ich doch nicht nach Paris, um mir jeden anderen Mann anzusehen, der am gleichen Tag Geburtstag hatte wie er. Vielleicht war Philippe mein Glückspunkt.*

Tara sagte, alle hätten innegehalten, weil wir so verliebt gewirkt hätten, aber das bemerkte ich nicht. Sie sagte auch, KC, die meine Geschichte mit Philippe kannte und wusste, dass Tara kein großer Fan von ihm war, hätte sie angestoßen und geflüstert: »Oh nein! Deine Schwester tanzt mit dem Franzosen!« Aber ich hörte sie nicht. Meine ganze Aufmerksamkeit galt Philippe.

Machen wir es kurz: Ich kam wieder mit ihm zusammen.

Es heißt, wenn man seinen Vater verliert, kommt man in einen Club, zu dem niemand gehören will. Für mich galt das nicht, nachdem die Beerdigung und die Trauerfeier vorbei waren. Ich hatte keinen Club. Ich hatte niemanden. Zumindest niemanden, den ich an mich heranließ. Nicht mal Tara oder Nicole (denn sie hätten etwas über Philippe und mich sagen können, was ich nicht hören wollte). Es gab nur Philippe, der mir Sicherheit bot. Vertrautheit. Dem ich nichts erklären musste. Wir waren unser eigener Club, und ich wollte ihn nicht gehen lassen. Nie mehr. Deshalb bat ich ihn schon kurz nach Dads Trauerfeier, mich zu heiraten. Da verbrachten wir ein Wochenende auf der Ranch eines Freundes und machten unter einer alten Eiche ein Picknick mit einer Flasche Rosé. Ich wollte ihm gerade von Stephanie, seinem Geburtstag und dem verrückten Plan erzählen, den ich fast in die Tat umgesetzt hätte, da kam er mir zuvor.

»Ich wollte dich schon lange etwas fragen«, sagte er und strich mit den Lippen über meine Stirn.

»Was denn?«

»Würdest du mit mir nach Paris reisen? Wir waren noch nie dort, warum, weiß ich nicht. Schließlich ist es meine Heimatstadt. Und die will ich dir zeigen. Ich habe oft daran gedacht. Ich habe oft an uns gedacht.«

»Ja, ich will nach Paris!« *Das ist ein Zeichen. Die Sterne richten sich aus!*

Ich umarmte Philippe und küsste ihn. An diesem Nachmittag kam ich nicht mehr dazu, ihm von der Suche nach meinem Seelenverwandten zu erzählen.

»Ich liebe dich, Philippe. Ich liebe dich mehr, als ich je einen Mann geliebt habe. Lass uns zusammen sein. Für immer. Lass uns heiraten. Hier. Unter diesem Baum. Alles andere überlegen wir uns später. Heirate mich.«

Philippe antwortete mir mit einem langen Kuss. Aber er sagte nie »Ja«. Das allerdings bemerkte ich damals nicht.

Zurück in L.A., weit weg von der Magie bei Bobs Trauerfeier und der Romantik beim Picknick unter der Eiche, beschlichen mich erneut meine alten Bedenken über unsere Beziehung. Irgendwie waren unsere hinreißenden Wochenenden *à deux* immer geprägt von perfekten Cocktails bei Sonnenuntergang, französischem Rotwein und verbotenen Zigaretten, die bis spät in die samtige Nacht genossen wurden. Genau wie in alten Zeiten, nur dass ich mittlerweile älter war und am nächsten Tag nicht mehr so einfach mit meinem Alltag weitermachen konnte. Ich hatte auch mehr als Maklerin zu tun und brauchte dazu einen klaren Kopf. Die gefürchteten Wochenenden mit den Kindern, wo wir nur aus dem Koffer lebten, waren so schrecklich wie eh und je. Und wir hatten immer noch keine festen Pläne für die Zukunft. Da ich Angst hatte, Philippe und ich würden genauso enden wie beim letzten Mal, suchte ich mir Hilfe bei einer Paartherapeutin, die angeblich Wunder bewirkte, mir von einer Freundin empfohlen worden und sogar bei Goop erwähnt worden war. Wenn es eine gab, die sich mit komplizierten Beziehungen auskannte, dann Gwyneth Paltrow. Deal! Jedenfalls für mich. Aber nicht für Philippe.

»Goop? Du hast bei Goop eine Therapeutin für uns gefunden? Das soll doch ein Witz sein, Natasha. Oder ist das dein Ernst? Für mich fühlt sich das an, als wolltest du einen anderen, eine andere Version von mir. Aber ich bin, wer ich bin. Und das kann keine Goop-Therapeutin ändern. Warum machst du alles immer so schwer?«

Und da waren wir wieder. Nur dass es diesmal für beide so war. Als wären zwei Magnete, die sich anzogen, plötzlich umgedreht worden. Also keine Verlobung. Kein Philippe. Und mein Vater war immer noch tot. An den meisten Abenden saß ich ausgelaugt von der Arbeit und meinem Kummer in der Küche und trank ein Glas Wein, bevor ich mich schlafen legte. Aus ging ich so gut wie gar nicht.

An einem dieser Abende beschloss ich, meine geliebte Tasche aufzuräumen. Wie Katie sagen würde: »Welcher vernünftige Mensch würde sein makelloses Anwesen in Brentwood, das mit Heimkino, Pickleball-Platz und Botoxsalon ausgestattet ist, einer Maklerin anvertrauen, die die Starbucks-Becher einer ganzen Woche in ihrer Tasche mitschleppt?« Ganz unten fand ich die Karte von Philippe. Ich betrachtete das Gedicht und wünschte, ich könnte es verstehen. Seine Schrift war so französisch! Sein Name war in mein Herz tätowiert. Ich wünschte nur, ich könnte das Tattoo entfernen. Ich schob die Karte in die Tasche zurück. Sie gehörte nicht in den Müll wie die Servietten mit den Lippenstiftabdrücken, aber was ich damit machen sollte, wusste ich auch nicht. Als Nächstes fand ich den kleinen, goldenen Zauberstab mit Bobs Asche und spürte einen Schauer aus Traurigkeit und Energie, als ich ihn in die Hand nahm.

Bob kam auf ein Regalbord neben meinem Schreibtisch, wo ich kleine Talismane der Hoffnung aufbewahrte. Ich platzierte ihn direkt neben mein Kinderfoto, auf dessen Rückseite Bob das Zitat von Shel Silverstein geschrieben hatte. Das Foto lehnte an meinem von Stephanie erstellten Geburtshoroskop. Ich musste lächeln, denn das Regal wurde langsam voll. Darauf standen auch ein paar der Geschenke, die mir meine besten Freundinnen im letzten Herbst gegeben hatten. Der Rosenquarz. Der rote Lippenstift von Chanel, der für mich viel zu auffällig war. Das Intimspray mit Ananasduft. Und die fliegenden Wunschzettel.

Die Wünsche! Ich habe die Wünsche vergessen!

Ich nahm das kleine Päckchen vom Regal. Die fliegenden Wunschzettel mit den Miniherzen. Meine Freundinnen hatten sie mir extra geschenkt, damit ich *den Einen* manifestieren konnte.

Magische Briefe, die Träume wahr werden lassen, stand auf der Verpackung. *Wünsche aufschreiben, anzünden und fliegen lassen. Lassen Sie Ihre Wünsche mit diesen fliegenden Briefchen in den Himmel steigen. Schreiben Sie einfach einen besonderen Wunsch auf einen fliegenden Wunschzettel, drehen Sie ihn zu einem Röhrchen und stellen Sie ihn auf eine Startplattform. Zünden Sie ihn am oberen Rand an und sehen Sie zu, wie er mit wunderschöner Flamme herunterbrennt. Im letzten Moment wird sich Ihr Wunsch wie durch Zauberei in die Lüfte erheben. Enthalten sind 15 fliegende Wunschzettel, 5 Startplattformen, Stift und Gebrauchsanweisung.*

Ich nahm einen Wunschzettel und den dazugehörigen Stift und kniff die Augen zu. Das letzte Mal hatte ich mir direkt vor Bobs Tod etwas gewünscht: Mein Vater sollte friedlich einschlafen. Doch jetzt war es Zeit, in die Zukunft zu blicken. Auf meinen Glückspunkt, wie Stephanie gesagt hatte. Eine Minute dachte ich nach. Und dann wusste ich genau, was ich schreiben musste.

Ich wünsche mir jemanden, der um mich kämpft.

Aber ich zündete den Zettel nicht an. Kein vernünftiger Mensch käme auf die Idee, irgendwelche Zettel in einem Haus in L.A. anzuzünden und sie in die Luft fliegen zu lassen. Stattdessen steckte ich ihn in ein blaues Einmachglas und stellte das ebenfalls aufs Regal.

Viertes Haus

Zumba

Ursprünglich und wechselhaft ist das Vierte Haus, so wie der Mond, der es regiert. Es geht um Innehalten, um Beobachten, um instinktives Wissen, darum, die Schwingungen von Mutter Erde zu spüren, um die Beziehung zu unserer eigenen Mutter und um unsere eigenen mütterlichen Qualitäten.

Gleichzeitig steht das Vierte Haus für Aufnahme und Verarbeitung. All die Informationen, die im Dritten Haus empfangen wurden, werden durch die Planeten gefiltert, die im Vierten Haus stehen oder es regieren. Hier wird alles Bedeutsame verzeichnet. Es steht für Geschichte und unser Verhältnis zur Familiengeschichte, was auch Verhaltensmuster und Gewohnheiten miteinschließt. Außerdem steht es für Nahrung, Verdauung, für Nährendes, emotionale Unterstützung, Schwangerschaft und Heimat.

Ich habe Zwillinge im Vierten Haus. Merkur, der die Zwillinge beherrscht, erscheint im Skorpion in meinem Neunten Haus, das für fremde Länder steht. Der Skorpion bestimmt über Seelenverwandtschaften. Meine Merkurlinie verläuft durch Deutschland, den Osten von Frankreich und den Nordwesten von Italien.

»Ist es nicht seltsam, dass ich ihn gar nicht vermisse?«, fragte mich Dash, als ich ihn zur Schule fuhr. Wir waren auf der rechten Spur, weil wir vom Sunset Boulevard auf die Allenford Avenue einbiegen wollten. Die Paul Revere Middle School lag noch ein paar Blocks entfernt. »Ich habe nicht das Gefühl, dass Grandpa Bob weg wäre.«

Nein, seltsam ist unser neues Normal, dachte ich.

An diesem Morgen hatte ich Dash vom Haus seines Vaters abgeholt. In den letzten Monaten hatten die Kinder viel Zeit dort verbracht. Vermutlich sollte ich jetzt auch mal erwähnen, dass es nicht nur das Haus meines Ex-Mannes war. Seine Freundin wohnte ebenfalls dort: die hoch talentierte, unglaublich attraktive Schauspielerin Anna Faris, die immer alles im Griff hatte. Ja, mein Ex-Mann Michael, ein Kameramann, lebte in Freuden zusammen mit dem sexy ›House Bunny‹. Und ja, eine lange Zeit hatte mein Leben viel mehr mit Hollywood zu tun als jetzt. Denn Michael hatte bei einigen berühmten Kino- und Fernsehfilmen mitgearbeitet, sodass ich ihn manchmal bei glamourösen Events auf dem roten Teppich begleiten konnte. Aber diese Zeiten waren längst vorbei. Der einzige Teppich, über den ich jetzt ging, war der fleckige eines Hauses, das ich momentan (verzweifelt) zu verkaufen versuchte. Michael hingegen ...

»Ich kann dir gar nicht genug für deine Hilfe mit den Kindern danken«, rief ich Anna zu, die vor dem Haus wartete, als ich dort vorfuhr. In der letzten – unvorhersehbaren und traurigen – Zeit war Anna immer für Dash und Margot da gewesen, wenn nötig auch kurzfristig. Ich war froh, dass ich endlich die Möglichkeit hatte, ihr persönlich zu danken. Obwohl Margot und Dash oft zwischen unseren beiden Haushalten wechselten, hatte ich Anna vor Bobs Tod kaum gesehen. Die Arbeitszeiten einer Maklerin sind genauso unregelmäßig und unberechenbar wie die einer Schauspielerin.

Anna ließ eine Tüte in den Mülleimer fallen und kam zum Wagen. »Oh, Natasha, das mit deinem Dad tut mir ja *so* leid. Ich kann mir kaum vorstellen, was du durchmachst. Wenn wir sonst noch was tun können ...«

Ich lächelte und schluckte den dicken Kloß in meinem Hals herunter. »Ich weiß nicht, was ich ohne euch gemacht hätte. Ihr wart meine Rettung, und dafür bin ich dankbar.«

Selbst um sieben Uhr morgens war Anna putzmunter, schon bevor sie den ersten Kaffee intus hatte und der Tag richtig begann. Und sie war eine strahlende natürliche Schönheit, die einem den Atem stocken ließ. Eine Filmcrew hätte vorfahren und auf der Stelle anfangen können, sie zu filmen. *Deshalb ist sie ja auch ein Star, und ich bin nur …* Ich warf einen Blick in den Rückspiegel, wo mich eine verhärmte Frau mit strähnigen Haaren und müden, geschwollenen Augen anstarrte. *Nein, kein Wort weiter, Natasha.*

»Jedenfalls freue ich mich, dich heute Morgen zu sehen. Versprich mir, dass du auf dich achtgibst.«

»Ja, das werde ich.« Ich reckte meinen Daumen, fuhr los und wusste doch, dass ich mein Versprechen brechen würde. Ich hatte andere Prioritäten. Zum Beispiel einen Käufer für das vermaledeite Haus zu finden. Und meinem süßen, sensiblen Sohn zuzuhören, der mir erst von seinem Superabend mit Dad erzählte, bevor er auf den Verbleib von Grandpa Bob zu sprechen kam.

Schon bald erreichten wir die Zone vor der Schule, wo die Kinder abgesetzt wurden. Dash schnallte sich ab, griff nach seinem Rucksack und öffnete die Wagentür. Da hielt ich ihn an der Schulter fest.

»Das ist überhaupt nicht seltsam, Dash. Manchmal habe ich auch das Gefühl, Bob wäre in meiner Nähe. Ich wünschte nur, ich hätte dieses Gefühl immer, so wie du. Du hast Glück. Aber jetzt einen schönen Schultag. Nicht vergessen, heute gibt's Abendessen bei Tante Tara. Hab dich lieb.«

Langsam fuhr ich vom Schulgelände, hielt an der roten Ampel und tippte auf den großen Bildschirm auf dem Armaturenbrett meines Wagens. Eigentlich sollten sich mein Handy und die Stereoanlage des Wagens mühelos koppeln. Eigentlich. Aber bei mir funktionierte das nur etwa einmal die Woche, und heute war nicht mein Glückstag. Ich versuchte es noch mal. Denn der Sender, der gnadenlos überdreht die Top 40 spielte, gehörte zu Dashs Morgenroutine. Ich hingegen wollte einen Sender, wo »Endless Love« von Lionel Ritchie garantiert kam. Ich fummelte an meinem Handy herum. Nichts. Tippte wieder vergeblich aufs Display. Schaltete kurz die Scheibenwischer ein und wieder aus. Wieso auch nicht? Da verstummte auf einmal das hektische Gedudel, und die tröstende Stimme einer Frau dröhnte auf voller Lautstärke durch die Boxen.

»Mit vierundvierzig verstehen Sie langsam, was ein Lebenspartner wirklich bedeutet«, erklärte die Stimme. »Dass man mit ihm eine Beziehung eingeht, die ganzheitlich und vollkommen ist. Nicht, dass Sie einen Partner *brauchen*, sondern dass Sie bereit sind, Ihr Leben zu teilen. Gemeinsam Spaß zu haben.«

Was zum Teufel ...!

Es wurde grün. Mit hämmerndem Herzen und auf einmal vollkommen wach scherte ich aus dem Verkehr an den Seitenrand.

»Sie haben ein einzigartiges Horoskop, das wirklich großartig ist. Dies wird ein bedeutendes und wunderbares Jahr für Sie. Ich sehe ein Abenteuer am Horizont.«

Stephanie. Ich hatte total vergessen, dass sie mir eine Aufnahme unserer Sitzung geschickt hatte und die auf meinem Handy gespeichert war. Die hatte ich mir seit Monaten nicht angehört. Ich stellte den Motor – und Stephanies Stimme – aus und saß schweigend da. *Ein bedeutendes, wunderbares Jahr? Spaß? Abenteuer am Horizont? Keinen Partner brauchen?* Ha! Null zu vier, Natasha. Ich schloss die Augen. Etliche Wagen sausten an mir vorbei, einige hupten laut. Ich konnte nicht ewig auf dem Randstreifen des Sunset Boulevard stehen, einem kleinen Nervenzusammenbruch nahe. Das war nicht nur lächerlich – würde auch noch zufällig ein Streifenwagen neben mir halten, säße bei meinem Glück sicher kein alleinstehender, heißer Polizist darin. Ich musste nach Hause, um Wäsche zu waschen. Und zu arbeiten. Im letzten Jahr hatte ich mich so darauf konzentriert, meinen Dad irgendwie am Leben zu erhalten, dass ich meinen Beruf in erschreckendem Maße hatte schleifen lassen. Ich musste zurück ins Spiel und zwar sofort. Also drehte ich den Zündschlüssel und rechnete mit dem hektischen Gedudel des Senders. Doch sofort ertönte wieder Stephanies melodische Stimme.

»Sie sollten anfangen, sich wieder als Autorin zu sehen ... Ihrem Vater bleibt nicht mehr viel Zeit. Die Krankheit war lang und schwer, aber sobald er auf die andere Seite kommt, wird er sofort Erleichterung verspüren und immer an Ihrer Seite bleiben.«

Ich kapitulierte, drosselte die Lautstärke auf ein vernünftiges Maß und hörte Stephanie beim Fahren weiter zu. Ich war traurig, als sie über den Tod meines Vaters redete. Aber die Wörter ›Spaß‹, ›Abenteuer‹ und ›wunderbares Jahr‹ hallten auch in mir nach. Und ›Autorin‹. Ein winziger Anflug von etwas, das nicht mehr Verzweiflung, aber auch noch nicht ganz Hoffnung war, stieg in mir auf. »Du ertrinkst nicht, wenn du ins Wasser fällst, sondern nur, wenn du nicht mehr rauskommst«, hatte mir eine Freundin vor Kurzem gesimst. Ich hatte das für Bullshit gehalten. Ich würde so lange im Wasser bleiben, wie es mir passte, verdammt noch mal! Aber was, wenn sie recht hatte? Was, wenn *Stephanie* recht hatte? Plötzlich wusste ich ganz genau, wohin ich als Nächstes fahren musste.

Die Friseurin starrte entgeistert auf meine Haare. »Tja ...«, sagte sie und fuhr behutsam mit den Fingern hindurch. »Ich kann zwar entfernen, was von den Extensions geblieben ist und Ihnen auch einen Schnitt verpassen, aber Blondieren ist nicht mehr drin. Das würden die Haare nicht überleben. Es wäre ein absolutes Desaster.«

»Verstehe, danke«, erwiderte ich höflich und zahlte den Schnitt plus 20 Prozent Trinkgeld. Doch insgeheim war ich enttäuscht. Denn meine Haare waren bereits ein Desaster. Deshalb war ich ja hier. Ich wollte der Friseurin keine Aufgabe zumuten, bei der sie nur scheitern konnte, aber irgendeinen tollen Trick – außer einer Perücke – musste es doch geben! Eine zweite Meinung schien mir erforderlich. Also sprang ich zurück in den Wagen und simste allen Freundinnen mit tollen Strähnchen: »Wie heißt eure Friseurin? Es geht um einen Notfall.« Eine halbe Stunde später saß ich dank eines gecancelten Termins vor der Meistercoiffeurin Sarah Conner in einem trendigen Salon in Beverly Hills und versuchte, nicht daran zu denken, wie viel ich dafür berappen musste.

Sarah begutachtete eine ganze Weile meine Haare. »Was ist denn hier passiert?«

Im Laufe der letzten Monate hatte ich entsetzt mitansehen müssen, wie meine glänzenden dunkelbraunen Haare stumpf und spröde wurden. Sie brachen, wenn ich sie bürstete, und fielen mir unter der Dusche aus. Stress, diagnostizierte Dr. Google. Da ich eine schnelle Lösung brauchte, weil ich ständig vom Krankenbett meines Vaters zur Agency und von Margots Lacrossespielen zu verpatzten Internetdates hastete, setzte ich alles auf eine Karte und ließ mir Extensions machen. Was meine armen echten Haare (und mein Bankkonto) nur noch mehr strapazierte. Mittlerweile waren die Extensions – oder das, was von ihnen noch übrig war – zersplisst und verrutscht. Nicht gerade der richtige Look für den großen Auftritt. Aber das konnte ich vielleicht ändern. Und noch vieles mehr. Ich holte tief Luft und blickte Sarah direkt in die Augen.

»Die Wahrheit sieht so aus. Sind Sie bereit? Mein Dad ist gerade nach einer quälenden Krankheit gestorben, meine Karriere als Immobilienmaklerin braucht dringend einen Neustart, ich bin alleinerziehende Mutter und habe kürzlich mit dem Mann Schluss gemacht, den ich heiraten wollte. Und zwar zum millionsten und definitiv letzten Mal. Ich habe ein gebrochenes Herz und ernähre mich nur von Tequila, Rotwein und Xanax. ABER … meine Astrologin hat gesagt, es ist meine Bestimmung, *Spaß* zu haben. Deshalb, und das meine ich ganz ernst, werde ich jeden Mann suchen, der am 2. November 1968 in Paris geboren wurde, denn … *zum Teufel mit diesem Kerl!* Und das würde ich gerne als Blondine tun.«

»Zum Teufel, mit *welchem* Kerl?«, fragte Sarah verwirrt und lachte.

Daraufhin erklärte ich ihr das mit Philippe, seinem Geburtstag und der Verbindung zu meinem Glückspunkt. War eh schon alles egal.

Sarahs Augen leuchteten auf. Sie war begeistert. Während sie Folie und Bleichmittel auftrug, erzählte sie mir ihre eigene unglaubliche Geschichte von Liebe und Schicksal, die sich über fast zwei Jahrzehnte und von Los Angeles über Griechenland bis nach Palm Springs erstreckte.

» … und nach all dem«, schloss sie, »bin ich absolut überzeugt, dass es so was wie Schicksal gibt. Sie müssen unbedingt nach Paris. Sie und Ihr Haar werden das verkraften.«

Vier Stunden später starrte ich vollkommen sprachlos in Sarahs Spiegel. Ich gebe es nicht gern zu, aber wenn ich überstürzte Entscheidungen treffe, ist das Ergebnis meist ein Schock. Doch an diesem Tag sah ich nichts, was ich bereut hätte, sondern nur eine Aufhellung (äußerlich und innerlich), die sich sofort richtig anfühlte. Sie war so befreiend, wie es nur eine große Veränderung sein kann. Also ging ich vom Friseursalon schnurstracks zum nächsten Kaufhaus, erstand den grellsten Lippenstift, den ich finden konnte, und trug ihn direkt auf. Feuerwehrroter Lippenstift! Ich!

Als Nächstes fuhr ich nach Bel Air zu einer abendlichen Besichtigungstour, die schon länger in meinem Kalender stand. Dies war eine der glamouröseren Aufgaben in meinem Job. Eine Tour durch ein umwerfendes Dreißig-Millionen-Dollar-Anwesen mit Champagner, Kaviar und Gleichgesinnten, die ebenso wie ich von Immobilien besessen waren? Aber ja doch! Ich freute mich außerdem, ein paar Kolleginnen zu sehen. Wir nannten uns im Scherz *The Agency Boss Babes* und trafen uns regelmäßig auf ein Schwätzchen. Wir hatten uns versprochen, an diesem Abend die Gläser zu erheben, und zwar auf uns. Die Immobilienbranche funktioniert auf Kommissionsbasis, und da kann man an einem Tag bettelarm und am nächsten steinreich sein. Sie ist ein Kampf, den ich überraschenderweise lieben gelernt hatte und immer öfter gewann. Bevor der Zustand meines Vaters sich dramatisch verschlechterte und die Sache mit Philippe völlig den Bach runterging, hatten meine Kollegin Keri und ich es auf die exklusive Liste von Amerikas erfolgreichsten Immobilienmaklern geschafft. Fast ein ganzes Jahr später stießen wir schließlich darauf an. Zwar lebte ich immer noch von sporadischen Einkünften, doch ich hoffte, die Liste zeigte, was ich draufhatte und mit ein bisschen Glück auch noch schaffen konnte, wenn ich wieder mehr in meinen Beruf investierte.

»Wow! Du bist ja blond! *Richtig* blond!«, rief Keri aus, als sie mich sah.

»Heilige Scheiße, Mama«, bestätigte Gloria. »Echt heiß!«

»Das bringt es, Mädel!« Marci hob ihr Glas.

Daran konnte ich mich gewöhnen. In letzter Zeit hatten meine Freunde mich normalerweise (und verständlicherweise) immer mit besorgten Worten begrüßt wie »Das mit deinem Dad tut mir ja so leid« oder »Wie geht es dir, du Ärmste?« Im Vergleich dazu fühlte es sich einfach super an, blond zu sein. Vielleicht war ich jetzt wirklich bereit für die wunderbaren Zeiten, die meine Sterne angeblich für mich in petto hatten.

Als ich nach dem Event zu Hause ankam, waren die Kinder immer noch bei Tara, also machte ich schnell ein Selfie und postete es auf Instagram, bevor ich es mir anders überlegen konnte. Eigentlich nutzte ich Instagram oder andere soziale Netzwerke nicht besonders oft. Außerhalb meiner Arbeit (denn Social Media sind essenziell, um Luxusanwesen zu verkaufen) sah ich keinen Sinn darin. Wer außer einem kleinen Kreis von Freunden, die ich ohnehin ständig sah, sollte sich dafür interessieren, was eine ältere gestresste Mutter so machte? Aber an jenem Abend dachte ich, mit Instagram könnte ich mich möglicherweise zu meinem Glück zwingen. Wenn ich öffentlich verkündete, dass ich Spaß hatte, würde ich mich vielleicht wirklich darauf einlassen müssen. »Ich hab schon viel mehr Spaß«, lautete meine Bildunterschrift. Ich fügte das Emoji eines Rad schlagenden Mädchens hinzu. Dies war mein erster Instagram-Beitrag seit dem Nachruf auf meinen Vater.

Sofort hagelte es Kommentare und Emojis! Herzen! Flammen! Hundert Prozent! Nicht ein einziger Kommentar war eine Bekundung von Beileid oder Mitgefühl. Abgesehen vielleicht von Margots trockener Bemerkung:

Oh. Sie ist blond.

Ungeduldig klopfte ich mit den Fingern auf die Küchentheke. Ich wollte in Hochstimmung kommen. Musik! Das brauchte ich jetzt. Laute, fröhliche Musik, die schon immer, seit ich klein war, mein Allheilmittel, mein Ausdruck von Liebe, mein Weg in seelische Höhenflüge gewesen war. Und das galt noch immer. Nach der Scheidung war wieder Musik in mein Leben getreten. Während unserer Ehe hatte Michael oft nachts am Set arbeiten müssen. Was hieß, dass seine Tage friedlich und still zu sein hatten. »Daddy ist nachtaktiv«, hatte Margot mal geflüstert, als sie noch ganz klein war. »Tagsüber müssen alle leise sein.« Da ich eine Ehefrau sein wollte, die ihn unterstützte, respektierte ich sein Bedürfnis nach einem ruhigen, friedlichen Zuhause. Und gab die Musik fast ganz auf. In unserem alten Haus bemühte ich mich um größtmögliche Stille. Aber dazu musste ich einen wesentlichen Teil von mir unterdrücken.

Philippe hingegen liebte Musik genauso wie ich. Doch daran wollte ich heute Abend nicht denken.

»Alexa, stell eine neue Playlist zusammen.«

»Gern. Wie soll der Name der Playlist lauten?«

»GET UP!«

»Ich erstelle die neue Playlist GET UP.«

»Alexa, füge ›Good Day‹ von Nappy Roots zur Playlist GET UP.« Ich saß an meiner Küchentheke und rief Songtitel. Laut. Musik würde mich retten. Musik würde mich wieder aufrichten, genau wie blonde Haare und roter Lippenstift. »Survivor« von Destiny's Child. »Confident« von Demi Lovato. »Break Free« von Ariana Grande. »Let's Go Crazy« von Prince. »Flawless« von Beyonce. »Dancing on the Ceiling« von Lionel Ritchie. Per SMS fragte ich auch meine Freundinnen, meine Schwester und Margot nach ihren besten Ermutigungsliedern. Die Antworten kamen sofort.

»Superwoman« von Alicia Keys.

»Feeling Myself« von Nicki Minaj.

»I WILL SURVIVE« von Gloria Gainor.

Alles von Cardi B!

Taylor Swift.

»Brave Honest Beautiful« von Megan Trainor.

»STRONGER« von Kelly Clarkson.

Und dann meldete sich Margot:

LMAO! Wie wär's mit »One Less Lonely Girl« von Justin Bieber? 🙄

Das macht wirklich Spaß! Ich bin echt euphorisch! Die Musik meiner neuen Playlist füllte mein kleines gelbes Haus bis zum letzten Winkel mit treibenden Beats, während ich mir ein Glas Wein einschenkte und meinen Laptop aufklappte. *Also gut. Ich habe gesagt, ich würde meinen Pariser Seelenverwandten suchen, und das tue ich jetzt! Noch heute Abend.* Ich rief ein neues Fenster auf Safari auf. *So schwer kann das nicht sein. Bis zehn bin ich fertig.* Ich gab ›Geboren am 2. November 1968 in Paris‹ in die Suchleiste ein. Aber außer einer kurzen Liste von Promis, die an diesem Tag geboren worden waren – allerdings keiner in Paris –, erbrachte die Suche nichts. *Hmpf.* Also versuchte ich es als Nächstes bei Facebook. Ich dachte mir, ich könnte mal nur anhand des Geburtsdatums suchen. Falsch gedacht. Bei Ancestry.com war es dasselbe. *Ihre Suche erbrachte 0 Ergebnisse,* verkündete mein Computerbildschirm. Was machte ich nur falsch? Wurde nicht ständig gewarnt, dass es keinerlei Privatsphäre mehr gibt und alles über jeden im Internet zu finden ist? Jetzt jedoch war es *viel* schwerer als erwartet, eine läppische Liste von Menschen mit einem bestimmten Geburtstag und Geburtsort zu erstellen.

Stunden später, als die Kinder schon längst zu Hause und auf ihren Zimmern waren, geriet ich immer tiefer ins Labyrinth des französischen Einwohnermeldeamts. Zu der Zeit war es in Paris früher Morgen. Ich erfuhr, dass die französischen Behörden bereits seit 1792 alle Geburten registrierten. Die Einträge beinhalteten den Namen des Kindes, das

Geschlecht, das Datum und den Ort der Geburt sowie die Namen der Eltern. Perfekt! Wenn ich also alle Namen jedes männlichen Kindes sammelte, das am 2. November 1968 in Paris geboren worden war, dann konnte ich mit diesen Namen zu Facebook gehen, sie anschreiben, sehen, wer Single war (und hetero und lebendig) und einen nach dem anderen streichen, bis ich meinen Kandidaten gefunden hatte! Okay, ich würde nicht bis zehn Uhr fertig werden, nicht mal bis übermorgen zehn Uhr abends, aber zumindest war ich auf eine Spur gestoßen.

Wie ich bald entdecken sollte, war Paris in 20 Arrondissements oder Viertel aufgeteilt, jedes mit einem eigenen Rathaus, das *mairie* hieß und wo alle Geburten, Eheschließungen und Todesfälle registriert wurden. Also würde ich jede *mairie* einzeln kontaktieren müssen. Na schön. Mit Google Translate schickte ich ein paar Testanfragen zu verschiedenen *mairies*. Sehr aufregend! Aber am Ende fand ich noch eine Suchmaschine für Geburtsurkunden. War das die Lösung? Ich gab ›02. Novembre 1968‹ in die Leiste mit *Si la naissance est connue* ein und drückte auf die Enter-Taste. Daraufhin erschien eine große, rote Leiste auf meinem Bildschirm: *Identité de la personne dont vous demandez l'acte* – NOM ET PRÉNOM. Zurück zu Google Translate, um zu erfahren, was das hieß. … »Identität der Person, deren Geburtsurkunde Sie einsehen wollen – NACHNAME UND VORNAME.«

MIST!

Wenn ich seinen Vor- und Nachnamen wüsste, säße ich schon im Flieger nach Paris, und zwar mit mehreren Hochzeitskleidern im Gepäck! Frustriert klappte ich den Deckel meines Laptops zu. Ich brauchte eine Pause. Oder besser noch, ich ging ins Bett, weil ich in ein paar Stunden schon wieder zur Arbeit musste. Andererseits wollte ich den Abend nicht mit einem totalen Fehlschlag beenden. Das kam mir nach so einem glorreichen Blondinentag nicht richtig vor. Ich überlegte, was sich in den letzten Stunden so gut angefühlt hatte. Die Action. *Ein Ziel.* Ich schnappte mir mein Handy. Wenn ich das wirklich wollte, war es Zeit, mir Hilfe zu suchen.

PARIS ODER FLOP,

tippte ich,

du kriegst diese Gruppennachricht, weil du an wahre Liebe glaubst.

Ich fügte ein rotes Herz hinzu.

Und damit beginnt das Abenteuer …

Meine besten Freundinnen würden brillante Ideen haben. Ich wusste es.

Katie schrieb sofort zurück.

Geh ins Bett, Natasha!

»Was sollte diese Nachricht gestern Abend«, erkundigte sich Tara am nächsten Tag, nachdem sie Margot nach dem Training zu mir brachte. »Alles in Ordnung? OMG, deine Haare!«

»Ich tue es. Ich werde jedem Mann nachspüren, der am 2. November 1968 in Paris geboren wurde.«

»Moment mal! Ich dachte, das wär nur ein Witz!«

»Nein, das ist mein voller Ernst. Wir haben es Dad versprochen. Irgendwo da draußen ist mein Seelenverwandter.«

»Das ist eine ganz schlechte Idee. Da draußen sind auch ziemlich komische Leute, Tasha.«

»Ich mag komische Leute«, behauptete ich. »Komische Leute sind genau richtig für mich.«

»Versprichst du mir, dass du noch mal gründlich darüber nachdenkst? Dass du nicht ohne Plan losstürzt?«

»Ich bin keine fünfzehn mehr, sondern vierundvierzig, Schwesterherz. Ich weiß, was ich tue.«

»Genau davor habe ich ja Angst.«

* * *

Später traf ich mich mit Nicole, und zwar bei Crossroads, einem veganen Restaurant, das sie und ihr neuer Freund (der an diesem Tag nicht dabei war) wegen des Sonntagsbrunchs liebten. Mit ihren blonden Locken und den prägnanten Wangenknochen war Nicole in jeder Menschenmenge leicht zu entdecken. Wir hatten uns über unsere Männer kennengelernt, die gemeinsam an einem Film arbeiteten. Sie war Schauspielerin und widmete sich jetzt mehr dem Schreiben von Drehbüchern und dem Produzieren von Filmen. Unsere Freundschaft intensivierte sich, als wir uns beide zur gleichen Zeit scheiden ließen und entdeckten, dass wir mehr gemeinsam hatten, als wir dachten: Wir brauchten enge Freundschaften, aber auch viel Zeit zum Alleinsein, wir liebten Bäume und die Natur und unsere Kinder waren der Mittelpunkt unseres Lebens. Wenn wir zusammen waren, konnten wir ganz wir selbst sein. Ich würde alles für sie tun. Sogar vegane Chicken Nuggets und Waffeln essen. (Die sich als köstlich erwiesen.)

»Und, wie läuft's mit Justin?«, fragte ich scherzend. Ich redete gern über ihn. Er war hinreißend. Und witzig. Und aufmerksam. Außerdem in Topform. Nicole und er hatten sich auf einem Yogaretreat kennengelernt. Aber er war erst sechsundzwanzig.

Nicole lächelte und wurde rot. »Du weißt ja, dass es nichts Ernstes sein sollte. Ich dachte, wir würden schon bald nur Freunde sein.«

»Ja, ja«, sagte ich nur. Ich kannte keine Frau, die nur befreundet sein wollte mit einem alleinstehenden Mann, der so attraktiv war wie Justin und der ihre Gefühle zudem noch erwiderte.

»Ich glaube es selbst nicht, aber wir sind zusammen. Ein Paar. Doch wo soll das hinführen?«

»Direkt ins Schlafzimmer?«, lachte ich. Dann fügte ich etwas ernster hinzu: »Weißt du denn, was du dir wünschst?«

Nicole nippte an ihrem frischen Selleriesaft. »Nein, aber ich mag ihn wirklich sehr. So, und jetzt haben wir genug über meine Romanze geredet. Was ist mit dir?«

»Ich habe Neuigkeiten. Die Suche nach meinem Seelenverwandten geht jetzt los«, verkündete ich und erhob das Glas mit meiner alkoholfreien Bloody Mary.

»YESSSS!«, rief Nicole aufgeregt und sprang praktisch vom Stuhl. »Paris, wir kommen! Ich *liebe* diesen Plan.«

»Aber ich werde deine Hilfe brauchen, Nicole. Es war schwerer als gedacht, Kandidaten für die Seelenverwandtschaft zu finden.« Ich erzählte ihr von meinem frustrierenden nächtlichen Versuch, französische Geburtsurkunden einzusehen.

»Hallo? Was ist mit TINDER?« Sofort rief Nicole die App auf ihrem Handy auf. »Tinder funktioniert international, also kannst du nach Typen in Paris suchen, obwohl du in L.A. bist. Du musst nur jeden fünfzigjährigen Pariser nach rechts wischen, und danach können wir den Kreis eingrenzen. Die Chancen stehen doch gut. Aber ... du brauchst neue Fotos, schließlich bist du jetzt eine heiße Blondine. Oooh! Lass uns eine Fotosession machen! Bei mir zu Hause. Ich schminke und frisiere dich. Rohina kann die Aufnahmen machen, ich schreibe ihr gleich eine SMS. Oh, was für ein Spaß! Fahr nach Hause, hol dir ein paar Klamotten, wir treffen uns bei mir!«

SPASS. Wieder dieses Wort. Ich war noch nicht über meinen Dad und Philippe hinweg, hatte aber eindeutig Spaß. Und es fühlte sich gut an.

Kaum war ich zu Hause, durchwühlte ich Margots Schrank und entschied mich für das aufreizendste Kleid, das ich finden konnte: Korsettkleidchen aus schwarzer Spitze, das ich für sie im Ausverkauf ergattert hatte. Das Preisschildchen hing noch dran. Vielleicht fand Margot es untauglich für Instagram (wofür ich dankbar war, als ich einen genaueren Blick auf den fast durchsichtigen Stoff warf), aber für Tinder Paris war es sicher genau das richtige. Mit anderen Worten: Es war etwas, das die alte Natasha *nie im Leben* angezogen hätte.

Die Fotos, die unsere gemeinsame Freundin Rohina an diesem Nachmittag in Nicoles Haus von mir schoss, waren eine Offenbarung. Ich hatte schon halb damit gerechnet, sie würden genauso, wie ich mich in den letzten Jahren gefühlt hatte: angestaubt, fade und blutleer. Aufgesetzt. *Wem willst du was vormachen? Als ob gefärbte Haare und Lippenstift deine Probleme übertünchen könnten!* Aber sie zeigten eine strahlende, wunderschöne Frau. Die offen war. Und glücklich wirkte. Als ich erkannte, wie meine Freundinnen mich sahen, veränderte sich etwas in mir. Bis dahin hätte ich nie gedacht, dass ich wirklich schön aussehen konnte. Schließlich war ich Single, mit über vierzig! Ich war geschieden und danach im Grunde noch mal verlassen worden. So dachte ich normalerweise von mir. Aber die Natasha in Rohinas und Nicoles Augen erzählte eine ganz andere Geschichte.

> Natasha, 44
> Glückspunkt
> Unsere Liebe stand in den Sternen ... Aber nur, wenn du am 2. November 1968 in Paris geboren bist. Alle anderen brauchen sich erst gar nicht zu melden.
> *»Wir liegen alle in der Gosse, aber ein paar von uns blicken zu den Sternen.«*
> Oscar Wilde

Und dann fing ich einfach an zu wischen. Alter: 50, ein Wisch nach rechts. Egal, wie das Profilbild aussah. Alle anderen nach links. Das heißt, bis ich einen Philippe sah. Da schlug mein Herz einen Purzelbaum. Deshalb wischte ich eine Weile auch alle Philippes nach rechts. Einen Philippe konnte ich einfach nicht abservieren, selbst wenn es nicht mein Philippe war. Schließlich schaffte ich es aber doch. Es war wie eine Therapie für mich, Philippes nach links zu wischen.

> *Coucou, Natasha. Sprichst du Französisch?*

> *Leider nein. Wurdest du am 2. November 1968 geboren? Könnten wir Seelenverwandte sein?*

> *Ich habe leider am 17. Mai Geburtstag. Also kann ich nicht dein Seelenverwandter sein. Schade.*

Ja, das ist wirklich schade. Du siehst so gut aus!

Also zum Nächsten:

Hallo.

Bonjour, Jeff. Wann ist dein Geburtstag, s'il vous plaît?

Bonjour. Im November, aber nicht am zweiten. ☹

Schreckliche Nachricht. 💔 Aber ich muss den Sternen folgen.

Viel Glück, Mylady. Ich hoffe, du findest deinen Ritter.

Merci, lieber Franzose mit falschem Geburtsdatum ☆

Ich hatte Hunderte von Bewerbern.

Hallo. Ich schlage vor, dich jetzt oder heute Abend in Paris oder Umgebung zu verführen, intensiv und kreativ. Ich komme mit meinem schicken, brandneuen BMW 530e Hybrid zu dir und bringe eine Flasche ausgezeichneten Wein oder Champagner mit. Alles für dich.

Wann hast du Geburtstag, s'il vous plaît?

4. Februar.

Dann sind wir wohl keine Seelenverwandten.

Bist du dir wirklich sicher?

Das würde wohl eine Weile dauern.

Hi, Natasha, schön, dich kennenzulernen. Ich wurde 1968 in der Nähe von Paris geboren, nur wenige Tage vor November. Reicht das, um nach den Sternèn zu greifen?:)

Hi Franck. Meine Astrologin erklärte mir, mein Seelenverwandter wäre am 2. November 1968 geboren worden. Findest du, ich bin verrückt?

Ja, ein bisschen schon ... aber das ist doch charmant:) Wenn du den 2. November 1968 nicht findest, frag deine Astrologin doch mal nach dem 26. Juni 1968. Der passt ganz sicher auch:)

Noch ein Versuch vor dem Schlafengehen.

Bonjour! Enchanté par ce match!

Hi Didier. Ich hoffe, du kannst Englisch? Ist dein Geburtstag am 2. November 1968?

Hello! Nein, ich bin im Juli geboren ... und du?

Ah, das ist schade. Ich suche nach meinem Seelenverwandten, der im November geboren wurde. Ich weiß, dass das komisch klingt. Ich wünsche dir Liebe und Licht, Glück und Leidenschaft ☆ 💘 ♡ ♡ ♡ ♡

Wer glaubt, der glaubt. Genieße die Reise!

Danke. Du auch.

Ich brauche deine Hilfe. Bist du schon wach?,

simste ich Tara am nächsten Morgen.

Was ist? Alles in Ordnung?

Ich muss was aufhängen. Und es gibt immer noch ein paar Dinge, die ich nach meiner Scheidung nicht gelernt habe. Zum Beispiel alles, was mit einem Hammer zu tun hat. Um so was hat Michael sich gekümmert. Und Dad. Und Philippe. Ich hingegen ...

Ich blickte auf einen großen, silbernen Fleischklopfer und den Nagel, den ich in meine nun weich geklopfte Wand hatte hämmern wollen,

... hab nicht mal einen Werkzeugkasten.

Ich bin gleich bei dir.

»Ach, du Scheiße! Was hast *du* denn gemacht?« Meine Schwester drehte sich langsam um sich selbst und sah sich in meiner engen, chaotischen Küche um. Jede freie Oberfläche war mit Kristallen, Salbeisträußchen, Karten von Paris und Räucherstäbchen bedeckt. »Hast du einen neuen Schreibtisch?«, fragte sie und wies auf den eleganten Walnusstisch, den ich neben das Regal mit meinen Schätzen in die Ecke gequetscht hatte, wo vorher ein Kinderschreibtisch stand.

»Den hat mir ein Kunde geschenkt, als ich in Rekordzeit seinen Bungalow in Venice verkauft habe und er alles ganz schnell rausräumen musste«, erklärte ich. »Ist das zu fassen? Genau das habe ich gebraucht: einen größeren Schreibtisch! Als Kommandozentrale für die Suche nach dem Seelenverwandten. Als Nächstes brauche ich natürlich eine Pinnwand für meine Vision. Genauer gesagt *Pinnwände*. Ich habe drei gekauft.«

»Äh … alles klar. Ja. Ich hab meinen Makita mitgebracht.« Tara schwenkte ihren Bohrer. Im Hintergrund lief »Let's Go Crazy« von Prince. »Ich liebe diesen Song. Aber du weißt schon, dass Dad dir auch einen Werkzeugkasten geschenkt hat, oder?«

»Keine Ahnung, wo der ist.« Ich drückte eine der großen Pinnwände aus Kork an die Wand. »Ist die gerade?«

Tara trat einen Schritt zurück und kniff leicht die Augen zusammen.

»Hast du heute schon mit Mom gesprochen?«, fragte ich. Wir hatten verabredet, Edna alle paar Tage abwechselnd anzurufen und am Wochenende zu besuchen. Wir machten uns Sorgen. Aber Edna wehrte all unsere besorgten Nachfragen ab und gab uns dann eine kleine Tüte von *Rite Aid*. Mit Wimperntusche. Oder Handcreme. Nur für den Fall, dass uns die ausgegangen waren.

»Ja, sie ist völlig aufgedreht, weil sie Zumba für sich entdeckt hat. Jetzt macht sie täglich einen Kurs. Manchmal auch zwei.« Tara zeichnete mit Bleistift eine Markierung an die Wand. »Bist du sicher, dass du … *all das* … in die Küche hängen willst, wo jeder es sehen kann? Du willst doch nicht die durchgeknallte Mom mit der Horrorpinnwand sein, oder? Du machst mir Angst.«

»Bohr einfach die Löcher.«

Ich schnappte mir eine Schachtel mit Heftzwecken und fing an, verschiedene Dinge an der Pinnwand zu befestigen. Mein Geburtshoroskop. Das Kinderfoto. Die Karte von Paris. »Ich mein's ernst, Tara.«

»Das sehe ich.«

»Ich hab auch einen neuen Instagram-Account. Nur für meine Suche. Du solltest mir folgen. Ich meine, schließlich kommst du mit nach Paris. Das hast du Dad versprochen.« Ich befestigte Fotos von mir, die meine Freundinnen an meinem Geburtstag geschossen hatten. Dann die Notizen, die ich mir gemacht hatte, als Stephanies Assistentin mir erklärte, dass mein Seelenverwandter am 2. November 1968 in Paris geboren war. Danach kamen ein paar Glückskekszettel an die Pinnwand. Und mein Pass.

»Eigentlich bin ich nicht auf Instagram. Auf meinem Account habe ich nur fünf, sechs Follower«, erklärte meine Schwester. »Und da bist du schon mitgezählt.«

»Und Mom.«

»Äh, nein. Mom folgt mir nicht. Willst du das hier alles wirklich online posten?«

»Ja. Außerdem bin ich jetzt bei Tinder Paris. Was erschreckend viel Spaß macht. Ich hab daran gedacht, auf Instagram und Facebook eine Art Anzeige aufzugeben, nur für Paris, muss aber noch rauskriegen, wie man das macht. Und zwar unter dem Radar. Denn wenn meine Kunden das sähen ... Oder Michael. Oder Philippe! Könntest du dir das vorstellen?«

Meine Schwester hörte auf zu bohren und sah mich entsetzt an. »Beim Stichwort Tinder hab ich mich schon ausgeklinkt. Hast du das wirklich gründlich durchdacht?«

»Mach dir keine Sorgen«, sagte ich, zündete ein Büschel Salbei an und schwenkte es sacht.

»Was zum Teufel machst du da? Ich krieg gleich einen Asthmaanfall! Wo ist mein Inhalator?«

»Ist nur Salbei. Letzte Woche kam eine Expertin für Energetische Reinigung in die Agency und hat uns gezeigt, wie wir das für unsere Besichtigungen nutzen können. Jetzt vertreibe ich deine negative Energie.«

Tara riss ein Fenster auf und musste trotz ihrer Vorbehalte lachen. »Raus damit!«

»Mom fragt ständig, was ich im Schilde führe, aber ich hab Angst, es ihr zu erzählen. Ist das schlimm?« Als Nächstes zündete ich ein Räucherstäbchen an und schwenkte es durch die Küche. »Damit rufe ich alle guten Geister auf, damit sie unserem höheren Ziel dienen. Alexa, spiel ›Boys‹ von Lizzo!«

Meine Schwester seufzte. »Ich weiß nicht, ob Mom momentan mit so was zurechtkäme. Vielleicht solltest du noch ein bisschen warten.«

Kurz nachdem ich ernsthaft mit der Suche nach meinem Seelenverwandten begonnen hatte, war ich zu einem Lunch eingeladen, den eine Freundin zum Start ihrer neuen Modemarke veranstaltete. *Ist doch nur ein Lunch*, redete ich mir gut zu, als ich dorthin fuhr. *Dauert höchstens anderthalb Stunden.* Seit ich vor sechs Jahren Insolvenz angemeldet hatte, hasste ich Small Talk mit Fremden, der bei Events wie diesem unvermeidlich war. Selbst die banalsten Gespräche über geplante Urlaube oder die neuesten angesagten Restaurants, die man einfach besucht haben *musste*, waren für mich ein emotionales Minenfeld. Meine vagen Antworten waren für meine Gesprächspartner immer ziemlich unbefriedigend, sodass unvermeidlich Fragen und besorgte Mienen folgten. Kein *Urlaub?* Aber was machen Sie dann den ganzen Sommer? (Äh ... arbeiten?) Ich entwickelte wahre Meisterschaft darin, einen ›Freund‹ auf der anderen Seite des Raums zu entdecken und die Flucht zu ergreifen. *Bin gleich wieder da!* Auf gar keinen Fall konnte ich in der Öffentlichkeit zugeben, dass ich nach meiner Insolvenz immer noch finanziell zu kämpfen hatte. Zugegeben, ich war eine aufstrebende Maklerin bei The Agency und hatte auch meine Verkaufsabschlüsse. Ich konnte mir mittlerweile eine Betreuung für die Kinder leisten, während ich Besichtigungen veranstaltete. Und ich wirkte und kleidete mich wie eine Frau, die es (fast) geschafft hatte. Aber eigentlich hatte ich noch einen langen Weg vor mir. Mich nach meinem Bankrott wieder zu konsolidieren fühlte sich an, als wollte ich Kuchen aus Luft backen. Ich kam mir vor wie eine Versagerin und wollte niemandem mein großes, schmutziges Geheimnis preisgeben: Ich hatte meine Finanzen total in den Sand gesetzt. Aber da wir ganz unter uns sind, liebe Leserin, lieber Leser, hier die Kurzversion:

Nach acht Jahren als Vollzeitmutter bekam ich unerwartet die Gelegenheit, eine Reihe kleiner, weit zurückliegender Jobs in der Modebranche (daher die Einladung zu diesem Lunch) in ein richtiges Geschäft zu verwandeln: als Designerin für Kindermode. Ich ergriff die Gelegenheit, was jede Mutter verstanden hätte, denn damit konnte ich mein eigenes Geld verdienen und endlich das quälende Problem lösen, wie, wann und womit ich in die Arbeitswelt zurückkehren würde. Dabei übersah ich die Tatsache, dass die meisten erfolgreichen Start-ups eben nicht in den knappen sieben Stunden gegründet, betrieben und ausgebaut werden können, die einer Mutter in der kinderfreien Zeit bleiben. Ehrlich gesagt wusste ich nicht mal von der Existenz dieser Tatsache. Ich hatte einfach keine Ahnung, worauf ich mich da einließ. Rückblickend hätte ich mir Mentoren suchen, Onlinekurse absolvieren (zum Beispiel Businesspläne für Anfänger) und es insgesamt einfach langsamer angehen müssen. Das kann ich jetzt leicht erkennen. Aber damals war ich begeistert, endlich mehr zu machen, als die Pausendose aus dem Handschuhfach des Wagens zu holen. Ich träumte davon, finanziell etwas zum Unterhalt unserer Familie beizusteuern. Obwohl ich dankbar war, die Wahl zu haben, bei den Kindern zu bleiben, hatte ich auch ein schlechtes Gewissen, weil Michael so viel für uns arbeitete.

Nach nur wenigen schwindelerregenden Monaten im Geschäft wurde meine hinreißende Modemarke für Kinder – curio+kind – bereits von größeren Unternehmen wie Nordstrom, Fred Segal und Garnet Hill vertrieben. Klingt doch wie eine Erfolgsgeschichte, die in der *Fast Company* erscheinen würde, oder nicht? Falsch. Denn niemand warnt einen, dass man solchen Superbestellungen mit riesigen Summen geliehenen Geldes nachjagen muss und dass das kein Spiel ist. Vielleicht hatte ich auch einfach nicht auf die Warnungen gehört. Es erwarteten mich auch keine regelmäßigen Gehaltsschecks, sondern im Gegenteil ein finanzielles Fass ohne Boden, das ich nur unter Ausreizung all meiner Kreditkarten füllen konnte. Die Gewinne der ersten Bestellung wurden sofort auf die nächste Bestellung verwandt und so weiter und so fort. Das Ganze kam mir vor wie ein gieriges, unersättliches, niemals ruhendes Ungeheuer. Das war kein Teilzeitjob – nicht mal ein Vollzeitjob! Ich war *rund um die Uhr* damit beschäftigt. Gleichzeitig hatte ich zwei kleine Kinder, die ihre Mutter brauchten. Als es in meiner Ehe kriselte, richtete ich meine ganze Energie wieder auf die Familie. Das musste ich. Wie zu erwarten, brach mein Geschäft zusammen. Meine Ehe folgte.

Danach fühlte ich mich wie eine Frau, die in jeglicher Hinsicht gescheitert war: als Mutter, als Ehefrau, als Unternehmerin. Wenn man bankrottgeht, versinkt man in einem Strudel aus Scham, Stress, Trauer und Angst. Es ist schon ein Akt, schwarz auf weiß festzuhalten, dass man nichts mehr hat, und dieses Dokument in einem Gerichtssaal einem Richter zu übergeben. Ich fühlte mich selbst wie ein Nichts. Mein Selbstwertgefühl trug schlimmeren Schaden davon als mein Bankkonto oder meine Kreditwürdigkeit. Wenn ich in den Spiegel blickte, sah ich nur die Versagerin, die alles verloren hatte. Was mir blieb, waren meine Kinder und meine Gesundheit, und das gab mir die Kraft weiterzumachen. Ich brauchte Jahre, um zu begreifen, welch weitreichende Folgen die Scham, die ich mit mir herumtrug, hatte. Und dass ein Bankrott die Chance auf einen Neuanfang bedeutet.

Kopf hoch, dachte ich, als ich nervös durch den im Shabby Chic-Stil gehaltenen Saal zu meinem Tisch ging. *Hier weiß niemand etwas über dich. Vielleicht findest du hier einen tollen neuen Kunden für deine Immobilien. Abgesehen davon: Wenn du nicht mal einen Lunch in L.A. schaffst, wie willst du dann die persönlichen Verabredungen mit unzähligen potenziellen Seelenverwandten in Paris hinkriegen?*

Ich zwang mich, die elegante Frau neben mir zu begrüßen. Als sie mir Fragen stellte, beschloss ich spontan, jegliche Konversation in den Wind zu schießen, und erzählte ihr stattdessen von Philippe, Stephanie und dem 2. November 1968. Was anfangs, ehrlich gesagt, etwas peinlich war. Schließlich war das kein vertrauliches Gespräch auf dem Sofa. Doch während ich redete, fingen ihre Augen an zu funkeln, und ihr Lächeln wurde immer breiter. »Ich bin Hope«, sagte sie und streckte mir die Hand entgegen. *Hope: Hoffnung!*

Wie sich herausstellte, hatte meine neue Freundin Hope beruflich mit Social Media zu tun und war Expertin darin, die Aufmerksamkeit von Menschen (und zwar vielen Menschen!) zu gewinnen. Sie lachte wohlwollend, als ich ihr von meinen dürftigen und unzureichenden Posts auf meinem extra für die Suche nach meinem Seelenverwandten eingerichteten Instagram-Account erzählte, und gab mir großzügig ein paar hilfreiche Tipps. Zwar machte das aus mir keine furchtlose und gewiefte Social-Media-Userin, doch ich fing an, regelmäßiger zu posten. Vielleicht war mein astrologisches Gegenstück ja der Freund eines Freundes eines neuen Followers? Möglich war alles. Ich forderte das Universum heraus:

> *Was wäre, wenn dir jemand das Geburtsdatum und den Geburtsort seines Seelenverwandten nennen würde? Wie weit würdest du gehen, um ihn zu finden?*
> *2. November 1968, Paris.*

Nach und nach fanden sich immer mehr Freunde und Fremde auf meinem Seelenverwandten-Account. Zugegeben, ein objektiver Außenstehender hätte gesagt, dass es insgesamt nur eine kleine Gruppe aus höchstens ein paar hundert Personen ergab, doch für mich war das ein überraschendes Zeichen von Unterstützung. Menschen, die ich kaum kannte, boten mir ihre Hilfe an und kamen mit immer neuen Ideen. Ein alter Schwarm von Nicole, der zufällig Franzose war, in Paris wohnte und François hieß, suchte sogar einen Privatdetektiv auf, um sich für mich beraten zu lassen. Eine Frau, die in Kürze nach Frankreich wollte, bot an, vor dem Arc de Triomphe ein paar selbst erstellte Suchanzeigen aufzuhängen. Die Idee gefiel mir. Kleine, passende Zufälle wie diese – Hope, Tipps von Privatdetektiven, das Geschenk des Kommandopultes und hilfsbereite Fremde, die nach Paris reisten – passierten mir immer häufiger. Die Menschen lachten mich nicht aus, sondern wollten, dass ich Erfolg hatte.

Etwa zu der Zeit, als ich Hope kennenlernte, meldete sich eine Freundin mit einer Empfehlung für genau die Art Immobilie, die ich schon immer hatte vermitteln wollen.

»Hi Natasha, ich würde dich gerne einem mir bekannten Manager vorstellen. Dein Ruf, alles möglich zu machen, hat bei einem seiner Künstler den Wunsch geweckt, über dich sein Haus in den Hollywood Hills zu verkaufen. Melde dich.«

Als ich diese Nachricht hörte, schlug mein Herz schneller. Denn dieser Manager war nicht irgendein Manager. Seine Klienten waren berühmt: echte Stars, die an der Spitze der Charts standen oder Reality-Shows moderierten. Das fragliche Haus musste spektakulär sein.

»Mit Freuden«, antwortete ich, »ich bin bereit, wann immer er mich braucht.«

Das waren mal Signale, die ich gerne aussandte. Und empfing. Allerdings nahm ich mir auch den Leitsatz von The Agency zu Herzen, der da lautete, dass man sein Ego vor der Tür lassen sollte. Und nach Möglichkeit zusammenarbeiten. Da ich wusste, dass es wahrscheinlich um einen bekannten Prominenten ging und ich ein solches Angebot noch nie allein übernommen hatte, rief ich sofort meinen Chef Billy Rose an, den Mitbegründer von The Agency, um ihn zu informieren und zu sehen, ob er mein Partner sein wollte, wenn die Sache wirklich spruchreif wurde. Bei der Wahl seiner Partner war Billy heikel. Obwohl seine und Maurice' Tür für jeden offen standen, der Fragen hatte, wirkte Billy manchmal einschüchternd mit seinem nüchternen, leicht autoritären Auftreten, seinem scharfen Verstand und seinen hohen Ansprüchen. Er arbeitete Tag und Nacht, hatte eine beeindruckende Kundenliste und sagenhafte Verkaufsabschlüsse. Trotzdem wirkte bei ihm alles ganz mühelos und natürlich. In unserer Branche ist Billy Rose schlichtweg ein Star. Und dieser Star, der zufällig mein Boss war, hatte keine Zeit zu verschwenden. Doch fragen musste ich ihn.

»Was immer du brauchst, Natasha«, sagte Billy sofort. »Ich würde sehr gerne mit dir zusammenarbeiten. Das wäre bestimmt toll. Halte mich auf dem Laufenden.«

Wandelte sich meine kosmische Energie wirklich zum Guten? Die Suche nach meinem Seelenverwandten, der Neustart meiner Karriere als Immobilienmaklerin: Die Schwingungen waren wirklich gut. Zwar wollte ich nicht den Tag vor dem Abend loben, aber zum ersten Mal seit langer Zeit fühlte ich mich zuversichtlicher. Leichter. Zentrierter. Ich wollte mehr von diesen guten Gefühlen. Also tat ich schließlich, was Nicole mir so oft im Laufe der Jahre vorgeschlagen hatte, als wir gemeinsam unsere Scheidungen durchstanden, die Krankheit meines Vaters, ihre desaströsen Verabredungen und mein Problem mit Philippe: Ich öffnete mich für Spiritualität und Heilpraktiken, vor denen ich bislang die Flucht ergriffen hatte. Schließlich hatte mich die Sitzung mit einer Astrologin erst auf diesen Weg gebracht.

Nicole war eine Meisterin in vielen alternativen Praktiken, über die ich mich früher immer lustig gemacht hatte. Um eine von Gewalt und Vernachlässigung geprägte Kindheit zu verarbeiten, hatte sie mit ihrem Guru eine Pilgerreise zum Kailash unternommen, den Hoffman-Prozess durchlaufen und kürzlich ein zehnmonatiges Studium in spiritueller Psychologie absolviert, das sich ›Soul-Centered Living‹ nannte. Obwohl Nicole aus ihren Studien und Retreats Kraft und Trost schöpfte, dachte ich früher manchmal doch, dass all das sehr gut zum mystischen Trend passte, dem L.A. zunehmend folgte. Aber jetzt fragte ich mich, ob ich nicht vorschnell geurteilt hatte. Ob ich nicht Scheuklappen getragen hatte. Tief in meinem Innern drängte sich mir der Verdacht auf. Denn in Wahrheit sperrte ich mich gegen jede Art von Selbstbetrachtung. Ich hatte Angst gehabt, einige dieser Heiler könnten wirklich Dinge in mir sehen, derer ich mich schämte. Meine Abwehr war im Grunde keine von Vernunft begründete Skepsis, sondern die Angst vor Bloßstellung.

Als mir Nicole also das nächste Mal eine Reiki-Sitzung vorschlug (natürlich hatte sie eine zertifizierte Meisterin), nahm ich das Angebot an. Ich lud mir die Meditationsapp aufs Handy, die sie mir empfohlen hatte, und nutzte sie sogar. Als sie mir den Namen ihrer Lieblingshellseherin simste – »nur zum Spaß« –, antwortete ich nicht mit dem Augen rollenden Emoji. Ich suchte einen Numerologen und einen Tarotkartendeuter auf, buchte ›The Class‹ bei Taryn Toomey und ging zu Workshops in The Den, einem Bildungszentrum für persönliches Wachstum, das Seminare anbot wie ›Im Einklang mit dem Universum‹ oder ›Kosmische Inkarnation‹. Ich nahm sogar an einem Klangbad bei Neumond in den Hügeln von Malibu teil, bei dem eine Gruppe Frauen in fließenden weißen Gewändern und bunten Webtüchern auf ihren staubigen Yogamatten lagen und dann alles losließen, was ihnen nicht mehr dienlich war.

Ich muss zugeben, es war wundervoll. Wieso war ich noch nie zu einer heilenden Gongmeditation gegangen?

»Was ist das?«, fragte Margot und wedelte mit ihrem Handy, als sie aus ihrem Zimmer kam. »Wieso 2. Novembre 1968? Du hast November falsch geschrieben.« Obwohl Margot erst fünfzehn ist, beherrscht sie bereits die Kunst der Social Media. Auf Instagram hat sie über zehntausend Follower und wurde sogar von SnapChat als Rednerin angefragt. Meist sandten Margot und ihre Freundinnen die süßesten Cool-Girl-Vibes aus, eine Mischung aus Unschuld und Effektivität. Selbst mir, ihrer Mom, gegenüber. Außer wenn ich was machte, was Margot für uncool hielt.

»Du hast meinen Instagram-Account gefunden! Nein, so schreibt man das auf Französisch: *Novembre*«, sagte ich mit meinem besten französischen Akzent. Ich war hocherfreut.

Margot scrollte durch meinen Account. »O Gott. O Gott. Ist das die komische Sache mit deinem astrologischen Seelenverwandten? Du hast das auf Instagram eingestellt? O Gott!«

»Wie hast du meinen Account gefunden? Hat dich jemand darauf aufmerksam gemacht?«

»Mom, soll das ein Witz sein? Instagram hat vorgeschlagen, dir zu folgen. Hast du überhaupt eine Ahnung, wie man einen Finsta erstellt?«

»Was ist denn ein Finsta?«

»Aber du hast nicht dieselbe E-Mail-Adresse benutzt wie für deinen Agency-Account, oder?« Sie scrollte weiter. »O Gott. Du bist zu peinlich! *Ist das mein Kleid!!!?* Ich schäme mich zu Tode! Erzähl meinen Freunden auf gar keinen Fall davon. Markier mich bloß nicht, niemals! Wieso kannst du nicht einfach Cookies backen wie Josies Mom?«

»Ach, komm schon. Glaubst du etwa nicht an Schicksal und Bestimmung?«

»Ich glaube, du hast einen Nervenzusammenbruch.«

Der einundzwanzig Meilen lange Abschnitt des Pacific Coast Highway durch Malibu ist eine der schönsten Straßen der USA, wenn nicht sogar der ganzen Welt. Die gewundene Straße, das tiefblaue Meer, die exklusiven Anwesen, der weite Himmel, die Berge und Klippen. Diese Strecke war meine Meditation. Während ich über den Highway raste, beobachtete ich, wie die Surfer am Surfrider Beach geduldig auf Wellen warteten, wie am berühmten Pier von Malibu die Fischer saßen, wie die Strandwächter am Zuma Beach von ihren blauen Türmen aus den weißen Strand und das klare Wasser im Auge behielten und die Motorräder sich vor dem Neptunes Net drängten. Manchmal sah man Delfine. Und die spektakulärsten Sonnenuntergänge. Unzählige Male war ich schon hierhergefahren, in den Wochen vor dem Tod meines Vaters oft auch zweimal am Tag. Der Pacific Coast Highway war wie ein alter Freund, der mich nach Hause rief, und der Anblick von Meer und Bergen hob unweigerlich meine Stimmung. Dies war meine persönliche Reise zwischen meinem Dasein als Mutter und dem als Tochter, wo ich keinen Handyempfang hatte und es für eine ganz kurze Zeit nur mich gab. Es dauerte immer viel zu kurz. Und es kam mir vor wie ein winziger Augenblick, als ich an jenem Morgen nach Summerland fuhr, um mich im Haus unserer Mom mit meiner Schwester zu treffen. Edna war voll in Fahrt, räumte sämtliche Schränke von Bob aus und verschenkte wer weiß was an jeden, der zufällig vorbeikam. Sie hatte erklärt, wenn wir irgendwas wollten, sollten wir kommen – und zwar schnell!

Tara und ich sichteten sorgfältig die Kleider und persönlichen Sachen unseres Vaters und achteten darauf, keine wichtigen Andenken, Kreditkartenabrechnungen oder Lotterielose zu übersehen (Bob kaufte wöchentlich ein Lotterielos). Danach packten wir alles, was wir spenden wollten, in Kisten. Man kann nicht mit Worten beschreiben, wie man sich fühlt, wenn man in die Jackentasche eines Anzugs greift, den der geliebte Vater das letzte Mal bei der eigenen Hochzeit getragen hat, und ein zerknülltes Taschentuch findet. War er damals zu Tränen gerührt gewesen? Oder hatte er ein Taschentuch für eins seiner Mädchen bereitgehalten? Das würde ich nie erfahren.

»Guck mal«, sagte Tara und gab mir einen zerknitterten Zettel, den sie in einer seiner Hemdtaschen gefunden hatte.

Die Schrift meines Vaters: *Ich werde dich bis zum Ende aller Zeiten lieben! ∞ In Liebe, Bob.*

»Bevor er starb, hab ich auch ein paar davon in seinem Nachttisch gefunden«, erklärte sie. »Sie waren alle für Mom und versprachen, sie für immer zu lieben und für sie zu sorgen.«

»Bob war einfach legendär. Komm jetzt, lass uns mit Mom essen gehen.«

In der Honor Bar war es voll und summte vor Gesprächen und Gelächter. Meine Schwester und ich saßen auf der einen Bank einer Sitznische, unsere Mutter auf der anderen. Das Licht war gedämpft. Edna hatte eigentlich keinen Hunger, aber Tara und ich bestanden darauf, dass sie etwas aß. Sie war zu dünn, und wir machten uns Sorgen um sie. Ohne Bob wirkte sie verloren. Sie hatte immer noch ihren wahnsinnigen Wochenplan mit mehr Terminen, als man bei einer einzelnen Person für möglich halten könnte – plus natürlich Zumba –, doch das Licht in ihren Augen war erloschen. In der Hoffnung, ihren Appetit zu wecken, bestellten wir Salat, Fritten und ein saftiges Steak. Und Margaritas. Viele Margaritas.

Da vibrierte wie wild mein Handy, das ich auf den Tisch gelegt hatte, falls die Kinder mich brauchten. Ich riskierte einen Blick. Tinder! Ich nahm das Handy und rief die App auf.

Hallo, ich bin Louis, willst du meinen Schwanz sehen?

Ich zeigte meiner Schwester die Nachricht unter dem Tisch und freute mich über ihre entsetzte Reaktion.

Nein, danke,

schrieb ich zurück.

Bist du am 2. November 1968 geboren?

Nein ... 1967.

Das ist wahrscheinlich auch besser so. Viel Glück dir.

Ich sah mir die nächste Nachricht an.

So viele Treffer! Mit weit aufgerissenen Augen blickte ich zu Tara, die jetzt geradezu schockiert wirkte.

Bonjour.

Hallo. Kannst du Englisch? Bist du am 2. November 1968 geboren?

Fast ... Am 1. Mai 1968.

Danke. Aber das passt leider nicht.

Ich bin sauer auf meine Mutter ... Sie hätte ruhig noch ein bisschen warten können!

»Der ist witzig«, flüsterte Tara. Ich sah mir die nächste Nachricht an.

»Du hältst mich doch nicht für verrückt, oder?«

»Eigentlich nicht. Ehrlich gesagt macht das Spaß. Und den können wir brauchen.«

»Wie sagtest du noch mal? Wir müssen an Schicksal, Bestimmung und wahre Liebe glauben?« Ich zwinkerte ihr zu.

»Ja, na klar.«

»Aaaah. Also die Franzosen glauben an die Liebe«, flüsterte ich.

Und noch eine.

Hallo. Kannst du Englisch? Bist du am 2. November 1968 geboren?

Hi. Ich kann Englisch. 11-2-68. Wieso? Hast du schöne Füße?

Am 2. November 1968? In Paris? Wenn das dein Geburtsdatum ist, dann habe ich hinreißende Füße.

Ja, stimmt alles.

Dann ist es Zeit für eine Pediküre!

»Oh mein Gott! Ich habe einen gefunden!«

»Du bist verrückt«, lachte Tara.

»Was macht ihr da eigentlich?«, knurrte Edna wütend. Wir benahmen uns wie zwei handysüchtige Teenager.

Erschrocken blickte ich auf. Die Miene meiner Mutter war hart. Ich wandte mich zu meiner Schwester.

»Jetzt sag's ihr schon! Tasha will nach Paris fliegen, um ihre wahre Liebe zu finden. Wegen dieser Astrologiesache. So. Jetzt ist es raus!«

Daraufhin erzählte ich Edna alles, was durch Nicoles Geburtstagsgeschenk ausgelöst worden war. »Es ist mein Schicksal, Mom. Ich folge meinem Glückspunkt.«

»Wie du, als du nach Amerika kamst, um Dad zu finden«, fügte Tara hinzu, weil sie das Gefühl hatte, Mom würde nicht ganz folgen können.

»Dad wusste von Paris und der Astrologiesitzung. Ich habe ihm vor seinem Tod davon erzählt. Er hat mich unterstützt und gemeint, ich sollte ihn mir schnappen. Und seinen Pass checken.«

Unsere Mutter saß vollkommen reglos da. »Ich will euch mal was sagen, Mädchen«, sagte sie schließlich. »Ihr wollt wissen, was euer Schicksal ist? Euer Schicksal ist *der Tod*.«

Bei jedem anderen hätte mich eine solche Aussage schockiert. Aber

Mom war im Krieg aufgewachsen, und ihre schottische Mentalität war schon ein wenig düster. Die Familiengeschichten, die sie uns in unserer Kindheit erzählte, fingen immer ganz harmlos an, endeten aber normalerweise damit, dass jemand einen Arm oder ein Geschwisterkind verlor. *Habe ich euch schon vom Besuch auf der Farm meines Onkels erzählt, als ich klein war? Da gab es viel Platz und sehr schöne Hühner. Aber meine Tante musste mich in einer Schubkarre herumkutschieren, weil ich so viel Gewicht verloren hatte, dass der Arzt sagte, ich wäre unterernährt und dürfte nicht laufen.* Oder: *Am Tag, bevor euer Großvater in Rente ging, holte er sich seine letzte Lohntüte ab. Nach seiner Rückkehr aus dem Krieg hatte er sehr hart als Straßenkehrer gearbeitet. Auf dem Weg zur Zahlungsstelle hatte er einen Herzanfall und brach auf der Straße zusammen. Aber er kam erst Stunden später ins Krankenhaus, weil die Leute glaubten, er wäre betrunken, und einfach an ihm vorbeiliefen.*

Dennoch schmerzten mich Ednas Worte.

»Nein, das glaube ich nicht«, widersprach ich und merkte, wie meine Wangen heiß wurden. »Mein Schicksal ist nicht der Tod. Und er war auch nicht Dads Schicksal oder das Schicksal irgendeines Menschen. Ich glaube, es gibt viel mehr als den Tod. Und ich bin sicher, du glaubst das auch. Du glaubst ebenfalls an Schicksal. Dass es Bestimmung war, Dad kennenzulernen. Denk mal darüber nach: Du hast zwei Jobs angenommen, dich selbst aus der Armut gekämpft, Geld gespart, deine ganze Familie in Schottland zurückgelassen und bist ohne Rückflugticket in eine Propellermaschine gestiegen, weil du an dein Ziel *geglaubt* hast. Es war dein *Glaube* ans Unbekannte. Was wäre denn gewesen, wenn du dich niemals in den Flieger gesetzt hättest, Mom? Und was hast du gegen Paris? Glaubst du wirklich, es ist meine Bestimmung, hier in irgendeiner Bar meinen Seelenverwandten zu finden? Wärst du dann glücklich? Wo liegt für dich der Unterschied?« Ich schob meinen Teller weg und betrachtete die alleinstehenden Frauen in meinem Alter, die sich an der Bar drängten.

Mom schwieg. Sie würde nicht einlenken. Und Bob war nicht mehr da, um Harmonie zu stiften.

Da sagte Tara sanft: »Was ist, wenn Tasha recht hat, Mom? Wieso sollte sie es nicht wenigstens *versuchen*? Was ist, wenn es wahr ist? Wenn er auf sie wartet?«

»Selbst wenn er einen Fußfetisch hat«, flüsterte sie mir leise zu und zog grinsend eine Augenbraue in die Höhe. »Außerdem«, fuhr sie fort, »hat Dad gesagt, er würde uns dort treffen. Mr MIT, der nur an Vernunft und Logik glaubte. Und ich finde nicht, dass wir ihn versetzen dürfen.«

Also würde Tara mich tatsächlich nach Paris begleiten.

O mein GOTT, ich glaube, Mom ist echt am Boden,

simste ich Tara später am Abend.

Danke, Schwesterherz.

Bevor ich schlafen ging, kamen noch zwei neue Wünsche ins blaue Einmachglas.

Jemand, der an MAGIE glaubt.
Jemand, der mit MOM umgehen kann.

Fünftes Haus

Meine Astrologin hat mich gezwungen

Das Fünfte Haus steht für Vertrauen, Glück, Spaß, Kreativität, Liebe, Sex, Ferien und Kinder. Es steht dafür, die Weisheit des Herzens zu ehren. Nachdem das Vierte Haus das im Dritten Haus gesammelte Wissen verarbeitet hat, möchte das Fünfte Haus weiter aus Erfahrungen lernen. Denn die Erfahrung weckt das Herz ohne Worte.

Ich habe sowohl den Mond als auch den Saturn in meinem Fünften Haus. Der Mond repräsentiert das Weibliche. Da der Krebs in meinem Fünften Haus steht, bedeutet der Mond hier für mich Liebe. Der Mond im Krebs passt perfekt zu meinem Merkur im Skorpion. Was bedeutet, Mond und Merkur weisen darauf hin, dass ich reisen muss, um meine wahre Liebe zu finden.

Der Saturn kann allerdings für Skepsis stehen und repräsentiert den Vater. Da ich jedoch den Segen des Saturns bekommen hatte, als Bob versprach, mich in Paris zu treffen, konnte die Reise losgehen!

Während Los Angeles von einem ungewöhnlich nassen Winter in einen herrlich strahlenden Frühling steuerte, wurde mein Traum von Paris und einem möglichen Seelenverwandten langsam immer mehr zur Wirklichkeit. Nach dem katastrophalen Essen mit meiner Mom wäre ich am liebsten direkt mit Tara in einen Flieger nach Frankreich gehüpft. Doch ich war noch nicht so weit. Schließlich hatte ich erst einen Kandidaten gefunden – den Fußfetischisten – und sprach kein Wort Französisch – abgesehen von ein paar Flüchen, die ich von Philippe gelernt hatte, und dem Abschiedsgruß *Au revoir, Poupée.* Den kannte ich von der französischen Großmutter einer Kindergartenfreundin von Dashiell. »*Au revoir, Poupée*«, trällerte Colette immer mit ihrem melodischen Akzent durch den Raum voller Kinder. »*Poupée* heißt Püppchen. Es ist mein Kosename für meine Enkelin«, erklärte Colette, worauf ich nur fasziniert nickte.

Als *Poupée* und Dash ein paar Jahre später auf verschiedene Schulen gingen, verloren Colette und ich uns aus den Augen. Doch aus irgendeinem Grund hatte ich nie vergessen, was sie sagte, als wir nach dem Absetzen der Kinder noch ein bisschen plauderten: »Wenn ich nicht das Au-Pair-Mädchen spiele, unterrichte ich.« Lächelnd hatte sie eine Visitenkarte aus einem silbernen Etui genommen und hinzugefügt: »Falls Sie jemals Französisch lernen wollen.«

Die Visitenkarte hatte ich immer noch. Und jetzt wollte ich nicht nur Französisch lernen, ich musste es auch. Colette erklärte sich trotz der vielen Jahre Sendepause zwischen uns hocherfreut bereit, sich mit mir zu einem *petit-déjeuner* im Starbucks in Malibu zu treffen.

> *Es ist eine der süßesten Freuden des Lebens, eine alte Freundin wiederzusehen,*

simste sie mir.

In Malibu wimmelte es von Promis wie Lady Gaga oder Caitlyn Jenner, und normalerweise amüsierte ich mich wie jeder andere damit, beim Bummeln durch das Malibu Country Mart, das faktisch das Zentrum des Viertels darstellte, einen von ihnen zu entdecken. Aber an diesem Tag weckten die schicken Boutiquen, der makellos saubere Spielplatz und die überteuerte Saftbar nur Unbehagen in mir, denn als ich Starbucks zustrebte, dachte ich daran, dass Colette im selben Alter war wie meine Mutter und deshalb genau wie sie auf meine Suche nach einem Seelenverwandten reagieren konnte. Außerdem war Colette die erste echte Französin, der ich von Angesicht zu Angesicht davon erzählen würde. Unser Treffen konnte durchaus eine Generalprobe für Paris sein. Was, wenn es nicht gut lief? Ich verspürte ein beklemmendes Gefühl in der Brust.

»Ich will jeden Mann finden, der am 2. November 1968 in Paris geboren wurde«, stieß ich verlegen hervor, als wir uns einen Tisch auf der Sonnenterrasse suchten. Während ich ihr in Kurzform referierte, wieso ich sie hatte treffen wollen, machte Colette es sich mit ihrem Kaffee bequem und hörte mit großen Augen zu.

»Ich freue mich so sehr, Sie wiederzusehen, Natasha«, bemerkte sie gelassen und strich sich Marmelade auf ihr Croissant. »Und die blonden Haare? *Oh là là.*«

Dabei hätte das *Oh là là* eigentlich ihr gelten sollen. Denn obwohl Colette schon 82 war, zog sie immer noch bewundernde Blicke auf sich. Ihr rötlicher Bob rahmte perfekt ihr natürlich schönes Gesicht ein, und sie trug an diesem Tag eine graue Kaschmirjacke über einer cremefarbenen Seidenbluse. Keine Spur von Alter und Gebrechlichkeit. In ihren Augen spiegelten sich immer noch so viel Witz und Abenteuerlust, wie ich es in Erinnerung hatte.

»Wieso muss es denn unbedingt ein Franzose sein? Französische Männer sind echte Nervensägen. Selbst als ich noch in Paris wohnte, bin ich niemals mit einem ausgegangen. Was glauben Sie wohl, warum ich ausgewandert bin?«, fragte Colette lächelnd.

Ich lachte und erzählte ihr ausführlicher von Stephanie. Von meinem Vater. Von Philippe. Und der Herausforderung, am 2. November 1968 geborene Männer zu finden, selbst wenn man auf eine Dating-App zurückgreifen konnte.

Perplex starrte Colette mich an. Dann sagte sie: »Ihre Aufgeschlossenheit ist einfach *magnifique*! Und dieser Mut. *Bravo*, Natasha! Obwohl ich mir bei der Sache mit dem Geburtsdatum nicht sicher bin. Eigentlich glauben wir Franzosen nicht an Astrologie. Doch wie lautet das alte Sprichwort? *Qui vivra verra.* Wer lebt, wird sehen.«

»Das gefällt mir! Können Sie mir noch mehr beibringen?«, fragte ich eifrig. »Zum Beispiel ›Wurden Sie am 2. November 1968 in Paris geboren‹?«

»Liebe Güte, dann werde ich über Handy eine Warnung aus Frankreich bekommen, mit Ihrem Foto dabei: ›Eine irre Amerikanerin sucht Paris heim. Rufen Sie an, wenn Sie sie sehen!‹« Wir brachen in Gelächter aus. Genau wie in alten Zeiten. »*Bon.* Dann sprechen Sie mir nach: *Êtes-vous né à Paris le deux novembre, dix-neuf soixante-huit*«, sagte sie fließend.

»*Êtes-vous ... né ... à ...*« Ich stockte blinzelnd, weil ich nicht weiterwusste. »Äh ... Das ist zu lang. Geht das nicht kürzer?«

»Doch, da habe ich genau die richtige Frage für Sie«, erwiderte Colette grinsend. »*As-tu déjà été arrêté?* Das heißt: Wurdest du schon mal verhaftet?«

Wieder musste ich lachen.

»*Ça alors!* Wozu so viele Regeln, Natasha? Liebe ist kein Spiel, das man gewinnen kann. Jedenfalls nicht meiner Erfahrung nach. Und die Idee von einem Seelenverwandten ist zwar sehr schön, aber ... Manchmal dauert die Liebe ein Leben lang, und manchmal ist es wie bei der Blume und dem Schmetterling – eine perfekte Affäre, bis kein Nektar mehr da ist. Wie bei meinem aktuellen Liebhaber. Er ist achtundvierzig, stark, attraktiv und Italiener – kein Franzose! Mit ihm habe ich den besten Sex meines Lebens. Ich bete ihn an, und er betet mich an. Aber wir wissen beide, dass es nicht von Dauer ist. Also genießen wir einfach den Moment. Und wissen Sie was, Natasha? Das sollten Sie auch. Haben Sie *Spaß!*«

Spaß. Das wurde langsam zum Refrain meines neuen Lebensabschnitts.

Als es Zeit zum Abschied war, küsste ich Colette auf die Wangen und griff in meine Tasche, um den Wagenschlüssel herauszuholen. Da streifte meine Hand die Karte mit Philippes Gedicht. Zögernd zog ich sie heraus.

»Dürfte ich Sie bitten, mir etwas ganz Kurzes zu übersetzen?«

»Aber ja doch«, sagte Colette und nahm die Karte.

»Darf ich das aufzeichnen? Damit ich es später nicht vergesse?«

»Natürlich«, antwortete Colette.

Ich drückte auf den Aufnahmeknopf meines Handys. Colette räusperte sich und begann:

Tausend und abertausend Jahre
Wären nicht genug
Um den winzigen Augenblick der Ewigkeit zu beschreiben
Als du mich küsstest
Und ich dich küsste.

Sie hielt kurz inne und fuhr dann fort:

Das Leben mit dir ist lang
Hoffe ich.
Philippe

Colette ließ die Karte sinken, blickte mir in die Augen und lächelte verschmitzt. »*Sehr* romantisch.«

»Mmmh«, nickte ich. Mehr brachte ich nicht hervor.

»Das ist ein berühmtes französisches Gedicht. ›*Le Jardin*‹ von Jacques Prévert. Damit übe ich mit meinen Schülern manchmal die französische Aussprache. Es endet mit ›*Un Matin dans la lumière de l'hiver / Au parc Montsouris à Paris/ À Paris / Sur la terre / La terre qui est un astre*‹. Übersetzt bedeutet das ›Ein Morgen im Licht des Winters / im Park Montsouris in Paris / In Paris / Auf der Erde / Die ein Stern ist‹.«

Ein Stern. War das Gedicht ein Zeichen?

»Aber Ihr Philippe hat das Gedicht nicht so beendet, sondern mit ›Das Leben mit dir ist lang / Hoffe ich‹.« Das ist nicht aus dem Gedicht. Das ist von Philippe«, erklärte Colette.

»Danke, Colette«, erwiderte ich und steckte die Karte in meine Tasche zurück. Ich musste über vieles nachdenken.

»Ich habe von einem meiner Liebhaber auch mal so ein Gedicht bekommen«, bemerkte Colette mit funkelnden Augen. »Aus dem Gefängnis.«

Normalerweise wäre ich sofort zu meinem nächsten Termin gefahren und hätte während der Fahrt Telefonate erledigt. Doch jetzt blieb ich eine Weile im Wagen sitzen und sann über Colettes Worte nach. Wer lebt, wird sehen. Blumen und Schmetterlinge. Philippes Gedicht. *Das Leben mit dir ist lang, hoffe ich*, hatte er geschrieben. War das sein Ernst gewesen? Wahrscheinlich, zumindest zum damaligen Zeitpunkt. Als ich einen Blick auf mein Handy warf, sah ich, dass ich einen Anruf von Edna verpasst hatte, und dann wurde meine Mutter ein weiteres Puzzleteil in meinem Kopf. Colette, Edna, Philippe. Ein kleiner Schatten. Ein Riss. Irgendwas war da. Nicole hätte behauptet, das Universum wollte, dass ich all das verbände, dass dies der richtige Weg wäre.

Ich war noch nicht besonders gut darin, die Geschichte meiner Familie und Erfahrungen aus der Vergangenheit mit erworbenen Erkenntnissen zu verbinden, um so etwas wie Klarheit zu gewinnen – und schon gar nicht, wenn manche der Einzelheiten schmerzten. Auf dieser Reise hatte ich (buchstäblich) noch einen langen Weg vor mir. Aber an diesem Tag erhaschte ich auf dem Parkplatz einen kleinen Blick auf das größere Ganze. Colette hatte mich mutig genannt (Gott, wie gerne wäre ich wirklich mutig gewesen und nicht nur zwanghaft impulsiv). Aber im Vergleich zu Edna war ich ganz und gar nicht mutig.

Wie bei zahllosen anderen Immigranten war Ednas Reise von Schottland nach Amerika, die sie als junge, fast mittellose Frau angetreten hatte, aufregend und hoffnungsvoll und gleichzeitig schwierig und schmerzlich gewesen. Ihre beste Freundin Margaret hatte sie begleitet und alles etwas leichter gemacht. Und wie das Gesetz es verlangte, hatten die beiden Frauen einen Bürgen gefunden, der für ihre Eignung als künftige amerikanische Staatsbürger einstand und ihnen bei der Eingewöhnung half. Fred Schroeder und seine Frau Helen wohnten in der Nähe von Dallas in Texas und empfingen Edna und Margaret mit offenen Armen. Allerdings war dies nicht Ednas erster Versuch, ihrer von Armut geprägten Vergangenheit zu entfliehen. Ein paar Jahre zuvor hatte sie als Teenager in London ihr Glück versucht. Doch wegen ihres schottischen Akzents und des unüberwindbaren englischen Klassensystems war ihr ein wie auch immer gearteter Aufstieg verwehrt geblieben, sodass sie zurückkehren musste und in Edinburgh noch deutlicher als zuvor die Klassenunterschiede spürte, die sie auf ewig behindern würden. Sie musste dem einfach entfliehen.

Tagsüber arbeiteten Margaret und Edna als Sekretärinnen im Scottish Home Department und nachts in einer Imbissbude am Ende der Leith Street im Hafen. Jeder Penny wurde für Amerika gespart. An ihren seltenen freien Abenden gingen sie tanzen. Bei einer dieser Gelegenheiten lernte Edna einen netten, jungen Amerikaner kennen, der als Soldat noch auf dem Stützpunkt stationiert war. Eigentlich waren sie nur Freunde – bis kurz vor ihrer Abreise, als Edna und Margaret endlich genug zusammengespart hatten. Abschiede bewirken manchmal, dass Menschen sich zu unvernünftigen Dingen hinreißen lassen. Da sind jede Menge Gefühle im Spiel.

Kurz nachdem die Frauen im Sommer 1958 in Dallas angekommen waren, entdeckte Edna, dass sie schwanger war. In Panik schrieb sie dem Soldaten. Doch er brach ihr das Herz, weil er sich weigerte, sie zu heiraten. Fred Schroeder schlug ihr den einzigen Ausweg vor, den er wusste: ein Heim für unverheiratete Mütter irgendwo auf dem Land, wo für Edna gesorgt und nach der Geburt eine Adoption des Kindes arrangiert werden würde. Das war das Letzte, was Edna wollte, und sie sollte es auch für den Rest ihres Lebens bereuen. Doch da sie nur vierzig Dollar hatte und ihre Familie fünftausend Meilen weit weg war, sah sie keine andere Lösung, die gut für ihr Kind sein würde. 1958 wurde unverheirateten Müttern noch mehr als deutlich zu verstehen gegeben, dass sie eine Sünde begangen hatten und eine Schande für die Gesellschaft waren.

Nur die Schroeders und Margaret wussten von Ednas Schwangerschaft. Die Schroeders rieten ihr, niemandem davon zu erzählen. Ihr Leben sollte nicht noch schwieriger werden, als es ohnehin schon war. All ihre Freunde und Kollegen in Texas dachten, sie wäre nach Schottland zurückgekehrt, um ihre Familie zu besuchen. Nach neun einsamen Monaten brachte Edna eine gesunde Tochter zur Welt und nannte sie

Catherine, obwohl sie wusste, dass die Adoptivfamilie ihr einen anderen Namen geben würde. Nach der Geburt musste Edna ihr normales Leben in Dallas wieder aufnehmen und so tun, als wäre nichts Außergewöhnliches passiert. Die Schroeders und Margaret unterstützten sie nach Kräften, und Edna war ihnen dankbar. Damals war das einfach so.

Unwillkürlich musste ich an meine Mutter und ihre Tochter Catherine denken, die sechzehn Jahre älter als ich war. Wie mutig beide hatten sein müssen! Dreißig Jahre später half Bob Edna, Catherine aufzuspüren. Edna fuhr Hunderte von Meilen, nur um dann vor dem Haus ihrer erwachsenen Tochter zu parken und ihr noch einmal nahe zu sein und zu sehen, dass es ihr gut ging. Doch sie stellte sich ihr nie vor. Ich erfuhr erst mit sechzehn von Catherine und der unverbrüchlichen Liebe meiner Mutter zu ihr. Ich fand es immer noch schmerzlich, was meine Mutter vor all den Jahren aufgeben musste. Bob machte sich in den letzten Tagen vor seinem Tod bestimmt Sorgen, dass Ednas Verlustgefühle aus der Vergangenheit durch die Trauer um ihn neu geweckt werden könnten. Das hat Trauer so an sich. Wie ich nur zu gut wusste.

Denn nach dem Tod meines Vaters musste ich oft an Philippe und unsere ungeplante Schwangerschaft denken. Es geschah im letzten Jahr unserer Beziehung. Zwischen uns lief es längst nicht mehr so gut. Ich hatte gerade meine Prüfung als Maklerin geschafft und bei The Agency einen neuen Arbeitsplatz gefunden. Meine Krankenversicherung war mies. Einen Mutterschutzurlaub hätte ich selbst finanzieren müssen. Dash, Margot und ich quetschten uns bereits in eine viel zu kleine Wohnung, während ich mich abrackerte, damit wir uns etwas Größeres leisten konnten. Ich fühlte mich, als müsste ich einen reißenden Fluss überqueren, vorsichtig von einem glitschigen Stein zum nächsten springen, ohne nass zu werden, um meine Familie und mich in Sicherheit zu bringen. Zeit, Geld und Raum waren sowohl für mich als auch für Philippe knapp, denn auch er hatte sich beruflich verändert. Außerdem hatten wir als Patchworkfamilie bereits fünf Kinder. Ein weiteres hätte in unserem Leben keinen Platz gehabt. Ich malte mir aus, wie es in einer fantastischen Parallelwelt gewesen wäre, aber die gab es einfach nicht. Ich hasse das Gefühl, all diese Gründe anführen zu müssen. Ich weiß nicht, ob ich diesen Rechtfertigungszwang jemals wieder loswerden kann, und sei es nur mir gegenüber.

Eine Abtreibung war ohne jeden Zweifel für uns alle das Beste, also ließ ich heimlich, still und leise eine vornehmen. In großer Angst, die von großer Erleichterung begleitet wurde. Und in völliger Verschwiegenheit. Meiner Mutter war ausdrücklich geraten worden, kein Wort über ihren Verlust zu sagen; ich hatte das Gefühl, keine andere Wahl zu haben. Ich konnte mir nicht vorstellen, wie ich das erzählen sollte. Sollte ich es etwa beiläufig bei einem Wanderausflug erwähnen? Oder bei einem Event von Alliance of Moms? Rückblickend wünschte ich, ich hätte es versucht. Doch ich hatte Angst. Niemand, den ich kannte, redete so über Abtreibung, wie ich darüber reden musste (in einem persönlichen Gespräch und nicht in einer Diskussion über Abtreibungsrechte). Lag das daran, dass die Frauen in meinem Bekanntenkreis schon in den Vierzigern waren und das alles bereits hinter sich hatten? Ich war keine Collegestudentin mehr, die in ihrem Wohnheim ausflippte. Vielleicht aber lag es auch daran, dass ich den Eindruck hatte, Frauen dürften nicht wegen einer Abtreibung trauern, die sie selbst gewollt und gebraucht hatten und grundsätzlich bejahten. Nur Nicole wusste Bescheid, weil ich den Test in ihrem Bad gemacht hatte. Ich danke dem Himmel für sie. Und für Philippe, der bei dieser ganzen Sache einfach unglaublich war. Er hatte mich zur Arztpraxis begleitet und bei dem Eingriff liebevoll meine Hand gehalten. Er kam für den Eingriff auf, weil ich ihn mir nicht leisten konnte. Aber danach sprachen auch wir beide so gut wie nie darüber. Dachte er noch so wie ich an die Schwangerschaft und daran, was hätte sein können? Wie dies alles uns zeigte, dass wir eben nicht heiraten und eine große Familie gründen wollten, sondern am Ende unserer Beziehung standen? Wieso musste ich ausgerechnet jetzt daran denken? *Auf einem Parkplatz?*

Das gefiel mir ganz und gar nicht. Eigentlich sollte ich doch Spaß haben. Also tat ich das, was ich instinktiv immer tat: Ich verdrängte alles Beunruhigende und Traurige und befahl mir zum tausendsten Mal, einfach nicht daran zu denken. *Nie mehr.* Wozu auch?

Plötzlich fiel mir auf, wie spät es war. Dash und Margot würden schon in wenigen Stunden zu Hause sein. Vorher musste ich mich aber noch mit Billy im Haus unseres neuen Klienten treffen. Ich ließ den Wagen an und rief Edna zurück.

»Hi, Mom. Wie war dein Zumba heute?«

Mein Verdacht, dass unser neuer Kunde ein berühmter Promi war, erwies sich als richtig. Als Billy und ich das erste Mal mit dem Manager telefonierten, bat er uns sofort, eine Geheimhaltungsvereinbarung zu unterschreiben.

»Kein Problem«, erwiderte Billy. »Schicken Sie uns die Unterlagen zu.«

Erst dann verriet uns der Manager, wessen Haus wir verkaufen sollten. Obwohl kein Makler von The Agency jemals persönliche Informationen über einen Kunden preisgegeben hätte, verstand ich jetzt, warum der Manager wahrscheinlich sogar vom Postboten dieses Stars Stillschweigen verlangte. Denn er war für zweierlei berühmt: Erstens für Hits, die man nicht mehr aus dem Kopf bekam, und zweitens für unglaublich unreife Entscheidungen, von denen Klatschreporter angezogen wurden wie die Fliegen von – Sie wissen schon. Gerade hatte er eine Rolle beim Film ergattert, eine große, und wollte das mit einem noch größeren Haus in Beverly Park feiern.

Als ich vor dem modernen Anwesen aus der Mitte des letzten Jahrhunderts vorfuhr, hatte ich Mühe, einen Parkplatz zu finden, denn überall waren Autos. Etliche Teslas. Ein neongelber Geländewagen von Mercedes Benz. Billys Porsche. Ein glänzender Range Rover. Nur zu gerne hätte ich meinen staubigen kleinen Audi hinter einem Busch versteckt – wenn es denn einen gegeben hätte.

Es war keine Frage, wem die Wagen gehörten. Ich schätzte, dem Manager, ein paar Assistenten, mindestens einem Journalisten, dem Gassigänger und definitiv einem Personal Trainer. Mindestens. Aber ich war richtig aufgeregt und neugierig auf das Innere des Hauses. Denn so fragwürdig das Benehmen des Stars in der Öffentlichkeit wirkte, seine Kleider waren der Wahnsinn. Im guten Sinne. Der Mann hatte einen ausgezeichneten Stil. Wie würde also sein Haus sein? Ich konnte es gar nicht abwarten, das herauszufinden.

Ein Assistent in Schlabberhoodie und Crocs öffnete mir die Haustür. »Hey, nur dass Sie's wissen, wir müssen gerade ganz leise sein, weil unser Junge seinen Schlaf braucht. Also, ganz leise. Schschsch.« Der Gestank, der mir in der Eingangshalle entgegenschlug, verriet mir auch direkt den Grund: Marihuana, verspritztes Bier, Erbrochenes und eine Million bei geschlossenen Fenstern gerauchte Zigaretten. Oh-oh, da hatte jemand gefeiert.

Ich fand Billy im Wohnzimmer, er unterhielt sich mit dem Manager, als säßen sie nicht zwischen ausgestopften Waschbären und Pizzaschachteln in unterschiedlichen Stadien des Verfalls. Als würde kein stumm geschalteter Porno auf dem Großbildschirm laufen. Als würde der berühmte junge Popstar, dem das Haus gehörte, nicht in Unterhose auf dem zerschlitzten Ledersofa schnarchen, während ein übervoller Aschenbecher mit Kippen und Joints auf seiner nackten Brust schwankte. Als wäre das ganze Interieur, soweit ich sehen konnte, nicht vollkommen kaputt und zugemüllt.

Ich lächelte strahlend und sagte »Hallo«. Und »tolles Haus«, so als würde ich das wirklich meinen. Was der Fall war – oder sein würde, sobald ich ein Anstreicherteam und den Experten in Energy-Clearing angerufen hätte, der vor ein paar Monaten zur Agency gekommen war. Hier war mehr gefordert, als eine schnelle Einweisung und ein Sträußchen Salbei von House of Intuition leisten konnte. Doch nach den Aufräum- und Reinigungsmaßnahmen konnte das Anwesen durchaus einen zweistelligen Millionenbetrag einbringen.

»Also«, sagte der Manager, »meinen Sie, er muss *ausziehen*, während Sie dieses Haus für den Verkauf vorbereiten? Ich will das hier aus dem Kopf haben.«

Es wäre wohl eine gigantische Untertreibung zu sagen, dass ich mich im Frühling und Sommer 2019 in meiner eigenen Fantasiewelt befand. Klar, ich war wieder ganz groß in meinen Beruf eingestiegen, doch meine Gedanken und Entscheidungen drehten sich zunehmend um meinen Plan rund um den 2. November 1968. Wie auch nicht, wenn das Feedback, das ich in jenen Monaten erhielt, berauschend positiv war?

Langsam bekam ich den Eindruck, dass ich mich in einem wunderschönen, seltenen und ganz und gar nicht verrückten Prozess befand. Ich begann, alles festzuhalten, was mir gesimst oder geschrieben wurde, jedes Treffen mit jeder Person, und postete ein paar der ermutigenden Nachrichten auf meinem Seelenverwandten-Account auf Instagram, nachdem ich die Namen und Profilfotos entfernt hatte. Das Ausmaß der Zustimmung übers Internet fühlte sich wundervoll und lebensbejahend an. Endlich begriff ich, wieso manche Menschen – meine eigene Tochter eingeschlossen – die Social Media so liebten.

Alle waren meistens so nett zu einem. So *real*. Sogar völlig Fremde. Ich hatte was verpasst.

Jeden Abend, wenn ich zu Bett ging, steckte ich weitere Wünsche ins blaue Einmachglas. Als ich keine Wunschzettel mehr hatte, benutzte ich alles, was sich anbot: Post-its, alte Quittungen, Notizzettel.

Jemand, der mich inspiriert.
Jemand, der verdammt schlau ist.
Kein Stammgast auf HerpAlert.com

Im Laufe der Zeit füllten sich meine Traum- und Zielcollagen mit verschiedenen Dingen, die mit meiner Suche zu tun hatten: Neben Tarotkarten, die für Wahrheit und Stärke standen, hingen mehrere Stadtpläne von Paris, auf denen rote Stecknadeln romantische Locations für ein erstes Date anzeigten. Ich hatte sogar Lichterketten um die Collagen gewunden, um den Geist der Lichterstadt heraufzubeschwören. Die Pinnwände waren von Dashs Schlafzimmertür aus gut zu sehen. Ich wollte nicht nur die Magie für wirkliche Seelenverwandtschaft erschaffen, sondern einen inspirierenden Anblick, denn so was macht man als gute Mutter. *Folgt auch euren wildesten Träumen, Kinder! Alles ist möglich!* Doch Dash und Margot verdrehten nur die Augen. »Du bist so *komisch*, Mom.«

Komisch oder nicht, nach einiger Zeit hatte ich über die Dating-App mehrere Männer gefunden, die behaupteten, zur richtigen Zeit am richtigen Ort geboren worden zu sein. Ich gab jedem eine echte Chance. Ich hatte sogar ein WhatsApp-Date mit dem Fußfetischisten. Denn was, wenn *der* Mr Perfect war? Sollte ein Fußfetisch wirklich ein Ausschlusskriterium sein? *Gib ein paar deiner Regeln auf, Natasha.* JA, vor unserem Date genehmigte ich mir eine Pediküre. JA, er gestand, dass er mich angelogen hatte, nur um meine Füße sehen zu können. Und JA, Tara fand das richtig gruselig. (Als ich später ›footjob‹ googelte, verstand ich auch, warum.) Aber ich sah es so: Wenn ich einen Falschen nach dem anderen strich, kam ich dem Richtigen immer näher.

Nach und nach fand ich die Männer, die wirklich Potenzial hatten. Und das richtige Geburtshoroskop. Einen Dichter namens Fabrice, der nicht nur normal und geistig gesund wirkte, sondern den ich auch mochte. Sehr sogar. Vielleicht, weil er auch an Seelenverwandtschaft und Schicksal glaubte. Dann war da Maaz, ein attraktiver alleinerziehender Vater und Architekt. Und Gael, ein hübscher Koch. Voller Hoffnung pinnte ich Ausdrucke ihrer Tinder-Profile an meine Traumcollagen. Zwar wusste ich noch nicht, wie viele Kandidaten ich sammeln musste, bevor ich bereit war, das Flugticket zu kaufen, doch Fabrice, Gael und Maaz warben schon überzeugend für *Vive la France*.

Natürlich gab es auch Momente der Frustration und Erschöpfung: Offenbar wischte ich mich auf der Suche nach möglichen Seelenverwandten durch ganz Paris, und hin und wieder bezeichneten mich Trolle als dumm, verrückt oder Schlimmeres – aber eigentlich konnte mich nichts nachhaltig entmutigen. Ich hatte ein bisher noch nie da gewesenes Hoch. Liebeskummer, Trauer und Angst schienen wirklich hinter mir zu liegen, und meine Schwäche für die Kombi aus Xanax und Tequila ließ nach. Wer war diese Frau, die vier Shots an einem Abend gekippt hatte? Ich konnte mich kaum noch erinnern. Ich boxte, wanderte, ernährte mich gesund, arbeitete regelmäßig, hörte Musik, traf mich mit Freunden. Hatte *Spaß*. Und ich schrieb.

Mein Instagram-Account @02Novembre 1968 war für mich ein Ort geworden, wo ich ungehindert schreiben konnte. Ich begann mit meinem Kummer wegen Philippe (ohne ihn zu nennen, er hatte keine Ahnung von all dem), mit dem Tod meines Vaters und dem denkwürdigen Versprechen, das ich ihm am Sterbebett gab. Zuerst schrieb ich nur Fragmente, aber im Laufe der Monate entwickelte sich daraus eine Geschichte. Aus Instagram, das ich anfänglich nur deshalb häufiger nutzte, um meinen Seelenverwandten zu finden, wurde mein Tagebuch, meine Therapie, während ich nach meinem Schicksal suchte.

Es passierte nicht selten, dass ich schon beim Aufwachen ein paar positive Nachrichten von Fremden bekam, die im ganzen Land oder gar über den Erdball verteilt wohnten. Häufig waren es Frauen, die mir versicherten, sie fänden mich inspirierend oder gar bewundernswert furchtlos. Hin und wieder baten mich jüngere Frauen auch um Rat wegen ihres Liebeslebens. Es war schon seltsam: Ich sollte einen Rat geben? Dabei war ich doch geschieden und alleinstehend! Und was meine Suche betraf, so war ich ganz und gar nicht furchtlos, sondern oft geradezu panisch. Was, wenn es nicht klappte? Und was *wenn doch?*

Margot und ich holten uns gerade Tacos am Foodtruck *Gracias Senior* in Pacific Palisades, als ich folgende SMS bekam.

> *Hi. Hab gerade deinen Post über den 2. Nov. 1968 gesehen. Das ist mein Geburtstag. Was hat das zu bedeuten? Finde ich sehr seltsam.*

Oh. Mein. Gott.

Oh.

Mein.

Gott.

Natürlich war mir klar gewesen, dass Philippe irgendwie von der Suche nach meinem Seelenverwandten erfahren könnte. Aber doch nicht jetzt! Eigentlich hatte ich gedacht, er würde erst später darauf kommen. Viel später. Zum Beispiel, wenn mein Flieger in Paris landete. In meiner Fantasie wäre er durch meine leidenschaftliche Suche nach der wahren Liebe so bewegt, dass er sofort die nächste Maschine nach Frankreich nehmen würde. Ich stellte mir vor, wie er (natürlich in der ersten Klasse) allen in der Kabine von seinem Plan erzählen würde, meine Verabredungen zu durchkreuzen, und sich dabei mit dem charmanten Piloten und einem schicken Designer aus Paris anfreundete. Er würde in der Lobby meines Hotels auftauchen (in seinem sexy weißen Hemd, und draußen würde es regnen), mir seine unsterbliche Liebe gestehen und mir in wundervollen Einzelheiten darlegen, wie sehr er sich geändert hätte. Und dass wir zusammengehörten. Für immer. Oh, und dann würde er sich hinknien und mir einen hinreißenden Ring präsentieren. Zufällig würde ich etwas anhaben, das umwerfend sexy war. Meine Haare würden an diesem Tag besonders gut liegen (trotz des Regens). Wahrscheinlich würde ein lächerlich gut aussehender Franzose (mit demselben Geburtstag) mit einem einzigen Boxhieb niedergestreckt werden. (Sorry, Pierre!) Dann würde jemand ein Foto von unserem leidenschaftlichen Kuss schießen (da sich mittlerweile eine Menschenmenge gebildet hatte), und dieses Bild würde viral gehen und sogar das ›Kuss‹-Foto von Robert Doisneau ausstechen. Philippe würde mir tief in die Augen schauen und mit seinem sexy Akzent entschieden sagen: »Natasha, *ich* bin dein Schicksal« – oder irgendetwas nicht ganz so Kitschiges, aber trotzdem Superromantisches (am Dialog arbeite ich noch). Und dann gäbe es eine sagenhafte Hochzeit, bei der der schicke Designer aus dem Flieger für mein Kleid sorgen und der Pilot als Trauzeuge für Philippe fungieren würde.

Am Anfang meiner Suche hatte ich mir diese Fantasie oft ausgemalt. Aber als ich an diesem Tag Philippes SMS bekam, hatte ich ihn schon fast vergessen. Denn die Suche hatte sich zu etwas Größerem entwickelt, das all meine romantischen Fehlschläge in der Vergangenheit übertraf. Hier ging es um Hoffnung. Hoffnung, die ich schon lange nicht mehr verspürt hatte.

»Du hast dir nicht denken können, dass Philippe deinen Account finden würde? Du bist *so peinlich*«, bemerkte Margot nur, als ich mich zittrig auf die Stoßstange des Foodtrucks setzte.

> *Hi Philippe,*

tippte ich nervös.

> *So was kann man nicht in einer SMS erklären. Können wir uns persönlich treffen?*

> *Du hast einen Account auf Instagram, um einen Mann zu finden, der an meinem Geburtstag in Paris geboren wurde? Warum?*

> *Das ist per SMS schwer zu erklären,*

wiederholte ich.

> *Ich ruf dich in einer Stunde an.*

Nach dem Mittagessen setzte ich Margot bei ihrem Dad ab und rief Philippe an, sobald ich zu Hause war. Kaum meldete er sich, redete ich schon los.

»Das hat nicht unbedingt mit dir zu tun. Ich hab Bob versprochen, ich würde ihn treffen und …«

»Es hat nichts *mit mir* zu tun? Ernsthaft, Natasha?«, brüllte er. »Das ist *mein* Geburtstag! Paris ist *meine* Stadt! Meine *Mutter* hat deinen verrückten Account entdeckt und jetzt muss *ich ihr* alles erklären! Du hast doch den Verstand verloren! Halte dich von meinen Kindern fern, von meiner ganzen Familie. Du bist ja irre! IRRE!« Er hörte einfach nicht auf zu brüllen. So hatte ich ihn noch nie erlebt. Natürlich hatte es im Laufe der Jahre auch Auseinandersetzungen zwischen uns gegeben. Wie in jeder Beziehung. Aber so hatte er sich noch nie angehört: Als täte es ihm leid, mich jemals kennengelernt zu haben. Die samtige Stimme, die mir früher ins Ohr geflüstert hatte, war jetzt vor lauter Wut so scharf, dass sie mich in Fetzen riss. Ich versuchte, Philippe alles zu erklären, aber er ließ mich nicht zu Wort kommen. Schließlich nahm ich das Handy vom Ohr und beendete das Gespräch.

Er hat recht, dachte ich sofort. *Was tue ich da eigentlich? Was soll das alles!* Philippes zornige Anwürfe hallten in mir nach. *Irre. Irre. Irre.* Und dann befahl eine leise Stimme in meinem Inneren: *Gib auf.* Diese Stimme hatte ich jeden Tag seit dem Tod meines Vaters gehört, aber immer irgendwie ignorieren können. Ich hatte sie mit meiner Playlist übertönt, mit GET UP. Bis jetzt. *Du bist einfach nur peinlich. Vollkommen irre. Gib auf.*

Was dachte ich mir nur dabei, die Welt nach Männern abzusuchen, die am gleichen Tag wie mein Ex-Freund geboren waren? In aller Öffentlichkeit! Heilige Scheiße! Das war die hanebüchenste, dämlichste Idee, die mir je untergekommen war. Hatte ich meinem Vater tatsächlich versprochen, seinen *Geist* in Paris zu treffen? Dass ich »nie den Glauben an Magie und Liebe aufgeben würde«? Was bedeutete das überhaupt? Und dann hatte ich es auch noch in alle Welt hinausposaunt? Auf Instagram! Auf Facebook! Oh, mein Gott. Mein Vater war tot! Mein Vater war nur noch ein Häufchen Asche auf meinem Küchenregal. In Paris wartete niemand auf mich, am allerwenigsten Philippe. Ach, Scheiße. Was hatte ich getan? Margot hatte recht. Die Trolle bei Facebook hatten recht. Edna hatte recht. Philippe hatte recht. Vielleicht hatte ich *wirklich* den Verstand verloren. Vielleicht gab es gar keinen Glückspunkt. Vielleicht gab es wirklich nichts anderes als den Tod. Glücklicherweise hatte ich meinen Chefs nie von dieser wahnwitzigen Odyssee erzählt. Es blieb immer noch Zeit, alles zu löschen und so zu tun, als hätte es niemals existiert. Ich fuhr meinen Computer hoch. Aber meine Finger verharrten auf der Tastatur.

Tatsache war, dass ich alle, die ich bislang bei meiner Suche kennengelernt hatte, schrecklich vermissen würde. Sollte ich wirklich aufhören, mit Fabrice zu kommunizieren? Und mit Gael? Und was war mit den vielen unglaublichen Frauen, die sich bei mir gemeldet hatten? Manche von ihnen betrachtete ich wirklich als Freundinnen. Sollte ich die einfach so aufgeben? Und wenn ich entschied, dass Stephanie falschlag und Astrologie nicht real war, dann wären all die tröstlichen Dinge, die sie über Bobs Tod gesagt hatte, auch nicht wahr. Vielleicht fühlte sich mein Dad nach seinem Tod nicht besser. Vielleicht war er gar nicht an meiner Seite. *Nein.* Nein, dahin wollte ich nicht zurück.

Es war Zeit, mich bei jemandem zu vergewissern, der mich *nicht* hasste.

Also schrieb ich Tara eine SMS. Sie machte mit ihrer Familie einen dringend benötigten Urlaub und wollte so wenig wie möglich von der Außenwelt mitbekommen, aber seit Dads Krankheit hatten wir uns angewöhnt, sofort auf unsere SMS zu reagieren.

> Ich: *SCHLIMMER Streit mit Philippe. Er hat meinen Account entdeckt.*

> Tara: *Mist. Damit hab ich schon gerechnet. Was hat er gesagt?*

> Ich: *Er ist fuchsteufelswild. Beschimpft mich als IRRE. Bin ich irre? Könnte doch sein. Ich habe Angst.*

Beklommen starrte ich auf mein Display und wartete auf eine Antwort. Mir war gar nicht bewusst gewesen, wie viel mir das alles bedeutete. Dazu musste erst ein mir wichtiger Mensch fordern, dass ich es aufgeben sollte.

> Tara: *Neeeein. Du bist nicht irre. Wie kommst du darauf? Lass dir deine Magie nicht von ihm wegnehmen! Ich bin*

100 Prozent für Paris. Und ich bin auch nicht irre. Es ist Zeit, die Flugtickets zu kaufen.

Ich: *Ich weiß nicht. Wollte ich wirklich jemals nach Paris? Das kommt mir jetzt so dumm vor.*

Tara: *Lass dich nicht von P runterziehen. Was hat der schon zu sagen? Du bist wunderbar! Paris oder Flop, weißt du noch? Der Gruppenchatname ist von DIR.*

Ich: *Versuchen können wir's ja. Es gab schon verrücktere Gründe für eine Reise. Was ist, wenn mein Seelenverwandter wirklich dort auf mich wartet, und ich komme nicht?*

Tara: *Wie ich schon sagte: PARIS ODER FLOP!*

Ich: *Ok, ok. Für Dad.*

Tara: *Für UNS!*

Ich: *Noch besser!*

Tara: *Ich brauche etwas, an das ich glauben kann. Und wenn es nur das ist, dass wir einfach fabelhaft sind. Sobald ich zurück bin, buchen wir den Flieger und das Hotel. Du und ich! Und SCHEISS AUF P!*

Ich: ♡ ♡

Ich legte mein Handy weg und schaute mich im Wohnzimmer um. »Es klingt komisch, ich weiß, aber alle Geister hier, die gegen den Plan sind, die nicht an Magie und Liebe glauben, die mir einreden wollen, ich wäre verrückt und sollte aufgeben, müssen jetzt auf der Stelle verschwinden!«

Stephanie hatte von den Toten in meinem Wohnzimmer und den Stimmen in meinem Kopf gesprochen, und endlich ergab all das einen Sinn. Ich konnte mich entscheiden, meine Zweifel zu beachten oder sie freundlich aufzufordern abzuhauen. »Und all die guten Geister – die glaubenden, träumenden, liebenden – bitte ich jetzt offiziell um Hilfe. Packt die Koffer, Geister! Wir fliegen nach Paris!« (Glücklicherweise waren die Kinder dieses Wochenende bei Michael und Anna. Sonst wären sie jetzt restlos überzeugt gewesen, dass ich den Verstand verloren hatte.)

Es ging mir schon viel besser, nachdem ich mit Tara gesimst und die Geister in meinem Wohnzimmer auf Trab gebracht hatte. Dennoch blieben noch Ängste und Zweifel. Ich brauchte meine beste Freundin. Nicole war immer in der Lage, das große, ganze, schöne Bild zu sehen. Unfehlbar. Also packte ich zwei Stücke vom Mandelkuchen ein, den ich am Abend zuvor gebacken hatte (mit Kuchen ist alles besser) und fuhr schnurstracks zu ihrem Anwesen, einem umgebauten Jagdhaus von 1935, das in der Nähe des Mulholland Drive in Beverly Hills stand. Ohne mich vorher anzukündigen.

»Bonjour!!! ... Wer ist für Paris?«, rief ich, als ich einfach in den Garten ging.

Nicole lag in einem winzigen Bikini an ihrem glitzernden Pool und nahm ein Sonnenbad. Am Whirlpool thronte eine heitere Buddhastatue. Eine Schar ihrer geliebten Hühner (mit Namen wie Mazey, Dazey, Coco und Lady Dorothy) tummelte sich in dem Garten, der einen unbezahlbaren Ausblick auf das Tal darunter bot. Nicole entstammte zwar der Mittelklasse, führte jetzt aber ein ganz anderes Leben als ich.

»Iiich, aber so was von! In Paris war ich noch nie! Lass uns *sofort* buchen!« Nicole sprang von der Liege, als hätte ihr jemand Adrenalin direkt ins Herz gespritzt.

Ich lachte, worauf auch die letzten Nachwehen der Stressreaktion auf Philippes Wutanfall verpufften. Wer war noch mal Philippe?

»Genau das musst du mit deiner Energie anfangen, Tash. Ich spüre es förmlich. *Schieb* das Universum mit all deiner Entschlossenheit Richtung Paris. Mit voller Hingabe.«

Ihrer heiteren, ansteckenden Gewissheit konnte man einfach nicht widerstehen.

Ich rannte nach oben und schnappte mir einen Bikini aus Nicoles riesigem Vorrat – wenn wir das durchziehen wollten, mussten wir uns natürlich vorbräunen. In der Zwischenzeit holte sie ihren Laptop und eine eisgekühlte Flasche Champagner zum Kuchen. Am Pool scrollten wir durch unsere Optionen. In meiner Naivität hatte ich fünfhundert Dollar für die Flüge veranschlagt, weil ich dachte, ich könnte etwas Entsprechendes bei den Billiganbietern finden. Aber von L.A. nach Paris ist es eine sehr lange Strecke. Nicole ließ sich davon jedoch nicht entmutigen.

»Tash, ich habe Flugmeilen angesammelt. Und wenn ich mir die Preise angucke, meine ich, dass es genau für zwei Tickets reicht. Ganz offensichtlich hat sie das Schicksal für Paris gedacht.«

Ich bestand darauf, dass sie meine fünfhundert Dollar für Steuern und Gebühren nahm, und sie gab nach, weil sie mein Bedürfnis nach finanzieller Unabhängigkeit respektierte. Rasch fanden wir nebeneinanderliegende Economyplätze auf einem Nachtflug mit Umstieg in San Francisco. Es würde ein langer Flugtag werden, war die Sache aber wert.

Dann mussten wir eine Unterkunft suchen. Nachdem wir uns von einem bezaubernden Pariser Hotel zum nächsten geklickt hatten, während wir unter der kalifornischen Sonne Champagner tranken, fanden wir schließlich ein Boutique-Hotel in einem Künstlerviertel namens Le Marais. Die Inneneinrichtung des Hôtel Le Petit Moulin war vom berühmten Modedesigner Christian Lacroix entworfen worden. Eigentlich hatten wir uns ein Doppelzimmer teilen wollen, aber als Nicole sah, dass es im obersten Stock eine Juniorsuite mit Ausziehsofa gab, bot sie an, die Zusatzkosten dafür zu übernehmen. Somit konnten wir alle, auch Tara, in einem Zimmer schlafen. Wie bei einer Pyjamaparty. Außerdem wollte Nicole noch unsere liebe Freundin Penelope mitnehmen, die mittlerweile auf Ibiza lebte – falls sie sich ein paar Tage von ihren kleinen Zwillingen freinehmen konnte. Penelopes Budget war genauso knapp wie meins, doch wir hofften, dass sie dem Angebot einer freien Couch in Paris einfach nicht widerstehen konnte. Nicole klickte *Reservieren* an: fünf Tage und vier Nächte in Paris, vom 17. bis zum 21. Oktober 2019, warteten auf uns. Kaum zu glauben, aber in gut sechs Wochen würden wir in Paris sein. Es kam mir vor wie ein Traum. Ich sagte zu mir, dass Tara bestimmt nichts dagegen hätte, wenn wir schon mal alles gebucht hätten. Schließlich wäre sie schon in ein paar Tagen wieder zu Hause und könnte noch einen Platz auf unserem Flug buchen.

Die Suche nach meinem Seelenverwandten würde tatsächlich Wirklichkeit werden!

»Wir fliegen nach Paris«, kreischten Nicole und ich, während wir einander zuprosteten. Und dann posteten wir es beide in unseren Instagram-Storys, sodass die ganze Welt es sehen konnte.

Tara natürlich auch.

Als ich am nächsten Tag aufwachte – es war ein Samstag –, erwartete mich ein stilles Haus. Und eine Nachricht von einem Mann namens Dev, bei der mein Herz sofort zu rasen anfing. Wir schrieben uns mittlerweile ein paar Monate, obwohl er weder am richtigen Tag noch in der richtigen Stadt geboren worden war.

Als ich mit der Suche nach meinem am 2. November geborenen Seelenverwandten begann, tauchten auf Instagram und Tinder auch sofort Ausreißer auf, Männer, deren Geburtsdaten grundfalsch waren, die aber dennoch so begehrenswert wirkten, dass ich sie unmöglich wegwischen konnte, ohne vorher mit ihnen noch ein bisschen zu chatten (wo waren all diese Männer gewesen, als ich noch ohne meinen astrologischen Marschbefehl auf Männersuche war?). Franz aus Südfrankreich mit Ray Ban-Brille und Schal, Joseph vom 2. November 66, der das halbe Jahr in Rom wohnte und mich liebevoll ›Prinzessin von Hollywood‹ nannte, Jean-Christian, ein muskelbepackter Löwe, der sich anbot, Tag und Nacht mein Reiseführer zu sein, sobald ich in Paris ankam.

Und dann noch Dev.

Ich weiß nicht genau, wieso mir Dev vorgeschlagen wurde, denn er wohnte in New York. Allerdings hatte er Jahre zuvor in Paris gelebt. Möglicherweise hatte er jemanden in L.A. gesucht, weil er dort öfter geschäftlich war, während ich gerade einmal wieder aus schlechtem Gewissen meinen Tinder-Account aufgab. Hin und wieder überwältigten mich die Sorgen über mein reales Leben und Dinge wie die Miete, die Leasingrate für meinen Wagen und meine Agency-Abgaben, sodass ich alles Überflüssige wie Tinder cancelte, ganz nach dem Motto: *Was mache ich da eigentlich, ich kann doch nicht mein ganzes Geld für die Suche nach meinem Seelenverwandten vergeuden.* So lernte ich wahrscheinlich Dev kennen. Und wir verstanden uns auf Anhieb.

Ich: *Hi, Dev.*

Dev: *Hi, Natasha. Wie geht es dir? Halt mich ein bisschen vom Arbeiten ab. Eigentlich sollte ich etwas redigieren, bin aber nicht bei der Sache.*

Ich: *Bist du zufällig am 2. Novembre in Paris geboren?*

Dev: *Ganz und gar nicht. 20. Januar 1970.*

Ich: *Genauer Zeitpunkt und Ort, bitte.*

Dev: *Wenn du auch noch meine Sozialversicherungsnummer wissen willst, muss ich passen. Aber ich habe ein paar Jahre in Paris gelebt. November buchstabiere ich allerdings anders.*

So fing es an.

Dev war früher Chefredakteur bei einem Reisemagazin, arbeitete nun aber an einem Buch. Ich hatte also einen Autor gefunden. Der auch noch sexy war. Was als Arbeitspause für Dev begann, entwickelte sich zu einem monatelangen Austausch von Nachrichten, zu Facetiming und sogar Sexting. Schließlich schickte mir Dev die Nachricht, die ich an diesem Samstagmorgen beim Aufwachen vorfand: Er hatte ein Flugticket gekauft, *für diesen Tag*, und würde nach L.A. kommen. Um mich persönlich zu treffen. Dies war der einzige Grund für seine Reise. Er musste weder aus geschäftlichen noch aus privaten Gründen hierher. Nur wegen mir. Aber am Tag zuvor hatte Philippe mich angeschrien und als Irre beschimpft, und Nicole und ich hatten gerade die Flugtickets für Paris gekauft. Trotzdem – oder vielleicht gerade deswegen – sagte ich Dev nicht ab. (Es war zu spät, ihn am Kommen zu hindern – wenn ich das überhaupt gewollt hatte. Er saß bereits im Flieger.) Es gefiel mir, dass Dev so unerschrocken war und den Sprung ins kalte Wasser wagte, obwohl er doch von meinem Trip nach Paris und den damit verbundenen Hoffnungen wusste.

Ein paar Stunden später stand ich in der Lobby des Avalon Hotels in Beverly Hills, wo Dev gerade eingecheckt hatte, und befürchtete, vor lauter Nervosität in Ohnmacht zu fallen. Ich konnte mich nicht erinnern, wann ich das letzte Mal einen One-Night-Stand hatte – wenn das denn einer werden sollte. Online-Dating war so komisch! Und manchmal auch gruselig. Aber das Treffen mit Dev fühlte sich an wie eine wichtige Generalprobe. Für Paris. War ich wirklich mutig genug, mich einfach so auf einen Fremden einzulassen? Konnte ich Colettes Rat folgen? *Wozu so viele Regeln? Haben Sie Spaß, Natasha.* Vielleicht stellte ich auch Stephanie und die Astrologie auf die Probe. Dev war nicht am richtigen Tag geboren. Dennoch hatte er was.

Bevor ich es mir anders überlegen konnte, simste ich ihm.

Ich: *Bin da.*

Dev: *Ha. Oh-oh. Los geht's. Komme runter.*

Dev mit seinen anziehenden dunklen Augen und seinem herzlichen, hungrigen Lächeln vertrieb sofort meine Bedenken, steigerte aber meine Spannung, als wir uns zur Begrüßung umarmten. Schon nach zwei Minuten an der Bar küssten wir uns, berührten uns keusch, aber elektrisierend mit den Lippen. Ich hoffte nur, dass ich danach nicht zu dämlich grinste. Nach zwanzig Minuten – und einem raschen Glas Rosé – gingen wir schon nach oben. Im Aufzug hielt er meine Hand und streichelte sanft mit dem Daumen mein Handgelenk. Ich fragte mich schon nicht mehr, was zum Teufel ich da eigentlich tat, sondern machte einfach.

Es war Spätsommer, und in Devs Zimmer war die Klimaanlage ausgefallen. Wir waren nackt und verschwitzt, und unser Sex war so roh und archaisch, wie ich ihn schon lange nicht mehr erlebt hatte. Wenn es das war, was Stephanie mit Spaß meinte, dann wollte ich mehr davon. Viel mehr.

»Du bist echt durchgeknallt«, erklärte Dev. »Aber das gefällt mir.« Das war genau das Gegenteil von dem, was Philippe mir nicht mal vierundzwanzig Stunden zuvor an den Kopf geworfen hatte, und genau das, was ich brauchte. Wir bestellten Pizza, aßen sie im Bett und fielen danach wieder übereinander her, als wären wir zwanzig und unersättlich. Aber ich war nicht mehr zwanzig, was das Ganze noch köstlicher machte. Denn ich spürte jetzt, dass es so viele Möglichkeiten gab, dass dies – und somit Paris – funktionieren könnte. Ich schloss die Augen und probierte jede einzelne Version von Dev aus.

Zuerst tat ich so, als wäre er ein völlig Fremder, mit dem ich in irgendeinem Hotel vögelte. Vielleicht kannte ich nicht mal seinen Namen, vielleicht hatte ich all meine Gefühle unten an der Rezeption gelassen. Es war ein freier Fall ins Vergnügen.

Als Dev auf mir war, probierte ich es mit Liebe. Ich schlang meine Beine um seinen Leib, umfasste seine Oberarme, sah ihm direkt in die Augen und liebte ihn. Einfach so. Nur für einen Augenblick stellte ich mir vor, wie wir unser Leben zusammen verbringen würden, wie es wäre, sich wieder zu verlieben, sich auf jemanden einzulassen, mich Dev gegenüber vollkommen zu öffnen. Ich sah uns, wie wir uns von unserem Arbeitstag erzählten, wie ich mir seine Zahnbürste auslieh, wie er meine Musik im Wagen leiser drehte.

Als ich später in seinen Armen lag und wir zwischen Schlaf und träger Plauderei hin und her drifteten, versuchte ich es mit Freundschaft. Es fühlte sich gut an. Solide. Und sehr real. Wie ein Ort, an den ich immer zurückkehren konnte.

Weit nach Mitternacht verließ ich das Hotel. Dev bat mich zwar zu bleiben, aber ich wollte lieber in meinem eigenen Bett schlafen.

»Du hast mir gezeigt, dass es möglich ist. Danke«, flüsterte ich beim Abschied.

»Dass was möglich ist?«

»Alles.«

Am nächsten Morgen fragte ich Dev über SMS, ob er mich in meinem kleinen gelben Bungalow besuchen könnte. Die Kinder sollten noch den ganzen Tag bei Michael bleiben, und meine Besichtigung war abgesagt worden, also war die Bahn frei für einen Vormittag mit großartigem Sex und heißem Kaffee. Aber bislang waren nur Familienmitglieder und manchmal auch Nicole hier gewesen. Ich schämte mich, in einem winzigen, gemieteten Haus zu wohnen, das keine Originalgemälde an den Wänden hatte, dafür aber die Wäsche der Kinder fast auf jeder freien Oberfläche. Das war nicht das Bild, das ich meinen Kunden, meinen Kollegen und meinem künftigen Seelenverwandten von mir vermitteln wollte.

Ehrlich gesagt, war es eine alte Familiengewohnheit zu verbergen, in welch schlichten Verhältnissen wir lebten. Meine Eltern hatten das während meiner gesamten Kindheit getan: Sie hatten bescheidene Wohnungen gemietet, aber schicke (gebrauchte) Wagen gefahren und Designerklamotten (aus dem Schlussverkauf) getragen, während sie versuchten, im Leben voranzukommen. Und in Schottland hatte meine Mutter niemals auch nur die Straße genannt, in der sie wohnte.

Bislang waren erst zwei Männer in meinem kleinen gelben Haus gewesen: Michael und Philippe. Was wäre wohl, wenn ich Dev reinließe? Auch das konnte eine Generalprobe sein. Dev würde sehen, wo ich wohnte, wo ich mein Frühstück machte, wo Margot ihren Lacrosseschläger abstellte und Dash seine Sommerlektüre liegen ließ. Er würde *mich* sehen. Und meine Traumcollagen. Vermutlich würde er die sogar als Erstes sehen. Die waren nämlich ziemlich auffällig.

Noch bevor ich es mir anders überlegen konnte, drängte ich Dev, per SMS zuzustimmen. Und nannte ihm meine Adresse.

»Wow«, staunte Dev, als er in meiner Küche stand und die Tinder-Profile, mein Geburtshoroskop, die Stadtpläne von Paris und die Fotos von Bob betrachtete. »Das nenne ich mal Engagement.«

»Ja, stimmt«, erwiderte ich freimütig und zog ihn ins Schlafzimmer.

Stunden später verabschiedeten wir uns unter der strahlenden Sonne am Strand voneinander, während Dutzende von Delfinen hinter uns im türkisfarbenen Wasser spielten. Eine fantastische Kulisse, wie man sie nur in L.A. hat. Aber genau das war das Wochenende mit Dev: eine Fantasie, die auch noch sehr sexy war.

»Weißt du, Dev, wir haben uns zwar nicht ineinander verliebt, aber Liebe ist es schon«, sagte ich und küsste ihn auf die Wange.

Ich erzählte nur Nicole von Dev. Es war nicht direkt so, als hätte ich bei der Suche nach meinem Seelenverwandten geschummelt. Aber diese Version von mir war so anders als das, was ich in der Vergangenheit von mir hatte zeigen dürfen. Nahm sich eine perfekte Mutter und zukünftige Partnerin, eine Frau, die alle fünf Sinne beisammenhatte, einfach so eine sinnliche Auszeit wie an diesem Wochenende? Ja! Ja, manchmal machte sie das einfach. Manchmal war es sehr gut, einfach spontan zu sein. Dennoch musste ich immer noch daran arbeiten, mir all das auch zuzugestehen.

»Du hast also schon ohne mich gebucht?«, fragte Tara ein paar Tage später, als sie aus dem Urlaub zurück war. Ich hörte ihr ihre Unsicherheit an. »Ich hab mir das Hôtel Le Petit Moulin angeschaut, und es ist hinreißend, aber von solchen Teppichen und Vorhängen bekomme ich Asthma. Und das Marais-Viertel ist wirklich pittoresk, aber ich dachte, wir könnten näher am Eiffelturm unterkommen. Ich habe so viel Zeit mit der Vorbereitung verbracht. Eigentlich dachte ich, das wäre *unser* Abenteuer. Bist du dir überhaupt sicher, dass ich mitkommen soll?«

Ich hatte ein schrecklich schlechtes Gewissen. Ich hätte warten, Taras Meinung zu allem einholen und sicherstellen sollen, dass ihre Familie diese Woche ohne sie auskommen konnte. Natürlich wollte ich, dass sie mitkam. Für unseren Dad. Für *uns*. Außerdem war Tara es gewohnt, alle großen Entscheidungen für uns zu treffen. Ich war ihr aufs Internat und aufs College gefolgt und hatte genau wie sie danach geheiratet und Kinder bekommen. Und nicht nur, weil sie meine ältere Schwester war, sondern weil ich unbedingt das tun wollte, was sie tat. Erst jetzt veränderte ich mich so, dass ich mich selbst nicht mehr verstand. Ich war nicht mehr die impulsive Natasha, die nachts zum Don Q wollte. Ich entschuldigte mich noch mal. Ich hatte ihr nicht wehtun wollen, und doch hatte ich es getan.

Es dauerte ein paar Tage, um das zu klären, aber am Ende buchte Tara ihren eigenen Flug – einen Direktflug – und ein eigenes Zimmer im Hôtel Le Petit Moulin. Sie behauptete, sie bräuchte ihren Schlaf, aber ich wusste, dass sie bei Nicole und mir immer das Gefühl hatte, ein bisschen außen vor zu sein. Ich wusste nicht, wie ich das in Ordnung bringen sollte. Irgendwie schien ich alles nur schlimmer zu machen. Also hoffte ich, der Zauber von Paris würde es wieder richten. Außerdem sorgte meine tüchtige Schwester schon selbst für sich, denn sie verlängerte ihre Reise um einen Tag und buchte für die letzte Nacht ein anderes Hotel – das Hôtel Regina Louvre.

»Wenn du auch erst am 22. zurückfliegst, Tasha, würde ich dich gerne einladen. Nur wir zwei in meinem Hotel. Auf meine Kosten«, bot sie großzügig an.

Eine bessere große Schwester hätte ich mir nicht wünschen können. Aber ich brachte es nicht über mich, ihre Einladung direkt anzunehmen. Ich hatte ziemliche Angst, einfach nach Paris zu fliegen, ohne meine Kinder, und der Arbeit fernzubleiben, obwohl ich doch dringend Geld brauchte. Ich fühlte mich hin und her gerissen, und keine Richtung fühlte sich gut an.

Nachdem die Reise gebucht war, blieben mir nur noch wenige Wochen, um so viele Kandidaten wie möglich zu finden, bevor Tara, Nicole, Penelope und ich in der Stadt der Lichter landeten. Bislang hatte ich neun. Es war mir vorher schon ernst gewesen, aber jetzt war ich wild entschlossen.

Zuerst bestellte ich mir Visitenkarten, die ich jedem zustecken wollte, der mir vielleicht helfen konnte. Auf der einen Seite der Karte sah man mich mit einem Schild »2. Novembre 1968«. Auf der anderen Seite standen meine Kontaktdaten:

Glückspunkt
Natasha Sizlo
@02novembre1968
Ich werde immer an Liebe und Magie glauben.

Danach kam ein extra für mich entworfenes T-Shirt von Etsy mit der Aufschrift in rotem Fettdruck: 2 NOVEMBRE 1968. Das trug ich ununterbrochen, während ich mich mit Fachleuten traf, die mir neutrale Designermöbel für das neue Anwesen zusammenstellen sollten, oder mit einem Spezialisten für Geruchsentfernung, der sich um den Rauchgestank im Haus kümmern sollte, oder mit meinem direkt vom Himmel gesandten Anstreicher, der die schmutzigen Wände des Popstars in ruhiges Naturweiß hüllen sollte. Ich trug das T-Shirt sogar, als ich mich mit dem Installateur traf (denn sämtliche Toiletten des zum Verkauf stehenden Anwesens mussten ausgewechselt werden, sogar die sprechenden japanischen). Vielleicht kannte ja einer einen, der meinen Seelenverwandten kannte.

Eines Morgens schließlich, nachdem ich Dash an der Schule rausgelassen hatte, entschloss ich mich, alles auf eine Karte zu setzen.

»Liebe Zuhörer! Was ist das Verrückteste, das ihr je nach einer Trennung getan habt?«, fragte ein Radiomoderator über die Lautsprecher meines Wagens. »Das wollen wir wissen!«

Dash hatte die Kontaktnummer des Senders in meinem Handy gespeichert, weil wir in der Woche zuvor versucht hatten, Konzertkarten zu gewinnen. Das betrachtete ich als Zeichen. *Vielleicht versucht das Universum ja, mir zu helfen*, dachte ich, als ich sofort durchkam. Ich erzählte der Redakteurin kurz von meiner Suche nach jedem Mann, der am 2. November 1968 in Paris geboren war. »Also, da wollen sie bestimmt mit Ihnen reden«, sagte sie nur und verband mich direkt mit den Moderatoren. Und so kam es, dass die Kunde von der Suche nach meinem Seelenverwandten an einem sonnigen Morgen in ganz Los Angeles verbreitet wurde.

Zu dem Zeitpunkt hatte ich keine Bedenken mehr, um Hilfe zu bitten oder welche anzunehmen. Ich sagte all meinen Freunden und Kollegen Bescheid. Ich schickte sogar Nachrichten an Medienunternehmen wie PopSugar oder Refinery29 und an ein paar Promis, die sich vielleicht dafür interessieren könnten. Ich war schamlos. Wieso auch nicht? Wenn einer von ihnen dies auf seinem Account mit unzähligen Followern postete, konnte das doch zu meiner wahren Liebe führen. Natürlich antwortete kein Journalist und kein Promi. (Außer die fabelhafte Schauspielerin Kate Walsh, die meinen Aufruf für alle am 2. November 1968 in Paris geborenen Männer postete. Kate Walsh ist einfach die coolste.)

Als ich in der darauffolgenden Woche meiner Chefin Keri begegnete, bot sie mir an, ein Werbevideo über meine Suche zu drehen, mit ... mir. (Werbevideos sind bei Maklern für Luxusimmobilien eine ganz große Sache, aber ich hatte noch nie eins gemacht, weil ich im Geiste immer sofort wieder im Kindergarten war und ein lila Trikot und einen Zylinder trug.) Trotz meiner flatternden Nerven nahm ich das Angebot dankbar an und zeigte das Video danach, ohne lange zu überlegen, auf Instagram und Facebook. Als Nächstes entwarf der Creative Director von The Agency professionelle Plakate für meine Suche. Eine neue Online-Freundin namens Mercedes, die in der Nähe von Paris wohnte, bot an, sie vor unserer Ankunft in Straßen und Metrobahnhöfen aufzuhängen. Ich fing sogar an, die Glaswände meines Büros damit zu tapezieren und sie willkürlich in L.A. zu verteilen.

Und dann stieß Ellen Kinney, ein hohes Tier einer meiner Lieblingsmodemarken (A.L.C.), wie durch ein Wunder auf meinen Instagram-Account und bot mir an, *mich für die Reise einzukleiden.* Ich musste ihre Nachricht mehrfach lesen, bevor ich sie begriff. War das ein Traum, oder passierte das wirklich? Wer hätte denn keine neue Garderobe aus romantischen Outfits für eine Woche voller heißer Dates in Paris gewollt? Eine Ladung schicker Tops und Kleider traf in meinem kleinen gelben Haus ein. Was für ein Gegensatz zu den zwanzig schwarzen Trauerkleidern am Anfang dieses Jahres, von denen ich keines behalten hatte. Eine Schmuckmarke namens La Vie Parisienne schickte mir eine Auswahl funkelnder Geschmeide. Von Baacal bekam ich einen Kaschmirmantel, der mich in Paris warm halten sollte. Der in L.A. lebende französische Designer Tony Hamdan Djendeli schickte mir ein Abendkleid aus Samt, das ich tragen sollte, wenn ich *den Einen* gefunden hatte. Eine Kollegin übereignete mir eine Kette mit einem schlüsselförmigen Anhänger: zum Aufschließen meines Herzens. Von einer anderen bekam ich ein teures französisches Parfüm. Jedes Geschenk war überraschend, wunderschön und nützlich zugleich. Ich sah sie als Zeichen, dass ich mich auf dem richtigen Weg befand.

»Du tust, was du tun sollst«, wiederholte Nicole mehrfach bei einer Reiki-Sitzung. »So fühlt es sich an, wenn man im Einklang mit dem Universum ist. Du bist auf dem Weg zu deinem Glückspunkt.«

Nicole musste einfach recht haben, denn ich fand immer mehr Kandidaten. Außerdem schrieben Fabrice und ich uns ständig über WhatsApp. Als ich ihm eines Abends meldete, dass ich wirklich nach Paris kommen würde, antwortete er sofort:

Damit wird mein Traum wahr, Natasha.

Stört es dich gar nicht, dass ich noch andere Männer mit diesem Geburtsdatum in Paris treffe?

Das musste er doch auf Instagram gelesen haben.

Nein, die sind doch nicht ernst zu nehmen. Wie war dein Tag?

Natürlich würde Bobs Asche mit nach Paris kommen. Weil ich den goldenen Zauberstab weder bei der Sicherheitskontrolle am Flughafen noch in einem schwach beleuchteten französischen Bistro verlieren wollte (was mir ähnlich sähe), fuhr ich nach Santa Barbara, um beim Beerdigungsinstitut eine Gedenkkette zu kaufen. Dieses Mal erzählte ich Tara vorher von meinem Plan. Zu meiner Überraschung gab sie mir ihren Segen und witzelte noch, dadurch würde Bob zu einer Art ›Flat Stanley‹, einer Papiergestalt aus einem Kinderbuch, die durch die ganze Welt reist. Ich hatte auch meine Mutter angerufen, um ihr mitzuteilen, dass ich sie nachher besuchen wollte. Doch als ich am Beerdigungsinstitut vorfuhr, wartete Edna schon mit weißer Hose, lässiger Jeansjacke und großer Sonnenbrille auf mich.

»Hi, Mom«, sagte ich und umarmte sie kurz. »Ich hab dich gar nicht erwartet. Ist alles in Ordnung?«

»Selbstverständlich«, erwiderte sie, als wir reingingen.

Während ich die große Auswahl an Anhängern begutachtete, in denen ein bisschen von der Asche geliebter Angehöriger untergebracht werden konnte, blieb Edna in meiner Nähe. Es gab Kreuze mit kunstvollen Flügeln, minimalistische Tränen aus Silber, mit Diamanten besetzte Kugeln. Ken wartete wie immer mit unendlicher Geduld. Schließlich entschied ich mich für ein schlichtes Herz aus Gold. Dad. Und Liebe. Edna schob mich beiseite, trat zur Vitrine und sagte laut zu Ken: »Ich möchte diese Kette hier kaufen. Sie ist ein Geschenk für meine Tochter.«

Bevor ich widersprechen konnte, sah mir Mom in die Augen und erklärte: »Natasha, ich weiß nicht, ob ich an all das glauben soll. Aber ich glaube an dich.« Sie griff in ihre Tasche und holte eine zweite, genauso schöne Kette aus Sterlingsilber hervor, an der ein hellrosa Halbedelstein hing. »Ich finde, das solltest du neben Bobs Herz tragen. Es ist ein Rosenquarz, der die Liebe anziehen soll, wie man mir gesagt hat. Und du, meine Tochter, verdienst alle Liebe dieser Welt.«

»Danke, Mom«, erwiderte ich. In diesem Augenblick hatte ich das Gefühl, Dad wäre bei uns. Und nicht nur, weil seine Asche an meinem Hals hing. »Gehen wir essen? Dann erzähle ich dir von all den hübschen Franzosen, die ich gefunden habe.«

»Wie läuft's?«, fragte mich Billy ein paar Minuten vor der wöchentlichen Agentursitzung. Wir wollten an diesem Tag das Haus des Popstars auf den Markt bringen – und zwar exklusiv über die Agency.

»Fantastisch. Die Maler werden morgen fertig. Das Haus ist zu dem wundervollen Zuhause geworden, das es sein sollte. So wie es jetzt aussieht, könnte es ohne Weiteres auf die Titelseite des *Architectural Digest*.«

»Ausgezeichnet. Und wenn der Verkäufer noch ein bisschen länger im Poolhaus seines Kumpels hausen kann, wird alles blendend laufen. Ich rufe noch heute seinen Manager an. Ich bin sicher, wir verkaufen das Haus in Rekordzeit. Sie haben Großes geleistet und dem Anwesen sein volles Potenzial zurückgegeben.«

Apropos Potenzial ...

»Danke, Billy. Aber jetzt mal was anderes: Ihnen sind doch bestimmt die Poster in meinem Büro aufgefallen?«

Billy grinste. »Die sind wohl kaum zu übersehen. Da steckt doch eine Geschichte dahinter?«

Vor diesem Gespräch hatte ich mich seit Monaten gefürchtet, und jetzt war es so weit, ganz banal. Obwohl ich immer noch nicht wusste, wie Billy reagieren würde, wenn er erst mal von meinem ganzen tollen Plan erfuhr.

»Klingt ja wie aus einem Drehbuch«, sagte Billy und grinste von einem Ohr zum anderen. »Sorgen Sie nur dafür, dass ich entweder von Pitt oder Clooney gespielt werde. Wann ist die Startschuss-Party? Ich bin jedenfalls dabei.«

Eine Startschuss-Party? Das gefiel mir.

Meine Kolleginnen und Freundinnen halfen mir, eine feuchtfröhliche Abschiedsparty auf der Dachterrasse vom The One Hotel zu organisieren. Dieses Mal hatte ich keine Probleme mit dem Entwurf der Einladungen. Und Philippe kriegte keine. All meine Freunde, Verwandten und Kollegen tauchten zur Sunset-Strip-Soiree auf. Sogar Michael und Anna kamen.

Als sie eintrafen, fragte Michael mich sofort ungläubig: »Was, *du* hast eine Astrologin?« Aber Anna schloss mich in die Arme und rief ausgelassen wie ein Teenager: »Das ist so *super*, Natasha. Wir finden einen *Mann* für dich!«

Es fühlte sich gut an, Anna zu umarmen. Meine Liebe und mein Respekt für die »Böse Stiefmutter« (der Spitzname kam von Anna selbst) waren immer mehr gewachsen, als ich sah, wie positiv ihre Beziehung zu meinen Kindern sich entwickelte. Das Glück unserer Familie lag ihr wirklich am Herzen. Und meins auch, wie ihr Besuch auf dieser Party zeigte. Ich freute mich für Michael. Anna war ein guter Mensch, genau wie Michael. Sieben Jahre nach unserer Scheidung hatte sich der Kreis geschlossen. *Wir können uns glücklich schätzen,* dachte ich, *es war nicht leicht, aber wir haben es geschafft.*

Als sie sich einen Weg durch die Menge bahnten, sah ich, wie Michael seinen Arm um Annas Schulter legte und sie ihn umarmte. Erst da fiel mir der funkelnde Diamantring an ihrer linken Hand auf. Natürlich wusste ich, dass sie sich verlobt hatten. Die Kinder und ich hatten ihnen über Facetime zugeprostet. Aber an diesem Abend trug Anna ihren Ring zum ersten Mal in der Öffentlichkeit. Plötzlich wusste ich nicht mehr, was ich eigentlich fühlte. Es ist befreiend und doch bittersüß, wenn man sieht, dass der Ex-Partner Jahre später tatsächlich neu angefangen hat. Die letzte Seite eines abgeschlossenen Kapitels legte sich auf die unbeschriebene Seite eines neuen. Es war der sichtbare Beweis dafür, dass Menschen und Situationen sich mit der Zeit ändern, und manchmal sogar radikal. Das war auch gut so. Ich freute mich wirklich für die beiden und hoffte nur, schon bald auch so glücklich zu sein wie sie.

Der Rest des Abends war ein Wirbel, in dem alles verschwamm. Ich prostete meinen Gästen zu, obwohl ich vor Nervosität fast ausflippte, weil ich Gastgeberin einer so großen Schar war. Auf dem Weg zur Party war ich ganz ehrlich ein Wrack gewesen, weil ich mich fragte, ob überhaupt jemand auftauchen würde. Und jetzt waren alle gekommen. Vielleicht weil es schwer war, einer Party anlässlich eines aberwitzigen Vorhabens zu widerstehen. Vielleicht aber auch, und nur vielleicht, weil man das eben für jemanden machte, den man liebte. Man erschien, um ihn zu feiern. Rein zufällig fand diese Startschuss-Party nur wenige Tage nach meinem fünfundvierzigsten Geburtstag statt, und zum ersten Mal seit langer Zeit freute ich mich voller Dankbarkeit über eine weitere Reise um die Sonne. Als ich mich an jenem Abend auf der Dachterrasse vom The One Hotel umschaute und so viele wunderschöne Frauen im besten Alter sah, spürte ich, wie gesegnet ich mit meinen Jahren war. Und passend dazu tanzten wir die ganze Nacht durch.

Am nächsten Morgen fing ich mit einem gewaltigen Kater an zu packen und koordinierte Besichtigungen für das Haus des Popstars. Wie durch ein Wunder materialisierte sich fast sofort ein ernsthaft interessierter Käufer, der nach nur zwei Touren durch das Anwesen ein Angebot abgab, das der Popstar ohne zu zögern annahm. So was passierte eigentlich nie. Billy hatte recht gehabt: Das Haus hatte sich in Nullkommanichts verkauft. Aber ich konnte mich nicht richtig konzentrieren, weil etwas an mir nagte. Philippe.

Also setzte ich mich an mein Kommandopult, holte Philippes Gedicht aus meiner Tasche und heftete es an die Traumcollage vor mir. Es war Zeit, einiges klarzustellen.

Lieber Philippe,

wie du sicher mittlerweile weißt, befinde ich mich auf der Suche nach jedem Mann, den ich finden kann, der am 2. November 1968 in Paris geboren wurde. Das kommt dir sicher mehr als komisch vor. Also möchte ich es dir erklären.

Ich möchte dir begreiflich machen, dass alles, was ich gerade tue, aus

LIEBE geschieht. Ich habe meinem Vater versprochen, nie den Glauben an Liebe und Magie aufzugeben, und dieses Versprechen löse ich jetzt ein.

Zu Beginn dieser Reise hoffte ich wirklich, dass ich dich in Paris finden würde. Ich malte mir aus, wie ich in einer Hotelbar auf den Einen aus der Menge der am 2. November 1968 geborenen Männer wartete, und wie dann du zu mir kamst, mir sagtest, ich sollte mit dem Scheiß aufhören, und wie wir uns dann wieder ineinander verliebten und für immer glücklich waren.

Jetzt ist mir klar, dass ich viel mehr romantische Komödien gesehen habe, als es gut für mich ist. Meine Liebe zu dir ist die größte Liebe meines Lebens gewesen, aber sie ist nicht unbedingt die letzte, und jetzt ist es Zeit zu akzeptieren, dass unsere Geschichte beendet ist. Das ist okay. Es war eine gute Geschichte. Eine richtig gute. Ich bin dankbar für jedes einzelne Kapitel darin.

Deshalb ist es mir auch so wichtig, dass sie nicht mit Missverständnissen oder Ressentiments endet.

Am 16. Oktober fliege ich nach Paris. Ich habe immer geglaubt, wir würden zusammen dorthin reisen, du würdest mir deine Heimatstadt zeigen, mit mir durch die Straßen gehen und mir Geschichten aus deiner Kindheit erzählen. Doch wie wir beide wissen, läuft im Leben nicht alles wie geplant. Ich weiß nicht, wahrscheinlich werde ich dort immer noch nach dir Ausschau halten, denn ob ich will oder nicht, halte ich wohl für den Rest meines Lebens Ausschau nach dir.

In Liebe
Natasha

Draußen regnete es. Das weiß ich noch, weil es in L.A. nicht besonders oft regnet. Ich druckte den Brief aus, schob ihn ordentlich gefaltet in einen Umschlag und klebte zwei Briefmarken darauf, damit er ganz sicher ankam. Ich wollte den Brief nicht über E-Mail verschicken. Philippe sollte sich nicht verpflichtet fühlen, ihn zu beantworten. Wenn er lieber so tun wollte, als hätte er ihn nie erhalten, war das in Ordnung.

Zwei Tage später bekam ich eine Nachricht.

Hi, Natasha. Habe gerade deinen Brief gelesen. Danke für deine Offenheit. Ich finde das sehr verwirrend. Ich dachte, in L.A. wäre alles viel einfacher als in Paris. ... Aber was weiß denn ich! Vermutlich musst du deinen eigenen Weg gehen. Hoffentlich findest du, wonach du suchst.

Am Abend, bevor Nicole, Tara und ich zum Flughafen fuhren, steckte ich noch weitere Wünsche in das blaue Einmachglas:

Einen Romantiker
Einen, der emotional aufgeschlossen ist
Einen, der spontan ist
Einen, der mich zum Lachen bringt
Kosmischen Sex
Einen Jengapartner fürs Leben!
Einen, der auch ohne Musik mit mir tanzt

Sechstes Haus

Coucou

Merkur regiert das Sechste Haus und behält aufmerksam im Blick, was gebraucht wird und wie man das am besten erreicht.

Im Sechsten Haus geht es um kleine Tiere, um Gaben der Erde, um die Energie und Intelligenz, die manifestiert, was gewünscht und benötigt wird. Und da Merkur auch für Werkzeuge steht, für Lernen, Intelligenz und heilige Magie, trifft man hier oft Esoteriker, die seltsam praktisch veranlagt sind.

Das Sechste Haus umfasst auch die, die wir für ihre Dienste bezahlen.

In meinem Sechsten Haus steht der Löwe. Stephanie sagt, es ist wichtig für mich, darauf zu achten, dass die Sonne in meinem Achten Haus – das Haus der Suche und der Reisen ins Unbekannte – in der Waage steht. Die weltlicheren Aspekte des Lebens, die im Sechsten Haus abgebildet werden, werden für Menschen wie mich, die im Sechsten Haus den Löwen und im Achten Haus die Sonne haben, ein bisschen wie die Heimat der Familie Munster sein. Die Munsters sind gute Monster, eine Familie aus liebenswerten Freaks. Die Art von Menschen, die mir ehrlich gesagt am liebsten sind. Aber hieß das auch, dass sogar die angeblich einfachsten Dinge in meinem Leben ein bisschen verrückt sein mussten?

Vor lauter Nervosität saß ich Nicole praktisch auf dem Schoß, als unser Flieger zur Landung in Paris ansetzte. Wir klebten am Fenster, um möglichst viel von der Stadt zu sehen. Die Sonne glitzerte auf dem grüngoldenen Wasser der Seine. Cremefarbene Gebäude mit dunkelgrauen Dächern säumten die Straßen, die alle direkt auf den imposanten Eiffelturm zuzustreben schienen. *Zum Eiffelturm!*

PARIS!

Mein Seelenverwandter ist gerade hier! Ich weiß es!

Ich hatte darauf bestanden, dass Nicole den Fensterplatz bekam. Einerseits weil ich wusste, dass ich niemals würde schlafen können, andererseits, weil ich nur mithilfe ihrer Flugmeilen im Flieger sitzen konnte. Außerdem sollte Nicole sich ausruhen können, denn mindestens eine von uns musste bei der Ankunft noch ihre fünf Sinne beisammenhaben. Als wir am Morgen um halb sieben zum Flughafen von L.A. gefahren waren, hatte ich schon seit Tagen kaum noch geschlafen und außerdem die ganze Nacht mit Packen, Tindern und Posten verbracht.

Taumelnd vor Erschöpfung hatte ich Tara noch mal umarmt, bevor sie zu ihrem Gate ging. Wegen ihres Direktflugs würde sie Stunden vor Nicole und mir in unserem Hotel ankommen.

»Sei brav, Schwesterherz«, sagte Tara. »Wir sehen uns in Paris.«

Nicole und ich winkten ihr albern nach. Dann gaben wir unser Gepäck auf, suchten unser Gate und frühstückten kurz.

»Sag Bescheid, wenn du nicht darüber reden willst, aber machen du und Justin immer noch eine Pause?«, fragte ich, als wir uns mit unseren Tabletts an einen Tisch setzten.

Nicole hatte in der Woche zuvor um eine Auszeit gebeten, als die ›Disbalancen‹, wie sie es nannte, zwischen den beiden zu groß geworden waren.

»Nein, kein Problem, und ja, das machen wir. Die Pause tut uns gut. Ich möchte nicht, dass einer von uns verletzt wird. Ich hab ihm auch gesagt, wir sollten diese Woche in Paris keinen Kontakt haben, um ungestört unsere Mitte wiederfinden zu können.«

»Verstehe. Aber geht es dir auch wirklich gut?«

»Hallo: *in Paris?*«

Ich lachte.

»Ich habe eine Idee«, verkündete Nicole vollkommen ernst, aber mit einem Funkeln in den Augen, das mir zeigte, sie führte etwas im

Schilde. »Wir sollten ein Laken aus unserem Hotelzimmer stibitzen, BIST DU MEIN SEELENVERWANDTER? darauf schreiben, und das Geburtsdatum natürlich, und es dann an den Eiffelturm hängen, so wie damals, als jemand das Hollywoodzeichen in Holly*weed* umgeschrieben hat.«

»Super. Ich *liebe* die Idee.« Und das stimmte auch. Wir würden ihn finden – aber so was von!

Auch ich hatte ein paar Ideen. Ich hatte unzählige Suchposter in meinem Büro gedruckt und in meinem kleinen Handkoffer verstaut, zusammen mit fünf Rollen Klebeband und einem der Halbedelsteine vom Nachttisch meines Vaters, der für gute Energien sorgen sollte. Jetzt war der Koffer schwer wie Blei. Das allerdings nicht besonders lang, denn kurz vor dem Boarding tapezierte ich noch die Flughafentoilette mit meinen Plakaten. Die Kabinen und der Wickeltisch waren jetzt eine unübersehbare Suchanzeige für meinen Seelenverwandten. Denn was, wenn die Schwester meines Seelenverwandten zufällig im selben Flieger saß? Oder in einem anderen, der am selben Tag flog? Das alles kam mir kosmisch gesehen einfach so *richtig* vor, obwohl ich früher tatsächlich eine fünfundvierzig Jahre alte, von Vernunft geleitete Mutter zweier Kinder gewesen war, die noch nie (und sei es auch nur vorübergehend) eine öffentliche Toilette verunstaltet hatte. Mir war klar, wie bizarr meine Aktionen wirken mussten, aber es kümmerte mich nicht mehr, was andere dachten. Keine unserer Ideen kamen Nicole oder mir zu abstrus vor.

Während ich über den Atlantik flog, dachte ich immer wieder an das Versprechen, das Dad Tara und mir gegeben hatte. *Wir treffen uns in Paris.* Ich hörte Bobs Stimme in der Luft neben mir, wie ein Wunder aus dem Jenseits. Unsere Kabine war dunkel bis auf die Lichter auf den Displays der Passagiere, die sich einen Film ansahen. Nicole schlief. Und ich war endlich auf dem Weg, um mich mit meinem Vater zu treffen. Er hatte mir so sehr gefehlt. Ich weiß, es klingt merkwürdig, aber ich spürte, wie Bobs Geist direkt auf der anderen Seite des Fensters schwebte. In den Wolken. In der Dunkelheit. Es war überwältigend schön, zu viel und doch nicht genug. Ich wünschte, mein Dad könnte mich hier und jetzt umarmen, wünschte, ich hätte die Macht, den Schleier zwischen den Lebenden und den Toten beiseitezuziehen. Stattdessen klappte ich meinen Laptop auf und begann zu schreiben. Einige meiner Gedanken über Liebe, Trauer, Furcht und Hoffnung waren für mein Instagram-Tagebuch. Und einiges war nur für meinen Dad und mich. Ich hatte ein großartiges Leben verloren. War zu einer ungewöhnlichen Reise aufgebrochen. Glaubte fest daran, meinen Seelenverwandten zu finden, hatte aber auch Angst. Was, wenn es nur bei mir funkte?

An einem Donnerstag um zehn Uhr, mit neun Stunden Vorsprung vor L.A., landeten wir in Paris. Die Sonne schien durch die Oberlichter am Flughafen Charles de Gaulle, und die französische Sprache klang in meinen Ohren wie ein verführerisches Lied. Ich simste Tara sofort:

Wir sind da!!!

und verkniff es mir, erneut über die Wettervorhersage zu jubeln, weil es hier nach tagelangem tristem Regen plötzlich eine Woche blauen Himmel geben sollte. Ganz offensichtlich war der Himmel auf meiner Seite. Vor unserer Abreise hatte Tara mich ständig damit genervt, dass ich eine Regenjacke einpacken sollte. »Schon geschehen«, hatte ich immer erwidert. Doch hatte ich mich geweigert, eine hässliche, praktische Regenjacke mitzunehmen. Sollte ich meinem Seelenverwandten in einer schwarzen Gore-Tex-Jacke begegnen? In PARIS? Auf gar keinen Fall.

Wir warfen unser Gepäck in ein wartendes Taxi und rasten zum Hotel, wobei die Aussicht sich langsam von den Gewerbegebieten des Stadtrands hin zum Charme der alten Welt im Herzen der Stadt veränderte. Ich konnte es kaum erwarten, das Marais-Viertel zu sehen, von dem ich schon so viel gehört hatte. Andy Fleming, ein alter Freund und früherer Nachbar, hatte es uns empfohlen. Als Regisseur einer Serie, die in Paris spielen und irgendwann nächstes Jahr starten sollte, hatte er die Stadt bereits nach den traumhaftesten Kulissen abgesucht. Zufällig war er momentan ebenfalls in Paris und arbeitete an der Sendung. Ich hoffte nur, dass er Zeit hatte, sich mit mir zu treffen. In L.A. sah ich ihn so oft wie möglich, aber im Grunde war es mir immer zu wenig und einfach nicht wie früher, als ich am Ende meiner Ehe für kurze Zeit neben ihm wohnte. Eigentlich hatte ich Andys Assistentin als Erstes kennengelernt. Es war kurz vor meiner Scheidung. Michael war gerade ausgezogen. Ich verarbeitete diese neue Entwicklung, wie man das so macht: stand spätnachts in meiner Einfahrt, trank Wein direkt aus der Flasche und steckte mir eine Zigarette an der nächsten an. Alle Fenster meines Hauses standen sperrangelweit offen, und Amy Winehouses »Back to Black« dröhnte heraus. Ich hatte die Musik auf volle Lautstärke gedreht. Da kam eine nett wirkende junge Frau, die sich später als Andys Assistentin herausstellte, auf dem Weg zu ihrem Wagen vorbei und fragte, ob es mir gut ginge. Ich lachte nur bitter.

»Ach, wissen Sie: Meine Ehe ist am Ende, ich muss mein Haus verkaufen, meine Firma ist bankrott, ich werde wohl Insolvenz anmelden müssen, und mein Weimaraner ist letzte Woche ganz plötzlich gestorben. *So* geht's mir.« Ich pflanzte meinen Hintern auf die Straße, winkte meinen winzigen Chihuahua-Papillon-Mischling zu mir, nahm ihn auf den Arm und fuhr fort:

»ABER die Kinder durften sich einen Hund aus dem Tierheim aussuchen – dieses Schätzchen, das übrigens Freitag heißt, weil ich dachte, wir hätten ihn an einem Freitag geholt, dabei war es ein Samstag, aber so was kann ich mir immer schlecht merken. Außerdem habe ich einen unglaublich heißen Franzosen kennengelernt. Also werde ich vielleicht bald meinen Traum leben.«

Die Assistentin rief Andy am nächsten Tag an. Er war vor Kurzem in das Haus neben unserem gezogen. »Ich hab deine Nachbarin kennengelernt. Du wirst sie mögen!«

Unser Taxifahrer, der einen Großteil der Fahrt geschwiegen hatte, fragte uns schließlich in gelangweiltem, stockendem Englisch, was wir ins Paris machten. Ferien? Geschäfte? Ich hatte bereits den Stewardessen und den Geldwechslern am Flughafen von der Suche nach meinem

Seelenverwandten erzählt. Warum also nicht auch dem Taxifahrer? Er sah zwar nicht aus wie fünfzig, kannte vielleicht aber jemanden, der fünfzig war. Es fühlte sich schon befreiend an, einfach nur mit einem echten Pariser in Paris zu reden. Rückblickend ist das leicht zu verstehen. Die letzten Wochen vor meiner Abreise nach Frankreich waren in einem Wirbel aus Geschenken und guten Schwingungen für mein Abenteuer vergangen, aber ich hatte auch rund um die Uhr gearbeitet und mir ständig Sorgen über meine Finanzen, meine Mutter und meine Kinder gemacht. Außerdem gab es wieder Waldbrände, und eine mögliche Evakuierung hing wie ein Damoklesschwert über meinen Freunden und Kunden. Tief unter der Oberfläche all dessen lag der Tod. Und Trauer. Diese beiden waren in L.A. meine ständigen Begleiter. In Paris jedoch musste ich mich nur darauf konzentrieren, mich vom Schicksal, von den Sternen und meiner Bestimmung zur wahren Liebe führen zu lassen. Während der Fahrer mir nickend zuhörte, verflog seine Langeweile.

»*D'accord*, da sind Sie hier richtig«, sagte er stolz. »In Paris sind wir verliebt in die Liebe.«

»Was für ein Zufall! Als bekennende Waagen sind wir auch verliebt in die Liebe«, erklärte Nicole entzückt.

Als das Taxi schließlich langsamer fuhr und dann an einem Bürgersteig hielt, verstand ich, wieso Andy immer im Marais unterkam, wenn er Paris besuchte. Das Viertel schien direkt aus einem Märchen zu stammen, war aber gleichzeitig aufregend real. Schmale Gassen aus Kopfsteinpflaster mäanderten um lauschige Parks und mittelalterliche Gebäude. Museen und Kunstgalerien wechselten sich mit schicken Geschäften und Restaurants ab. Ich konnte es kaum erwarten, all dies mit einem ›2. Novembre 1968‹-Date an meiner Seite zu erkunden. Wir hatten noch nicht mal im Hotel eingecheckt, und doch spürte ich förmlich, wie ich mich in diese Stadt verliebte.

Apropos Hotel: Wo genau war das eigentlich? Unser Taxifahrer hatte das Gepäck auf dem Bürgersteig abgestellt und wünschte uns *Bonne Chance*! Die Adresse war korrekt. Aber wir sahen nichts, was auf ein Hotel hinwies. Kein Schild. Keinen Portier. Niemanden mit Koffern. Nur ein außergewöhnlich entzückendes Schaufenster einer kleinen *Boulangerie* ganz in Schwarz und Gold, die angeblich die älteste Bäckerei von Paris war, noch aus dem 17. Jahrhundert, bevor das Gebäude, in dem sie untergebracht war, ein Hotel wurde. Die Legende besagte, dass der berühmte Schriftsteller Victor Hugo in diesem Laden seine Baguettes gekauft hatte. Ich konnte es immer noch nicht fassen, dass wir hier waren. In Paris.

Da! Nicole zeigte auf ein kleines weißes Schild, das rechts von der *Boulangerie* über uns hing. Ich kniff leicht die Augen zusammen. Die elegant verschnörkelte Schrift auf dem Schild verkündete: Hôtel du Petit Moulin. Ja! Und dann fielen mir die winzigen, golden funkelnden Sterne auf der schmiedeeisernen Halterung des Schildes auf. *Sterne!* Wir waren genau am richtigen Ort. Also betraten wir die schwarz-goldene, nicht zur Bäckerei gehörende Tür.

Die Lobby des Hotels kam mir vor wie ein winziges, uraltes Schmuckkästchen mit verspieltem Dekor. Wir waren definitiv nicht mehr in L.A. Gemälde mit idyllischen Szenen aus einem längst vergangenen Paris überzogen die Decken. Die Wände und Zierleisten waren in einem hellen Pistaziengrün gehalten, und etliche Spiegel erzeugten einen Eindruck von Raum und Licht. Weiße Orchideen und eine helle Kristalllampe schmückten die Rezeption. Und dann bemerkten wir in einer Ecke die schicke Bar, die sowohl mit antiken als auch mit unglaublich hippen Möbeln in Himmelblau, Orange und Tannengrün möbliert war. Christian Lacroix verstand sich eindeutig genauso auf Inneneinrichtung wie auf Kleider.

Empfangen wurden wir von einem jungen Mann in einem dezenten, perfekt geschnittenen Anzug, der angesichts unseres Gepäcks leicht zusammenzuckte. Denn Nicole und ich hatten nicht weniger als sechs Koffer mitgenommen, darunter zwei riesige, vollgestopfte, für die wir zusätzlich hatten bezahlen müssen. Dazu einen prall gefüllten Kleidersack, meinen Rucksack, Nicoles aus den Nähten platzendes Handgepäck, zwei große Handtaschen und einen Koffer nur für Schuhe.

»Ihr Zimmer ist ganz oben im dritten Stock. *Voilà*, die Schlüssel für die Juniorsuite. Ah ... brauchen Sie Hilfe beim Gepäck? In den Aufzug wird das wohl nicht passen.«

Nicole und ich warfen einen Blick zum Lift. Er war nicht größer als eine Telefonzelle.

»Kein Problem«, versicherte ich. »Wir nehmen die Treppe. Aber ich habe eine Frage.«

»Oui?«

Ich zückte eines meiner Flugblätter. Denn vielleicht hatte ja gerade jemand mit dem richtigen Geburtsdatum eingecheckt? Und selbst wenn der Concierge mir das aus Datenschutzgründen nicht verraten konnte, würde er die Botschaft vielleicht weitergeben.

Während er mir zuhörte, schaute der junge Mann zunehmend verwirrt. »*Je ne suis pas sur*«, sagte er höflich, nachdem er das Flugblatt studiert hatte. »Sorry, ich weiß nicht. Aber ich behalte das mal hier.«

Wir stiegen über eine getüpfelte Wendeltreppe hinauf ins Dachgeschoss und öffneten die Tür zum Stützpunkt für Operation 2. Novembre 1968. Die schrägen Wände und Dachbalken der gemütlichen Suite waren cremefarben gehalten, wurden aber hier und da von barockartigen Tapeten unterbrochen. Nicole und Penelope (die am Nachmittag landen sollte) würden das riesige Bett mit den weißen Laken und dem kuschelig weichen Fellüberwurf nehmen, während ich auf dem kleinen Ausziehsofa schlafen wollte. Penelope war frisch gebackene Mutter und brauchte ein richtiges Bett viel dringender als ich. Außerdem war mir schon jetzt klar, dass ich vor lauter Aufregung ohnehin Schlafprobleme haben würde. Also wäre ein Bett an mich verschwendet. Ich hatte viel zu viel zu tun.

Wir schickten uns an auszupacken, weil wir so schnell wie möglich aus den ekligen Reiseklamotten in schicke, für Paris angemessene Kleidung schlüpfen mussten, und zwar pronto. Suchend blickte ich mich im Zimmer um, sah aber nur eine kleine Kommode im Apothekerstil, die vielleicht nicht mal für Kleider gedacht war. Wo war der Schrank? Da, eine Tür, dort musste er sein! Aber nein: Die Tür führte zu einem blitzenden modernen Bad mit großer Wanne.

Ich steckte meinen Kopf aus dem Bad. »Nicole, hast du einen Schrank gesehen?«

»Nein, nur das hier.« Nicole zeigte auf einen Kleiderständer auf Rädern, an dem ein paar einsame Bügel hingen.

Wir riefen bei der Rezeption an. »Könnten wir bitte mehr Kleiderbügel haben, *s'il vous plaît*?«

»Aber natürlich. Wie viele? *Deux? Trois?*«

Ich blickte auf die Kleiderhaufen, die aus unseren Koffern quollen – und Penelope kam ja auch noch! »Viel mehr als nur *deux*. Wir brauchen ... alle Bügel, die Sie entbehren können.«

Es war mir nicht klar, aber ich bekam gerade meine erste Französischlektion. Je älter das Gebäude, desto weniger Schränke. Und wenn man die lange und abwechslungsreiche Geschichte von Paris betrachtete, gab es wohl unzählige Zimmer ganz ohne Schränke. Wie in unserer Suite. Dafür hatte sie aber die bezauberndsten Gaubenfenster mit breiten, weichen Sitzplätzen, die sich wie Terrassentüren in Miniaturform öffnen ließen und einen traumhaften Blick auf das Viertel boten. Ich öffnete ein Fenster und blickte hinaus, während wir auf die Bügel warteten. *Wow.* Bislang hatte ich Paris erst einmal besucht, doch da war ich neun gewesen und erinnerte mich nur noch daran, dass ich ein großes, köstliches Sorbet bekommen hatte und mein Vater uns wie ein Wahnsinniger zu Fuß über die sechsspurige Straße zum Arc de Triomphe getrieben hatte, um ein perfektes Familienfoto zu schießen.

Ich betrachtete die hellen Kalksteinfassaden der Gebäude, die blauen Fenster- und Türrahmen und die Kästen mit den bunten Blumen. Kleine, kompakte Autos, die so ganz anders waren als die Angeberschlitten in L.A., sausten zielstrebig die Straßen entlang, und gut gekleidete Fußgänger strömten in die Geschäfte und wieder heraus. Doch als ich schließlich meinen Blick hob und über die Gebäude hinwegschaute, machte mein Herz einen Satz. Denn ich sah das berühmte graue Dächermeer wie schon vom Flieger, aber jetzt viel näher. Ein perfektes Postkartenbild. In jenem Oktober war es in Paris kühl und frisch, ein Wetter, bei dem man wacher war und unwillkürlich schneller ausschritt. Als ich so am Fenster saß, überkam mich das Gefühl, das man beim Wechsel der Jahreszeiten verspürt. Als würde die Welt eine Zeit verlassen und in eine andere treten.

Nachdem der zuvorkommende Concierge uns jeden Kleiderbügel gebracht hatte, den er im Hotel (und wohl auch in der Nachbarschaft) hatte auftreiben können, und dazu noch ein Bügeleisen und eine Gepäckablage, packten Nicole und ich aus. Als wir fertig waren, ähnelte unser Zimmer nicht mehr einer Hotelsuite, sondern einer gut bestückten Modeboutique, in der sich zufällig auch ein riesiges Bett und eine kleine Explosion aus übereinandergeworfener Kleidung befanden. Reihen eleganter Pumps und sexy Stiefel säumten die Fußleisten. Auf jeder freien Oberfläche lagen Accessoires. Am Kleiderständer hingen Kleider, Oberteile und Röcke. Niemand konnte uns nachsagen, wir hätten uns nicht vorbereitet. Ich zog mir eine Jeans mit hohem Bund und salbeigrüne Stiefel an und dazu einen Pulli in gebrochenem Weiß mit dazu passendem Mantel. Eine überdimensionale Sonnenbrille mit weißem Gestell und eine Umhängetasche mit Schlangenlederprint komplettierten den Look. Nicole trug einen klassischen Trenchcoat über einer schwarzen Seidenbluse, schmalen Jeans und Pumps. Nun wollten wir Paris im Sturm erobern.

In diesem Augenblick rief Tara an und erklärte, sie hätte bereits die Gegend erkundet. Also suchten wir sofort ihr Zimmer auf, das ein Stockwerk tiefer lag.

»Hiiii!«, riefen wir und fielen uns in die Arme.

Taras Raum war kleiner als unsere Suite, aber ebenfalls eine hübsche, verspielte Lacroix-Fantasie. Außerdem war es extrem ordentlich. Wo waren ihre Koffer? Wo die Reihen aus Schuhen und Taschen? Wie hatte sie es geschafft, alles so befremdlich ordentlich zu halten?

»Du hast es wirklich hierher geschafft«, sagte ich. »Gefällt dir dein Zimmer? Ich finde es supersüß.«

»Ja. Ich habe vor meiner Ankunft angerufen, und man versicherte mir, dass in diesem Zimmer weniger schwere Vorhänge und Decken sind als in allen anderen. Und es wurde gerade dampfgereinigt. Also sollte ich wohl keinen Asthmaanfall kriegen. Aber ich habe mir in einem anderen Hotel noch ein Zimmer mit Holzboden reserviert, nur falls der Teppich – der nicht entfernt werden kann – mir Probleme macht. Ich hab's geprüft – hahaha – er löst nichts aus. Also alles gut!«

Meine Schwester und ich hatten definitiv unterschiedliche Vorstellungen von einem Let's-get-this-party-started-Gespräch.

»Wir brauchen ein Instagramvideo mit uns allen«, erklärte ich. Sofort spannten sich Taras Schultern an. Sie hatte immer noch nur ihren privaten Account mit fünf Followern und wollte das auch nicht ändern. Ich filmte uns drei vor dem Hintergrund des Zimmers. »Schaut mal, wie schön dieser Raum ist! Einfach reizend, oder?«

»Einfach reizend«, wiederholten Tara und Nicole einstimmig, wie vorher verabredet.

»Sagt *Bonjour!*«

»Bonjour!«

»Ich bin heute Morgen schon durchs Viertel gelaufen«, erklärte Tara. »Das Picasso-Museum ist nur fünf Minuten zu Fuß entfernt. Aufregend, oder?«

»Heißt im Klartext: Es ist *eine Stunde* zu Fuß entfernt, weil wir jeden Mann, der auch nur annähernd aussieht wie fünfzig, ansprechen und fragen werden, wann und wo er geboren wurde. Außerdem muss ich noch all meine Plakate aufhängen«, fügte ich, nur halb im Scherz, hinzu.

»Stimmt, ja. Habt ihr beide meine E-Mail über all die Sehenswürdigkeiten im Marais gelesen, die wir unbedingt aufsuchen müssen? Da wir nicht viel Zeit hier haben, dachte ich, wir könnten heute Nachmittag noch ein paar Museen besuchen, bevor sie schließen. Den Rest der Woche wird Tash jede Menge Verabredungen haben, also ist heute vermutlich unser einziger freier Tag. Lasst uns doch kurz was essen und uns dann auf den Weg machen. Wir könnten uns spezielle Museumspässe kaufen, mit denen wir in über fünfzig Museen und Baudenkmäler schneller reinkommen. So könnten wir eine kleine Sightseeing-Tour einschieben.«

Ich warf einen Blick zu Nicole. Wir waren doch wegen der Liebe hier und nicht wegen ein paar alter, langweiliger Gemälde, oder?

Tara zückte einen Stadtplan, um uns zu zeigen, wo das charmante Café war, von dem sie gelesen hatte. Aber ich wollte jetzt los.

»Schlendern wir einfach durchs Viertel, bis wir was gefunden haben, wo man essen kann«, sagte ich. »Das Schicksal wird uns schon zeigen, wo wir in den allmächtigen Straßen von Paris landen sollen. Denn ich überlasse jetzt offiziell dem Universum die Zügel.«

Es fühlte sich gut an, einfach loszulassen und das laut auszusprechen. Ich war gespannt, was als Nächstes passieren würde.

Unsicher stöckelte ich mit meinen hohen Stiefeln über das Kopfsteinpflaster. Wie in aller Welt konnten die Frauen hier auf hohen Schuhen gehen? Kurz überlegte ich, ob ich umkehren und mir Sneaker anziehen sollte, entschied mich aber dagegen. Ich wollte unbedingt schick aussehen, schließlich konnte die Liebe meines Lebens jeden Augenblick auftauchen. Zum Beispiel am Kiosk, an dem wir gerade vorbeigingen. Oder da drüben vor der entzückenden kleinen *Pharmacie*. Hätte ich allerdings mehr auf echte Pariserinnen geachtet, wäre mir aufgefallen, dass nur sehr wenige hohe Schuhe trugen, um längere Wege zurückzulegen. An jenem ersten Tag jedoch sah ich nur das idyllische Bild, das ich sehen wollte. Schaufenster voller frischer Baguettes. Attraktive Menschen, die müßig mit einer Zigarette in der Hand herumstanden. Prächtige, bunt lackierte Türen. Eine Reihe sich gelb färbender Linden an der Seine.

Wir schlenderten durch die Straßen des Marais-Viertels und filmten jedes Detail – genauer gesagt: Nicole und ich filmten, während Tara sich nur darauf konzentrierte, wohin wir gerade gingen. Wir arbeiteten an unserem französischen Akzent. An unserem Lächeln. Wiederholten mit endloser Geduld unsere Aufnahmen. Ich wollte jeden einzelnen Augenblick festhalten. Ich war sicher, es würde etwas geschehen. Etwas Gutes. Ich konnte es spüren. Ich *glaubte* daran.

Schon bald kamen wir zu einem typischen Pariser Café mit kleiner Terrasse, runden Tischen und Rattanstühlen. Schlapp vor Hunger ließen wir uns darauf sinken.

Nachdem Tara kurz die Speisekarte studiert hatte, atmete sie auf und lächelte. »Ich kann hier was essen. Der Salat mit dem geräucherten Lachs ist glutenfrei und sieht köstlich aus. Ich nehme einfach kein Brot.«

»Eine Flasche von diesem Sancerre, *s'il vous plaît*«, bat ich unseren Kellner, der uns mit einem höflichen *Bonjour, mesdames* begrüßt hatte. Ich fragte mich kurz, ob ich ihm eine Visitenkarte mit unserem Anliegen geben sollte. Doch entschied ich mich dagegen: erst der Wein, danach die Marketingstrategie zum Liebesleben.

Mein Handy summte ununterbrochen wegen unzähliger Nachrichten, Fragen und Ermutigungen von Freunden und Fremden. Dabei waren wir erst wenige Stunden hier. So viel Unterstützung fühlte sich einfach unglaublich an, fast als hätte ich Engel an meiner Seite.

Wie ist Paris?
Hat dein Seelenverwandter neben dir im Flieger gesessen?
Ist er im Hotel?
Ich bin gespannt, was passiert!
Poste weiter! GIB DEN MENSCHEN, WAS SIE WOLLEN!

Das ließ sich machen.

»Was ist eigentlich *deine* Definition von einem Seelenverwandten?«, fragte ich Nicole, trank einen Schluck Wein und richtete meine Handykamera auf sie.

»*Super* Frage!«, rief Nicole aus und war gleich in ihrem Element. Sie lebte für Auftritte vor der Kamera und für Gespräche, die auch nur ansatzweise spirituell waren. Sie setzte sich aufrechter hin und räusperte sich. »Also, mein Seelenverwandter passt auf allen vier Ebenen meines Seins zu mir: der körperlichen, der emotionalen, der intellektuellen und der spirituellen Ebene. Wenn es auf allen vier Ebenen stimmt, dann wird es einfach *unglaublich!* Aber es geht nicht nur um diese vier Ebenen, sondern auch darum, gemeinsam zu wachsen. Mein Seelenverwandter muss mich dazu bringen können, die beste Version meines Selbst zu verwirklichen, mich zu entwickeln und zu wachsen. Und ich würde dasselbe für ihn tun. Es gibt noch viele weitere Kriterien. Aber das muss erst mal reichen.«

»Eine wirklich gute Definition«, nickte ich.

»Und wie lautet deine Definition von einem Seelenverwandten?«, fragte ich Tara und richtete die Handykamera auf sie. Damit erwischte ich sie kalt.

Sie lachte unbehaglich und erklärte: »Puzzleteilchen, klick.« Dann tat sie so, als würde sie zwei Puzzleteilchen ineinanderstecken, die perfekt zusammenpassten.

»Bessere Begleiterinnen als euch kann es nicht geben«, erklärte ich und postete die Story.

»Also gut, mit wem hast du dein erstes Date?«, fragte Nicole. Wieder wirkte Tara unangenehm berührt.

»Eine richtige Reihenfolge habe ich noch nicht. In der letzten Zeit war ich zu viel mit dem Haus beschäftigt, das Billy und ich mit ein bisschen Glück verkaufen werden. Außerdem wusste ich nicht, wo das Hotel liegen und wie unser Zeitplan aussehen würde. Ich hab allen sechzehn geschrieben, ich würde mich nach meiner Ankunft melden.«

Meine Schwester verdiente einen Orden, weil sie darüber kein Wort verlor. Denn sie hatte mir vor der Abreise haufenweise Informationen über das Hotel und seine Lage und dazu mehrere verschiedene Reiseablaufpläne geschickt.

»Worauf wartest du dann? Melde dich!«, befahl Nicole.

»Nun mal langsam«, mischte Tara sich ein. »Wer sind diese Typen? Kennst du überhaupt ihre richtigen Namen?«

»Keine Angst, ich hab alles, was ich brauche, und nicht nur das«, erwiderte ich und holte ein zerlesenes Taschenbuch aus meiner Tasche. Am letzten Abend in L.A. hatte ich alle wichtigen Dinge von meinen Traumcollagen in einen kleinen Gedichtband übertragen, den ich schon länger besaß: *All the Boys I Never Kissed* von Nicolette Daskalakis. Den hatte ich vor Jahren gekauft, als Philippe und ich uns zum ersten Mal trennten. Der Titel schenkte mir Hoffnung. Vielleicht gab es da draußen ja tatsächlich viele mir unbekannte Jungs, die es sich zu küssen lohnte. Vielleicht würde mir das Buch in Paris Glück bringen. Also hatte ich nicht nur beschriftete Tinder-Profile hineingeklebt, sondern auch Fotos von Bob – natürlich auf Seite eins –, meinen besten Freundinnen Katie, Nicole und meiner Schwester. Eins von meiner Mutter. Und einen Spruch aus einem Glückskeks: *Große Veränderungen warten auf dich und das Glück.* Und einen Stadtplan von Paris. So ziemlich alles, was man dazu brauchte, um in der Stadt der Liebe einen Seelenverwandten zu finden.

Mit mir selbst zufrieden reichte ich Tara das Buch, damit sie meine Genialität und Organisationsfähigkeit bewundern konnte. Dann rief ich auf meinem Handy weitere Fotos der fünfzehn Männer und der einen Frau auf, damit wir alle Kandidaten prüfen konnten, die ich bislang gefunden hatte.

1. Der Poet: Fabrice

Heißer, alleinerziehender Vater zweier Kinder (etwa im selben Alter wie meine) und einer niedlichen Katze namens *Friday* (was doch *wirklich* ein Zeichen ist!). Lehrer. Hobbys: Gedichte schreiben, Reisen, Natur, Architektur, Motorräder, Kochen und Museen. Vater Franzose, Mutter Schottin (!). Eltern seit 68 Jahren glücklich verheiratet. Romantisch. Grau meliertes Haar, hinreißende Lachfältchen und positive Einstellung zu allem.

Und natürlich schrieben wir uns seit Monaten.

Konnte man es mir verdenken, dass der Poet mein Topfavorit war?

»Eine Sekunde«, sagte ich zu Tara und Nicole, legte das Buch beiseite und schrieb Fabrice schnell eine SMS.

In Paris angekommen! Wohnen im Marais. Wo treffen wir uns. Ich habe Zeit bis Montagmorgen.

Was Fabrice auch immer mit mir vorhaben mochte: Ich war da.

2. Der Spanier: Mateo

Familie aus Spanien, aber geboren in Paris. Wohnt jetzt circa 30 Minuten außerhalb von Paris. Nachdenklich, angenehm neugierig auf mich. Spricht kaum Englisch. Tolle Haare. Aber vielleicht zu brüderlich? Das wird ein echtes Date zeigen.

3. Der sexy Feuerwehrmann: Georges

Ich war noch nie mit einem Feuerwehrmann ausgegangen, hatte aber in L.A. ein paar attraktive bei der Arbeit gesehen. Sie wären überrascht, wie oft ich beruflich mit der Feuerwehr zu tun habe und das nicht nur wegen der aktuellen Waldbrände in Kalifornien. Vielleicht war jetzt der richtige Zeitpunkt. Keine Kinder. Wettergegerbte Haut. Auf manchen Fotos Fliegerbrille und Helm, auf anderen echt attraktiv.

4. Der hingebungsvolle Vater: Maaz

Keine Probleme mit Fernbeziehungen (andere waren sich da nicht sicher), wohnt in Paris. Hat eine Firma, die Apps entwickelt – arbeitet sowohl in Paris als auch in Peking. Wegen ständiger Reisen kaum Dates. Zwei erwachsene Kinder, mit denen er viel Kontakt hat. Neunzehn Jahre verheiratet, seit zehn Jahren Single.

5. Der Pilot: Antoine

Super Aussehen mit weißblonden Haaren. Ein Seelenverwandter mit Vielfliegermeilen wäre toll. Hat nicht viel gesagt, will vielleicht nur Sex. Großartiger Sex mit Seelenverwandtem steht zwar auf meinem Plan, aber es muss auch eine tiefere Verbindung geben.

6. Der Narbentyp: Jean-Luc

Hat richtiges Geburtsdatum. Sieht auf dem Profilbild aber zornig aus. Hat viele Narben und Tattoos, was erst mal nicht schlecht sein muss, aber prahlt oft mit Hobbys: Boxen mit nackten Fäusten und ›Survival‹-Wochenenden, wo Messer und Feuer zum Einsatz kommen.

»Halt«, befahl Tara. »Bei dem hab ich Bedenken. Ich finde nicht, dass du dich bei ihm melden solltest. Der sieht richtig gefährlich aus.«

Ich ging davon aus, dass Nicole sofort widersprechen würde, denn Jean-Luc besaß einen gewissen Sexappeal. Doch sie studierte sein Profil und nickte. »Tara hat recht. Eure Energien sind grundverschieden. Das spüre ich.«

Also so schnell schon war einer weg? Ich beschloss, mich zu fügen. Das Universum leitete mich. Also strich ich Jean-Luc aus und fuhr mit dem Rest meiner Liste fort.

7. Die schicke Schriftstellerin: Chloe

Dieser Treffer fühlte sich am schicksalhaftesten an. Eine hinreißende Schriftstellerin und Schmuckdesignerin Ende zwanzig. Ihre Cousine hat sie auf meine Anzeigen hingewiesen. Chloes Dad ist am 2. November 1968 geboren. Aber sie will mich erst überprüfen, bevor sie den Kontakt zu ihm herstellt.

8. Der Sapiosexuelle: Benoît

Eigentlich nicht das, was ich normalerweise für meinen ›Typ‹ halte. Zum Beispiel, weil er kleiner ist als ich, was mich nicht stört, aber ich habe schon erlebt, dass der Mann selbst damit Probleme hat. Außerdem schickt er mir ständig Badezimmerselfies mit nacktem Oberkörper. Unzählige. Er trinkt keinen Kaffee und hat nichts für Beyoncé oder die Ehe übrig. Vielleicht haben wir gar nichts gemeinsam. Am meisten irritiert mich, dass Benoît sich als ›sapiosexuell‹ bezeichnet, was ich erst mal googeln musste. Wahrscheinlich habe ich mich damit schon selbst disqualifiziert.

9. Der Kultivierte: Christophe

Mag Antiquitäten, Gärtnern und Tennis. Wirkt ein bisschen kultivierter als die anderen, nur schickt er mir ständig Fotos von Tennis spielenden Frauen. Ohne Erklärung. Seine Töchter? Oder gehört er zu einem Tennis-Swingerclub? Das werde ich wohl rausfinden.

10. Der Geschäftsmann: Laurent

Laurent hat etwas von Mickey Rourke aus den Neunzigern an sich. Möglicherweise etwas pathologisch Düsteres, aber das ist schwer zu sagen. Er hat einen Sohn in Neuseeland, der nicht mehr mit ihm redet (will ich wirklich wissen, wieso?) Laurent ist bei einem pharmazeutischen Unternehmen und reist viel. Einige von diesen Typen sind ziemlich viel auf Reisen.

11. Mr Marrakesch: Thierry

Kommuniziert sparsam, aber hat ein Gesicht wie Colin Firth und einen Körper wie Beckham. Deshalb bleibt er auf der Liste. (Ehrlich gesagt behielt ich bei diesem ersten Essen in Paris alle auf der Liste. Die meisten dieser Männer waren aus dem einen oder anderen oberflächlichen Grund nicht der Typ, mit dem ich in L.A. ausgegangen wäre – das gebe ich gerne zu. Aber es war befreiend gewesen, ausnahmsweise nur nach einem einzigen Kriterium zu entscheiden: dem Geburtsdatum. Für sie und für mich.) Thierry kommt einen Tag vor meiner Rückkehr nach L.A. aus Marrakesch zurück. Vermutlich ist es zu kompliziert, sich zu treffen, aber man wird sehen.

12. Monsieur Seriös: Jacques

Sehr attraktiv. Anwalt. Lächelt auf den Fotos nie, flucht in den Nachrichten nie (oh-oh). Keine Witzchen. Wegen der Sprachbarriere? Normalerweise müssen meine Kandidaten Humor haben. Keine Schmetterlinge im Bauch, aber deshalb muss ich ihn erst recht persönlich treffen.

13. Der Dokumentarfilmer: Max

Liebt leidenschaftlich das Reisen, Sterne-Restaurants und guten Wein. Wer nicht? Die Frage ist nur, ob ich mich noch mal in einen Kameramann verlieben will. Eigentlich habe ich dem abgeschworen. Aber Max scheint das Gegenteil von Hollywood zu verkörpern. ›Clean Eating‹ macht ihn interessant, nie fragt er, ob ich »seine Arbeit gesehen« habe, und seine Zähne sind nicht chlorweiß gebleicht. Er behauptet sogar, als Brünette hätte ich ihm auch gefallen.

14. Der Talentagent: Alcide

Alcides Hobbys sind Kino und Arbeit. Wie kann *Arbeit* ein Hobby sein? Sein Terminkalender ist so voll wie chaotisch, aber er hat versprochen, sein Bestes zu geben.

15. Der nette Koch: Gael

Fröhlich, immer in T-Shirt und Fleece-Jacke, glücklich wie ein kleiner Junge. Eine Art Koch. Liebt Kochen, Menschen Beköstigen und Partys. Wenn das wahre Liebe ist, mache ich glücklich den Abwasch.

16. Der Fahrradfahrer: Amir

Aus der Tech-Branche, aber die meiste Zeit auf einem extravaganten Rennrad. Extrem fit, mit Fotos, die das beweisen. Witzig. Keine Kinder, bis vor Kurzem verheiratet. Leidenschaft fürs Radfahren und für französische Politik. Ich könnte ja lernen, das auch zu lieben, oder nicht? Erinnert mich sehr an Lenny Kravitz, also gebe ich ihm auf jeden Fall eine Chance. Außerdem, seien wir ehrlich, technischen Support könnte ich wirklich brauchen.

Als unser Essen kam und wir noch mehr Wein tranken, kontaktierte ich über WhatsApp alle Männer und Chloe. Mateo schrieb mir sofort zurück:

Willkommen in Paris! Wie wär's mit acht heute Abend?

OMG! *Geschah das wirklich? Konnte das tatsächlich so einfach sein?*

»Geht das zu schnell?«, fragte ich Tara und Nicole. »Sollte ich mich erst für morgen verabreden? Ich hab noch gar nicht richtig geschlafen, außerdem kommt Penelope um halb sechs und ...«

»HEUTE ABEND«, überschrie Nicole mich praktisch. »Du musst fünfzehn Männer und eine Frau treffen und hast dafür nur fünf Tage. Was ist, wenn es zu einem zweiten Date kommt? Oder einem dritten? Oder zu *Übernachtungen?* Da wird's eng. Und hey ... mir ist gerade die perfekte Nutzungsmöglichkeit für Taras zweites reserviertes Zimmer eingefallen.« Sie grinste verschmitzt, als Tara keuchend Luft holte.

Oui. Großartig!,

schrieb ich Mateo und las laut vor, während ich tippte:

Ich suche die Location aus und schicke sie dir.

»Was wäre die beste Bar für diese Verabredung? Es muss eine sein, wo wir in der Nähe sitzen können, ohne dass es auffällt. Hast du ein Signal oder Safeword für uns?« Meine Schwester bombardierte mich mit Fragen, auf die ich keine Antwort hatte. Ganz plötzlich wurde mir flau im Magen.

Tara begriff sofort. »Keine Sorge, ich habe viel Recherche betrieben. Sobald wir im Hotel sind, schaue ich mir meine Liste mit Date-Locations an. Ich hab dir auch eine Kopie geschickt. Aber aus dem Kopf würde ich jetzt sagen, dass die Little Red Door-Bar perfekt sein wird. Sie ist nur zehn Minuten zu Fuß vom Hotel entfernt.«

Ping! Fabrice hatte geantwortet.

Mein Herz tanzt vor Freude. Sonntagnachmittag bin ich ganz dein, und ich wünsche mir ein romantisches Plätzchen. Kennst du Versailles? Dort ist ein Park, den ich dir gerne zu Füßen legen würde.

Ich zeigte Nicole mein Display. »Es funktioniert«, sagte sie.

Oui! Versailles klingt großartig,

schrieb ich Fabrice. (Wo zum Teufel war Versailles?) Ach, das machte solchen Spaß! Wieso hatte ich noch nie versucht, in Paris Männer zu treffen?

So schnell wie möglich schrieb ich allen Kandidaten auf meiner Liste. Nicht alle konnten Englisch. Und da mein Französisch sich auf Google Translate stützen musste, wechselte ich ständig zwischen den beiden Apps. Gerade schickte ich Jacques eine Nachricht, da segelte ein Vogel über meinen Kopf hinweg und knallte hinter Nicole direkt gegen das große Fenster des Cafés. Die Scheiben ratterten, und wir sprangen auf – wie alle anderen, sogar die Gäste im Inneren des Cafés. Der arme Vogel, eine dicke graue Taube, lag ein paar Sekunden wie betäubt auf dem Boden, bevor sie sich aufrappelte und konfus davonflatterte.

»Heilige Scheiße! Echt gruselig. Ist das ein Omen? *Dad?* Warst du das?«, fragte ich.

»Könnte eine Botschaft von deinen geistigen Führern sein«, bemerkte Nicole gelassen und schaute die mögliche Bedeutung direkt auf ihrem Handy nach. »Ein Vogel, der gegen ein Fenster fliegt, heißt, dass du in naher Zukunft vielleicht ein paar schwierige Hindernisse überwinden musst. Es markiert das Ende eines Lebensabschnitts, ist ein Zeichen dafür, dass nach einer problematischen Phase alles besser wird oder dass eine wichtige Beziehung endet, sodass Platz ist für einen neuen Menschen in deinem Leben.«

Ooooohh.

»Oder es bedeutet, dass dieser französische Vogel einfach dämlich ist«, konterte Tara, und ich musste lachen. Es würde alles gut werden. Schließlich waren wir in *Paris.*

Ping! Eine neue Nachricht. Diesmal von Billy.

Wie läuft's in Paris? Besichtigung war großartig. Käufer ist begeistert!

Super,

antwortete ich und fügte ein Emoji mit gekreuzten Fingern hinzu. Der Verkauf war noch nicht in trockenen Tüchern, aber es sah wirklich gut aus.

»Hört mal, ich weiß, wir wollten noch ins Picasso-Museum, bevor es schließt«, sagte Nicole, als wir unser Essen beendeten. »Aber ich habe einen kleinen Notfall. Ich brauche noch einen Lockenstab, meiner hat im Hotel den Geist aufgegeben. Und mit den Haaren hier kann ich mich in Paris nicht blicken lassen.«

Für den Bruchteil einer Sekunde entgleisten Taras Gesichtszüge, doch sie fasste sich schnell und stimmte tapfer lächelnd der Jagd nach einem Lockenstab zu. Nicht, dass meine Schwester kein Verständnis dafür gehabt hätte. Sie drehte sich auch täglich die Haare auf, mit heißen Lockenwicklern wie Rita Hayworth persönlich (was der eigentliche Grund des Ganzen war). Aber hätte sie wählen müssen zwischen dem Ersatz ihrer Lockenwickler und einer zusätzlichen Stunde im Picasso-Museum, wäre die Entscheidung eindeutig gewesen. *Vive le cubisme!*

Es war viel schwerer als gedacht, in Paris einen Lockenstab zu finden. Als wir endlich im Museum ankamen, blieben uns nur noch fünfzig Minuten. Es war im imposanten Hôtel Salé aus dem 17. Jahrhundert untergebracht und präsentierte über vier Etagen atemberaubende Bilder, Skizzen, Skulpturen sowie Gedichte und Briefe. Es kam mir ganz und gar nicht richtig vor, in einer knappen Stunde hindurchzuhasten. Jetzt verstand ich Taras Ungeduld. Und doch fiel es mir schwer, mich auf die Kunstwerke zu konzentrieren.

Ich entschuldigte mich und setzte mich in den Hof des Museums. Dort dachte ich über meine an diesem Abend bevorstehende Verabredung nach. Würden wir uns überhaupt unterhalten können, wenn sein Englisch so dürftig war wie mein Französisch? Stand zu hoffen, dass die Sprache nicht so wichtig war. Und was, wenn er wirklich *der Eine* war? Das wäre natürlich ein Traum. Dann wäre ich außer mir vor Glück. Aber würde ich allen anderen absagen? Und Mateo dann mit in mein Hotelzimmer voller Frauen nehmen? Oder mit ihm woanders hingehen? Ich machte mir eine Notiz im Hinterkopf, am Abend mein sexy Höschen aus Spitze anzuziehen. Und mir die Beine zu rasieren. Mir schwirrte der Kopf. Vielleicht war es doch keine so gute Idee gewesen, zum Essen Wein zu trinken. Unwillkürlich musste ich auch an Philippe denken. Paris war *seine* Stadt. Ich wurde ständig an ihn erinnert, weil ich überall Französisch hörte, die Haltung der Männer auf der Straße mir mehr als vertraut vorkam und ich vom Duft nach heißem Kaffee und frischem Brot umgeben war.

Ich richtete mein Gesicht zur Sonne und wollte die Augen schließen und einen Moment auftanken. Aber der Anblick des Pariser Himmels nahm meine ganze Aufmerksamkeit in Anspruch. Sein helles Kornblumenblau hatte sich in ein leuchtendes Türkis verwandelt. Die zarten Schleierwolken waren golden umrandet. Ich wusste, es musste einen berühmten Maler gegeben haben, der sein ganzes Leben diesem Pariser Himmel gewidmet hatte. Wahrscheinlich hatte eines der Museen auf Taras Liste Bilder von ihm. Doch was mich betraf, so bedeutete mir das echte Leben, dieser echte Himmel viel mehr als irgendetwas in einem Museum. Ich wurde innerlich ganz ruhig. Die Grenzen zwischen mir und der Luft um mich herum verschwammen. Und auf einmal kam Dads Geist und flüsterte zu mir. Ein Hauch von Wohlbehagen und Liebe verkündete mir, dass der vor mir liegende Abend schön werden würde.

»Penelope ist gerade gelandet«, bemerkte Nicole hinter mir und riss mich zurück in die Wirklichkeit. »Tash? Alles in Ordnung? Wir müssen zurück, damit du dich für dein erstes Date umziehen kannst. Aber wir haben noch Zeit für ein Nickerchen. Du siehst erschöpft aus.«

Zurück im Hotel rannte ich fast den Pagen um, als ich Penelope sah. Kaum schloss ich sie in die Arme, merkte ich, wie sehr ich ihre beruhigende Anwesenheit in meinem Leben vermisst hatte. Nicole hatte uns vor Jahren miteinander bekannt gemacht, als ich noch verheiratet war, und wir verstanden uns auf Anhieb. Dann brach meine Welt auseinander. Penelope, die ein bisschen älter war als ich, aber schon viele Jahre Erfahrung in der Immobilienbranche hatte, unterstützte mich und ermöglichte mir einen Neuanfang. Wenn jemand als Neuling bei The Agency arbeiten möchte, braucht er einen Mentor, der ihn bei den ersten drei Verkaufsgeschäften begleitet. Es ist nicht leicht, einen Mentor zu finden, der dazu bereit ist. Aber Penelope, die damals eine erfolgreiche Maklerin in L.A. war, übernahm das für mich. Wir kamen uns noch näher, und ich zählte sie zu meinen besten Freundinnen. Als sie der Liebe wegen nach Ibiza zog, freute ich mich sehr für sie, doch ein bisschen brach es mir auch das Herz.

Penelope riss staunend die Augen auf, als sie unsere Suite betrat. »Wahnsinn!«, rief sie. »Wie viele Kleider habt ihr denn mitgebracht!« Sie ließ ihre kleine Reisetasche fallen und begann sofort, die bunten Kleider und sexy Röcke am Kleiderständer zu sichten.

»Ich war seit drei Jahren nicht mehr shoppen. Diese Kleider! Ich hab ganz falsch gepackt – wirklich *völlig* falsch. Momentan ist alles, was ich besitze, schwarz, pflegeleicht und aus Stretch.« Penelope hatte fast während ihrer gesamten Schwangerschaft das Bett hüten müssen und hatte jetzt alle Hände voll mit ihren knapp zweijährigen Zwillingen zu tun. Kein Wunder, dass Modeaspekte bei ihr an letzter Stelle kamen.

»Also, Penelope, schau dich um und leih dir, was du willst. Zieh an, was dir gefällt«, sagte ich. Ihre Augen leuchteten auf.

»Ich nehm dich beim Wort, Tash. Vielen Dank. Ich kann kaum glauben, dass wir alle hier sind. Es ist einfach traumhaft, wieder in Paris zu sein.«

Penelopes Vater war Franzose, sodass sie ihr ganzes Leben lang immer wieder ihre Familie in Paris besucht hatte. Sie kannte die Stadt, die Sprache und Pariser Männer in einer Weise, von der ich nur träumen konnte.

»Das ist doch das Mindeste! Denn ich kann wirklich deine Hilfe brauchen, P.«, lachte ich. »Zunächst einmal musst du mir ein paar der Nachrichten von meinen Kandidaten entschlüsseln. Mit Google Translate bin ich nicht sehr weit gekommen. Ich *glaube*, George will mich morgen auf einen Kaffee treffen, aber stimmt das auch?«

»Keine Sorge, das klären wir alles.«

Nicole koppelte ihr iPhone mit den Lautsprechern im Zimmer. »Was wollen wir hören?«

»Meine GET-UP-Playlist vielleicht?«, schlug ich vor.

»Get *up*?« Nicole verdrehte die Augen. »Mädel, du bist schon UP genug. Wie wärs mit GET IT?« Sie fummelte ein paar Minuten an ihrem Handy herum, bis das Zimmer von »Girls Need Love« von Summer Walker & Drake erfüllt wurde. »Als Nächstes Schampus.« Sie holte zwei Piccoloflaschen Veuve Clicquot aus der Minibar. »Die werden nicht reichen.«

Ich fühlte mich wie in einer Zeitmaschine zurückversetzt in die wilden Nullerjahre in L.A., als ich mit meinen Freundinnen endlos Kleider anprobierte, Champagner trank und plauderte. Ich zog mir mindestens zwölf Kleider an und wieder aus und konnte mich nicht erinnern, wann ich das letzte Mal vor einem Date so aufgeregt gewesen war. Irgendwann stand ich nur im Rock, ohne Oberteil, an einem Fuß einen Stiefel, am anderen einen Stiletto vor Nicole und Penelope.

»Welche Schuhe?«, fragte ich.

»Oh, mein Gott, du hast perfekte Titten«, hauchte Nicole. »Wie ist das möglich? Nach zwei Kindern? Sie sind einfach makellos!«

Zugegeben, ich hatte schon immer gewusst, dass ich hübsche Titten hatte – obwohl sie winzig waren! –, war mir aber nicht mehr so sicher gewesen, nachdem ich zwei Babys gestillt hatte und zehn Jahre älter geworden war. Ich wohnte in L.A., dem Reich der Schwerkraft trotzenden Riesenimplantate. Außerdem war es nicht alltäglich, dass andere Frauen die eigenen Titten beurteilten.

»Sie sind ja sooo hübsch«, schwärmte Nicole weiter. »Kann ich sie mal anfassen? Moment, ist das abartig?«

Penelope hob ihr Glas, um mir und meinen hübschen Titten zuzuprosten. Sie und Nicole hatten sich vor Jahren als Models in Miami kennengelernt. Nacktheit war keiner von beiden peinlich. Mir auch nicht. Ich brach in Gelächter aus.

»Na klar! Fass sie ruhig an! Nach allem, was diesen Ladys bevorsteht, können sie schon mal ein Warm-up gebrauchen.«

Am Ende entschied ich mich für einen hautengen Rock und einen unglaublich flauschigen Angorapulli, der geradezu danach schrie, gestreichelt zu werden. Und natürlich Stilettos. Nicole trug ein spitzengesäumtes Mieder und eine schwarze Lederhose. Aber Penelope schoss den Vogel ab. Mit ihrem schwarz-grünen Midikleid mit hohen Seitenschlitzen war die Sirene in ihr wieder zum Leben erweckt.

»Du bist wahrlich eine scharfe Mama, P.«, bemerkte ich und prostete diesmal ihr zu. Das war spaßig. Und albern, im besten Sinne. Wieso hatte ich schon so lange nicht mehr mit meinen Freundinnen herumgealbert?

»Das Kleid ist magisch«, grinste sie. »Ich liebe es, Tash.«

Jetzt waren wir mehr als bereit für die Little Red Door. Aber zuerst wollte ich noch schnell was für Instagram aufnehmen. Kurz zuvor hatte ich auf WhatsApp nachgeschaut, ob sich weitere Kandidaten auf die Nachricht von meiner Ankunft gemeldet hatten. Aber nur der hingebungsvolle Vater und Mr Marrakesch hatten geantwortet, und das ziemlich vage. Ich machte mir keine Sorgen deswegen. Penelope würde mir später bei den Nachrichten helfen. Bis dahin schickte ich noch ein bisschen positive Energie ins Pariser Universum. Gleiches zieht sich an. Lautete so nicht das Gesetz der Anziehung?

»Ich hab keine Ahnung, wie man das macht, aber wir gehen live auf Instagram«, erklärte ich. So schwer konnte das doch nicht sein, oder? Nicole und Penelope waren begeistert. Ich holte tief Luft und verkündete all meinen Freunden und Followern, dass ich gleich zu Date Nummer eins aufbrechen wollte, total aufgeregt war und voller Hoffnung. Wir stellten uns in Positur und hoben die Gläser. Da steckte Tara den Kopf durch die Tür.

»Oh, mein Gott, das ist meine Schwester! Sag hallo, Tara! Wir machen ein Live-Video!« Ich drehte das Handy zu Tara, deren Miene pures Entsetzen ausdrückte. Sie schüttelte leicht den Kopf, hob abwehrend die Hand, wich zur Tür hinaus und bedeutete mir, wir würden uns unten treffen.

Meine Schwester. Sie war schon komisch. Ganz kurz fragte ich mich, wieso sie sich nicht mit uns zusammen fertig gemacht hatte. Aber vielleicht war das auch besser so. Ich war mir ziemlich sicher, dass sie es gar nicht komisch gefunden hätte, wie Nicole meine Titten bewundert hatte.

Tara saß in der Lobby und markierte etwas auf einem Stadtplan, als wir drei hereingestöckelt kamen: klickklack, klickklack. Niemand konnte Nicole, Penelope und mich überhören oder übersehen. Obwohl wir uns nach Kräften bemühten, typisch französisch zu wirken, waren wir mit unseren unmöglich hohen Absätzen, den Schlangenledertaschen, den nachgezogenen Augenbrauen und den ultrablonden Haaren unverkennbar aus L.A.

Lächelnd stand Tara auf. Sie hatte sich schick angezogen, aber auch seltsam sportlich, als hätte sie etwas vor, das nichts mit heißen Franzosen und angesagten Pariser Bars zu tun hatte. Zum Schutz vor Taschendieben trug sie eine praktische Tasche quer über dem Körper, und ihre Schuhe waren die Sportschuhe, die sie extra für ihre orthopädischen Einlagen bestellt hatte.

»Okay, Ladys«, sagte ich und holte einen Packen Visitenkarten aus meiner Jackentasche. »Oben habe ich noch viel mehr davon, also sagt Bescheid, wenn ihr Nachschub braucht.« Penelope und Nicole nahmen sich jeweils ein Päckchen.

»Was ist das denn?«, fragte Tara.

»Meine Visitenkarten für die Suche nach meinem Seelenverwandten«, erklärte ich. »Die sollen heute Abend verteilt werden. Ich brauche so viele Einheimische als Helfer, wie ich kriegen kann.«

»Das kann doch nicht dein Ernst sein! Auf gar keinen Fall werde ich Visitenkarten verteilen oder Fremde ansprechen«, entgegnete sie mit Blick auf die Karten. »Sind da etwa dein Foto, deine Instagramadresse und deine Telefonnummer drauf? Das ist gefährlich. Du könntest entführt werden!«

»Ach, komm schon. Das ist nicht gefährlich. Was könnte denn passieren?«

»Was? Darauf muss ich doch wohl nicht antworten. Da fällt mir schon aus dem Stand eine ellenlange Liste ein!«

»Du machst mich echt wahnsinnig, Schwesterherz. Du hast in deiner Tasche doch wohl kein Pfefferspray, oder?«

»Nein, obwohl ich wünschte, ich hätte eins.«

»Wenn du willst, leihe ich dir mein Intimspray. Dann wehren wir Angreifer mit Ananasduft ab«, sagte ich augenzwinkernd. »Entspann dich, Tara. Das geht schon alles gut.«

»Ach, dein Intimspray hat es durch den Zoll geschafft?«, fragte Tara und musste kichern. »Aaaach, die Franzosen!« Ihr wurde wohl klar, dass sie den Kampf nicht gewinnen konnte – nicht heute Abend. Resigniert nahm sie sich ein paar Visitenkarten, und dann traten wir ins Freie.

»Aber du weiß schon, dass Gynäkologen gar nichts von Intimspray halten, oder?«

»Das Spray ist ein WITZ!«

Untergehakt schlenderten Tara und ich durch die Straße, hinter uns Penelope und Nicole, rechts und links von uns die in der Dunkelheit leuchtenden Läden und Restaurants. Ich war nervös. Und aufgeregt. Überfordert. Was wusste ich eigentlich wirklich über Mateo, einen Spanier, dessen Mutter zufällig im Herbst 1968 in Paris gewesen war? Nicht viel, aber die Sterne waren auf unserer Seite. Oder etwa nicht? Ich holte mein Handy hervor und fing an zu filmen. »Oh mein Gott! Ich *flippe aus*! Wir sind auf dem Weg, gleich treffe ich den Typ zum ersten Mal. Meine Schwester und meine Freundinnen begleiten mich inkognito zu einer Bar in der Nähe.« Ich wandte mich zu Tara. »Worüber soll ich denn mit ihm reden? Soll ich nur ›Hi‹ sagen? ›Wann ist dein Geburtstag?‹ ›Sind Skorpione wirklich die bösen Buben der Astrologie?‹«

»Keine Ahnung. Wie wär's mit: ›Was machst du? Was bist du für ein Mensch? Muss man Angst vor dir haben?‹« Tara lachte nervös.

Schicksal, ich komme!

Siebtes Haus

Bonjour, sind Sie mein Seelenverwandter?

Das Siebte Haus repräsentiert Beziehungen und andere Menschen, Ehe und Partnerschaften. Es fordert uns auf, von uns selbst Abstand zu nehmen und auf einen oder mehrere Partner zuzugehen, um gemeinsam etwas Größeres zu erschaffen oder zu erreichen, als wir allein es könnten. Da ich mit einem leeren Siebten Haus geboren wurde, ist es wichtig, den Herrscher des Hauses zu kennen. Der Herrscher ist der Planet, der das Zeichen an der Spitze eines Hauses regiert. In meinem Siebten Haus befindet sich die Jungfrau an der Spitze, und die wird vom Merkur beherrscht.

Merkur regiert in meinem Neunten Haus, das für Abenteuer, Lehrer, spirituelle Führer, für Ziele, fremde Länder und die Suche nach der Wahrheit steht. Es sagt mir, wie ich meine Geschichte entwickeln und unter die Leute bringen kann. Merkur fällt in meinem Neunten Haus mit dem Skorpion zusammen, und diese Energie fließt auch in mein Siebtes Haus zurück, das für Partnerschaft steht. Merkur und Skorpion drängen mich, einen spirituellen Pfad zur größeren Wahrheit meiner Geschichte zu wählen, und auch zu einem möglichen Ehe- oder Beziehungspartner. Dieser Pfad muss bei mir ein Abenteuer in einem fremden Land beinhalten, und dieses Abenteuer würde von einem spirituellen Lehrer angeregt werden. Hat Stephanie behauptet. Was noch? Nicole hat schon vor sehr langer Zeit diesen Pfad eingeschlagen. Unsere Geburtshoroskope sind fast identisch.

»Weiß Mateo eigentlich, dass du mehrere Frauen mitbringst, die ihn vielleicht bei diesem Date filmen?«, erkundigte sich Tara, die wegen der Wahrung der Privatsphäre besorgt war.

Nein, Mateo wusste *nicht* von meiner Schwester, Penelope oder Nicole. Aber darüber wollte ich jetzt nicht nachdenken. Es gab Wichtigeres: Was, wenn die ›romantische Bar‹ sich als hell erleuchtetes Café entpuppte, das sich günstigerweise auch noch direkt neben der *Prefecture de Police de Paris* befand? Das wäre Tara durchaus zuzutrauen.

Aber das Little Red Door, ein verschwiegenes Lokal in einer ruhigen Straße im Marais, gefiel mir sofort. Eine Schlange aus dezent gekleideten, aber todschicken Gästen wartete auf Einlass. Sie sahen ganz anders aus als die aufgemotzten, aufgespritzten Clubbesucher in L.A. Ein attraktiver, muskulöser Türsteher überwachte den Eingang. Das Ganze sah aus wie eine Szene aus der Zeit der Prohibition: Wie also sollten wir zwei strategisch günstige Tische ergattern, die wir für dieses Date brauchten? Nervös biss ich mir auf die Unterlippe, und Tara fummelte an ihrer Crossbody-Tasche herum. Wenigstens war Mateo noch nicht da. Er hatte geschrieben, er käme ein bisschen später. Was uns Zeit gab, einen Plan zu schmieden. Je näher wir uns Richtung Tür schoben, desto schneller schlug mein Herz. Schließlich waren wir an der Reihe. Der Türsteher musterte uns von Kopf bis Fuß, während Tara und ich gleichzeitig zu reden begannen.

»Wir brauchen zwei Tische, bitte.«

»Einen schönen romantischen mit perfektem Licht für mich. Und es muss leise genug sein, dass ich mein Date hören kann.«

»Und einen anderen in der Nähe, damit ich meine kleine Schwester im Auge behalten kann, falls der Typ ein Serienmörder ist. Aber nicht so nah, dass wir ihn abschrecken.«

»Denn er könnte mein Seelenverwandter sein. Das behauptet jedenfalls meine Astrologin.«

»Aber ich will nicht, dass sie bei der Suche umkommt. Und Penelope und Nicole auch nicht, die jeden Moment hier sein werden.«

Zutiefst verwirrt verdrehte der Türsteher die Augen. »Eh, *répéter?*«

Wir mussten eindeutig langsamer sprechen, wenn wir darauf hoffen wollten, dass dieser Typ uns half. Ich holte tief Luft und erklärte ihm alles, was es mit dem 2. Novembre 1968 auf sich hatte. Ein paar aus der Schlange hinter uns kamen näher und hörten aufmerksam zu. Der Türsteher holte eine Zigarette heraus, drehte das Zündrad an seinem alten Zippo und sah uns skeptisch an.

»Sie sind den ganzen Weg von Amerika hergeflogen, um einen Fremden mit einem bestimmten Geburtsdatum zu treffen? Wegen der Astrologie? Wieso nicht einfach so, um in Paris die Liebe zu finden, unabhängig von irgendwelchen Geburtstagen? Machen Sie doch die Augen auf! *Cueille le jour.*« Er tippte sich an die Brust, vielleicht um sich selbst anzubieten. Da er eine düstere, energiegeladene Aura wie Marlon Brando hatte und grob im richtigen Alter schien, fragte ich ihn nach seinem Geburtsdatum.

»Ich meine es ernst«, sagte ich und reichte ihm eine Visitenkarte, »ich muss ihn finden.«

Der Türsteher, dessen Geburtsdatum leider nicht stimmte (obwohl er tatsächlich ’68 geboren war, langsam bekam ich einen Blick dafür), drehte und wendete die Karte. Dann blickte er zu uns auf und grinste breit.

»So was habe ich ja noch nie gehört! Und ich sehe jeden Abend Menschen, die die Liebe suchen. Oder was Ähnliches. Warten Sie hier.« Er warf seine Kippe weg und ging in die Bar.

Ich verteilte Visitenkarten unter den anderen Wartenden, die Fragen stellten, mir Glück wünschten und mir spontan auf Instagram folgten. Innerhalb von fünf Minuten schienen sich alle für den Ausgang des Abends zu interessieren.

Da kehrte der Türsteher zurück und erklärte, er hätte ein paar Gäste umgesetzt, sodass ich einen romantischen Ecktisch bekäme und Tara, Nicole und Penelope unauffällig in der Nähe sitzen könnten. »Und wenn Ihr Date auftaucht, vergewissere ich mich, dass er *cool* ist. Ich war mal Bodyguard, also keine Angst.« Ein Ex-Bodyguard? Sofort war Tara sein größter Fan. Wir folgten ihm in die gemütliche Bar und durch das Labyrinth aus kleinen Tischen. Im Vergleich hierzu waren die Bars in

L.A. riesige Kellergewölbe. Mit meinen vielen Kleiderlagen und dem schweren Mantel kam ich mir vor wie ein Elefant im Porzellanladen, der jeden Moment etwas umwerfen konnte, und so war es auch: Es erwischte die *coupe de champagne* eines Gasts. Meine Wangen brannten: eine tollpatschige Amerikanerin, die sich nicht mal richtig auf Französisch entschuldigen konnte – obwohl ich es versuchte. Der Mann, dessen Drink ich verschüttet hatte, wehrte höflich mein Angebot, diesen zu ersetzen, ab und wirkte merkwürdigerweise amüsiert. Erst dann bemerkte ich die neugierigen Blicke, das ermutigende Nicken und wissende Lächeln der meisten Gäste und Angestellten: der schicksten Gruppe Mittzwanziger und Dreißiger, die ich je gesehen hatte. Ein paar von ihnen prosteten mir sogar schweigend zu.

Da wurde mir klar, dass unser neuer Türsteherfreund der ganzen Bar erzählt haben musste, was wir vorhatten. Seltsamerweise störte mich die allgemeine Aufmerksamkeit kein bisschen. Die Schwingungen waren ausnahmslos gut.

Der Türsteher platzierte mich auf einem kleinen roten Samtsofa in einem stillen Winkel, das für jedes Date ein Traum gewesen wäre. *Wird dies die Szene, in der ich mich hoffnungslos verliebe? Ach, bitte!* Danach führte er Tara zu einem großen Tisch in der Nähe, wo die beiden verschwörerisch ein paar Worte wechselten, bevor er zurück an seinen Posten ging. Von ihrem Platz aus konnte Tara mich nicht hören, aber perfekt sehen. Sie winkte mir aufgeregt zu und reckte den Daumen. Ich lächelte schwach zurück. Da kam eine Nachricht von Mateo:

Suche nach einem Parkplatz.

Es. Geschah. Wirklich.

Da mein Handy ununterbrochen verschiedene Signale gab, die einen steten Strom von Fragen meiner Freunde in L.A. anzeigten, postete ich ein Update, meine allerkürzeste Story: »Ich bin hier in der Bar und warte auf meinen ersten Kandidaten«, sprach ich, so leise ich konnte. »Bin unheimlich nervös. Und aufgeregt.« Und dann schob ich mein

Handy tief in meine Tasche, denn Mateo sollte nicht denken, er hätte es mit einer Handysüchtigen zu tun, die sich nicht auf das Hier und Jetzt konzentrieren konnte. Das wäre ein schrecklicher erster Eindruck. Penelope und Nicole trafen ein und warfen mir Luftküsse zu, während sie Tara begrüßten und sich setzten. Mehr Gäste strömten in die Bar, sodass ich meine lebensrettenden Freundinnen nicht mehr so gut sehen konnte. Aber ich wusste ja, dass sie da waren.

Das Warten auf Mateo fühlte sich wie eine Ewigkeit an, doch wahrscheinlich waren es nicht mal zehn Minuten. Um mich herum herrschte Stimmengewirr: Gäste plauderten, erzählten sich Neuigkeiten, gaben Bestellungen auf, verliebten sich. Meist auf Französisch, aber auch auf Englisch. Dann verstummte plötzlich die Gästeschar, die in meiner Nähe stand, sie teilte sich, und der Türsteher erschien mit einem großen, gut gekleideten Mann an seiner Seite. »Das ist Mateo«, verkündete er, schob seine Schiebermütze zurecht und verzog das Gesicht, als wüsste er nicht, wie er ihn finden sollte. »Ich behalte Sie im Auge.«

Mateo sah genauso aus wie auf seinem Foto. Grau melierte Haare. Strahlend blaue Augen, ein ruhiges, freundliches Gesicht. Als er näher kam, stand ich auf, und wir begrüßten uns zögernd.

Mateo neigte sich vor, drückte seine Wange – rechts, links – an meine und machte ein Kussgeräusch in die Luft. Mein erster offizieller französischer Kuss von einem Mann, der am 2. November 1968 in Paris geboren, aber nicht Philippe war! Es war zwar kein sexy französischer Kuss, aber immerhin ein Anfang.

»Tut mir leid, dass ich zu spät bin, aber ich kenn mich hier nicht aus«, brachte er hervor. »Und mein Englisch tut mir auch leid, es ist nicht so gut.« Mateo schaute sich verhalten um. *Oh! Er war auch nervös.*

»Nein, dein Englisch ist perfekt«, versicherte ich, um die Stimmung zu lockern. »Ich kann dir gar nicht genug danken, dass du dich mit mir triffst. *Merci beaucoup!*«

Es war ein etwas peinlicher Anfang, wie bei vielen ersten Dates. Nur dass mein Date mit Mateo auf einem ganz anderen Level lag. Zu Hause befolgte ich die Regel, die auch für die meisten meiner Gefährtinnen galt: Wir fuhren höchstens eine halbe Stunde, um uns mit jemandem zu treffen (der ständige Stau hieß, dass man bei Verabredungen unbedingt auf die Postleitzahl achten musste). Aber jetzt war ich um die halbe Welt geflogen, um Mateo kennenzulernen. Ich spähte durch die Menge und sah, dass Tara, Nicole und Penelope alle möglichen Verrenkungen anstellten, um einen Blick auf ihn zu erhaschen. Auf uns. Genauso wie ein paar andere Gäste, die jetzt mit ihnen am Tisch saßen: drei wirklich attraktive Männer. *Wer waren die denn?!*

»Die Drinks hier sehen super aus!«, sagte ich und konzentrierte mich auf Mateo, um den Flirt in Gang zu bringen. *Er konnte schließlich mein Seelenverwandter sein!* »Aber da ich Waage bin«, fuhr ich fort und berührte ihn leicht am Unterarm, »fällt es mir schwer, mich zu entscheiden. Doch da Waagen auch hoffnungslos romantisch sind, neutralisiert das vielleicht unsere Unentschiedenheit.«

»Quoi?«

Ich wusste nicht, ob Mateo überhaupt etwas von dem begriff, was ich sagte. Gelächter und Gläserklirren erfüllten die Bar, sodass man sich schwer verstehen konnte. Außerdem sprach ich zu schnell und zu viel. Ich fürchtete, Mateo würde mich für verrückt halten – und konnte man es ihm verdenken? Plötzlich wusste ich nicht mehr, ob ich mir nach dem Mittagessen die Zähne geputzt hatte. Wenn ich jetzt nach Knoblauch stank? Oder nach einem langen Flug? Mojitos! Ich würde Mojitos mit viel Minze für uns beide bestellen. *Du schaffst das, Natasha*, sagte ich zu mir und zog meinen Pulli unauffällig tiefer, weil ich hoffte, damit mehr Ausschnitt zu zeigen. Stattdessen drifteten plötzlich Angorafasern wie Samen von Pusteblumen durch die Luft. Mateo musste niesen. Das war doch absurd! Mein Datingpartner starrte mich verwirrt an. Dann holte er einen kleinen Zettel aus seiner Tasche.

»Das ist, wie heißt es, mein *Acte de Naissance*, mein Geburtsdokument.«

Ich konnte es nicht fassen. »Du hast deine Geburtsurkunde mitgebracht?« Das sepiafarbene Papier in Mateos Hand war alt – 50 Jahre alt, um genau zu sein. Es sah aus, als wäre es seit einer Ewigkeit zusammengefaltet gewesen, und die Knicke und Kanten wirkten brüchig. Vorsichtig entfaltete Mateo das Dokument und reichte es mir. Unwillkürlich musste ich an meinen Dad denken. »Lass dir auf jeden Fall seinen Pass zeigen«, hatte er mir geraten. Ich fasste kurz an das Herz an meiner Kette. *Ich liebe dich, Dad.*

»Das alles kommt mir vor wie ein Traum«, sagte ich und betrachtete das Dokument. »Es ist sehr aufmerksam von dir, deine Geburtsurkunde mitzubringen. Danke. Und danke, dass du dich persönlich mit mir triffst. Zu diesem Date. Ich weiß, es wirkt bestimmt komisch.«

»Ja, komisch ist es schon«, lachte er. »Kannst du es mir näher erklären?«

Das tat ich. Ich erklärte alles, und zwar so langsam, dass er es verstehen konnte. Wir machten es uns bequem und bestellten einen zweiten Drink. Mateo war einfach nur *nett*. Ich fühlte mich immer wohler. Das Ganze war mehr als okay. Da ich mich an jeden Moment erinnern wollte, holte ich, bevor mir noch klar wurde, was ich da tat, mein Handy hervor und filmte uns ein paar Sekunden, was Mateo überraschte. Aber er machte gute Miene zum bösen Spiel. Der zurückhaltende, freundliche Mateo hatte nicht besonders viel einschlägige Erfahrungen – jedenfalls nicht wie die Männer, die ich in L.A. gewohnt war. Er wirkte wie ein Mann, der am liebsten mit einem heißen Tee in einer Bibliothek saß.

»Ich war sehr überrascht, als ich dein Profil sah, mit einem Schild in der Hand, auf der mein Geburtsdatum stand. Ich konnte es gar nicht glauben. Es war, als hättest du mich gesucht und gefunden«, sagte Mateo, als ich ihm erklärt hatte, wie wir hier im Little Red Door gelandet waren.

Mateo war besonnen. Warmherzig. Offen. Er erzählte mir von seiner Familie, die im Baskenland in Spanien lebte. Sein Englisch war grässlich und mein Französisch praktisch nicht vorhanden. »Wurdest du schon mal verhaftet?«, brachte ich schließlich den einzigen französischen Satz hervor, den Colette mir hatte beibringen können. »*As-tu déjà été arrêté?*« Er lachte verwirrt.

»Nein«, lächelte er. »Noch nicht. Gibt es denn viele von uns?«, erkundigte er sich dann. »Triffst du dich mit noch mehr Männern, die an diesem Tag geboren sind?«

»Mit ein paar noch.«

»Ah.« Sein Blick zeigte mir, dass er mich verstand.

Mateo war ein durch und durch netter Mann, aber es funkte einfach nicht zwischen uns. Ich verspürte keinerlei magnetische Anziehung wie bei ... ich wollte nicht an ihn denken, konnte aber nicht anders. Es war nicht wie mit Philippe.

»Hast du Freunde in Paris?«, fragte Mateo.

»Ja! Sie sind auch hier. Direkt da drüben. Willst du sie kennenlernen?«

Ich winkte Tara zu uns. Und dann Penelope. Mateo entspannte sich sichtlich, als sie ihn in fließendem Spanisch ansprach. Dann kam auch Nicole zu uns. Mateo lachte leise, als er uns vier musterte. Es war klar, dass das Date vorbei war. Ich hatte zwar nicht meinen Seelenverwandten gefunden, aber zumindest einen neuen Freund. Nach einem kurzen und aufrichtig herzlichen Abschied ließen wir Mateo am Tisch zurück.

»Ich bin froh, dass wir uns kennengelernt haben. Und ich hoffe, du findest ihn, Natasha«, sagte Mateo und küsste mich wieder auf beide Wangen.

»Er ist *süß*«, flüsterte Tara mir ins Ohr.

»Aber wahrscheinlich nicht der Richtige«, erwiderte ich ebenfalls flüsternd. Dann bemerkte ich ihr Martiniglas mit einem Stiel rosa Blümchen. »Äh, was trinkst du da, und wer sind die sexy Kerle an *deinem* Tisch?«

Taras Miene hellte sich auf. »Probier mal. Der Barkeeper meinte, es hätte einen Schuss *Magie*«, lachte sie. »Apropos Schicksal: Dein Bodyguard-Türsteher hat diese Typen zu uns gesetzt, und einer von ihnen wurde am 2. November geboren. Ehrlich!« Ich beäugte den dunkelhaarigen Fremden am Ende des Tischs. »Zugegeben«, flüsterte mir meine Schwester ins Ohr, »er wurde in L.A. geboren und nicht in Paris, und außerdem 1986 und nicht 68. Aber vielleicht hat das Schicksal Dyskalkulie und Orientierungsschwächen. Jedenfalls ist er supersüß. Und ist es nicht cool, dass er auch aus L.A. kommt? Dann müsstest du gar nicht umziehen.«

Stand Tara unter dem Einfluss eines magischen Banns, oder hatte sie einfach Jetlag und einen Schwips? Ich musste lächeln über mein Schicksal, das vielleicht Dyskalkulie hatte, und bahnte mir einen Weg zum Tisch.

»Deine Schwester hat mir deine Visitenkarte mit meinem Geburtsdatum gegeben«, sagte er und grinste mich an. »Echt komisch. Ich habe mir schon immer eine ungewöhnliche Kennenlernszene gewünscht. Was ich noch nie laut ausgesprochen habe. Aber meine Eltern hatten so eine und … tja …« Er verstummte und wurde knallrot.

Ungläubig starrte ich Tara an. *Sie* teilte jetzt meine Visitenkarten aus? War das wirklich meine Schwester? Doch es überraschte mich nicht, dass dieser Fremde mir sofort seinen geheimen Wunsch nach einer ungewöhnlichen Kennenlernszene und einem Happy End gestanden hatte. Denn alle Männer, ob mit dem richtigen Geburtsdatum oder nicht, die ich auf dieser Suche gefunden hatte, waren zwar einzigartig, doch hatten sie gemeinsam, dass sie die wahre Liebe suchten. Und manche sogar verzweifelt. (Das erfuhr ich immer ziemlich schnell, nachdem wir die Höflichkeitsfloskeln hinter uns gebracht hatten. Seltsamerweise ist es bei einer verrückten Mission einfacher, direkt Klartext zu reden.) Zu Beginn meiner Suche hatte ich gar nicht damit gerechnet, so viel Verletzlichkeit bei Männern zu sehen. Es gab mir Hoffnung, selbst wenn die Daten nicht stimmten.

Die Männer am Tisch meiner Schwester waren zwar nett und lustig, aber auch noch so jung, dass sie eigene Hoverboards besaßen. Es war Zeit zu zahlen, noch einen Happen zu essen und *endlich* ins Bett zu gehen. Zu diesem Zeitpunkt war ich bereits über vierundzwanzig Stunden am Stück wach. Wir brachen auf und bedankten uns noch mal beim zuvorkommenden Türsteher. Er lehnte mit einem verschmitzten Funkeln in den Augen am Eingang.

»Ihr Date ist offensichtlich nicht Ihr *prince charmant*. Vielleicht passe ich besser zu Ihnen. Sie sollten irgendwann noch mal vorbeikommen.«

»Vielleicht tue ich das sogar«, erwiderte ich scherzend. Paris war genau das, was Stephanie mir versprochen hatte: Spaß.

Draußen bestand Nicole darauf, eine kleine Quintessenz für Instagram aufzunehmen. Sie richtete ihr Handy auf mich. »Also, Natasha: Ist er der Richtige?«

»Ich glaube nicht«, sagte ich bedauernd. »Aber er war wirklich süß.«

»Also gut«, erklärte Nicole. »Was wir hier gelernt haben, ist, dass das Geburtsdatum nicht alles ist. Wenn es ausschließlich darum ginge, dann würde es bei dir mit jedem Menschen, der an diesem Tag geboren wurde, mächtig funken. Also ist das Datum zwar wichtig, aber nicht allein entscheidend. Es gibt noch viele andere Aspekte. Jeder ernstzunehmende Astrologe würde sagen, dass wir für den Anfang erst mal die genaue Geburtszeit brauchen. Für mich ist das hier ein typisches Beispiel für die Anlage-Umwelt-Frage. Was genau macht uns zu dem, was wir sind? Die Astrologie ist ein Ansatz unter vielen, um unsere Inkarnation in einer Lebenszeit zu erklären, doch diese Inkarnation wird auch von der Erziehung in unserer frühen Kindheit beeinflusst und unserer Entscheidung, auf bestimmte Umstände in unserem Leben zu reagieren. Unser Schicksal wird nicht nur von Sternen und Planeten bestimmt.«

Date Nummer eins ist beendet,

meldete ich meinen Freunden zu Hause.

Wünscht mir Glück für Date Nummer zwei morgen beim Lunch.

»*Déjeuner d'amour*«, ergänzte Penelope lächelnd und hakte sich bei mir unter.

»Mit wem triffst du dich denn morgen zum Lunch?«, fragte Tara.

»Mit dem Schicksal«, erwiderte ich. Was der Wahrheit entsprach. Denn es standen immer noch dreizehn Männer und Chloe auf meiner Liste.

In unserer Suite unter dem Dach zog ich das Sofa zum Bett aus und schlug mir dabei versehentlich den Kopf an einem der Dachbalken an. *Autsch!* Aber eigentlich ärgerte ich mich nicht. Nichts konnte mir die Reise nach Paris mit meinen Freundinnen verderben. Ich zog mir den Schlafanzug an und schnappte mir mein Handy. Zuerst rief ich die Kinder und Edna an. Alles in Ordnung. Danach verlangten Tinder, Instagram, Facebook, WhatsApp und etliche E-Mails nach meiner Aufmerksamkeit. Ich musste Termine machen und Freunde auf den neuesten Stand bringen. Mittlerweile hatte ich fast dreitausend Follower, die mir viel bedeuteten. Natürlich wusste ich, dass ein Social-Media-Profi eine solche Followerzahl bestenfalls lächerlich finden würde, doch ich betrachtete sie nicht als Nummern. Es waren (und sind) echte Menschen, die ich nicht vernachlässigen wollte. Schließlich hatten sie mich seit Monaten unterstützt, ermutigt und auf meinen Accounts aufgesucht. Doch je später es wurde, desto mehr verlor ich mich in einer surrealen Welt zwischen dem nächtlichen Paris und dem zeitlosen Internet. Ich wischte, tippte, texte, scrollte und schließlich schlief ich ein.

Lange bevor Nicole und ich am nächsten Morgen aufwachten, war Penelope schon zu einem Spaziergang aufgebrochen. Tara ebenfalls, denn auf ihrer Liste standen unzählige Museen und Sehenswürdigkeiten. Sie wollte sich später mit uns treffen.

Schlaft euch aus,

hatte sie gesimst.

Es war ein denkwürdiger Abend.

Ich warf einen Blick zum Bett. Da Nicole sich noch nicht rührte, nahm ich mir erneut mein Handy vor. Vielleicht hatten ein paar der potenziellen Seelenverwandten über Nacht geantwortet. Ich musste ein Date zum Lunch, eines zum Kaffee und eines zum Abendessen vereinbaren.

Also los, Universum! Obwohl der sanfte Mateo nicht der Richtige war, hatte ich doch etwas Wichtiges gelernt: *Ich konnte es schaffen.*

Ich rief WhatsApp auf: Antoine, der adrette und gut aussehende Pilot hatte sich gemeldet – zugegeben, nur mit einem ›Hi‹, aber das war doch schon mal was.

Ebenfalls Hi! Könnten wir uns heute auf einen Kaffee oder zum Mittagessen im Marais treffen?,

tippte ich.

Nein.

Wann hättest du denn Zeit?

Wo?

In Paris. Ich bin in Paris und wohne im Marais, aber wir könnten uns auch woanders treffen.

Keine Lust auf Kaffee.

Dann vielleicht später auf einen Drink? Einen Aperitif in der Bar Hemingway? Oder wir könnten an der Seine spazieren gehen.

Keine Lust.

Willst du dich nicht mit mir treffen? Damit wir reden und uns kennenlernen können?

Mein Schwanz ist dick und 22 cm lang. Hast du Lust drauf?

Wow. Direkt zum, äh, Punkt. Also wollte Antoine nur Sex. Was einen gewissen Reiz hatte, das musste ich zugeben. Aber ich wusste auch, dass mein Seelenverwandter mehr wollen würde. Und ich war deswegen hier, nicht nur wegen irgendeines französischen Lovers.

> *Nein. Danke, aber nein. Ich bin ziemlich sicher, dass wir keine Seelenverwandten sind. Ich wünsche dir Liebe, Licht und all das andere.*

Er tippte ein paar Sekunden. Dann kam nichts mehr.

Ich strich Antoine von der Liste in meinem Notizbuch. Mateo und Jean-Luc waren auch schon ausgestrichen. Drei weg, blieben noch dreizehn. Aber keiner der anderen hatte schon auf meine Nachricht vom Vorabend geantwortet. Vielleicht lagen sie noch im Bett oder machten sich für die Arbeit fertig. Sie würden bestimmt versuchen, sich so bald wie möglich zu melden. Noch einmal schrieb ich an meinen Favoriten: Fabrice, aka der Poet.

> *Meine Freundinnen und ich waren gestern Abend aus. Ich wünschte, du wärst dabei gewesen. Freue mich auf Sonntag.*

So fest ich daran glaubte, dass ich schon bald (wahrscheinlich sogar innerhalb der nächsten Stunde) mehr Verabredungen haben würde, als ich bewältigen konnte, kam es mir nicht besonders klug vor, einfach nur auf die Antworten von Chloe und den Männern zu warten. Schließlich blieben mir nur noch drei volle Tage. Ich überlegte, woher ich die meisten meiner *princes charmants* hatte: Tinder. Was, wenn ich auch auf Bumble nach meinem Seelenverwandten suchte? Konnte nicht schaden. Die App war schon auf meinem Handy; ich hatte sie bereits in L.A. benutzt. Katie hatte sie mir eingerichtet, als wir uns bei einem ›Book Soup‹-Event zu Tode langweilten und uns dann die Zeit mit der Suche nach ›heißen Typen‹ vertrieben. *Okay, Bumble Paris. Schauen wir mal, was du zu bieten hast.*

Ich rief mein altes Profil auf, tauschte ein paar Fotos gegen neue mit mir als Blondine aus und änderte meine Beschreibung für die Suche nach meinem Seelenverwandten. Dann überprüfte ich meine Filter, und mit einem Mal fiel mir etwas ein – Ping, wie eine aufleuchtende Glühbirne –, was Margot vor ein paar Monaten gesagt hatte.

Sie war in die Küche gekommen, um eine Pause vom Lernen zu machen und etwas zu essen, und sah, wie ich etwas Neues an meine Traumcollage heftete. Wahrscheinlich einen Kandidaten von Tinder.

»Mom. Du hast nicht vergessen, dass deine komische Astrologin nur das Datum und den Ort der Geburt festgelegt hat, oder? Hast du dir je überlegt, dass dein Seelenverwandter vielleicht kein *Mann* ist? Liebe ist schließlich Liebe. Dein Seelenverwandter könnte auch eine Frau sein. Oder ein nicht-binäres Wesen. Bist du offen dafür?«

Als Margot diese Frage stellte, glaubte ich noch, dass mein Seelenverwandter wahrscheinlich ähnlich war wie Philippe. Und ehrlich gesagt, hatte ich mich bis dato nur auf Männer eingelassen. Doch als ich an diesem Morgen in Paris darüber nachdachte, merkte ich, dass ich auch für eine Frau als Seelenverwandte wirklich offen war. Noch wusste ich nicht, wie meine Suche verlaufen und enden würde, doch eines hatte ich gelernt, als ich aufhörte, nur auf die konventionelle Art nach Liebe zu suchen: Mein Vater hatte recht, und alles war möglich. Wenn ich eine Frau mit diesem Geburtsdatum fände, würden wir vielleicht wie Schwestern werden. Oder beste Freundinnen. Oder vielleicht auch mehr. Ich öffnete mein Herz für das Universum und fing an, mir *alle* Fünfzigjährigen anzuschauen, die unabhängig von Geschlecht oder sexueller Identität das korrekte Geburtsdatum haben konnten.

Außerdem schrieb ich noch mal an Chloe. Es war Bestimmung, dass wir uns kennenlernten: Ich konnte es fühlen. Obwohl sie sich bislang noch nicht mal auf einen Kaffee verabreden mochte, weil sie meinte, sie wüsste nicht, ob sie sich mit einer Fremden treffen sollte, die eine solche Mission hatte.

Dann weckte ich Nicole, indem ich mein Handy auf ihr Gesicht richtete und sie filmte. »Guten *Mor*-gen«, trällerte ich.

»Neeeein«, stöhnte sie und zog sich ein Kissen über den Kopf. Selbst meine stets kamerabereite beste Freundin brauchte morgens eine Minute, bevor sie sich aufnehmen ließ.

Da summte mein Handy. *Fabrice? Oder Chloe?* Nein. Penelope hatte ein Selfie geschickt. Rotwangig und mit einem geringelten Top in den Straßen von Paris. Wie konnte sie so früh am Morgen schon so munter wirken?

Treffen in einer Stunde im Café Verlet?,

schrieb sie und hatte die genaue Lage des Cafés angefügt.

Direkt nach Penelope schickte auch Tara ein Foto von sich in einer alten Kapelle. Meine Schwester glühte geradezu vor Zufriedenheit.

Ich zünde eine Kerze an und spreche ein kleines Gebet. Bis gleich.

Also mussten Nicole und ich schnell ich die Gänge kommen. Wir machten uns die Haare, schlüpften in Sneakers (denn wir hatten dazugelernt) und stopften einen dicken Packen Flyer in eine Tasche. Vor dem Hotel fing ich sofort an, Suchanzeigen für meinen Seelenverwandten hinter Scheibenwischer zu klemmen.

»Komm, ich helfe dir«, sagte Nicole, nahm mir einen Stapel ab und folgte meinem Beispiel, sodass wir schnell die Reihe der Citroens und Vespas abarbeiteten. Schon bald waren die Straßen mit dem Geburtsdatum und -ort meines Seelenverwandten tapeziert. *Lerne mich kennen, es ist unser Schicksal*, stand auf Französisch oder Englisch auf den schwarzweißen Zetteln. Wir strahlten um die Wette, schossen Fotos, sprachen jeden Passanten an und erzählten von meiner Suche. Ich rechnete fest damit, jemand würde mich als *insensée* bezeichnen, aber das geschah nicht. Eine junge Frau, die innegehalten hatte, um mein Flugblatt zu lesen, sagte: »Alle meine drei ernsthaften Beziehungspartner waren Stier.

Zwei kann ja noch Zufall sein, aber drei? Ich glaube, da ist wirklich was dran.«

Als Nicole und ich das Verlet erreichten, ein charmantes, altes, betriebsames Café, hatten Tara und Penelope sich bereits einen Tisch gesucht. Ich hatte mich schon auf dieses Café gefreut, denn es hatte früher Penelopes Tante gehört, die aus der berühmten Familie Verlet stammte. Als ich nun mit Penelope hier saß, fühlte ich mich der Stadt besonders verbunden, so als wäre ich eben nicht nur eine normale Touristin. *Ich könnte mich daran gewöhnen, zu einem solchen Ort zu gehören.*

Und ich konnte mich daran gewöhnen, in Paris mit Penelope essen zu gehen. Es war alles so viel einfacher, weil sie fließend Französisch sprach – auch die Entschlüsselung von Georges Nachrichten, der kaum Englisch schrieb. Würden wir uns wirklich heute Nachmittag treffen, wie ich dachte? Ich zeigte ihr mein Handy. Sie fing an zu lachen.

»Natasha, dein lieber Georges wohnt in der Provence. Er muss mit dem Zug nach Paris kommen. Das ist es, was er dir zu sagen versucht. Er möchte, dass du für morgen einen Zeitpunkt auswählst.«

»Wo ist die Provence?«

»Im Süden, etwa vier, fünf Stunden mit dem Zug entfernt.«

Also wollte Georges das wirklich tun. Eine vierstündige Zugfahrt konnte man schon als Engagement betrachten. Dafür liebte ich den sexy Feuerwehrmann nur noch mehr.

»Ach, P., was würde ich nur ohne dich machen? Danke. Sagen wir ihm: morgen Nachmittag, drei Uhr. Nein, warte. Nein. Ein Glas Wein wäre besser als Kaffee. Viel romantischer. Also fünf Uhr? Ja, fünf. Frag ihn bitte, ob das geht.« Wie aufregend!

Penelope tippte eine Minute etwas in mein Handy und gab es mir dann zurück. »*Voilà*«, sagte sie. »Sag Bescheid, wenn er zurückschreibt.«

Gael hatte mir gemeldet, er würde mir an diesem Nachmittag gerne sein Restaurant zeigen, und Thierry hielt ein spätes Abendessen für möglich. Beide versicherten, sie würden den Termin schon bald bestätigen. Außerdem würden ja noch weitere Männer von sich hören lassen. Und Chloe. So weit, so gut.

»Ist es okay für dich, hier zu sitzen?«, fragte ich Penelope.

Sie rührte im Schaum ihres Cappuccinos. »Ach, weißt du, als ich heute Morgen hierherkam, hatte ich mich schon gefragt, wie es wohl sein würde. Aber die Geschichte hat sich doch noch gut entwickelt. Sie hat jetzt ein Happy End.«

Paqui, wie alle Penelopes Tante in Paris nannten, hatte ihre Nichte sehr geliebt und ihr versprochen, wenn sie ihr erstes Collegejahr in Paris verbrächte, würde ihr eine der Wohnungen über dem Café zur Verfügung stehen. Penelope hatte das Angebot dankbar angenommen, doch wenige Monate, bevor sie nach Paris kommen sollte, starb Paqui an Krebs. Und ihr angeheirateter Onkel hatte eine Geliebte (wie es in Frankreich üblich ist), und da seine Frau nun tot war, war er von einer Verwandten, die kostenlos in ihrer Wohnung hauste, nicht gerade begeistert. Vielleicht fiel es ihm wegen der Erinnerungen und der finanziellen Einbußen auch schwer, einfach loszulassen. Aber Paqui hatte es Penelope versprochen. Daher blieb Penelope ein unvergessliches Jahr in der Stadt ihrer Tante und ihrer Väter und Vorväter und lernte sie so kennen, wie es nur ein echter Anwohner kann. Allerdings machten ihr der Onkel und seine Geliebte hin und wieder das Leben schwer – nicht so sehr, dass es ihr den Aufenthalt verdorben hätte, das nicht! Aber es war schon unangenehm, sich nicht wirklich willkommen zu fühlen. Wann immer Penelope seitdem nach Paris gereist war, hatte sie das Verlet gemieden. Bis zu diesem Morgen, fast dreißig Jahre später.

Penelope sprach begeistert von ihrem Cousin, mit dem sie wieder Kontakt aufgenommen hatte, bevor wir kamen: Paquis Sohn, der immer noch auf der anderen Straßenseite wohnte. War das nicht unglaublich? Sie hatte erfahren, dass ihr Onkel, der eigentlich kein schlechter Mensch war, sondern damals nur sehr traurig, mittlerweile gestorben war. Das Café war daraufhin an ein Unternehmen verkauft worden, das unbedingt seine Tradition wahren wollte. Und so schenkte Paris Penelope Minute für Minute ein Stück ihrer selbst, ließ die junge Frau in ihr wieder aufleben, die ihren Platz in der Welt suchte, und verband sie mit der müden, aber glücklichen Mutter und Unternehmerin, die sie heute war.

»Aaah, ich liebe diese Geschichte, Penelope. Es ist so, als würdest du hier einer Spur aus Brotkrumen folgen. Die Missverständnisse werden ausgeräumt, und du gewinnst einen Teil deines früheren Ichs zurück«, sagte Nicole.

Draußen vor dem Verlet machten wir ein Foto von uns vieren: Penelope im Kreis ihrer Freundinnen. Tara schlug vor, einen Plan für den Tag zu machen, um möglichst viele Sehenswürdigkeiten besuchen zu können. Andererseits konnte sich jederzeit einer meiner Kandidaten melden, und dann müssten wir den Plan sausen lassen, um ihn zu treffen. Lohnte es sich also, Tickets zu kaufen oder in einer Schlange zu warten? Wir einigten uns, einfach durch die Straßen zu bummeln. Das kam uns am praktischsten vor. Penelope und Tara gingen voran, Tara versorgte uns mit historischen Hintergrundinformationen, und Penelope ergänzte sie mit persönlichen Erinnerungen. Ich hörte sie *Louvre* sagen und *Tuileries*, hatte aber keine Ahnung, wohin wir gingen. Ehrlich gesagt war mir das auch egal. Alles in Paris war einfach fabelhaft. Meine Gedanken kreisten vor allem um WhatsApp, denn: Was war los? Keiner der Kandidaten auf meiner Liste, nicht mal Gael oder Thierry, hatte sich verbindlich gemeldet. War es schwerer als gedacht, sich wirklich persönlich mit ihnen zu treffen? Dann hatte ich keine Zeit zu verschwenden. Aber ich konnte ihnen ja auch Nachrichten schicken und mir gleichzeitig die Stadt ansehen, oder nicht?

Als Erstes: Max, der Dokumentarfilmer, der Reisen, schicke Restaurants und guten Wein mochte.

> *Ich interessiere mich für Geschichte und andere Länder,*

hatte er mir kurz vor meiner Abreise nach Paris noch geschrieben.

> *Ich liebe kleine Nickerchen und Sex.*

Ich auch!, hatte ich geantwortet. Denn ehrlich gesagt: Wer liebte es nicht, erst *The Crown* zu gucken, dann großartigen Sex zu haben und anschließend ein Nickerchen zu machen? Noch eine Pizza dazu, und ich wäre für immer die Seine.

Also schrieb ich Max und versuchte, nicht gegen meine Schwester zu stoßen, die unbedingt eine berühmte Skulptur in der Nähe finden wollte, weil diese sie an Dad erinnert hatte, als sie davon las.

> Coucou, Max,

tippte ich und war stolz, den lässigen französischen Gruß zu benutzen.

> *Sorry, dass ich mich ständig melde. Können wir uns heute auf einen Drink treffen?*

> *Hi, Natasha, bin die ganze Woche in Deutschland, und die nächste auch.* 😩

FUCK.

> *Oh nein! Wie schade! Ich dachte, wir könnten uns treffen!*

> *Tut mir auch leid, aber meine Firma hat meinen Terminplan geändert. Wie lang bleibst du in Frankreich?*

> Bis Montag, den 21.

> *So kurz nur?* ☹ *Dann schick mir ein Foto von dir in Paris.*

MIST! VIER WEG! MIST, MIST, MIST!

»Tasha, wir haben sie gefunden! Sieh dir diese Skulptur an! Ein riesiger goldener Daumen nach oben! Wie Dad. Joe Cool! Jetzt lass mal dein Handy und guck's dir an.« Tara zupfte an meinem Ärmel.

»Tut mir leid, was ist los? Lass mich mal kurz, Tara. Ich kann jetzt nicht gucken. Ich flipp gerade aus.« Den goldenen Daumen sah ich nicht. Ich ging direkt daran vorbei, blind vor Frust über etwas, das sich anfühlte wie das Gegenteil von Magie.

»Was ist denn?«, fragte Nicole, die meine Sorge mitbekam.

»Ich hab keine Dates, Nicole! All meine Kandidaten sind theoretisch so nah ... aber ... es ist komisch ... ich bin den ganzen Weg hergekommen, weiß aber nicht mal, ob ich einen von ihnen heute Abend sehen werde. Muss ich umdenken? Soll ich einfach allein in eine Bar gehen und sehen, was passiert?«

Nicole sah, dass ich langsam die Nerven verlor. »Hey, komm schon«, sagte sie und fasste mich am Arm. »Das wird schon.«

Als wir durch die Tuilerien schlenderten, zeigte Nicole zu einem überfüllten Platz vor einem großen steinernen Bogen. »Da!«, rief sie aus.

Tara las laut aus ihrem Reiseführer vor: »Der Arc de Triomphe du Carrousel ist halb so groß wie der Arc de Triomphe. Er wurde zwischen 1806 und 1808 erbaut und steht für Napoleons militärische Siege.«

»Siege. Das ist ein Zeichen«, erklärte Nicole zuversichtlich. »Gib mir ein paar von deinen Flyern. Penelope? Wie sagt man auf Französisch ›Glauben Sie an die Liebe?‹«

»*Croyez-vous en l'amour?*« Unmittelbar darauf tönte Nicoles Stimme über den Platz, während sie Flyer in die Höhe hielt und damit die Aufmerksamkeit der Spaziergänger auf sich zog.

»Gib mir auch welche«, bat Penelope, griff in meine Tasche und holte einen Stapel heraus. »*Croyez-vous en l'amour?*«, fragte sie in makellosem Französisch.

Und so verteilten wir meine Seelenverwandten-Zettel an jeden, der einen annehmen wollte. Ich spürte, wie meine Panik schwand und meine Hochstimmung vom Morgen zurückkehrte. Das beste Mittel gegen Angst ist zu handeln, nicht wahr? Das hatte ich jedenfalls bei einem Podcast gehört, den ich mir bei einer meiner Wanderungen zu Gemüte geführt hatte.

Tara stand ein Stück weit entfernt und wirkte etwas unschlüssig. Amüsiert sah sie uns zu, machte aber nicht mit. Es war ihr schon immer lieber gewesen, das Geschehen von außen zu beobachten und sich zu vergewissern, dass nichts schiefging, bevor sie sich selbst ins Getümmel stürzte. Das war typisch für eine ältere Schwester und auch verständlich. In früheren Zeiten war ich ständig in Schwierigkeiten geraten. Taras wachsamer Blick hatte mir buchstäblich das Leben gerettet, als ich mit sieben fast in einem Schwimmbad ertrunken wäre. Der Bademeister hatte gerade Pause gemacht, als ich beschloss, zum ersten Mal am tiefen Ende ins Wasser zu springen, was nur meine Schwester bemerkte. Aber jetzt waren wir nicht in einem Schwimmbad, und ich war keine sieben mehr. Auch keine sechzehn und auf dem Weg ins Don Q.

»Tara«, rief ich ihr zu. »Schnapp dir ein paar Flyer!«

Tara schüttelte den Kopf, holte aber ihr Handy heraus und begann lächelnd das Ganze zu filmen. Natürlich drehte Nicole für die Kamera noch ein bisschen mehr auf. Penelope plauderte auf Französisch mit Fremden. Ich sprach ältere Pärchen an, junge Touristen, Familien, Männer, Frauen, einen Teenager. Jeden, der vielleicht einen Flyer haben wollte. Wenn sie ihn nahmen, gab ich mein Bestes, um ihnen auf Französisch zu danken. Wenn nicht, war ich auch nicht böse. Irgendwann hielt ich kurz inne und sah zu, wie meine beiden besten Freundinnen, ohne Ablehnung oder Peinlichkeit in einer großen Stadt zu fürchten, Flugblätter austeilten, die persönliche Informationen über mich enthielten und zur Suche nach wahrer Liebe aufforderten. Ein Student mit einem Cello setzte sich auf eine Bank und begann, ein absolut hinreißendes Stück zu spielen. Wie gebannt hörten wir eine Weile zu. Das Auftauchen des Musikers war reiner Zufall, fühlte sich aber an wie Bestimmung. Als hätte alles genauso sein sollen. Wenn nur Dad das hätte miterleben können!

Danach gingen wir vier ein bisschen weiter und verteilten dabei noch mehr Flyer. Schon bald erreichten wir den Louvre und seine berühmten Glaspyramiden.

»Los, Tash! Stell dich da drüben auf den Sockel. Und hier, nimm einen Flyer, ich halte deine Tasche«, forderte Nicole mich auf.

»Oh, mein Gott, NEIN!«, rief ich, jäh in die Wirklichkeit zurückgerissen. »Nein, nein, nein!« Mir wurde ganz flau im Magen. *Oh nein.*

»Hier geht's auch darum, seine Komfortzone zu verlassen. Du bist schon so weit gekommen, und das auch ganz konkret. Jetzt ist es Zeit, dem Universum ganz genau zu sagen, was du willst – und zwar laut! Geh ins Detail! Du schaffst das! Betrachte es als Experiment. Als Übung!«

Übung wofür? Ich wollte keine Rednerin werden. Ich wollte einfach nur mein Happy End. Auf gar keinen Fall würde ich in aller Öffentlichkeit zum Universum sprechen, wo vollkommen Fremde mich hören konnten. Wer machte denn so was? Das wirkte doch mehr als nur ein bisschen verrückt! Ich hoffte nur, Nicole wusste, was sie da tat.

Ich holte tief Luft, kletterte auf die brusthohe Säule und richtete mich auf. Nicole blickte mich erwartungsvoll an. »Nun?«

Ein paar Passanten blieben stehen und schauten zu mir hoch. Andere kümmerten sich nicht um mich. Aber es waren viele Leute hier, mehr noch als am Triumphbogen. *Mist.* Ich kniff die Augen zu, weil ich nicht wusste, wie ich es anstellen sollte. Dann fiel mir wieder ein, was Stephanie bei unserer Sitzung gesagt hatte: dass Menschen Hilfe vom Universum bekommen, wenn sie die Reise zu ihrem Glückspunkt wagen. *Nun, die hatte ich tatsächlich gewagt. Und hier war ich nun.* Ich stellte mir vor, ich wäre allein an einem heiligen Ort und blendete alles um mich herum aus. Es war einfacher als gedacht. Meine Atmung wurde langsamer, mein Puls beruhigte sich. Meine Füße standen fest auf dem Steinsockel (einem großen Steinsockel), der ebenso fest auf der Erde stand. Ich stellte mir meine Kinder vor: gesund und glücklich. *Danke.* Ich stellte mir meine Mom, meine Schwester, meine Freundinnen vor, die mir durch dick und dünn folgten. Meinen Dad. *Ich danke dir auch für sie. Aber da wäre noch etwas …* Ich öffnete die Augen.

»Ist hier irgendjemand am 2. November 1968 geboren?«, rief ich zuerst etwas zaghaft.

»Lauter!«, feuerte Nicole mich an. »Die Leute können dich nicht hören. Und das Universum auch nicht.« Ein paar Spaziergänger blieben stehen und traten näher. *O Gott.* Ich hielt einen Flyer in die Höhe.

»Ist hier jemand am 2. November 1968 geboren?«, rief ich schon selbstbewusster.

»LAUTER!«

»Ich versuch's ja«, protestierte ich verlegen. Doch merkte ich auch, dass ich mich gut fühlte. Energetisiert. Ich holte tief Luft.

»Ich suche jemanden, der am 2. November 1968 in Paris geboren wurde«, brüllte ich so laut ich konnte. Und dann: »HÖRST DU MICH, UNIVERSUM? ICH BIN BEREIT, MEINEN SEELENVERWANDTEN ZU TREFFEN!«

»Whuuuu! Gut so!«, jubelte Nicole begeistert.

Ich hüpfte von meiner ganz persönlichen Pariser Rednerkiste und umarmte erst Nicole und dann Penelope und Tara. Die Hochstimmung, die uns ergriff, ist nur schwer zu beschreiben. Dieser Augenblick in Paris, als ich lautstark meinen Seelenverwandten herbeirief, während meine besten Freundinnen mich metaphorisch gesehen aufrichteten – hoch, hoch, immer höher –, wird für immer eine meiner kostbarsten Erinnerungen bleiben. Danach erkundeten wir die Straßen rund um den Louvre und alberten herum. Bis ich mein Handy checkte. Fabrice hatte sich gemeldet.

Ich hoffe, du hast eine schöne Zeit in Paris. Ich schreibe Gedichte und denke an dich und unser Treffen am Sonntag.

Un murmure de moi
Une allusion de toi
Pour devenir nous
Nous ne pouvons pas le savoir
Mais déjà nous aimons

Ich tippte auf Google Translate und gab Fabrices Gedicht ein:

Ein Wispern von mir
Eine Andeutung von dir
Um Wir zu werden
Wissen können wir es nicht
Aber wir lieben einander schon

Hatte meine Bitte ans Universum wirklich funktioniert? Vielleicht hatte es aber auch schon die ganze Zeit zwischen Fabrice und mir funktioniert. Zwischen uns hatte es keinen Krampf, keine Spielchen gegeben. Dieser Mann schrieb mir Gedichte. *Eigene* Gedichte. Er schickte mir GIFS und Emojis mit Engeln, Herzen und Tauben – ohne sich zu schämen. Er war völlig offen, was ich überraschenderweise zunehmend sexy fand. In L.A. hätte ich all diese Emojis vielleicht peinlich gefunden. Wahrscheinlich hätte ich ihm keine Chance gegeben, obwohl er in ›die Kategorie Schön‹ fiel, wie Margot gesagt hätte. Wieder einmal wünschte ich mir, Fabrices Terminplan würde uns wie durch ein Wunder doch erlauben, uns schon vor Sonntag persönlich zu treffen. Trotzdem hatte ich das Gefühl, das Warten würde sich lohnen.

Weder Thierry noch Gael meldeten sich, um unsere Pläne für den Nachmittag oder den Abend zu bestätigen. Ich redete mir ein, das machte nichts, sie hätten sicher gute Gründe. Vielleicht steckte Thierry in einem Kreisverkehr fest. Oder Gael hatte in der *Fromagerie* die Zeit vergessen. Wer wusste das schon? Außerdem hatte ich noch den ganzen Samstag und Sonntag. Genug Zeit für meinen Seelenverwandten, um sich zu erkennen zu geben. In der Zwischenzeit würde ich jedenfalls nicht rumsitzen und warten. Das war nicht mein Stil, und außerdem hatte ich noch andere Optionen. Denn es *gab* zwei Männer in Paris, die mich an diesem Abend wirklich sehen wollten.

Mein Freund Andy, der warmherzige, irrsinnig kreative Regisseur, der früher neben mir gewohnt und sich zu einer Art großem Bruder entwickelte, den ich nie hatte, hatte uns vier zum Set seiner neuen Fernsehsendung eingeladen. Er meinte, unser zweiter Abend in Paris wäre der beste Zeitpunkt, weil sie dann eine Szene im Pariser Opernhaus filmen wollten. Andy fand, wir sollten das sehen: das Gebäude, die Kostüme, die Szene. Obwohl ich ehrlich gesagt keine Ahnung hatte, wovon er redete, stimmte ich zu. Andys Geschmack war schon immer unfehlbar gewesen, doch vor allem wollte ich *ihn* sehen. Laut Andy war der einzige Haken, dass wir erst gegen Mitternacht kommen sollten, weil dann alles zum Dreh bereit wäre. Für uns erwies sich das als perfektes Timing.

Denn François, Nicoles Ex-Freund, der ein paar Monate zuvor großzügigerweise einen Privatdetektiv wegen mir aufgesucht hatte, wollte sich auch mit uns treffen. François war Franzose – und mehr noch: Pariser. Er wollte mit uns essen gehen. François hatte über Nicole von meiner Suche erfahren und überraschte uns beide damit, dass er einer meiner eifrigsten Unterstützer wurde. Vor der Aktion mit meinem Seelenverwandten hatte ich ihn nicht besonders gut gekannt, doch als wir die Tickets für Paris kauften, betrachtete ich ihn schon als wahren Freund.

Ich habe das perfekte Restaurant,

schrieb François uns über WhatsApp.

Und ihr werdet es nicht glauben, aber ich bringe einen Mann mit, der am 2. November '68 in Paris geboren wurde.

Er hatte recht: Ich glaubte es nicht eine Sekunde. François hatte einen ausgeprägten Sinn für Humor und spielte einem gern Streiche.

Wir vier gingen ins Hotel zurück, um uns fürs Essen umzuziehen, was an diesem Abend hieß, dass unser Erscheinungsbild auch zur Oper passen musste. Ja, dafür hatten wir ebenfalls etwas eingepackt. Nicole und ich hingen dem Glauben an, dass wenn man ein Outfit hatte, sich auch eine Gelegenheit dafür bieten würde. Und wieder mal hatten wir recht gehabt! Ich zwängte mich in ein schwarzes Spitzenkleid mit halblangen Armen, und Nicole wählte für sich einen schwarzen, ziemlich transparenten Bodysuit mit einem geschlitzten Bahnenrock: sehr trendy und sehr gewagt. Sie sah fantastisch aus. Taras kurzes Cocktailkleid schmiegte sich wunderschön an ihre Kurven. Doch Penelope, die immer noch in unseren Kleidern schwelgte, entschied sich für das Spektakulärste: ein hautenges Midikleid in Leopardenmuster, das einen Puffärmel hatte, die andere Schulter aber frei ließ. Sie trug es mit sehr hohen Stiefeletten und ließ ihre blonden Haare locker auf die Schultern fallen.

Als wir im Sur Mer eintrafen, hatten der verwegen gut aussehende François und sein ebenso attraktiver Begleiter schon die erste Flasche Wein geköpft. In dem winzigen Restaurant, einer gefliesten Kombüse mit einer Handvoll Holztischen und einer offenen Küche, waren die Männer kaum zu übersehen.

»Ich habe schon für alle bestellt«, verkündete François und verteilte Wangenküsse. »Das Essen ist großartig. Ihr kalifornischen Mädels werdet es lieben.«

Mit seiner sonnengebräunten Haut, den bernsteinfarbenen Augen und den aufgerollten Ärmeln, die seine sexy tätowierten Unterarme zeigten, wirkte François wie ein Mann, der es gewohnt war, die Frauen im Sturm zu erobern. Aber ich sah, dass Tara sich etwas versteifte. Wegen ihrer Unverträglichkeiten studierte sie vor der Bestellung gerne sorgfältig die Speisekarte und sprach mit den Angestellten. Doch noch bevor sie nur eine einzige Frage stellen konnte, landeten unzählige kleine Teller – die für alle gedacht waren – auf dem Tisch: glänzende Austern, Entenmuscheln und Sardinen mit Rote-Bete-Püree und blutroten Pfirsichen. Schnecken auf Knoblauchgemüse. Noch mehr Wein und herrlich knuspriges Brot. Und das war erst der erste Gang!

Als jemand, der absolut alles isst, und als Waage, die sich nie entscheiden kann, war ich hellauf begeistert. Aber Tara war Löwin und wusste nicht das Geringste über ihr Sternzeichen. Sie rief eine Kellnerin zu sich. Aus dem Augenwinkel bekam ich mit, wie meine Schwester sich bemüht diskret versichern wollte, dass alle Speisen glutenfrei waren.

»Wo ist das Problem?«, erkundigte sich François auf seine unbekümmerte Art. »Das ist so typisch L.A.« Dies galt Tara. Und dann sagte er zu mir: »Vielleicht sollte sich deine Schwester einfach mal entspannen.«

»Sie ist ganz entspannt. Wir sind in Paris«, erwiderte ich. »Aber die arme Tara darf wirklich kein Gluten essen. Das ist kein L.A.-Trend. Obwohl wir alle in dieser Hinsicht vielleicht nicht ganz unschuldig sind.« Ich wollte nicht, dass Tara sich ausgeschlossen fühlte.

»Tja, leider«, sagte Tara leichthin. Ich wusste, sie hatte bemerkt, dass wir François wie einen alten Freund begrüßten und dass Nicole, die vor Jahren einen harmlosen Flirt mit ihm hatte, in seiner unleugbaren Aura zu strahlen anfing. »In Paris ist Zöliakie die reinste Folter. All die verlockenden Croissants und Baguettes, die ich wirklich nicht essen darf.«

»Vielleicht«, sagte François und schob ihr lächelnd einen Teller zu, »solltest du einfach die Gelegenheit nutzen und mal was Neues ausprobieren. Das würde *ich* empfehlen.«

In Taras Augen blitzte ein kleines Flämmchen Zorn auf, das sich zu einem ausgewachsenen Feuer entwickeln würde, wenn wir nicht sofort das Thema wechselten. *Oh-oh, wo soll das hinführen?*

»François!«, rief ich aus. »Wo sind bloß meine Manieren geblieben? Ich hätte diesen Abend mit einem Toast auf dich beginnen müssen. Um mich für alles zu bedanken. Weil du uns zum Essen eingeladen hast. Weil du der erste Franzose warst, der an meine Suche geglaubt hat. Weil du sogar einen Privatdetektiv aufgesucht hast. *Merci*, mein Freund.«

Tara schenkte sich Wein nach.

»In Frankreich gießt sich eine Frau nie selbst ein Glas Wein ein. Das ist die Aufgabe des Mannes«, bemerkte François. »Und nie mehr als halb voll.«

Hatte ich schon erwähnt, dass François ein eingefleischter Franzose der alten Schule war? Das war Teil seines Charmes. Meistens jedenfalls.

»Tja, wie es aussieht, schreiben wir Frauen heute Abend Geschichte«, konterte Tara, verdrehte die Augen und goss sich das Glas bis zum Rand voll.

Penelope lachte. »Schenk mir auch ein, Tara, ja?«

»Ich werde deinen Rat beherzigen, danke François«, sagte ich und hielt ihm mein fast leeres Glas hin. Offen gestanden hatte er mich wahrscheinlich davor bewahrt, bei einem meiner Dates in den nächsten Tagen einen größeren Fauxpas zu begehen. Denn ich war dafür bekannt, mir gern ein Gläschen Wein einzuschenken. Oder auch zwei oder drei.

»Habe ich richtig gehört, François, dass du jemanden kennengelernt hast? Wir wollen alles wissen«, sagte Penelope.

François lehnte sich auf seinem Stuhl zurück und betrachtete die Tischrunde. Er räusperte sich, um alle Aufmerksamkeit auf sich zu ziehen. »Wie ihr wisst, habe ich Natashas Suche von Anfang an verfolgt. Weil ich dadurch meinen Glauben an die Liebe wiedergewonnen habe. Tatsächlich *habe* ich jemanden kennengelernt. Und es könnte sich wirklich um Liebe handeln. Was Natasha da macht, ist manchmal ein bisschen lächerlich, denn sie ist so ...«, er fuchtelte mit den Händen und suchte nach Worten, » ... sie will es *unbedingt*. Für einen Franzosen ist das manchmal etwas übertrieben, *das* will ich sagen. Aber ich glaube, wenn ich der Mann mit dem Geburtstag im November wäre, würde ich sie respektieren und könnte mich vielleicht auch in sie verlieben, denn ihr Mut ist bewundernswert. Und dass all ihre Freundinnen mit hierhergekommen sind, ist einfach wunderbar. Ihr alle zusammen: Das ist Liebe. Und Natasha hat echt Eier. Und ihr wisst ja, als Mann ...«, François zeigte stolz auf seinen Schritt, » ... gefällt mir das. Manche Männer haben Angst vor so starken Frauen. Natasha braucht also einen Mann, der auch Eier hat.« Er wandte sich zu mir. »Wirklich, du brauchst jemanden, der mit dir umgehen kann. Also: bravo!«, sagte er und klatschte. »Und«, François hob sein (halb volles) Glas, »ein Hoch auf die Eier!«

Tja, wer würde die nicht hochleben lassen? Wir alle tranken auf Eier, Freundschaft und wahre Liebe.

Dann blickte François wieder zu mir und stieß sein Glas an meins. »Cheers, Natasha. Ich glaube, du wirst ihn finden.«

»Danke. Cheers, François.«

Nun wandte sich François an die anderen Gäste des kleinen Restaurants, hob erneut sein Glas und verkündete: »*Excusez-moi d'avoir interrompu vos dîners mais est-ce que quelqu'un ici est né à Paris le 2 novembre 1968? Cette belle déesse californienne cherche son âme soeur! Non? D'accord, bon, santé. À l'amour!*«

Die Gäste erhoben ihr Glas auf ihn und auf uns. Aber kein Seelenverwandter trat vor.

In diesem Augenblick kam der nächste Gang. Seeigel. Ein Teller mit Flunder an Limonen und blühenden Kräutern. Und gegrillter Tintenfisch.

»Nein, nein, nein«, sagte Nicole bestürzt. »Wusstest du nicht, dass Tintenfische zu den intelligentesten Tieren gehören? Sie haben *Persönlichkeiten*! Und ihre DNA ist auf diesem Planeten einzigartig. Im Grunde sind Tintenfische Aliens. Etwas, das ich wirklich nachfühlen kann. Also könnte ich *niemals* Tintenfisch essen.«

»Bleibt mehr für uns«, erwiderte François gutmütig. »Ladys, möchten Sie gerne diese Delikatesse probieren?«, fragte er Tara und mich. Aber die Kellnerin, die sich als entgegenkommend und versiert erwies, was alle möglichen Allergien betraf, zeigte Tara kopfschüttelnd an, dass der Tintenfisch auch für sie nichts war.

»Ich halte mich an meinen gegrillten Fisch«, sagte Tara. »Er schmeckt wunderbar.«

»Du solltest ein bisschen mehr leben, das wäre meine Empfehlung«, erwiderte François. »Dieses Essen wird dich schon nicht umbringen. Entspann dich! Hab Spaß. Vielleicht sollte ich dir noch Wein nachschenken, ja?«

Tara starrte François direkt in die Augen. »Vielleicht lieber nicht. Wenn ich ein bisschen zu viel Wein trinke, krieg ich immer Lust, anderen zu sagen, sie könnten mich mal *am Arsch lecken*! Verstehst du?« Sie grinste und hatte sichtlich Spaß.

François war es eindeutig nicht gewohnt, dass Frauen ihm sagten, er könne sie mal am Arsch lecken – und sei es nur indirekt und im Scherz. Selbst wenn er es irgendwie verdient hatte. Aber er wirkte nicht wütend, sondern nur verwirrt. Ein bisschen vor den Kopf gestoßen. Ich lachte lauter, um die kleine Spannung zu lösen, die sich gebildet hatte. Es schien zu funktionieren. Alle am Tisch liebten oder mochten einander, und wir hätten gar nicht woanders sein wollen. Ganz gleich, wie müde wir vier mittlerweile waren, wir merkten es nicht. Paris hatte uns in seinen Bann gezogen, und wir glaubten, wir könnten endlos so weitermachen, angetrieben von Vorfreude, Magie und Wein. Bis spät in den Abend diskutierten wir über Schicksal und Bestimmung. Über die Unterschiede beim Lieben und Daten in Paris und in Amerika. François' Freund war ein nachdenklicher junger Amerikaner (mit dem völlig falschen Geburtsdatum, wie schon vermutet), der sich ziemlich gut mit Tara verstand. Doch irgendwann war es Zeit, sich zu verabschieden, die Rechnung zu begleichen und zum Palais Garnier zu fahren, um uns dort mit Andy am Set zu treffen. François wünschte uns alles Gute und versprach, Ausschau nach meinem Seelenverwandten zu halten.

Im Taxi starrte ich auf die funkelnden Lichter in der Dunkelheit. *Bin ich wirklich ungewöhnlich mutig?*, fragte ich mich. Dieser Gedanke war mir völlig neu. Eines jedoch war sicher: »Ob Date oder nicht, jedenfalls habe ich heute Abend mit einem attraktiven Pariser gegessen, der mich liebt – genau wie ich wollte«, verkündete ich und kurbelte das Fenster hinunter, damit auch die Sterne mich hören konnten. »Schick mir trotzdem noch meinen Seelenverwandten, ja, Universum?«

»Es war schön, François wiederzusehen«, sagte Nicole verträumt. »So einen wie ihn gibt es kein zweites Mal.«

Penelope lächelte ironisch. »Außer in Paris. Hier laufen sie zu Dutzenden rum.« Zu Tara gewandt, sagte sie: »Hey, ich hoffe, es ist alles in Ordnung. Ich hab mitgekriegt, wie François dich behandelt hat. Ich hasse es, wenn Männer Frauen empfehlen, sich zu entspannen. Das würden sie sich bei einem Kerl gar nicht trauen.«

»Ich weiß«, lachte Tara. »Es ist manchmal so vorhersehbar. Trotzdem mochte ich ihn. Es ist süß, wie sehr er Tasha unterstützt. Er wollte doch nur, dass wir sein Lieblingslokal so lieben wie er. Und er übernimmt gern das Kommando.«

»Wie so viele französische Männer«, spottete Penelope. »Tash, bist du dir wirklich sicher, dass du noch einen Franzosen willst?« Natürlich wusste sie alles über Philippe.

»Ich bin sicher, dass ich meinen Seelenverwandten finden will«, gab ich zurück.

KOMMT ZUM SET,

hatte Andy geschrieben.

Jederzeit nach dem Abendessen. Um 4 Uhr morgens machen wir Schluss. Kann's kaum erwarten, dich zu sehen.

Wir werden da sein. Wie soll die Serie denn heißen?

Emily in Paris.

Ach ja. Alles Liebe. Bis gleich.

Bis dahin wussten wir kaum etwas über die neue Serie, an der Andy arbeitete. Es war lange, bevor sie überhaupt bekannt wurde. Nur die, die dabei mitwirkten, wussten etwas darüber. Ich hatte auch nicht ganz verstanden, was er damit meinte, sie würden an der Pariser Oper filmen. Nie hätte ich gedacht, wie großartig dieses geschichtsträchtige Gebäude war und dass der ganze Platz für die Dreharbeiten abgesperrt sein würde.

Am Eingang empfing uns eine Frau mit Walkie-Talkie und führte uns hinein. Der Eindruck vom Inneren der Oper war einfach überwältigend. So etwas hatte ich noch nie gesehen: goldene Zierleisten und funkelnde Kronleuchter, bunte Mosaike, Statuen mit Flügeln, antike Spiegel, damit die Opernbesucher sehen und gesehen werden konnten, eine geschwungene zweiläufige Treppe aus Marmor. Selbst die ganze Technik der Filmcrew konnte den Zauber einer goldenen Vergangenheit nicht beeinträchtigen. Prächtig gekleidete und mit Juwelen behangene

Statisten warteten auf ihren Plätzen. Da fiel mir auch wieder ein, dass Andy mir gesagt hatte, Patricia Field hätte die Kostüme für die Serie entworfen. *Patricia Field!* Ich liebte sie! Vor Jahren hatte ich sie mal für eine Zeitschrift über ihre Arbeit bei *Sex and the City* interviewt. Und jetzt war ich hier und sah ihr Genie nicht nur im Fernsehen, sondern war davon umgeben. *Durchatmen, Natasha.*

Als wir Andy endlich fanden, war ich ziemlich geflasht.

»Hey«, begrüßte uns Andy ganz cool, so als wäre es keine große Sache, an einem Dreh mitten in der prächtigen Pariser Oper teilzunehmen. Andy war mindestens 1,85 groß, hatte einen silbernen Haarschopf und einen so großen Schnurrbart wie fast keiner in L.A. (oder auch in Paris). An diesem Abend trug er Cowboystiefel zu einem schicken französischen Seidenschal und erweckte tatsächlich den Eindruck, als sollten alle Männer so was tragen.

»Also bist du tatsächlich in Paris gelandet«, sagte Andy lässig und küsste mich auf beide Wangen.

Andy platzierte uns auf ein paar Regiestühlen direkt hinter den Monitoren, was auf einem Set als »Videovillage« bezeichnet wird.

»Bleibt hier. In der nächsten Szene kommt Lily, danach hab ich Zeit für euch. Ach«, Andy wandte sich zu einem Mann neben uns, »das ist Darren. Darren, dies ist meine Freundin Natasha, von der ich dir erzählt habe. Die herrlich Verrückte, die hierherkam, um jeden Mann mit einem bestimmten Geburtsdatum zu treffen, den sie finden kann.«

Liebe Leserinnen ... dies war der Moment, in dem ich Darren Star begegnete.

Hier vor mir saß der Mann, der für die beste Pariser Happy-End-Szene aller Zeiten stand: die aus *Sex and the City*, wo Big kommt, um Carrie heimzuholen. *War das ein Zeichen? Wartete mein Big schon hinter einer Ecke?*

»Schön, Sie kennenzulernen, Natasha«, sagte Darren lächelnd und bot mir die Hand. »Hätten Sie Lust, in der nächsten Szene mitzuspielen?«

Äh ... was?

Abgesehen von meiner neuen und vielleicht etwas außer Kontrolle geratenen Schwäche für Instagram-Storys hatte ich eigentlich nie gern vor der Kamera gestanden. Aber jetzt bot mir der unglaubliche Darren Star eine Statistenrolle in seiner neuen Serie an. In einer Szene im Pariser Opernhaus. Glücklicherweise hatte ich zu dem Zeitpunkt noch keine Ahnung, welch einen Hype *Emily in Paris* auslösen würde. Denn das hätte bei mir zusammen mit *Sex and the City* und dem Schauplatz von *Das Phantom der Oper* einen Ohnmachtsanfall ausgelöst. Trotzdem verschlug es mir kurz die Sprache. Alleinerziehenden Müttern über vierzig passierte so was normalerweise nicht. Oder vielleicht nur in Paris? *Nur gut, dass ich Klamotten für alle Gelegenheiten eingepackt hatte!*

Glücklicherweise war meine Aufgabe ganz leicht: am Arm eines unglaublich gut aussehenden Statisten in Smoking der Schauspielerin Lily Collins die weiße Marmortreppe hinauffolgen. Natürlich hatte ich Angst, ich würde stolpern oder die Szene sonst wie ruinieren. Mir fiel das Champagnerglas des Fremden ein, das ich am Vorabend zerschmettert hatte. Aber irgendwie glitten wir die Treppe hinauf, als hätten wir das schon tausend Mal gemacht. Selbstverständlich fragte ich meinen Begleiter nach seinem Geburtstag. Aber so weit reichte die Magie der Nacht doch nicht.

Nach meinem Auftritt auf der Marmortreppe verabschiedeten wir vier uns überschwänglich von Andy, sodass er weiterarbeiten konnte. Penelope war schon so müde gewesen, dass sie kurz nach unserem Auftauchen am Set zum Hotel zurückgekehrt war. Wir anderen aber wollten uns noch ein bisschen das Opernhaus ansehen, obwohl es schon nach zwei war. Denn wann würden wir je wieder die Gelegenheit dazu bekommen? Nie. So etwas gehörte einfach nicht in mein Leben. Oder in das der anderen. Schließlich strebten wir zum Ausgang, weil auch uns die Müdigkeit überwältigte. Im Foyer staunten wir eine letzte kostbare Sekunde über die imposante Eleganz. Obwohl es keine Musik gab, verneigte ich mich vor Tara, worauf sie lächelnd knickste. Nicole drehte sich mit erhobenen Armen um sich selbst. In der Schwebe zwischen der Gegenwart und der Erinnerung an längst vergangene Bälle tanzten wir im warmen Licht der Kronleuchter und verabschiedeten uns so vom Palais Garnier.

Achtes Haus

Merde!

Das Achte Haus liebe ich! Es steht für Verbindung und Integration, für Spione und geheime Missionen, für Seelenverwandte und partnerschaftliche Werte, für Sex, Betrug, Tod und Loslösung, und für die Bereitschaft, sich auf der Suche nach Erfüllung dem Unbekannten zu stellen. Das alles bin ich!

Ich habe in meinem Achten Haus die Waage (mein Sternzeichen). Die Waage regiert den Teil unserer selbst, den wir etwa im siebten Lebensjahr aufgeben, um uns in unsere Umwelt einzufügen. Dies ist unser Alter Ego. Wie ein Gefäß enthält es alles von uns, womit wir uns nicht mehr identifizieren. Es zwingt uns zur Selbstüberprüfung, weil es uns diese Eigenschaften bei anderen zeigt. Wenn wir uns in einen anderen verlieben, sehen wir die »verlorenen« Aspekte unseres Ichs und bekommen etwas von dem zurück, was wir geopfert haben.

Wenn die Waage im Achten Haus steht, zeigt sich das manchmal als Besessenheit, das zu suchen, was uns in unserem Leben fehlt. Selbstverständlich fehlt eigentlich nichts, es wird nur vorübergehend unterdrückt, will aber gesehen, erkannt und neu integriert werden.

Aber mein Achtes Haus steht nicht nur unter dem Einfluss der Waage, auch die Sonne, Venus, Mars, Uranus und Pluto wirken dort. Uranus drängt mich, mich mit meiner Seele zu verbinden und der Erkenntnis zu öffnen, dass alles möglich ist. Ich bekam eine Gänsehaut, als Stephanie mir das erklärte. Denn genau das sagte auch mein Dad immer zu mir. Alles ist möglich. Daher überraschte es mich nicht, als sie anfügte, Menschen mit einem Achten Haus wie meinem würden erkennen, dass verstorbene Mitmenschen ihnen bei der Suche nach dem, was fehlt, helfen wollten.

Ich hatte die Augen geschlossen, hörte aber, wie die Welt um mich herum in Gang kam. Autos auf der Straße. Ein Löffel, der leise klirrend an eine Tasse stieß, ein Kleiderbügel an einer Metallstange. Das leise Surren der Tresorverriegelung. Ein Reißverschluss: *rrrrrratsch!* Ich rollte mich auf die Seite und öffnete ein Auge. Penelope war bereits angezogen, und Nicole scrollte im Bett durch ihr Handy.

»Kaffee?«, fragte Penelope leise.

»Klar«, krächzte ich, setzte mich auf und räusperte mich. »Ja, bitte. Danke, Penelope.«

»Guten Morgen, Sonnenschein«, trällerte Nicole, schob die Vorhänge hinter sich beiseite und ließ Licht herein. »Wie hast du geschlafen?«

»Großartig«, erwiderte ich und streckte mich, worauf mein Rücken noch mehr knackte und ächzte als sonst. Ehrlich gesagt hatte ich gar nicht gut geschlafen. Mein ganzer Körper tat weh, weil ich ständig den Kopf einzog, um nicht an die Deckenbalken zu stoßen, ich auf einem Ausziehsofa schlief, das zu kurz für meine Beine war, und ich einen zehn Kilo schweren Packen Plakate rund um die Welt und die Stadt geschleppt hatte. Ganz zu schweigen davon, dass ich die letzten zwei Nächte bis in die frühen Morgenstunden unterwegs gewesen war. Als ich an diesem dritten Morgen erwachte, fühlte ich mich körperlich wie ein Wrack. Aber wir waren in Paris, also würde ich nicht (lauthals) klagen. »Wie ein französisches Baby.«

»Un bébé français«, korrigierte Penelope in perfektem Französisch und reichte mir eine Tasse Kaffee auf einem winzigen Tablett. »Wenn du *un Parisien* heiratest, muss ich dir Französisch beibringen.«

Nachdem ich an meinem Kaffee genippt und mich an die Helligkeit gewöhnt hatte, entsperrte ich mein Handy und rief sofort WhatsApp auf. Einer der Kandidaten musste sich doch gemeldet haben, damit wir für heute ein Date ausmachen konnten. Schließlich war Samstag, und die Pariser gingen am Wochenende doch sicher genauso aus wie wir zu Hause, oder nicht?

Als Erstes öffnete ich eine Nachricht von Jacques, einem Mann, den ich Monsieur Seriös getauft hatte, weil er nie Scherze machte, aber viele Fragen stellte. Was mich nicht störte. Viele der Kandidaten waren neugierig wegen meiner Suche.

> *Bonjour, Natasha. Erklär noch mal, warum der 2. Novembre 1968. Astrologie kann nicht der Grund sein. Das ergibt keinen Sinn.*

Spontan schickte ich ihm den Link zu meinem Instagram-Account und bat ihn, für diesen Tag ein Date auszumachen. Kurz darauf kam schon seine Antwort.

> *Du schreibst über uns? Im Internet? An einer dummen Scharade mit mehreren Männern bin ich nicht interessiert. Ciao.*

Mist. Noch einer weg. Ich rief die nächste Nachricht auf. Sie war von Laurent, dem melancholischen Anwalt, aus dem ich nie richtig schlau geworden war. Laurents Nachricht war wie immer teilweise auf Französisch, also brauchte ich eine Weile, um sie zu übersetzen, musste aber Penelope rufen, als ich nicht weiterkam. Er wollte sich tatsächlich mit mir treffen! Klappte es jetzt endlich doch? Was hieß *vendredi*? Oh. Freitag. Freitags hatte er Zeit. Um elf Uhr vormittags. Denn da hatte ihm seine Frau ein Stündchen für etwas zugestanden, was er ›*petit aventures*‹ nannte.

> *Ich schick dir die Adresse von meiner Wohnung und warte im Bett auf dich.*

Das auf Englisch.

Seufzend löschte ich Laurent aus meinem WhatsApp-Account. Jeder, wie er wollte, aber ich persönlich wollte meinen Seelenverwandten für mich ganz allein. Also strich ich beide Männer von der Liste. Sie sah langsam etwas dürftig aus. Sechs waren gestrichen, blieben nur noch acht potenzielle Seelenverwandte. Oder vielleicht neun oder sogar zehn, falls Gael und Thierry sich noch mal meldeten. Und für heute hatte ich immer noch kein Date. Genauso wenig wie gestern. Langsam wünschte ich mir, ich hätte vor meiner Abreise ein bisschen mehr Zeit für Vorbereitungen gehabt. Schließlich hatten die Kandidaten ja nicht wie ich Ferien. Sie hatten Jobs und Kinder, sie hatten ihr Leben (und sogar *Ehefrauen!*). Hatte Philippe mir irgendwas Wichtiges zu verstehen geben wollen, als er zu Beginn unserer Beziehung sagte, auf Französisch gäbe es kein Wort für ›Date‹? Dass man in Frankreich nicht ›datete‹? Anfangs war ich gekränkt gewesen, schließlich wollte ich, dass er offiziell mit mir ausging. Zugegeben, die spontanen Picknicks waren traumhaft, aber es wäre doch hin und wieder auch ganz nett gewesen, zu einer verabredeten Zeit abgeholt und zum Essen oder ins Kino ausgeführt zu werden – weniger *laissez-faire*, mehr Verbindlichkeit. Doch was, wenn Philippe nicht nur irgendeine Ausrede vorgeschützt hatte?

Kapitulieren würde ich nicht. Allerdings brauchte ich eine Stärkung in Form von Kohlenhydraten und viel mehr Koffein, bevor ich über meinen nächsten Schritt nachdachte. Das brauchten wir alle, weil es eine lange Nacht gewesen war. Da es an diesem Tag kühler war, zog ich mir einen gestreiften Rolli und einen marineblauen Trenchcoat an und trug meinen leuchtendsten roten Lippenstift auf – nachdem ich meine innere Französin gechannelt hatte. Unten am Empfang bot uns das Mädchen Schirme an, weil es draußen leicht zu nieseln begonnen hatte. Tara erschien kurz darauf mit sportlicher Regenjacke und schicken wasserfesten Boots.

Wir setzten uns im Breizh Café an einen gemütlichen Fenstertisch und studierten bei einem Kaffee die Speisekarte. Das Lokal hatte sich auf süße und herzhafte Crêpes aus Biobuchweizen spezialisiert. Rohmilchkäse, Schinken, Spiegelei und viel Butter in einem warmen Crêpe klang einfach himmlisch für mich. Wir bestellten auch für alle ein Salzcaramel-Crêpe.

Beim Anblick und Duft der Speisen im Café lief mir das Wasser im Mund zusammen, doch gleichzeitig zehrte die Situation langsam an meinen Nerven. Ich warf einen Blick auf mein Handy. *Tick-tack.*

»Heute würde ich aber gerne einen Plan machen«, verkündete Tara. »Hast du schon was Neues zu einem Date gehört, Tash? Wir könnten unsere Besichtigungen entsprechend arrangieren.«

»Noch nicht. Aber ich arbeite dran.« Seit wir am Tisch saßen, klebte ich am Handy.

»Ich wünschte, wir hätten schon vor der Reise ein paar Termine machen können. Dann könnten wir besser organisieren und viel mehr sehen«, seufzte Tara.

»Und *ich* wünschte, das wäre so einfach. Ehrlich, ich hab mich heute Morgen auch schon deswegen aufgeregt. Aber wie gesagt: Ich musste nicht nur wie eine Wahnsinnige für diesen Hausverkauf schuften, sondern weiß auch nicht, ob das überhaupt funktioniert hätte. Ich hab's ja versucht, aber alle antworteten nur: *Kann's kaum erwarten, dich zu treffen, melde dich, wenn du da bist, dann verabreden wir was, bisous.* Aber in Wahrheit bringt es doch nichts, so weit im Voraus Verabredungen zu treffen. Das klappt noch nicht mal in L.A. Wenn ich mehr als ein, zwei Tage im Voraus einen Termin ausmache, springt der Typ so gut wie immer ab. So als hätte ich ihm damit einen Freischein gegeben. Glaub mir, da bin ich Expertin. Dating ist eine ziemlich anstrengende Angelegenheit.«

»Wir überlegen uns schon was«, sagte Nicole, »Und bei Fabrice morgen habe ich ein gutes Gefühl.«

Ich auch, und doch durfte ich nicht ausschließlich auf Fabrice setzen, so perfekt sich seine Nachrichten auch anhörten. Wie ich erfahren hatte, konnte ein persönliches Treffen alles schlagartig ändern, so engagiert man auch online gewesen war. Entscheidend war, ob die Chemie stimmte. Das hatte mir Mateo noch mal klar gemacht. Und auch wenn die Chemie stimmte, reichte das manchmal nicht. Das hatte mir Philippe immer wieder bewiesen. Und Dev auch.

Dev erkundigte sich nach unserem heißen Wochenende immer wieder nach mir, aber eher fürsorglich und brüderlich. Er folgte mir auf Instagram und meldete sich regelmäßig.

Achte darauf, wo du deine Plakate aufhängst,

hatte er geschrieben.

Da draußen laufen jede Menge Irre rum.

Und als ich auf dem Weg zu Mateo im Red Little Door war:

Sei vorsichtig, Natasha. Nur Mut, aber sei sehr vorsichtig.

Du wirst dich freuen zu hören, dass ich meine Schwester dabeihabe. Sie ist ein noch größerer Bedenkenträger als du. Was könnte denn Schlimmes passieren? Dass ich auf einen Perversen treffe? Die gibt's in L.A. auch ...

Bitte sei einfach nicht leichtsinnig. Nicht, dass dir ein Irrer an die Wäsche will.

An diesem Morgen allerdings wünschte ich, mir hätte wirklich mal jemand an die Wäsche gewollt. Sicher dachte Dev, ich würde in Paris andere Devs treffen und heiße Stunden mit ihnen genießen. Doch bislang war das ganz und gar nicht der Fall.

Während Tara, Nicole und Penelope über Läden und Museen diskutierten, starrte ich ununterbrochen aufs Handy und ließ mein Frühstück kalt werden. Wischte nach rechts, wischte nach links, tippte, klickte, sendete.

Bonjour, bist du am 2. Nov. 68 geboren? Können wir uns

heute Abend treffen? Doch, ein paar Tage früher oder später ist schon wichtig ...

»Was meinst *du* denn, Natasha?« Penelopes Stimme riss mich aus meiner wachsenden Panik.

»Wie bitte?«, fragte ich.

»Willst du mit Tara und Nicole ins Museum oder lieber mit mir shoppen? Glaub mir, in Paris gibt es die süßesten Kindersachen der Welt.«

Strampler und Stiefelchen shoppen oder Museen besichtigen? Ich sollte mich doch verlieben!

Natürlich wollte ich so viel Zeit wie möglich mit Penelope verbringen, denn sie würde schon am nächsten Tag zu ihrer Familie zurückfliegen. Aber auf gar keinen Fall konnte ich Babysachen shoppen. Oder sonst was machen. Ich wusste ja nicht mal genau, ob Billys und mein Deal wirklich klappen würde. Wenn nicht ... nein, besser nicht darüber nachdenken! Die Wahrheit war, dass ich es mir nicht leisten konnte, aus therapeutischen Gründen zu shoppen. Ich machte mir schon genug Sorgen über die Kosten der Piccolos aus der Minibar, der Restaurantbesuche und Taxifahrten. So was summiert sich. Allerdings schämte ich mich, das gegenüber Penelope zu erwähnen. Damals wusste nur Tara von meiner prekären finanziellen Lage. »Ins Museum«, sagte ich, denn dort würde ich mein Handy leichter im Auge behalten können.

Also ließen wir Penelope ziehen, nachdem wir verabredet hatten, uns später zu treffen. Ich verteilte noch ein paar Flyer bei den Autos vor dem Café und steckte auch ein paar in die Fächer der Taxisitze – nur für den Fall, dass mein Seelenverwandter als Nächstes unser Taxi nutzte. Dann postete ich ein Foto vom Essen am Vorabend (François war einfach zu attraktiv, um ihn zu verstecken), um etwas Neues zu bieten und meine Freunde daheim von der Wahrheit abzulenken: dass sich mein möglicher Seelenverwandter kein bisschen für meine Ankunft in Paris zu interessieren schien.

Wir fuhren zum Centre Pompidou, dem weltberühmten Nationalmuseum für moderne Kunst. Die Umgebung hier sah ganz anders aus als die Haussmann-Gebäude aus dem 19. Jahrhundert und die mittelalterlichen Gassen im Marais, die wir seit unserer Ankunft bewundert hatten. Das imposante Centre Pompidou war in den Siebzigerjahren des letzten Jahrhunderts erbaut worden und zwar in einer revolutionären Weise, weil das Innere nach außen gekehrt worden war. Man sah die gesamte Haustechnik an der Fassade: Röhren in verschiedenen Farben, weiße Treppen, Gerüste, Rolltreppen, damit im Inneren so viel Platz wie möglich für die Kunst blieb.

»Ich wünschte, Dad könnte das sehen«, meinte Tara mit großen Augen.

Bob als Ingenieur hätte alles am Centre Pompidou toll gefunden, denn er interessierte sich auch außerordentlich für Architektur. Nur die lange Warteschlange vorm Eingang hätte seine Begeisterung gedämpft. Wir mussten eine gefühlte Ewigkeit anstehen. Gerade, als wir schon bedauerten, keine Schnell-Zugang-Tickets gekauft zu haben, hörten wir jemanden sagen, dass es vor allem wegen zusätzlicher Sicherheitsmaßnahmen so schleppend voranging. Während wir Zentimeter für Zentimeter vorrückten, klebte ich erneut am Handy. Ich hatte schon wieder mehr Follower. Freunde und Fremde bestürmten mich mit Fragen. Hatte ich ihn schon gefunden? Wann war meine nächste Verabredung? Schon heiße Nächte gehabt? (Katie natürlich.) Nein, keine Ahnung, und leider nein, antwortete ich im Stillen und rief WhatsApp auf. Thierry, alias Mr Marrakesch, hatte sich doch endlich gemeldet. Ich fragte mich, wieso er am Vortag einfach nicht mehr reagiert hatte. Erst hatte er sich unbedingt mit mir treffen wollen und dann ... puff! Vielleicht wollte er nun ein Date für heute ausmachen. Ein bisschen Glück konnte ich jetzt wirklich mal gebrauchen. Also tippte ich seine Nachricht an.

Bonjour, Natasha, ganz schlechtes Timing. Ich muss zugeben, dass ich mich in eine wunderschöne Frau verliebt habe. Das habe ich nicht erwartet, aber es ist passiert. Daher muss ich dir leider absagen.

Neeeeeein! Also rührte sein Schweigen gestern nicht von einer vergifteten Weinbergschnecke oder einem Unfall in der Metro. Eigentlich wollte ich mich für Thierry freuen. Liebe musste doch gefeiert werden! Genau das war ja der Grund, wieso ich überhaupt nach Paris geflogen war. Aber ich dachte nur: WAS ZUR HÖLLE?! Schon wieder löste sich ein Kandidat einfach in Luft auf? Das waren schon drei Verschwindezauber an diesem Tag, und wir hatten gerade erst gefrühstückt!

Schon zu besten Zeiten wäre es eine Herausforderung für mich gewesen, in einer derart stagnierenden Schlange zu warten. Aber jetzt, wo fast *die Hälfte* meiner am 2. November 1968 Geborenen im tiefen Meer der Unverbindlichkeiten und Ausreden versunken war, die die moderne Datingwelt ausmachten, ergriff mich ein mächtiger Fluchtimpuls. Rückblickend wünschte ich, ich könnte sagen, dass ich mich dezent zurückgehalten hatte.

»Ich muss hier weg!«, rief ich laut und warf die Hände in die Höhe. »Auf der Stelle! Ist doch die HÖLLE, in einer Schlange voller Touristen zu warten, nur um sich Play-Doh-Gebilde anzugucken, die auch Penelopes Kinder zustande bringen würden!« Schon wandten sich mehrere Köpfe zu mir um. Ich vergaß völlig, dass ich selbst einer dieser Touristen war.

Betroffen starrte Tara mich an. Natürlich fand sie die Schlange frustrierend, aber sie war in Paris (abgesehen von der Tatsache, dass ich sie praktisch *entführt* hatte), um so viel Kunst wie möglich zu sehen. Das wusste ich, weil ich meine Schwester besser kannte als sonst wer. Allerdings war ich in diesem Augenblick weder besonders selbstlos, noch besonders selbstkritisch.

»Ich hätte nichts dagegen, das Museum sausen zu lassen und ein paar Geschenke für meine Mädchen zu besorgen«, beschwichtigte Nicole sofort. »Und dann könnten wir vielleicht ein Fläschchen Wein trinken und die Welt an uns vorüberziehen lassen?«

Das gefiel mir schon besser. Ich wollte einfach in Paris *sein*. Alles in mich aufsaugen, durch die Straßen schlendern und mich dann in ein Lokal für Einheimische setzen und mir vorstellen, wie es wäre, hier zu wohnen. »Na gut«, sagte Tara. »Gehen wir. Wir finden schon was anderes.«

Wir gingen ein kurzes Stück durch die Rue des Archives, bis Tara Patrick Rogers Laden entdeckte, das angeblich beste Geschäft für Schokolade. Als wir eintraten, umhüllte uns der Duft von Kakaobohnen, Vanille und Krokant. Während ich die ausgefallenen Geschmackssorten studierte (Zitrone mit Basilikum? Das würde Dash gefallen), checkte ich wieder mein Handy, und ein Blitz der Erregung durchzuckte mich.

> Jules Perrault: *Hallo, Natasha, ich weiß, es klingt komisch, aber warst du gerade am Pompidou, in einem blauen Oberteil?*

Was? So ein Zufall! Jules war Philippes Freund aus Kindertagen. Er war witzig, unbekümmert und einfach eine Wucht. Ich mochte ihn sehr, aber nach der Trennung von Philippe hatten wir den Kontakt verloren. *Was hatte das zu bedeuten?* Mein Herz schlug schneller.

> Ich: *JA!*

> Jules: *Ahaha! Ich hab dich gesehen, war aber nicht sicher.*

> Ich: *C'est moi! ;) Ich bin bis Montag hier.*

> Jules: *Du suchst jemanden, der im November geboren wurde, oder? Sag Bescheid, wenn du noch Zeit hast.*

Ich beschloss, nicht darauf zu antworten, jedenfalls nicht sofort. Mir drohte gerade ein hysterischer Anfall, weil Jules mich zufällig in Paris gesehen hatte. Und dass er mir auf Instagram folgte, ohne dass ich davon wusste. Mir war klar, dass Instagram nun mal so funktionierte, dennoch fühlte es sich fast so an, als wäre es Philippe und als würden die Geister unserer gescheiterten Beziehung näher rücken.

Ich zog in Erwägung, mich von Tara und Nicole zu verabschieden und ganz allein loszuziehen. Ich wäre sofort zur Wohnung von Philippes Familie gerannt (die Adresse kannte ich auswendig, weil sein Vater sie über The Agency vermietete). Er hatte mir so viele Geschichten aus seiner Jugend in Paris erzählt. Ich wollte die Szenen aus meiner Fantasie real werden lassen: Philippe, wie er mit seiner Mutter Hand in Hand auf dem Markt Gemüse kaufen ging. Das stille Klassenzimmer in der katholischen Schule, wo er jedes Mal ein Gedicht auswendig lernen musste, wenn er sich schlecht benahm. Das Entrecôte, eine typische Brasserie, die Freunden seiner Familie gehörte, wo er seine Jugend rauchend, Wein trinkend und flirtend verbrachte. Vielleicht würde ich mir selbst dort einen Drink genehmigen. Ich fragte mich, wie es für ihn gewesen war, nach seiner Scheidung nach Paris zu kommen und seine Eltern in der eleganten Wohnung in der Nähe der Champs-Elysées und der Rue du Faubourg Saint-Honoré zu besuchen. Wie rochen diese Straßen? Was gab es beim Metzger an der Ecke zu kaufen? Mit welcher Metro war Philippe gefahren? Wie war der Ausblick von seinem Schlafzimmerfenster? Ich wollte den Park aus seinem Gedicht finden und so viel wie möglich in mich aufnehmen. Ich wollte verstehen, wie Philippe zu dem wurde, der er war. Denn wenn ich das verstand, dann wusste ich vielleicht auch, wie ich ihn ein für alle Mal loslassen konnte.

Natürlich war das eine dumme Idee, und es war nicht die einzige an diesem Tag. Nur erkannte ich das nicht.

Ich verschwieg meiner Schwester und Nicole, wie ich mich fühlte und dass Jules mir eine Nachricht geschrieben hatte. Sie wollten nichts mehr über Philippe hören, und das war verständlich. Aber ich hatte in dem Brief, den ich ihm vor meiner Abreise geschrieben hatte, nicht übertrieben: Ich hielt auf jeder Straße, in jedem Café nach ihm Ausschau. Und das war schmerzlicher, als ich erwartet hatte.

Wir traten aus der Chocolaterie hinaus in den sanften, grauen Nieselregen. Tara wollte ins Musée des Archives Nationales, und Nicole und ich hatten geplant, noch ein paar Souvenirs für ihre Töchter zu kaufen, bevor wir uns in ein Café setzten. Ich war überzeugt, wir zwei könnten mindestens noch einen potenziellen Seelenverwandten dazu bringen, heute höchst persönlich aufzutauchen.

Bevor wir uns trennten, fragte Tara mich noch einmal, ob ich einen weiteren Tag mit ihr bleiben würde.

»Ich überleg's mir«, sagte ich. Mehr brachte ich nicht heraus. Meine Arbeit rief, genauso wie Margot, Dash und meine Mutter. Ich vermisste Friday, sogar sein Bellen. Andererseits lockte mich ein weiterer magischer Tag in Paris doch sehr. Damit hätte ich auch mehr Zeit, *ihn* zu finden. Ich wusste einfach nicht, wie ich mich entscheiden sollte. Denn ich bin ein Mensch, der immer erst in der letzten Minute Pläne macht – und streicht. Teils, weil mir Entscheidungen ohnehin schwerfallen, und teils aus Angst, von einer schlechten Entscheidung behindert zu werden. Verständlicherweise trieb diese Haltung meine Schwester schon seit Jahrzehnten in den Wahnsinn. Ich hatte wirklich versucht, mich zu bessern, und manchmal war es mir auch gelungen. Aber so bin ich eben gestrickt.

Ein Teil von mir wollte auch einfach nur nach Hause und sich vor aller Welt verkriechen. Kapitulieren. Die altbekannte leise Stimme in meinem Kopf hatte sich an jenem dritten Morgen in Paris wieder in mein Bewusstsein geschlichen.

Nachdem Nicole und ich noch ein bisschen durch die Straßen gebummelt waren, landeten wir vor einem bescheidenen Bistro im 3. Arrondissement, wo man perfekt sitzen und *tout Paris* an sich vorbeiziehen lassen konnte. Nicht, dass ich das wirklich getan hätte. Nein, ich holte wieder mein Handy hervor. Checkte als Erstes Bumble. Viele neue Kandidaten, aber keiner mit dem richtigen Geburtsdatum. Dasselbe bei Tinder. Mein E-Mail- und mein Facebook-Account quollen natürlich wieder über von Fragen, Vorschlägen und Hilfsangeboten. Die konnte ich jetzt unmöglich alle sichten.

»Ich glaube, ich brauche wirklich eine Assistentin für meine Accounts. Es ist einfach zu viel«, sagte ich, ohne aufzuschauen.

Nicole antwortete nicht.

Ich rief WhatsApp auf, um zu sehen, ob jemand von meiner Liste geantwortet hatte. Fehlanzeige. Nicht mal George, den ich doch eigentlich später auf einen Drink hatte treffen wollen. Allerdings war ich auch ansonsten nicht untätig geblieben.

»Oh, mein Gott, Nicole. Mir ist gerade klar geworden, dass ich einem dieser Typen seit meiner Ankunft ZEHN MAL geschrieben habe und er nicht einmal geantwortet hat. *Zehn Mal!* Ich muss verrückt geworden sein.«

Nicole nippte an ihrem Rosé. »Welchem denn?«

»Christophe. Dem Tennisspieler.«

»Du kannst nicht Tennis spielen. Streich ihn von der Liste.«

Ich kam mir vor wie eine Versagerin. Mit peinlichen, üblen, lächerlichen Dates hatte ich gerechnet, sogar mit gefährlichen. Aber mit *fast keinen* Dates? An eine solche Möglichkeit hatte ich ehrlich gesagt nicht gedacht, als ich Pläne für Paris schmiedete.

»Was mache ich da eigentlich? *Acht* Männer haben mich ignoriert oder abgewiesen, und ich habe nur ein weiteres Date geplant. Wie demütigend! Ich fasse es nicht, dass ich live im Radio von meiner Suche erzählt habe! Und im Internet! Wo doch all diese Menschen, die mich für eine mutige Liebesgöttin halten, darauf warten, dass ich irgendwas Tolles mache! Ich enttäusche sie doch! Genau das tue ich: Ich vermassle es mal wieder. Ich weiß nicht, vielleicht sollte ich ein Date erfinden! Dann kann ich die Geschichte weiterlaufen lassen und muss nicht vor Scham sterben.«

Erfundene Dates. Mit einem Mal kam mir das vor wie eine *brillante* Idee – wie eine der besten Ideen, die ich je gehabt hatte. Schließlich wimmelte es in Paris von faszinierenden, sexy Männern. Ich musste heute Abend nur aufgebrezelt in eine Bar gehen und einen ansprechen. Mit ihm über Gott und die Welt reden. Hatten Katie und ich das nicht schon unzählige Male in L.A. gemacht? Nicole konnte dann heimlich ein Foto mit ihrem Handy schießen. Et *voilà*! Dann hatte ich eine perfekte Tarnung, bis ich dahinterkam, wieso meine echte Suche nicht funktionierte.

Nicole stellte ihr Glas ab und starrte mich an. Sie wirkte gar nicht angetan. »Wow. Du gehst viel zu hart mit dir ins Gericht. Du vermasselst es? Du willst ein Date erfinden? Das klingt, als würde dein Ego aus dir sprechen, als wollte es dich runtermachen für Dinge, die du gar nicht kontrollieren kannst. Und jetzt gerätst du in Panik. Komm mal runter! Ich glaube, die Menschen daheim sind inspiriert von dem Mut, den man aufbringen muss, um nach der eigenen Wahrheit zu leben – und nicht von der Hoffnung auf ein märchenhaftes Happy End, das du niemals versprochen hast. Es ist jetzt mal an der Zeit, auf dein Höheres Selbst zu hören. Damit will ich nicht sagen, dass sich deine Wünsche mit der Zeit nicht ändern können, aber du solltest mal daran denken, warum du ursprünglich diese Suche angefangen hast.«

»Wegen Stephanie?«

»Nein. Sie hat dir geholfen, einen Weg zu finden, aber sie hat dir nicht vorgeschlagen, um die halbe Welt zu reisen und auf den Straßen von Paris jemanden mit dem Geburtshoroskop deines Ex Freundes zu suchen. Das war alles deine Idee. Aber warum?«

Unbehaglich rutschte ich auf meinem Stuhl hin und her und dachte nicht an die schwindelerregenden Wochen vor der Reise nach Paris, sondern an den Tag vor zwei Jahren, als meine Familie von der Krankheit meines Vaters und ihrem voraussichtlichen Verlauf erfuhr. Ich dachte daran, wie ich bei meiner Abtreibung (die ich nicht bereute) erkannt hatte, dass eine gemeinsame Zukunft mit Philippe unmöglich war. Damals wünschte ich mir – außer natürlich, dass Bob wie durch ein Wunder ewig leben würde – nichts mehr, als endlich den für mich bestimmten Menschen zu finden. Meine bessere Hälfte. Jemanden, mit dem ich eine Zukunft planen konnte. Es machte mir Angst, dass ich keine feste Beziehung, keine *Ehe* hatte. Ich wünschte, es wäre anders gewesen und ich hätte sagen (und meinen) können: »Ist doch egal! Ich lebe im Jahr 2019 und brauche keinen Partner.« Aber ich fand es zutiefst beunruhigend, dass ich keine Ahnung hatte, mit wem ich Händchen haltend und kuschelnd am Samstagabend fernsehen und Eis essen konnte. Ich fragte mich, wer mir noch mit achtzig sagen würde, dass ich wunderschön war. Wer für mich sorgte, wenn es mal eng wurde. Wer meine Hand halten würde, wenn der Flieger abhob, und wer mit mir zelten gehen würde. Wer würde mich lieben, ganz gleich, was geschah? *Niemand* war keine akzeptable Antwort. Damit konnte ich nicht leben.

»Ich will Liebe. Wahre Liebe. Meinen Seelenverwandten. Ich glaube, dass es irgendwo da draußen diesen Menschen – meinen Menschen – gibt. Das muss ich glauben. Aber ich weiß nicht, wieso es so verdammt schwer ist, diesen Menschen zu finden!«

»Genau. So hat es angefangen. Und jetzt sitzt du in Paris – in Paris! – und denkst an ein erfundenes Date für Instagram! Du kannst nicht mal für zehn Minuten dein Handy weglegen. Ich bin kein Gegner von Social Media, aber als deine Freundin muss ich dir sagen, dass sie dir nicht guttun. Was war mit deinem Glückspunkt? Interessiert dich der überhaupt noch? Denn ich garantiere dir, dass dein Glückspunkt nichts mit Instagram zu tun hat. Aber hey, du kennst mich. Ich liebe gute Szenen. Ich bin eine Schauspielerin. Eine Produzentin. Deine beste Freundin. Wenn du willst, helfe ich dir, das verdammt beste Date zu inszenieren, das diese Stadt je gesehen hat. Aber nur, wenn du mir ehrlich sagst, was zum Teufel eigentlich mit dir los ist, damit ich meine Erwartungen für den Rest der Reise entsprechend anpassen kann.«

Nicoles Predigt tat weh, aber sie hatte etwas Wahres gesagt. Und das zeichnete kein schönes Bild von mir.

Likes, Reposts, Shout-outs, Follower – irgendwie war ich danach süchtig geworden. Dabei hatte ich das gar nicht gewollt. Aber durch die ganze Aufmerksamkeit fühlte ich mich seit langer Zeit zum ersten Mal wieder *gesehen*, so als wäre ich wichtig. Als wäre ich keine gescheiterte geschiedene Mom, die in einer Stadt voller Erfolgsmonster alles vermasselte. Denn so fühlte ich mich noch sehr oft, trotz des Lebens, das ich mir mühsam für mich und meine Kinder aufgebaut hatte. Es ist nicht immer leicht, die innere Wirklichkeit mit der äußeren zu vereinen. Durch die Wertschätzung, die ich online erfuhr, war die Kluft nicht mehr so breit. Manchmal schwand sie sogar ganz. Aber ein Dasein vor Publikum, und wenn es auch das netteste Publikum der Welt war, hatte meinen Blick demgegenüber getrübt, was sich anfangs bei der Suche nach meinem Seelenverwandten so gut angefühlt hatte: dass ich endlich nach meiner Wahrheit lebte. Ich, Natasha Sizlo, wollte die wahre Liebe finden.

Wenn man seine Wahrheit laut ausspricht, und sei es nur teilweise, dann verändert sich etwas in einem und löst etwas Mächtiges aus. Denn kaum hatte ich meine Wahrheit geäußert, da folgte ich ihr schon. Es ging nicht anders. Fast als würde ich von einer äußeren Macht dazu gezwungen. Was manchmal verdammt angsteinflößend war. Und mehr als eine Nummer zu groß für mich. Dies war meine Reise, nur meine. Und nichts, was mir zufällig widerfuhr. Ich hatte diesen Weg gewählt. Mir fiel das Zitat ein, das Dad über seinem Krankenbett hängen gehabt hatte:

Erfolg ist nicht endgültig, Misserfolg ist nicht fatal;
entscheidend ist der Mut weiterzumachen.
Winston Churchill

Da wusste ich, dass ich keine Dates erfinden konnte, ganz gleich, wie gut mir diese blöde Idee vorkam. Ich hatte noch acht mögliche Seelenverwandte auf meiner Liste. Ich versprach Nicole, mich nach Kräften auf meine besten Absichten zu konzentrieren, auf die wesentlichen Zeichen zu achten und nicht auf das Drumherum. Ich schwor, die sozialen Medien als Instrument und nicht als Krücke zu nutzen. Zwar hätte ich am liebsten mein Handy in die Seine geschleudert, aber das ging nicht. Ohne Internet konnte ich mir nicht mehr vorstellen, wie ich zu einer Verabredung kommen sollte. Konnte das überhaupt noch jemand? Möglich war es vielleicht, aber sicher nicht praktisch. Also musste ich es einfach noch klüger anstellen.

In diesem Augenblick fiel mir ein älteres Pärchen ins Auge. Ein Mann und eine Frau, elegant gekleidet, überquerten vom Alter gebeugt und aneinander gelehnt die Straße. Sie hatte sich bei ihm untergehakt, und er stützte sich auf einen glänzenden Spazierstock. Ich sah, wie er ihr etwas ins Ohr flüsterte und sie daraufhin lächelte. Es schien, als wären sie diese Strecke schon tausend Mal miteinander gegangen, und vielleicht stimmte das auch. Ich nahm mein Handy und begann, sie zu filmen. Ich sah meine Eltern in ihnen, die Verkörperung einer großen, ewigen Liebe. Ich fragte mich, ob sie sich in einem anderen Leben auch gefunden hätten. Stephanie hätte das sicher behauptet. Als ich Nicole schweigend das Pärchen zeigte, lächelte sie und sah in ihnen das Gleiche wie ich.

»Genau das will ich auch«, sagte ich.

»Ich weiß, Tash«, erwiderte sie, und diesmal war ihre Stimme voller Liebe. Später sollte ich erkennen, dass sie das immer gewesen war.

Dann richtete ich das Handy auf mich.

»Realitycheck. Für alle, die sich fragen, wann ich meine nächste Verabredung habe ... nun, das frage ich mich auch. Denn ich bin sitzengelassen worden. Mehr als einmal. Wie sich zeigt, kann einem das in Paris genauso passieren wie in L.A. Trotzdem glaube ich weiterhin an Liebe und Magie. Ich werde den verdammten Kerl finden!«

Nachdem ich meine (nichtige) Story gepostet hatte, schrieb ich eine kurze Nachricht an Stephanie und informierte sie über die unerwarteten Hindernisse, auf die ich bislang gestoßen war. Vielleicht hatte sie noch ein paar himmlische Fingerzeige für meine restlichen Tage in Paris. Möglicherweise konnte sie nicht rechtzeitig antworten, oder ich musste dafür Geld bezahlen, das ich nicht hatte, aber einen Versuch war es wert. Dann scrollte ich durch meine unzähligen Nachrichten, bis mir eine ungewöhnliche Absenderin ins Auge fiel: Jemand namens Shayna Klee@PurplePalace hatte mir geschrieben.

Hi, Natasha! Dies kommt vielleicht unerwartet, aber ich bin heute zufällig bei Facebook auf deine Geschichte gestoßen und wollte darauf reagieren. Ich bin eine amerikanische Künstlerin, die in Paris lebt. Ich habe einen YouTube-Kanal (The Purple Palace), auf dem ich oft Menschen interviewe, kurze Filme zeige und so weiter.

Deine Mission fasziniert mich. Vielleicht hättest du Lust, davon zu erzählen und für einen meiner Paris-Vlogs interviewt zu werden (nur ein lockeres Gespräch, nichts à la Barbara Walters oder so, hahaha). Ich habe eine ziemlich große Fangemeinde. Ein Interview könnte nicht nur andere Menschen inspirieren, sondern auch die Kunde von deiner Suche verbreiten. Ich jedenfalls finde das alles sehr romantisch und mutig. :) Melde dich! Xx Shayna

»Was meinst du?«, fragte ich Nicole, die die Nachricht las und sich dann Shaynas extrem stylischen Feed ansah.

»Ich meine, Kontakt zu anderen Träumern und Reisenden wie Shayna herzustellen, ist genau das, was du tun solltest. Das steht in völliger Harmonie mit deiner Wahrheit. Ich mag ihre Ausstrahlung: witzig und selbstbewusst«, erwiderte Nicole. »Shayna hat auf der ganzen Welt Follower, wenn Mr Zweiter November also jetzt in einer anderen Stadt lebt, könnte sie helfen, ihn zu erreichen.«

Ich wusste zwar wenig über YouTuber (Dash und Margot schauten YouTube, ich schaute fern), nahm aber Shaynas Einladung in den Purple Palace dankbar an und plante für den nächsten Tag mit ihr ein Treffen in einem Buchladen.

Wir vier trafen uns wieder im Hotel, um uns ein bisschen auszuruhen und umzuziehen. Ein paar Stunden zuvor hatte Andy gefragt, ob wir uns am Abend mit ihm im Le Dome du Marais treffen wollten, einem französisch-asiatischen Fusion-Restaurant in der Nähe des Hotels. Da für diesen Abend nicht ein einziges Date angesetzt war, hatten wir Zeit.

Ich freu mich,

schrieb ich Andy.

Ich mich auch,

antwortete er.

Hey, meine Freunde Ashley und Lucas kommen auch mit, hoffe, das ist ok.

Klar!,

simste ich zurück. Andys Freunde waren auch meine Freunde. Außerdem klang der Name Lucas französisch.

Andy kannte jede sehenswerte Ecke im Viertel, auch weil er als Locationscout für *Emily in Paris* alles erkundet hatte. Le Dome du Marais war keine Ausnahme. Das im späten 18. Jahrhundert erbaute, neoklassizistische Gebäude war früher mal ein Auktionshaus gewesen. Tara, die sich direkt nach Andys Einladung in die Recherche gestürzt hatte, klärte uns auf dem Weg dorthin über die Geschichte des Restaurants auf. Die im 19. Jahrhundert hinzugefügte Kuppel aus Glas wurde auch wegen der Blattgoldverzierung als eines der schönsten Oberlichter von Paris betrachtet. Wir gingen an der voll besetzten Bar vorbei zu einem langen Tisch direkt unter der Kuppel. Über uns der Pariser Nachthimmel. Andy hatte sich bewusst für dieses Lokal entschieden. Auch wenn er meiner Suche etwas verwirrt und ablehnend gegenüberzustehen schien, wünschte er sich eindeutig, dass ich meinen Seelenverwandten fand, so wie er seinen langjährigen Partner Eric gefunden hatte.

Wie sich herausstellte, waren Andys Begleiter Lucas Bravo und Ashley Park zwei wichtige Charaktere in *Emily in Paris*. Wir erfuhren, dass Ashley ein stets optimistisches Au-Pair-Mädchen namens Mindy spielte, das ein verborgenes Talent zum Singen und eine umwerfende Garderobe besaß. Ich war überzeugt, dass sie mit ihren glänzenden dunklen Locken und ihrem ansteckenden Lächeln ein Volltreffer sein würde. Uns jedenfalls eroberte sie an diesem Abend im Sturm. Lucas war ein junger französischer Schauspieler und Model und sollte den romantischen Helden spielen: einen sexy Koch namens Gabriel. Ja, er ist im echten Leben genauso attraktiv wie im Fernsehen. Die dunkelblauen

Augen, die dichten, welligen Haare, die gemeißelten Gesichtszüge – alles genau wie vor der Kamera. Außerdem ist er charmant und aufmerksam. Doch leider wurde Lucas Bravo *nicht* am 2. November 1968 geboren – nicht mal annähernd. Da weder Ashley noch Lucas in der Nacht zuvor am Set gewesen waren, war das Treffen mit ihnen eine freudige Überraschung.

Als die zum Essen fast schon zu schönen Speisen kamen und der Wein in Strömen floss, wandte sich unser Gespräch der Liebe zu. »Erzähl ihnen doch mal von deinem wahnwitzigen Plan«, forderte Andy mich lässig auf, als wäre das nur dummer Unsinn einer Durchgeknallten aus L.A. und gleichzeitig die brillanteste Idee, die er je gehört hatte.

Ich gehorchte und lieferte ihnen die Kurzfassung, war aber trotzdem ziemlich nervös. Schließlich waren die beiden unglaublich gute Schauspieler – Ashley war ein für die Tony Awards nominierter Broadway-Star – und ich, tja, ich war ich. Doch Ashley hörte mir aufmerksam zu, und Lucas schien ebenfalls interessiert. Keiner der beiden lachte oder verdrehte die Augen, und danach bombardierten sie mich schneller mit Fragen, als ich antworten konnte. Ashley fragte sogar den Kellner nach seinem Geburtstag und gab ihm eine meiner Visitenkarten. Der Kellner lachte auch nicht, sondern erzählte uns stattdessen, dass er bereits zum zweiten Mal verheiratet war und seine Frauen am selben Tag Geburtstag hatten. Er wünschte mir *bonne chance* und versicherte, er würde die Visitenkarte an die Pinnwand in der Küche heften.

»Was ist das Verrückteste, das ihr je für die Liebe getan habt?«, fragte Ashley in die Runde. »Los, erzählen wir es der Reihe nach!«

Ich war neugierig. Machte ich tatsächlich etwas besonders Seltsames oder Mutiges, wie François am Abend zuvor gesagt hatte? Oder macht uns die Liebe alle ein bisschen verrückt, ganz unabhängig von unserer persönlichen Geschichte (oder unserem Sternzeichen)?

Nicole platzte sofort mit einer Antwort heraus: »Ich bin mit meiner besten Freundin nach Paris geflogen, um ihren Seelenverwandten zu finden!« Alle lachten. Aber ich drückte Nicole unter dem Tisch die Hand. *Danke.*

Meine Schwester erzählte eine Highschool-Liebesgeschichte, bei der sie nicht nur ihren Schwarm, sondern auch ihre Haare verlor. Damals hatte Tara umwerfende honigbraune Haare, die ihr bis zur Taille reichten, und verzehrte sich vor Liebe zu dem hübschesten Jungen der Schule. Eines Tages sagte Mr Atemberaubend im Mathekurs zu ihr, sie würde mit einer Frisur wie Kelly McGillis in *Top Gun* sicher super aussehen. Tara nahm das als Hinweis, dass er für sie genauso empfand wie Maverick für Charlie. Schließlich schrieb man das Jahr 1986, und *Top Gun* war die größte Liebesgeschichte aller Zeiten. Also ging Tara schnurstracks zum Friseur, ließ sich über vierzig Zentimeter ihrer Haare abschneiden und eine Dauerwelle verpassen.

»Ich sah aus wie Kelly McGillis, nachdem sie gezwungen worden war, zehn Stunden als Sozius auf einem Motorrad zu fahren«, bemerkte Tara. »Es versteht sich von selbst, dass mein Schwarm nie was von mir wissen wollte und ich mich den Rest des Jahres unter einem Hut vom Trödelladen versteckte.«

Jeder hatte mindestens eine Geschichte zu dem Thema zu erzählen. Aber den Vogel schoss Lucas ab.

Als Lucas Anfang zwanzig war, lebte er in Los Angeles und machte eine Ausbildung an der American Academy of Dramatic Arts. Da er in Südfrankreich geboren und aufgewachsen war, hatte er eine Menge über L.A. zu lernen. Doch er war motiviert, weil er sich in ein Mädchen verliebt hatte. Als sie ihn eines Abends zu sich nach Hause einlud, um *Gossip Girl* zu gucken (ein Detail, das uns sehr amüsierte), studierte Lucas den Stadtplan und tat, was jeder Franzose ohne eigenes Auto tun würde: Er ging zu Fuß. Die Strecke schien zwar ein bisschen lang, aber machbar. Schließlich gehen die Leute in Frankreich überallhin zu Fuß. Also machte er sich auf den Weg. Allerdings wohnte Lucas in Laurel Canyon und seine neue Liebe in Pacific Palisades. Jeder, der L.A. kennt, weiß, dass das völliger Wahnsinn ist. *In L.A. geht kein Mensch zu Fuß!* Aber Lucas machte es. Er lief und lief und lief. (Das war noch in den Zeiten vor Uber, und Taxis gibt es in L.A. nicht so viele.) Er ging Hollywood Hills hinunter, lief stundenlang schwitzend in der sengenden Sonne über den Sunset Boulevard und danach durch Beverly Hills, Bel Air und Brentwood, bis er schließlich lange nach *Gossip Girl* ankam. Er gab nicht auf, obwohl seine Wanderung fast fünf Stunden dauerte.

Was wir alle am Tisch nicht verstanden, war, dass die fragliche junge Frau von Lucas' Beweis seiner Hingabe nicht mal ansatzweise beeindruckt war – im Gegenteil, sie war höchst verärgert. *Schließlich wollte sie schon lange zu Bett!*

Als sich das Essen dem Ende näherte, war ich im Kreis meiner Schwester und meiner alten und neuen Freunde sehr entspannt und sogar glücklich. Den ganzen Abend hatte ich nicht einmal mein Handy gecheckt, hatte weder an Fragen gedacht, die ich nicht beantworten konnte, noch an Dates, die ich nicht hatte. Konnte es sein, dass ich eigentlich genau dort war, wo ich in diesem Moment sein wollte? Ganz unabhängig von Verabredungen und potenziellen Seelenverwandten? Vielleicht. Doch ich hatte keine Ahnung, was ich mit dieser Erkenntnis anfangen sollte. Und ich traute ihr auch nicht.

Als wir über die regennassen Straßen zum Hotel zurückgingen, fiel mir auf, dass die Zettel, die ich ein paar Stunden zuvor hinter die Scheibenwischer der parkenden Wagen gesteckt hatte, langsam aufweichten. Oder überdeckt wurden. Von Knöllchen. Oder Blättern. Die alle nass waren. Es brach mir ein bisschen das Herz, aber es füllte es auch, denn der ganze Abend war voller Liebe gewesen. Nicht voll romantischer, Herzklopfen verursachender Liebe, wegen der ich nach Paris gekommen war, aber doch voller Liebe. Beim Anblick der sich auflösenden Flyer musste ich an Philippe und die Gefühle denken, die ich immer noch für ihn hegte und die den ganzen Tag über immer wieder aufgetaucht waren wie die dunklen Köpfe von Seehunden in den Wellen des Meeres. Berauschende Liebe wie mit ihm wirkt zu Anfang immer frisch und makellos. Deshalb ist sie so unwiderstehlich. Dann kommt das Alltagsleben ins Spiel, und die Probleme häufen sich und machen sich breit. Blätter fallen, Regen prasselt. Und manchmal löst sich eben alles auf.

In der Hotellobby umarmten wir Tara zum Abschied und begaben uns aufs Zimmer. Ich machte es mir auf meinem kleinen roten Sofa bequem und rief Instagram auf, um ein paar Fotos zu posten, die ich im Restaurant gemacht hatte. Und da war es. In Margots Feed.

> *Meine Mom sucht in Paris nach ihrem Seelenverwandten. Geht auf ihren Account: @02Novembre1968 – sie ist ein echter Snack!*

Dazu hatte Margot ein Foto von mir mit dem Schild gepostet, das Nicole am Arc du Carrousel geschossen hatte.

Bekam ich endlich doch Unterstützung von meiner obercoolen fünfzehnjährigen Tochter? Es war ein Wunder – ein noch größeres als das mit Kate Walsh. Schließlich handelte es sich um MARGOT BARRETT.

»Guckt mal! Margot hat auf IG für meine Suche geworben!« Ich zeigte Penelope und Nicole mein Handy.

»Was heißt denn, dass du ein Snack bist?«, fragte Penelope. »Ist das was Gutes? Irgendwas Amerikanisches?«

»Ich glaube schon. Aber wäre es nicht besser, ich wäre eine ganze Mahlzeit?«, erwiderte ich halb im Scherz. »Soll ich mal im Slanglexikon nachsehen?«

»Ja, es ist was Gutes«, nickte Nicole. »Mit so jemandem kann man auf der Couch sitzen, einen Film gucken und ... ein bisschen knabbern.«

Oooooh, Margot. Wir brachen in Gelächter aus.

Mittlerweile war es so spät, dass es schon wieder früh war. Aber ich wurde einfach nicht müde. Als Nicole und Penelope sich abschminkten und bettfertig machten, zog ich mir daher stattdessen die Boots an.

»Wo willst du hin?«, fragte Penelope.

»Ich brauch mal 'ne Minute für mich«, antwortete ich. »Bin gleich wieder da.« Ich kann's auch zugeben: Ich brauchte eine Zigarette.

Zu Hause rauchte ich nicht mehr, das hatte ich nach der Trennung von Philippe aufgegeben. Aber ... Gottverdammt, was war das bloß mit Paris? Ich hatte mich in eine Amerikanerin verwandelt, die alle Klischees erfüllte. Blau-weiß geringelte Oberteile? Ja. Crepes zum Frühstück? Ja. Bewegung nur im Zweimeilenradius rund um den Eiffelturm? Ja. *Gitanes*? Ja, zugegeben! Aber nur dieses eine Päckchen, das ich mir am ersten Tag heimlich gekauft hatte, als die anderen auf der Jagd nach einem Lockenstab waren. Mehr nicht. Ich teilte mir die Zigaretten ein, als wären sie kostbar wie Gold.

Im strömenden Regen stand ich unter dem Schirm vor dem Hotel und nahm die stillen, dunklen Straßen in mich auf. Trotzdem war die Stadt in meinen Augen immer noch wunderschön. Ich holte mein Handy hervor. Da ich die fruchtlose Warterei leid gewesen war, hatte ich vor dem Abendessen nicht mehr bei WhatsApp nachgeschaut. Aber jetzt wollte ich besser mal prüfen, ob einer der Kandidaten sich gemeldet hatte und auf *meine* Nachricht wartete.

Der hingebungsvolle Vater Maaz hatte geschrieben. Seit meiner Ankunft hatten wir über ein Essen morgen Abend gechattet, aber er hatte sich nicht festgelegt. Vielleicht wollte er das jetzt. Ich rief seine Nachricht auf.

> *Meine Tochter ist krank, und ich hab sie diese Woche. Wenn ich da eine Verabredung treffe, bringt meine Ex mich um. Ich muss absagen. Sorry.*

Moment mal! War seine Tochter nicht schon *erwachsen*? Ich wechselte von WhatsApp zu Tinder und scrollte durch unseren Chatverlauf. Ja. Sie war mit dem College fertig und hatte bereits einen Job. Wahrscheinlich verwendete der Kerl diese Ausrede mit dem kranken Kind schon seit *Jahren!*

> *Hoffentlich geht es ihr bald besser. Und hoffentlich findest du jemanden, der zu dir passt.*

Was gab es noch zu sagen? Neun weg. Tatsache war außerdem, dass ein paar der Kandidaten – Benoit, Alcide, Christophe und Amir – nicht einmal auf die erste Nachricht von meiner Ankunft in Paris reagiert hatten. Genauso wenig wie auf die folgenden.

Bemühte ich mich einfach zu sehr? Oder nicht genug? Hatten all meine potenziellen Seelenverwandten gedacht, ich wäre eine Verrückte, die sowieso nie nach Paris kommen würde, und nahmen jetzt Reißaus? Hatte François recht, dass ich für französische Männer ein ganz kleines bisschen übertrieben wirkte? Vielleicht hatte ich mögliche Zeichen des Universums aber auch falsch gedeutet. Zum tausendsten Mal an diesem Tag stellte ich mich selbst, meine Suche, meine Fähigkeit, mich mit meinem Höheren Selbst zu verbinden, und alle höheren Mächte infrage. Und dann fragte ich mich, was wäre, wenn ich jetzt einfach aufhörte. Nicht mit meiner Suche, denn ich glaubte wirklich, dass etwas in meiner Seele sofort auf den Richtigen reagieren würde. Aber was, wenn ich mich nicht mehr ständig fragte, wie und wann etwas passieren würde und ob ich es versehentlich wieder vermasseln würde oder nicht? Wie würde sich das anfühlen?

Hey, Universum, dachte ich, *schon kapiert! Ja, wirklich. Hörst du? Ich. Hab's. Kapiert. Du willst mir keinen Seelenverwandten schicken? AUCH GUT. Trotzdem finden wir den Sch&%kerl! Und trotzdem werden wir SPASS haben!*

Mein Trotz fühlte sich gut an, wie immer. Es fühlte sich an, als käme ich voran. All meine Mühe, Liebe und Anteilnahme, die ich so emsig den hingebungsvollen Vätern dieser Welt schenkte, kristallisierte sich langsam zu etwas, das klarer war. Härter. Und sogar schöner.

Ich dachte daran, wie meine besten Freundinnen – die, die jetzt oben im Hotel schliefen, und die, die in L.A. auf der anderen Seite der Erde wachten –, mich immer wieder aufgerichtet hatten, wenn mich irgendwas mit Männern niedergedrückt hatte, sei es die Scheidung, sei es Philippe oder irgendwelche Dates. Genau wie ich es für sie getan hatte. Zwischen uns herrschte eine mächtige Magie, die ich auch ohne Zeichen oder Kristallkugeln erkannte: Dies war Freundschaft. Die Gemeinschaft der Frauen. Und die blieb mir, auch wenn mein Seelenverwandter noch nicht aufgetaucht war. Und sie inspirierte mich auch zu meinem nächsten Schritt.

Ich rief Facebook auf und postete etwas in einer der Expat-Gruppen von Paris, denen ich in den letzten Monaten beigetreten war (weil ich dachte, den Mitgliedern könnte vielleicht was einfallen). Die Gruppe hieß *Paris for Her* und war nur für Frauen.

Mein Name ist Natasha, ich bin Amerikanerin und suche hier in Paris nach meinem Seelenverwandten. Es klingt vielleicht komisch, aber eine Astrologin hat mir erklärt, dass jemand, der am 2. November 1968 in Paris geboren wurde, in einer Linie mit meinem Glückspunkt steht. Aus vielen verschiedenen Gründen glaube ich ihr. Ich bin den ganzen weiten Weg von L.A. hergeflogen, um zu sehen, ob sie recht hat, und möchte deswegen einige Männer treffen (und eine Frau, deren Vater vielleicht der Richtige ist), die dieses Geburtshoroskop haben. Ich habe meinem Dad vor seinem Tod versprochen, nie den Glauben an Liebe und Magie aufzugeben. Und versprochen ist versprochen. Die letzten Worte meines Vaters an mich lauteten: »Wir sehen uns in Paris«.

Deshalb bin ich hier. In Paris. Hi, Dad.

Ich bin sehr weit weg von meinem Zuhause in L.A. Viele Menschen haben mir gesagt, ich wäre verrückt – oder Schlimmeres. Aber ich habe meinen ganzen Mut zusammengenommen und bin hierhergekommen, weil, tja, weil etwas Größeres als ich die Kontrolle übernommen hat. Etwas, das sich anfühlt wie GLAUBE. Wie HOFFNUNG. Wie LIEBE. Wie SCHICKSAL.

Um es kurz zu sagen: Es ist eine einzige Katastrophe. Ich bin ignoriert und versetzt worden. Ich habe die Suche nach DEM EINEN in den Sand gesetzt. Ich fühle mich mehr als nur ein bisschen verloren. Aber in diesem Augenblick, um zwei Uhr morgens im strömenden Regen, ist mir der Gedanke gekommen, dass ich vielleicht etwas übersehen habe. Vielleicht habe ich es falsch angefangen.

Für meinen letzten Abend in Paris möchte ich euch einladen: DIE FRAUEN VON PARIS. Auf einen Drink mit mir und meinen besten Freundinnen.

Ich würde sehr gerne jede treffen, die an Liebe und Magie glaubt, die glaubt, dass man ein furchtloses Leben führen, seinen Träumen folgen und Versprechen halten sollte. Ich möchte ein Date mit euch haben!

Ich werde in der Cocktailbar Le 1905 im 4. Arrondissement sein, um 19 Uhr – ja, in siebzehn Stunden. Wir sehen uns dort. Alles Liebe, Natasha.

Ich drückte auf Posten, bevor ich es mir anders überlegen konnte. Wenn die Männer von Paris mich nicht treffen wollten, vielleicht wollten es dann die Frauen?

Neuntes Haus

Wir finden diesen Sch&%kerl!

Das Neunte Haus steht für Reisen ins Ausland, für Abenteuer und Risiko. Außerdem repräsentiert es Philosophie, Religion, Glücksfälle, Wachstum, Humor, höhere Bildung, Mythologie und das Auskosten der Fülle des Lebens.

Das Neunte Haus ist der Ausgangspunkt für die Einstimmung auf unser Höheres Selbst. Es weist uns den Weg zu den Antworten, nach denen wir gesucht haben. Wir begegnen Gurus, Menschen mit großen Ideen, spirituellen Lehrern, Verlegern, Reiseführern, Komikern, Religionsführern, Philosophen und allen möglichen Wegweisern durch die Planeten in unserem Neunten Haus oder den Herrscher unseres Neunten Hauses.

In meinem Neunten Haus steht der Skorpion, und sowohl Mars als auch Pluto beherrschen den Skorpion. Deshalb sind meine Lehrer oft dem Okkulten zugeneigt. Beide Planeten beeinflussen stark meine Reise, und beide wollen, dass ich mich selbst durch einen Partner finde, aber nicht durch irgendeinen, sondern durch einen Seelenverwandten, der mir ebenbürtig ist. Leichter vorhergesagt als getan. Den Glückspunkt zu erreichen ist nicht ganz einfach.

Die Version meiner selbst, die dem Universum verkündet hatte *Ich hab's kapiert*, löste sich am nächsten Morgen in Luft auf, als ich an Tag vier in Paris mein Handy checkte. Statt der zwanzig, dreißig neuen Nachrichten, die mich am Morgen davor schon nervös gemacht hatten, waren über Nacht *Hunderte* von Menschen irgendwie auf meinen Instagram-Account gestoßen. Das ergab keinen Sinn, denn meine letzte Story, die ich am Vortag mit Nicole gefilmt hatte, handelte davon, dass bis jetzt alles schiefgelaufen war. Aber jetzt folgten mir ein paar echte Berühmtheiten wie Busy Philipps. Wie konnte mein Leben auch nur im Entferntesten interessant für sie sein? Ich fand unzählige Nachrichten voller Unterstützung und voller Fragen nach dem neuesten Stand. Ich saß auf meinem kleinen roten Sofa und scrollte, hin- und hergerissen zwischen Dankbarkeit und Gedanken wie *Ach du Scheiße!*

Ein modernes Märchen! Halte durch!

OMG, das ist das Beste auf Social Media! Besser als jede Netflix-Serie!!!

Märchen? Netflix? Wenn dies ein Märchen war, dann war ich Cinderella, die um ein Uhr nachts barfuß durch die Straßen lief, mit zwei linken Füßen, ohne dass eine Kutsche oder gar ein Prinz in Sicht gewesen wäre. Das grässliche Gefühl, zwei Seelen in meiner Brust zu haben – eine, die einem unerwarteten Publikum in den sozialen Medien verfallen war, und eine, die sich mit Versagensängsten plagte –, kam mit Macht zurück. Mir raste das Herz. Jegliche Erkenntnis, die ich am Tag zuvor gewonnen haben mochte, wirkte wie die ferne Erinnerung eines anderen Menschen.

Auf der anderen Seite der Suite packte Penelope ihre kleine Reisetasche. In einer Stunde sollte sie zum Flughafen aufbrechen. Am liebsten hätte ich sie hierbehalten, obwohl ich doch wusste, dass sie zu ihrer Familie zurückmusste. Penelope hatte mich immer auf Spur halten können, wenn ich das Gefühl hatte, dass mein Leben aus dem Gleis geriet. So wie jetzt. Ich wusste, dass das objektiv besehen absurd war, dass ich mir Sorgen um nichts machte. *Mitten in Paris.* Doch ich konnte es einfach nicht abschütteln. Es war dasselbe Gefühl wie in der Achterbahn (apropos Gleis), wenn man immer höher und höher fuhr und sich fragte, wieso man sich überhaupt darauf eingelassen hatte. Obwohl man doch wusste, dass die Fahrt ungefährlich war, befand man sich *weit* außerhalb der Komfortzone. Angst kann man nicht mit der Kraft des Willens vertreiben, wie jeder weiß, der schon mal damit zu tun hatte. Trotzdem versuchen wir es immer wieder.

Ich ließ mich zurück aufs Kopfkissen fallen und versuchte, mich für den vor uns liegenden Tag zu beruhigen. Zuerst schrieb ich Dash und Margot, die erst in ein paar Stunden aufwachen würden, eine liebe Nachricht. *Bonjour, les enfants! Je vous aime!* Das Zusammensein mit meinen Kindern erdet mich immer, selbst wenn es nur virtuell ist. Dann schickte ich Fabrice positive Gedanken durch den Äther. Ich war immer noch nicht sicher, ob ich an Manifestationen glaubte – vor allem nicht nach den zwei vergangenen Tagen ohne jedes Date –, aber schaden konnte es nicht. *Heute werden die Sterne günstig stehen. Fabrice ist attraktiv, klug und freundlich. Er stammt aus einer liebevollen Familie, hat erwachsene Kinder und ist sogar bereit, nach Los Angeles zu kommen. Er ist praktisch perfekt. Er ist der Eine. Er muss es sein. Muss einfach!*

»Heute wird sich alles fügen, Natasha.« Für Penelope war ich ein offenes Buch. »Was macht es schon, dass du nicht weißt, wie alles endet? Das könnte sogar gut sein. Glaub mir, die besten Liebesgeschichten haben alle ein kleines Geheimnis.«

»Wenn du es sagst«, erwiderte ich und richtete mich auf. »Danke, dass du extra nach Paris gekommen bist, P. Ich wünschte, wir hätten mehr Zeit zusammen.«

»Ich auch. Und ich hätte mir das auf gar keinen Fall entgehen lassen, Tash. Ich finde es super, wie du ganz offen und ehrlich deinem Schicksal nachjagst. Danke, dass ich dich auf deiner Reise begleiten durfte.«

Da fiel mir der Garderobenständer mit den fließenden, satinglatten Kleidern ins Auge. Die Kleider! Ellen Kinney, die großzügige Präsidentin von A.L.C., die mir meine supersexy Datingklamotten geschenkt hatte, würde sich sicher wünschen, dass ich die Magie weitergab, von Freundin zu Freundin. Wenn ich eines sicher wusste, dann das!

»P., du musst unbedingt die beiden Kleider mitnehmen, die du hier in Paris anhattest. Selbst wenn es nur für ein Balkon-Rendezvous mit deinem Mann ist, sobald die Jungs im Bett sind. Warte nur, bis er dich darin sieht! Dann wünscht er sich sofort, dass du mich öfter auf meinen verrückten Missionen begleitest!« Ich nahm das schwarz-grüne Kleid und das Puffärmel-Kleid mit dem Leopardenmuster vom Ständer und gab sie Penelope. »Hier. Sie sind wie für dich gemacht.«

Penelope strahlte. »Bist du sicher, Tash?«

»Ja. Die kann niemand besser tragen als du. Du wirst mir fehlen, P.«

»Wir sehen uns bald wieder. Versprochen. Denn wie könnte ich mich sonst dem Windeldienst entziehen und in ein Abenteuer stürzen, das nur du erfinden kannst?« Penelope zwinkerte mir zu und schloss den Reißverschluss ihrer Reisetasche.

»Ich glaube, nach dem hier hab ich erst mal genug von Abenteuern.«

»Abwarten«, meinte Penelope nur. Und dann: »Müsst ihr nicht schon längst runter, um euch mit Tara zum Frühstück zu treffen?«

»Was ist das denn?«, fragte ich und starrte mit angewiderter Miene auf den traurigen einsamen braunen Klumpen auf Taras Teller. Meiner hingegen war voll bepackt mit *pain au chocolat, brioche* und Joghurt mit Granola und frischen Früchten.

»Glutenfreies Brot. Ich will nicht darüber sprechen.«

»Und? Wie lautet für heute der Plan?«, fragte Nicole, als ich erneut durch meine Nachrichten scrollte.

»Bevor wir das besprechen, möchte ich euch um einen Gefallen bitten. Für heute Abend.« Hoffnungsvoll blickte ich zwischen Nicole und Tara hin und her, die mich beide ausdruckslos anstarrten. »Also, ich habe geplant, mich heute Abend um sieben in der Bar Le 1905 im 4. Arrondissement mit ein paar Leuten zu treffen.«

»Mit was für Leuten?«, erkundigte sich Tara und strich sich cremigen Brie auf den braunen Klumpen.

»Tja, das weiß ich noch nicht so genau. Ich hab gestern Nacht in einer Facebook-Gruppe einen kleinen Aufruf gestartet – keine Angst, Tara, es ist eine Gruppe nur für Frauen. Keine gefährlichen französischen Männer. Jedenfalls habe ich im Grunde alle Frauen von Paris eingeladen, sich mit mir zu treffen, um Magie, Liebe und sonst was zu feiern. Du weißt schon, weil sich kein Mann mit mir treffen wollte.«

»O Gott! Das kann nicht dein Ernst sein.« Meine Schwester starrte mich an.

»Ich schwöre, es wird ganz schnell gehen. Wir schauen nur kurz auf einen Drink vorbei, prüfen, wer aufgetaucht ist, und dann essen wir in einem der Restaurants auf deiner Liste. Unser letztes gemeinsames Abendessen, bevor Nicole und ich morgen wieder abreisen. Nur ein kleiner Cocktail? *Bitte, bittte?*«

»Triffst du dich heute Nachmittag nicht mit Fabrice in Versailles?«, fragte Tara. »Und mit Shayna zum YouTube-Interview im Buchladen? Wie soll das denn alles klappen? Versailles ist mit dem Wagen vierzig Minuten entfernt.«

Ich checkte mein Handy. Es war kurz nach acht.

»Da bleibt uns doch noch *massig* Zeit. Das klappt schon irgendwie. Aber falls die Sterne für den Dichter und mich doch nicht günstig stehen, dachte ich, wir könnten heute Morgen noch Flyer in der Metro verteilen. Und vielleicht in ein paar Krankenhäusern ins Geburtenregister gucken? Das hat einer meiner Follower vorgeschlagen.«

Nicole und Tara wechselten einen resignierten Blick. Jeder andere hätte gesagt, das könnte ich gerne allein erledigen. Aber meine Schwester und meine beste Freundin hatten mir ein Versprechen gegeben. Und ich sah aus, als wäre ich einem Nervenzusammenbruch nahe. Meine Haare hingen schlaff herunter. Das alte T-Shirt und die Tennisschuhe, die ich gerade anhatte, waren eher für einen Hausputz geeignet als für die Suche nach der großen Liebe. Seit unserer Ankunft hatte ich kaum geschlafen – eigentlich keiner von uns, außer Penelope. Der einzige Farbtupfer in meinem Gesicht war an diesem Morgen der verschmierte Lippenstift, den ich aus reiner Gewohnheit aufgetragen hatte.

»Tasha, erinnerst du dich, dass ich gestern im Archivmuseum war?«, fragte meine Schwester. »Weißt du, was ich da außer Marie-Antoinettes geheimen Liebesbriefen noch gesehen habe? Lauter wunderschöne Menschen, die, soweit ich beurteilen konnte, allein unterwegs waren.

Keiner von ihnen wirkte wie ein Tourist. Vielleicht sind die Museen hier das, was zu Hause die Fitnessstudios sind: getarnte Singletreffpunkte. Das Musée d'Orsay ist ganz in der Nähe des Buchladens, wo du dich mit Shayna triffst. Was ist romantischer: Runden in der Metro drehen oder vor einem Renoir deinem Seelenverwandten begegnen?«

In diesem Augenblick kam Penelope in den Frühstücksraum. Sie hatte ihre langen Haare zu einem ordentlichen Knoten zusammengefasst und die Reisetasche über die Schulter geworfen. Sie sah ausgeruht aus. Zufrieden.

»Hörte ich Musée d'Orsay? Da müsst ihr hin! Tash, das ist einer der schönsten Orte in der ganzen Stadt. Dort wird etwas Gutes geschehen. Du wirst sehen!« Penelope umarmte uns alle. Ich bemerkte, dass sie meine Schwester besonders fest an sich drückte. »Ich bin froh, dass wir uns mal persönlich getroffen haben, Tara. Findet heute ein schönes Bild für mich, ja?« Sie blies uns einen Luftkuss zu und eilte zu ihrem Taxi.

Meine Stimmung hatte sich aufgehellt, und ich konnte Taras Argument nachvollziehen. Das Museum sollte in einer Stunde öffnen, was hieß, ich hatte gerade noch genug Zeit, um mich umzuziehen und mir die Haare zu machen. Ich wollte doch hübsch aussehen, falls das Musée d'Orsay tatsächlich ein Treffpunkt heißer, kultivierter Skorpione war.

»Le 1905 steht tatsächlich auf meiner Liste der Sehenswürdigkeiten«, bemerkte Tara, die ihre Notizen durchblätterte.

»Also los. Alles nach Tashs Plan«, verkündete Nicole, was zuerst etwas gezwungen wirkte, aber dann überhaupt nicht mehr. »Heute werden wir diesen Scheißkerl finden. Ich *weiß* es.«

Wenn ich noch einen Rest an Realitätssinn besessen hätte, hätte ich innegehalten und mich gefragt: *Was tust du da, Natasha? Deine beste Freundin ist erschöpft, und deine Schwester nagt an einem staubtrockenen Mehlklumpen. Hast du dich je gefragt, was sie sich von Paris wünschen? Schließlich ist Nicole zum ersten Mal hier! Und Tara eigentlich auch.* Ich hätte mein Handy weggelegt und wäre noch mal ein Stündchen ins Bett gegangen. Ich hätte vielleicht sogar gefrühstückt.

Aber ich tat nichts von alledem.

Das Musée d'Orsay am linken Seine-Ufer im 7. Arrondissement war zur Jahrhundertwende ein imposanter Bahnhof, der die Besucher der Stadt beeindrucken sollte. Noch heute besitzt das Gebäude zwei spektakuläre Uhren aus früheren Bahnhofstagen: eine riesige schwarze aus Metall und Glas am Eingang und eine kleinere raffinierte in Gold in der Haupthalle. Manche besuchen das Museum nur, um diese Uhren zu sehen. Allerdings beherbergt das Musée d'Orsay auch die beste Sammlung impressionistischer Kunst auf der ganzen Welt. Als wir staunend die Eingangshalle betraten, strömte Sonnenlicht durch die riesigen Oberlichter an der Decke, die zusammen genommen so groß waren wie fünf Footballfelder.

Ein paar Minuten lang war ich völlig gefesselt von den Meisterwerken um uns herum. Doch dann verlangte mein Handy meine Aufmerksamkeit, wie eine Droge. Außerdem hatte Tara tatsächlich recht. Es waren unglaublich viele geradezu absurd attraktive Menschen hier im Museum. Ich fing schon an, ihr Alter abzuschätzen und auf ihren französischen Akzent zu lauschen. Ganz lässig hielt ich mein Schild in der Hand, weil ich hoffte, jemand würde sein Geburtsdatum erkennen. Ich versuchte, sexy, aber nahbar zu wirken. Doch nicht ein einziger Besucher bemerkte mich. Dies hier war kein Markt für Frischfleisch. Die Besucher waren wirklich für das hier, was das Museum bot: für die Kunst. Mist. Denn ich wollte wirklich noch mehr Verabredungen treffen. Außerdem musste ich bald mal wieder etwas posten. Um meinen Followern zu zeigen, dass ich nicht in die Seine gefallen war. Ohne auf meine Umgebung zu achten, scrollte ich durch meine Nachrichten. Dabei hatte ich Nicole noch vor einem Tag versichert, dass ich genau das nicht tun würde.

»Ich kapier's einfach nicht«, sagte Tara ehrlich verblüfft. »Wieso hast du bei all dem hier nur Augen für dein Handy?«

Sie wies auf ein Gemälde direkt vor mir: einen Monet mit einer Frau, die mit einem Sonnenschirm in einem Feld voller Mohnblumen stand und in die Ferne blickte.

Ich hielt mein Handy in die Höhe und drückte auf Aufnahme. »Die hier sucht auch nach ihrem Seelenverwandten«, sagte ich zu Tara und natürlich zu Instagram.

Tara verdrehte die Augen. »Siehst du das kleine Kind neben ihr? Ich glaube, das ist Monets Sohn, und die Frau ist seine Ehefrau.«

Wir blieben vor Renoirs *Tanz in der Stadt* stehen, auf dem eine Tänzerin suchend über die Schulter ihres Partners blickte. »Ist ihr Seelenverwandter hier?«, sagte ich in mein Handy. »Nein, Fehlanzeige ...«

Tara sagte nichts.

Als wir ein Stück weiter schlenderten, fiel mir ein Degas ins Auge. Darauf saß eine traurig wirkende Frau allein an einem Cafétisch und starrte in ein Glas mit giftgrünem Absinth. »Oh nein ... er hat sie versetzt«, sprach ich in mein Handy.

An diesem Punkt entfernte sich meine Schwester von mir und schlenderte allein durch die Säle. Und Nicole? Wo war Nicole?

Ich entdeckte sie allein auf einer Bank, wo sie ein farbenprächtiges Bild von Renoir betrachtete, das Menschen bei einer Feier im Freien zeigte. Nicole wirkte richtig aufgewühlt.

»Sie sind alle so schön, findest du nicht?«, fragte sie leise, als ich mich neben sie setzte. Ich dachte, ich wüsste, was sie bewegte. In den letzten Monaten hatte Nicole wie eine Besessene an ihrem ersten Film gearbeitet, einem Mystery-Thriller mit Anklängen an ihre düstere Vergangenheit. Es war ihr Debüt als Filmemacherin, und ich war sehr stolz auf sie. Bis zur letzten Minute hatte sie vor unserer Abreise noch Änderungen vorgenommen und war doch nicht fertig geworden. Nach unserer Rückkehr wartete genauso viel Arbeitsstress auf sie wie auf mich. So deutete ich ihre Miene. Dabei hätte ich sie fragen sollen. Und daran denken, dass sie auf dieser Reise nicht die Einzige mit Liebesproblemen war.

Seit unserer Ankunft in Paris hatten sie und Justin nicht ein einziges Mal miteinander telefoniert oder gesimst. Ihre Beziehungspause schien doch nicht vorübergehend, sondern endgültig zu sein.

Viel später verriet mir Nicole, dass das überwältigend schöne und romantische Bild sie getroffen hatte wie eine Ladung Backsteine, weil ihr klar wurde, dass sie für Justin mehr empfand, als sie sich hatte eingestehen wollen.

Außerdem waren wir beide zutiefst erschöpft.

Nach ein paar Minuten neben Nicole auf der Bank bekam ich so starke Kopfschmerzen, dass mir Pünktchen vor den Augen tanzten. Und mir tat der Rücken weh. Plötzlich fühlte ich mich einfach nur noch furchtbar. So als könnte ich jeden Moment in Ohnmacht fallen.

Wie sich herausstellte, wird der Jetlag immer schlimmer, wenn man nicht schläft, kaum isst und eimerweise Wein und Kaffee trinkt, während man sich über Dinge sorgt, die man nicht kontrollieren kann. Ich brauchte Wasser. Und Schmerzmittel. Für den Anfang.

»Komme gleich wieder«, murmelte ich Nicole zu und ging schnurstracks in ein Café, das mir auf dem Hinweg aufgefallen war. Nachdem ich eine ganze Flasche Wasser getrunken hatte, beruhigte sich mein Puls und die Kopfschmerzen schwanden etwas. Ich würde gerne sagen, dass ich eine Bestandsaufnahme machte und ins Hotel zurückkehrte, um ein bisschen zu schlafen. Doch kaum war ich halbwegs wiederhergestellt, konnte ich nur an die tickende Uhr denken. Mir blieben noch der Rest des Tages, der Nacht und der nächste Morgen (am Flughafen), um meinen Seelenverwandten in Paris zu finden.

In diesem Augenblick ploppte etwas in meinem Kopf auf, das Nicole vor Monaten gesagt hatte.

»Vergiss nicht, Tash, dass er auch nach dir sucht. Ich weiß, das fühlt sich momentan nicht so an, aber Seelenverwandte suchen einander.«

Da konnte ich nur hoffen, dass sie recht hatte und sich irgendjemand da draußen genauso viel Mühe gab, *mich* zu finden. Vielleicht musste ich einfach mehr Vertrauen haben.

In diesem Moment meldete sich mein Handy. WhatsApp. Fabrice! Ich spürte ein sachtes Zucken in meiner Brust, aber ein gutes, kein angsteinflößendes. Da draußen dachte tatsächlich jemand an mich! Ich tippte auf die Nachricht.

Papa hatte einen Herzanfall.

Moment, was? Ich las Fabrices Nachricht noch einmal und versuchte, sie zu begreifen. Dann sah ich das grüne ›schreibt‹ unter seinem Namen. Eine weitere Nachricht tauchte auf.

Tut mir leid, ich muss absagen. Muss zu meiner Mutter.

Ich schloss die App. Ich musste los. Zu meiner Schwester und meiner besten Freundin. Der Schmerz in meinem unteren Rücken meldete sich erneut.

»Tasha?«, fragte Tara, als ich sie und Nicole an der riesigen Uhr traf. »Du wirkst ein bisschen blass. Sollen wir zurück ins Hotel?«

»Hört zu: Fabrice, der liebenswürdige, wunderbare, perfekte Fabrice, hat mich ebenfalls abserviert. Überraschung!« Ich zeigte Tara mein Handy, damit sie es selbst sehen konnte.

Als meine Schwester die Nachrichten las, runzelte sie die Stirn.

»Hast du die alle gelesen? Ich glaube, Fabrices Vater ist gerade gestorben.«

Ich entriss ihr das Handy. Fabrice hatte noch mehr geschrieben. Sein Vater war heute Morgen beim Aufstehen zusammengebrochen. Die Ärzte hielten es für einen schweren Herzinfarkt ohne jede Vorwarnung.

Ich kam mir vor wie ein Riesenarschloch. Fabrice hatte sich sogar an einem der schlimmsten Tage seines Lebens die Zeit genommen, mir zu schreiben, damit ich von seinem Schicksalsschlag erfuhr. Er hatte mich nicht versetzt – ganz im Gegenteil! Und doch hatte ich das sofort gedacht. *Was geschah heute nur mit mir?* Das war doch nicht die Liebe, die ich in die Welt bringen oder empfangen wollte! Brauchte ich ein grell buntes Post-it auf meinem Handy, das mich warnte: Sei kein totales Arschloch!?

Fabrice, das tut mir unendlich leid! Ich bin für dich da.
Wenn du reden willst oder wenn du irgendwas brauchst,

schrieb ich.

»Das ist ja schrecklich«, bemerkte Nicole. »Wie seltsam ... du und Fabrice habt wirklich Wichtiges gemeinsam: eure Väter, die glückliche Ehe eurer Eltern. Vielleicht hat das mit seinem Geburtstag am 2. November zu tun. Trotzdem kommt ihr nicht zusammen, obwohl ihr es versucht. Ich frage mich, was ein Astrologe dazu sagen würde.«

Da fiel mir ein, dass ich Stephanie am Tag zuvor per E-Mail um Rat gebeten hatte. *Bitte, Universum, lass sie geantwortet haben.* Ich rief meinen E-Mail-Account auf.

Stephanies Antwort war lang. Sehr lang. Ich sah schon die Paypal-Rechnung vor mir. Schnell überflog ich den Text und las laut vor:

> Es ist ganz gleich, dass diese Männer Sie versetzen. Das zeigt nur, dass Saturn seinen Job macht. Sie wurden mit Saturn im Krebs im Fünften Haus geboren, das für Liebe und Romantik steht. Saturn möchte, dass Sie die Liebe auf der Welt finden. Der Krebs will nur, dass es echt und authentisch ist. Also ist Saturn wie eine Fliegentür vor der offenen Haustür. Sie öffnen sich für die Liebe, und die Fliegentür ist dafür da, das Ungeziefer draußen zu halten.
> Mir ist klar, dass dies die Suche nach Liebe in der materiellen Welt ist, dennoch geht es bei dieser Suche für Sie auch um inneren Frieden. Im Grunde ist es eine spirituelle Suche. Entscheidend dabei ist zu wissen, dass Sie nicht jemanden suchen, der Ihr Leben komplett macht, sondern dass Sie den Teil von sich aktivieren, der für diese spirituelle Erfahrung bereit ist.

Das war es nicht, was ich hören wollte. Ich blickte zu Nicole und Tara hoch. »Äh, es könnte sein, dass Saturn mir die Tour vermasselt?« Ich lächelte unsicher und bemühte mich, nicht zu lachen.

Nicole seufzte. »Ich weiß nicht, ob Stephanie das gemeint hat.«

Tara hingegen wirkte einfach nur verwirrt.

»Und was soll denn *spirituelle* Suche heißen? Ich will nichts Spirituelles, sondern jemanden, der ganz konkret meine Hand hält. Der mich an Silvester küsst. Meine bessere Hälfte. Ein echtes, lebendes, atmendes Wesen aus Fleisch und Blut. Scheiß doch auf Saturn!« So viel zur himmlischen Führung auf Bestellung.

»Vielleicht sollten wir mal an die frische Luft?«, schlug Tara vor.

Ich erwiderte, wir würden uns draußen treffen, weil ich erst noch eine Flasche Wasser bräuchte. Aber eigentlich brauchte ich einen Moment allein, um meine Gedanken zu ordnen. Da Fabrice jetzt wegfiel, fühlte sich der Tag noch sinnloser und chaotischer an. Ich setzte mich auf eine Bank und stellte mir gute Energien vor, Alltagsmagie, Sterne, die sich zu meinen Gunsten ausrichteten. Ich redete mir gut zu, cool zu sein. Joe Cool. Dennoch meldete sich die leise, böse Stimme.

Und wenn da draußen niemand nach dir sucht? Wenn es nie mehr jemanden gibt, der wirklich dich sucht?

»Klappe«, murmelte ich. »Hau ab.« Scheiß doch auf die bösen Geister! Wenn sie nicht abhauten, dann würde eben ich woanders hingehen. Ich marschierte zum Ausgang, als mir etwas im Schaufenster des Museumsshops ins Auge fiel: eine elegante Kerze in einem schwarzen Glas. Ich eilte in den Shop, nahm die Kerze und atmete ihren Duft nach Hyazinthen und Holzrauch ein. *Un Soir à l'Opera Paris* stand auf dem Etikett, und darunter sah man einen schwarzen Schwan mit einer diamantbesetzten Krone. Eigentlich hätte ich die teure, schwere Kerze nicht kaufen sollen. Aber beim Shoppen kann nichts Schlimmes passieren, und ich war auf der Flucht vor etwas Schlimmem. Außerdem brauchte ich sie einfach, aus einem mir unbekannten Grund. Nachdem ich sie gekauft hatte, vergrub ich sie tief in meiner Tasche und trat hinaus in die Sonne zu Nicole und Tara.

»So, und wo war jetzt dieser Buchladen?«, fragte ich Tara.

»Das ist nicht nur irgendein Buchladen, sondern Shakespeare and Company, einer der berühmtesten Buchläden von Paris. Vielleicht sogar der Welt. Er befindet sich direkt gegenüber von Notre-Dame, am anderen Seine-Ufer. Könnten wir nach deinem Interview vielleicht in eine Kirche, um zusammen eine Kerze für Dad anzuzünden?«

Ich hatte einen Kloß im Hals. »Ja, das würde Dad gefallen. Ich zünde auch eine für Fabrices Vater an.«

Die grüngelbe Fassade von Shakespeare and Company verströmte genauso wie die verwitterten Buchkästen auf dem Bürgersteig den Charme der alten Welt. Im Inneren füllten Tausende von alten und neuen Büchern die Regale, welche die gesamten Wände bedeckten. Weitere Bücher türmten sich auf Tischen in den Ecken. Noch nie hatte ich so viele Bücher auf so engem Raum gesehen. Tara hatte uns auf dem Weg dorthin erzählt, dass dieser englische Buchladen 1951 eröffnet worden war und lange das Zentrum des literarischen Lebens englischsprachiger Immigranten gebildet hatte. Viele berühmte Schriftsteller hatten ihn besucht und manchmal sogar dort übernachtet. Ich verstand auch warum, als ich mich im Laden umschaute: So wie das Musée d'Orsay ganz der Kunst gewidmet war, zollte dieses Geschäft dem Lesen und Schreiben seinen Tribut.

Müßig fuhr ich mit den Fingern über die Buchrücken und nahm den einen oder anderen Klassiker zur Hand. Eine zerlesene Ausgabe von S. E. Hintons *Die Outsider* fiel mir ins Auge. Es sah genauso aus wie mein Exemplar aus dem Internat. Als ich es durchblätterte, riefen mir die Worte auf den Seiten nicht die Lektionen im Klassenraum in Erinnerung, sondern die zahllosen Briefe, die ich in jenen Jahren an meine Freunde geschrieben hatte. Was einem als Teenager widerfährt, ist prägend. Manchmal lösen sich die dazwischen liegenden Jahrzehnte einfach auf.

Bei den meisten Internaten ist es ganz einfach, rausgeworfen zu werden. Dazu muss man nur einmal gegen eine der Kardinalregeln verstoßen: nie unerlaubt das Gelände verlassen, kein Alkohol, keine Drogen, kein Schummeln, kein Sex und vor allem niemals den Ehrenkodex der Schule brechen!

Ich bin die geborene Regelbrecherin. Wenn mir als Kind jemand befahl, mich zu setzen, blieb ich stehen. Ich war nie ins Bett zu kriegen, ich warf die Stehaufmännchen meiner Schwester ins Klo und bestand bei Fototerminen im Sommer darauf, Weihnachtskleider anzuziehen. Nur als Beispiel. Ich wusste, ich würde Ärger kriegen, und so seltsam es klingen mag, ich *hasste* es, Ärger zu kriegen. Schließlich fühlte ich mich die ganze Zeit nur noch schlecht. Irgendwie schien es mir nie zu gelingen, ›brav‹ wie die anderen Kinder zu sein. Mein Hirn befahl mir immer, Nein zu sagen, wenn alle anderen Ja sagten. Und umgekehrt. Als bei mir Anfang zwanzig ADHS diagnostiziert wurde, verstand ich mein Verhalten in der Kindheit ein bisschen besser und konnte mich auch vernünftiger benehmen. Doch als Teenager? Ging ich durch die Hölle. Genau wie meine geplagten Eltern.

Doch das ist nicht der Grund, wieso ich an der Thacher School landete, einem Eliteinternat in Kalifornien. Allerdings trugen meine Schwierigkeiten mit Regeln dazu bei, dass ich rausflog. Unsere Eltern schickten meine Schwester und mich dorthin, weil Bildung für sie der heilige Gral war. Bob, der aus einer Immigrantenfamilie der Bostoner Arbeiterklasse stammte, hatte erfahren, wie ihm sein Abschluss am MIT alle Türen öffnete. Und Edna, die mit vierzehn in Schottland die Schule beenden musste, hatte lebhaft vor Augen geführt bekommen, welche Vorteile die Oberschicht in Edinburgh nur wegen der höheren Bildung hatte, die sie als ihr Geburtsrecht betrachtete. Daher hatten Bob und Edna das dringende Bedürfnis, Tara und mir die bestmögliche Ausbildung zu garantieren. Ansonsten würden die Hürden des Lebens zu hoch. Nachdem eine Einserkandidatin aus Taras Klasse auf eine teure Privatschule mit Übernachtung wechselte, um dort von den besseren Bildungsangeboten zu profitieren, wurde das Internat zur fixen Idee der ganzen Familie Sizlo. Außerdem hörte mein Dad zu der Zeit, wie irgendein Elternteil aus der Klasse bemerkte, die Sizlo-Schwestern würden niemals in eine Schule wie die Thacher passen. Mein Vater reagierte darauf wie der Stier auf das rote Tuch. Die Würfel waren gefallen. Mit ein bisschen Glück, großzügiger finanzieller Hilfe und ein paar großen Opfern schaffte es meine Schwester als Erste auf die Thacher. Ich folgte ihr drei Jahre später.

Im Jahr 1988 entpuppte sich die Thacher School für ein dreizehnjähriges Mädchen mit nicht diagnostiziertem ADHS als verwirrende und oft auch angsteinflößende Welt. Dort wurde fast jede Minute unseres Daseins von Regeln und Strafen bestimmt. Schon bei meiner Ankunft wusste ich, dass ich die niemals alle im Kopf behalten konnte und regelmäßig dagegen verstoßen würde. Die Angst fraß mich geradezu auf. Und dann die Wut, als mir langsam dämmerte, dass da noch ein größeres Problem lauerte: die ungeschriebenen Regeln für die weiblichen Schüler. Die oberste lautete: Sei eine Lady. Vergiss nie, dass Jungs eben Jungs sind. Ladys sollten hübsch sein und niemals Autoritäten infrage stellen, schon gar nicht die von Männern. Wenn der Direktor dein Erscheinungsbild lobt, bedanke dich. Wenn er nach Alkohol riecht, sag nichts. Wenn er bei einem offiziellen Essen seine Serviette fallen lässt und dich bittet, sie auf seinen Schoß zu legen, dann tue es. Während du ein Kleid trägst. Aber kein schwarzes. Ladys gehen nicht ganz in Schwarz. Nur Mädchen, die Ärger suchen, tragen ausschließlich Schwarz. Und so weiter und so fort.

In einer Reihe von Enthüllungsartikeln berichtete die *Los Angeles Times* im Jahr 2021, dass auf dem Internat von den späten Achtzigerjahren bis weit nach 2010 viele Schüler, die meisten von ihnen weiblich, sexuellen Übergriffen von männlichen Lehrern und Schülern ausgesetzt waren. Ich hätte nicht alles in Worte fassen können, was ich damals in dieser Schule als falsch empfand, doch besonders setzte mir die eklatante Heuchelei zu, die sich in der krassen Kluft zwischen den Regeln für die Schüler und den Handlungen der Erwachsenen zeigte, die uns doch schützen und fördern sollten. Nur meine Freunde dort, Freunde, mit denen ich bis heute in Kontakt stehe, retteten mich vor totaler Verzweiflung. Wir retteten uns gegenseitig.

Im Frühling meines zweiten Jahres schlichen sechs Freundinnen und ich uns vom Internatsgelände zu einer Party von älteren Jungen, die nicht zu unserer Schule gehörten. Dort gab es auch Bier und Marihuana, wie wir schnell entdecken sollten. Ich wusste, wenn das rauskäme, drohten wir von der Schule zu fliegen. Aber ich konnte nicht anders: Aus einem Schluck und einem Zug wurden immer mehr. Vom Rest der Party weiß ich nicht mehr viel. Ich erinnere mich nur noch an eines: Ich verlor meine Unschuld. Und nicht auf die romantische Art.

Erst die aufgehende Sonne weckte bei meinen Freundinnen und mir den Impuls, wieder zurück zur Schule zu schleichen. Es kam kaum überraschend, dass wir, immer noch betrunken, ertappt wurden und zur Strafe Hausarrest bekamen. Mein Rauswurf war abrupt und endgültig, eine Erfahrung von Scham und Einsamkeit. Ich versuchte, mir einzureden, dass es egal wäre, da einige meiner Freunde auch rausgeschmissen wurden und meine Schwester bereits ihren Abschluss hatte. Also wollte ich ohnehin nicht mehr dort sein. Das stimmte auch: Ich wollte nicht auf die Thacher School gehen. Aber mein fünfzehnjähriges Ich fand keine akzeptable Möglichkeit, das mit Worten zu sagen. Also wählte ich die einzige Methode, die ich kannte.

Knall auf Fall landete ich wieder in Rockcreek, Oregon, weit weg von der Sonne in Ojai, weit weg von meinen Freunden. Ich durfte sie nicht mal mehr anrufen. Meinen Eltern erzählte ich nichts davon, was ich durchgemacht hatte und wie schwer meine Zeit im Internat wirklich war. Wie auch? Bob und Edna wohnten in einem kleinen Zweizimmer-Apartment und lebten von Kreditkarten, um sich die Schule ›leisten‹ zu können. Ich hatte sie enttäuscht. Genau wie man es uns prophezeit hatte. Also begann ich, Briefe an meine engsten Freundinnen zu schreiben, und brachte mit Kuli meine Gefühle von Traurigkeit, Einsamkeit, Wut und Verwirrung zu Papier – in diesem Fall in ein liniertes Schreibheft.

Was als dringendes Bedürfnis nach Kontakt und Kommunikation begann, wurde bald zum Rettungsanker und entwickelte sich zu wahrer Leidenschaft. Manchmal war das Schreiben schwierig und schmerzlich, aber etwas daran fühlte sich auch gut an. Damals brauchte ich aus verschiedenen Gründen etwas, mit dem ich mich gut fühlen konnte, doch der Hauptgrund war, dass ich keinen Highschool-Abschluss geschafft hatte. Jedenfalls nicht auf normalem Weg. Manchmal fällt es mir immer noch schwer, das zuzugeben. Ein Highschool-Abschluss mag in unserer statusbesessenen Welt nichts Besonderes sein. Aber für manche von uns ist es eben doch eine schwierige Hürde. Am Ende aber schaffte ich die Zulassung zum Studium.

Am College belegte ich Kurse in Drehbuchschreiben und ergatterte danach einen Einstiegsjob bei einer Zeitschrift. Doch schon bald wechselte ich die Branche und arbeitete für Mode- und Großhandelsfirmen. Das brachte mehr Geld. Ich schwor mir, an den Wochenenden zu schreiben. Dann lernte ich Michael kennen, heiratete, bekam vier kurze Monate später Margot und gab meinen Job als Vertrieblerin für eine Jeans-Firma und meinen Nebenjob als freiberufliche Journalistin auf. Schon bald hörte ich ganz auf zu schreiben. Ich führte nicht mal Tagebuch.

Denn ich hatte die Vorstellung, ›gute‹ Mütter und Ehefrauen würden sich ganz ihrer Familie widmen. Ich war wild entschlossen, endlich mal in irgendwas ›gut‹ zu sein und nicht mehr von einer Sache zur nächsten zu hüpfen. Ich wollte mich *konzentrieren.* Ich liebte es, Mutter zu sein. Und zu meiner großen Freude war ich auch wirklich eine gute Mutter. Von Anfang an. Aber das Schreiben war meine Methode gewesen, Gedanken und Gefühle zu verarbeiten, Dunkelheit und Licht. Ohne das Schreiben wusste ich nicht, wohin mit meinen Gefühlen. Deshalb bekam ich wohl wenige Wochen nach Margots Geburt eine schwere postnatale Depression. Ich suche immer noch nach einer anderen Erklärung für die schreckliche, alles verschlingende Dunkelheit als das schlichte »Das passiert schon mal«, das mir damals geboten wurde. Dennoch griff ich nicht zu meinem Computer. Selbst nach meiner Scheidung kam mir nie der Gedanke, über all das zu schreiben. Ehrlich gesagt betäubte ich all die seltenen Momente, wenn ich allein war, mit Alkohol, sobald die Kinder im Bett lagen. Mit einem Glas Wein. Einem kleinen Tequila. Meine Art zu schreiben, war einfach zu schmerzlich und verstörend, um damit wieder anzufangen. Sollte ich etwa in meinen Gefühlen und in den Ereignissen der letzten Monate und Jahre wühlen? Nein, danke!

Instagram änderte das – wahrscheinlich, weil ich es nicht als echtes

Schreiben betrachtete. Zumindest anfangs nicht. Denn ein Post ist kein Artikel oder Essay, nicht mal ein Brief an eine Freundin. So wagte ich mich langsam wieder ans Schreiben.

Aber als ich an jenem Oktobertag in Paris bei Shakespeare and Company war, dachte ich nicht an das Internat oder die Vergangenheit, sondern war mir nur der Bücher um mich herum bewusst. Als ich all die Bücher, die Seiten und Wörter auf den Regalen betrachtete, wünschte ich mir zum ersten Mal seit langer Zeit, etwas davon gehörte mir – und zwar nicht, weil ich es gekauft hatte.

Vielleicht lag Nicole nicht ganz richtig, wenn sie sagte, Instagram hätte nichts mit meinem Glückspunkt zu tun. Denn Stephanie hatte behauptet, mein Glückspunkt sei es, eine Geschichte zu erzählen. Ich konnte nicht leugnen, dass ich genau das tat, wenn auch auf unkonventionelle Weise. Was, wenn ich einfach weitermachte? Doch dann schüttelte ich den Kopf. Was dachte ich da nur?

»Sollten wir nicht ins Café? Ich glaube, wir treffen uns dort mit Shayna«, sagte ich. Ich war immer noch nicht bereit, meinen Traum vom Schreiben laut zuzugeben, nicht mal vor Tara oder Nicole. Nur ein Seelenklempner hätte erklären können, wieso ich es viel einfacher fand, im Internet meinen Wunsch nach einem Seelenverwandten herauszuposaunen, der laut meiner Astrologin einen bestimmten Geburtstag und Geburtsort hatte, und dann persönlich in zwei Großstädten nach ihm zu suchen.

An einem Tisch vor dem Laden verschlangen Nicole und ich die Bagel, die wir an der Theke gekauft hatten. Tara allerdings hatte nur einen Becher Tee vor sich.

»Ich dachte, du hättest Hunger«, bemerkte ich.

»Nein, schon gut«, erwiderte Tara.

Da dämmerte mir, dass es im Café sicher keine glutenfreien Leckereien gab. Mist. Seit dem traurigen Brotklumpen ein paar Stunden zuvor hatte Tara nichts mehr gegessen. Ich wusste nicht, was ich machen sollte. Jede Sekunde würde diese YouTuberin mit weit über hunderttausend Followern auftauchen. Wir bringen es ganz schnell hinter uns, dachte ich, und dann suchen wir für Tara etwas zu essen. Nervös frischte ich meinen Lippenstift auf. An Interviews war ich nicht gewöhnt.

Als ich aufblickte, stand Shayna vor uns. Sie war zweiundzwanzig, sah unglaublich frisch aus und trug ihr glänzend platinviolettes Haar in einem lässigen Pferdeschwanz. Ihre Augenlider glitzerten orange, ihre Wimpern trugen weiße Mascara, und ihre Lippen waren kirschrot. Ihre stahlblaue Hose, die silberne Männerweste und der hippe Trenchcoat mit Zebras, Pfauen und Schmetterlingen waren ein raffiniertes Gegenstück zum derzeitigen Trend in L.A., der für teure Logos und Fast-Fashion stand. Schwarze Plateau-Ballerinas und gestreifte Strümpfe ergänzten perfekt ihren Look. Shaynas gesamtes Wesen war eine Leinwand für ekstatischen Selbstausdruck. Ich schloss sie sofort ins Herz.

»Hiiiii!«, trällerte sie, summend vor kinetischer Energie. »Ich freu mich ja so, euch endlich kennenzulernen!« Shayna setzte sich neben Tara und zückte ihre Kamera, filmte aber noch nicht.

»Ich will *alles* wissen. Von Anfang an! Was für ein radikaler Ansatz? Wie bist du überhaupt dazu gekommen? Ich habe jede Menge Fragen!«

Wenn ich normalerweise einem Fremden erzählte, wie ich dazu kam, meinen Seelenverwandten in einer fremden Stadt zu suchen, dann war immer viel von Philippe und Stephanie die Rede. Von Astrologie, Liebe und Magie. So hatten wir das bei den Taxifahrern und Kellnern, bei allen Fremden auf der Straße gemacht. Aber als ich an diesem Tag Shayna gegenübersaß, sprach ich viel über Bob. Ich erzählte, wie ich mit Tara die letzten Wochen seines Lebens an seinem Krankenbett gesessen und ihm versprochen hatte, ihn hier in Paris zu treffen. Während ich sprach, hörte Shayna andächtig zu. Aber Taras Miene verschloss sich. Hatte sie Tränen in den Augen? Ich konnte es nicht genau sehen, denn meine Schwester holte hastig ihre Sonnenbrille heraus und setzte sie auf.

Ich hätte mich bremsen sollen. Tara kam gerade aus einem lichtdurchfluteten Museum mit Bildern von Ballerinen und Wildblumen.

Und ich hatte sie zurück in die Dunkelheit gezerrt. Unsere ganz persönliche Dunkelheit. Die Stunden am Bett unseres Vaters, in denen wir gemeinsam entschieden, wie er das Leben, das er mit uns kannte, verlassen würde, die hatten nur uns gehört. In gewisser Weise war dieses *Wir drei gegen den Rest der Welt* eine heilige Erfahrung gewesen. Bob war alt und sehr krank, und man konnte durchaus sagen, dass wir gewusst hatten, was auf uns zukam. Dennoch war keiner von uns für den großen Abschied bereit. Zwar gab es auch Momente der Heiterkeit, weil das einfach die Grundstimmung in unserer Familie ist, aber der Tod ist weder witzig noch spaßig. Ich hätte mich bremsen sollen, gar keine Frage. Aber das tat ich nicht. Nicht, weil ich Shayna oder ihren Followern eine tolle Geschichte erzählen wollte. Nein, weil ich einfach nicht konnte. Es sprudelte nur so aus mir heraus.

Nicole spürte Taras Kummer und legte ihr sanft die Hand auf den Rücken. Tara erstarrte. Ich sah ihr trotz ihrer riesigen Sonnenbrille an, dass sie sich sehr zusammenreißen musste, um nicht Nicoles Hand wegzuschlagen. Wir waren Sizlos – oder besser gesagt Henrettys, von der Seite meiner Mutter. Henrettys, Schotten durch und durch, wollen kein Mitleid und keinen Trost, keine Beileidsbekundungen und keine Hilfe. Wir machen weiter. Uns haut so schnell nichts um. Außer eine Umarmung. Oder eine liebevolle Berührung. *Das* ertragen wir nicht.

Tara stand abrupt auf und erklärte, sie müsste sich mal die Beine vertreten. Als Shayna sah, wie sie die Flucht ergriff, fragte sie besorgt: »Alles in Ordnung mit ihr?«

»Ja, das wird schon wieder«, erwiderte ich, hauptsächlich um mir einzureden, dass ich ihr nicht nachlaufen musste.

Das eigentliche Interview fand dann auf einer ruhigeren Parkbank in der Nähe statt. Es dauerte nicht lang, zumindest dachte ich das. Es war leicht, mit Shayna zu reden. Sie hatte leuchtende graublaue Augen, und ihre Art zu sprechen erinnerte gleichzeitig an Frankreich und Florida, denn von dort war sie schon mit neunzehn ganz allein hierhergezogen. Am Ende stellte sie noch eine Frage: »Wenn er jetzt da draußen zuhört, was würdest du ihm gern sagen?«

Das hatte mich noch niemand gefragt.

»Ich warte auf dich«, brach es aus mir hervor, ohne dass ich lange nachgedacht hätte. »Ich warte auf dich«, sagte ich noch einmal.

Als Shayna noch ein paar Hintergrundaufnahmen von mir machte, während ich im Buchladen Flyer verteilte und meine Visitenkarten in alte Bücher steckte, kehrte Tara zurück. »Tasha, die Kirche hat begrenzte Öffnungszeiten. Wir müssen los.«

»Die ist doch gleich da vorne. Entspann dich.« Ich wies zu der großen prächtigen Kathedrale am anderen Seine-Ufer, die vollkommen eingerüstet war. Wäre ich ein Vogel gewesen, hätte ich nicht mal fünf Sekunden bis dorthin gebraucht.

In diesem Augenblick bemerkte ich eine rote Treppe, die zum ersten Stockwerk des Ladens führte. Wie hatte ich die übersehen können? Ich wusste, dass wir losmussten, aber die Treppe war ein perfekter Hintergrund für Instagram.

»Nicole, könntest du kurz ein Foto von mir auf dieser hübschen Treppe machen?«

»Super Idee«, nickte sie. »Vielleicht solltest du einen Stapel Bücher über die Liebe halten?«

Tara blickte auf ihre Uhr. Und dann zu mir auf der Treppe. Shayna machte ebenfalls ein paar Aufnahmen und erklärte sich schließlich zufrieden.

»Dein Talent, deine Wahrheit zu leben, ist wirklich inspirierend«, sagte Shayna bei unserem Abschied. »Hey – stell dir vor, du findest deinen Seelenverwandten mithilfe dieses Videos. Wäre das nicht cool?« Wir umarmten uns.

»Wir müssen uns beeilen!«, mahnte Tara. »Es ist fünf vor halb fünf, und die Kirche schließt um fünf.«

»Wie lange dauert es schon, eine Kerze anzuzünden? Drei Minuten? Wir schaffen das«, erwiderte ich und betete im Stillen, dass ich recht hatte.

Mit zunehmendem Tempo überquerten wir die Petit Pont in Richtung Notre-Dame.

Hätte ich besser aufgepasst, wäre mir klar gewesen, dass wir nicht wirklich zur Kathedrale Notre-Dame gingen. Denn die war immer noch für die Öffentlichkeit geschlossen, weil im Frühjahr ein furchtbares Feuer vieles davon zerstört hatte. Nein, eigentlich gingen wir zu einer kleinen gotischen Kapelle, die nur fünfhundert Meter von Notre-Dame entfernt war: zur Sainte-Chapelle. Tara erklärte, dort hätten Frankreichs Könige gebetet.

Obwohl es noch zwanzig Minuten bis zur Schließung waren, als wir dort ankamen, waren die Türen der Kapelle versperrt und verriegelt. Auf einem Schild stand *Pas d'admission après 16h30*. Was? Tara rief Google Translate auf.

Kein Zutritt nach halb fünf.

Oh nein! Ich hämmerte gegen die Tür. »Hallo?«, rief ich. Nichts.

Ich wandte mich zu Tara, die mich anstarrte. Dieser Blick in ihren Augen: Traurigkeit und Enttäuschung, gemischt mit Erschöpfung. Ein winziger Funken Wut.

»Tut mir leid. Ehrlich, es tut mir wirklich leid«, stotterte ich. »Aber wenigstens hast du für Dad schon eine Kerze in der Kirche angezündet, in der du vor ein paar Tagen warst. Das weiß er, Schwesterherz.« *Stimmt doch, Dad, oder?*

»Die Kerze habe ich für *dich* angezündet. Damit du deine wahre Liebe findest. Die Kerze für Dad wollten wir doch gemeinsam anzünden. Weil wir ihm versprochen haben, wir würden ihn hier treffen, *gemeinsam*. Du und ich.«

Mist. Mist. Mist. Jetzt war die Miene meiner Schwester steinern, ihr Mund nur noch ein dünner Strich. Sie griff wieder zur Sonnenbrille, obwohl die Sonne schon bald untergehen würde.

»Schon gut«, sagte sie ausdruckslos, als wir uns in ein Taxi zurück zum Hotel setzten, weil wir uns vor dem Treffen in der Cocktailbar noch umziehen wollten.

Es war schon ziemlich spät, als wir zur Bar aufbrachen. Und ich war ein einziges Wrack.

Mir gingen nur noch unbehagliche und ziemlich negative Gedanken im Kopf herum. Ein paar Beispiele? Ich war ein gedankenloses Arschloch, weil ich mit Tara keine Kerze für Bob angezündet hatte. Da mein Flug am nächsten Morgen sehr früh ging, konnten wir das auch nicht nachholen. Ich wusste nicht, wie ich das bei ihr wiedergutmachen sollte. Dann war da Georges, der extra mit dem Zug aus der Provence kommen wollte, um mit mir etwas trinken zu gehen. Ich hatte gedacht, er hätte mich versetzt, aber das stimmte nicht. Im Wust der unzähligen Nachrichten hatte ich seine letzte Nachricht übersehen, in der er die Uhrzeit hatte festlegen wollen. Ich sah sie vierundzwanzig Stunden zu spät. Zwar entschuldigte ich mich, aber er hielt mich bestimmt für eine Spinnerin oder Schlimmeres. Und Fabrice. Sein erster Abend ohne seinen Dad. Glücklicherweise hatte er nicht mitbekommen, wie egozentrisch ich war, als ich seine Nachricht das erste Mal las. Sonst hätte er mich sicher nicht mehr als Seelenverwandte gewollt. Ich machte mir Sorgen über das, was mich zu Hause erwartete – und an diesem Abend. Was war, wenn mein allerletzter Versuch, mich mit den Frauen von Paris zu treffen, ein Reinfall wurde? Was war, wenn einige von ihnen schon früh auftauchten und wir sie verpassten? Ich hatte schon so viel an diesem Tag vermasselt. Jetzt wollte ich endlich was richtig machen, wollte, dass alles wieder auf Spur kam. Aber wir waren spät dran.

Der hilfsbereite Concierge, mit dem wir mittlerweile gut Freund waren, versicherte uns, dass Le 1905 nur einen kurzen Fußweg entfernt war und kein Pariser dafür ein Taxi nehmen würde. »*C'est simple.* Nur zwei Blocks in diese Richtung, dann einen Block in die andere, die Straße hoch und *tu est arrivé.*«

Oder waren es zwei Blocks in die *andere* Richtung? Nachdem wir ein Stück gegangen waren, wussten wir es nicht mehr genau. Tara rief den Stadtplan auf ihrem Handy auf. Ja, wir hatten versehentlich die falsche Richtung eingeschlagen.

»Wenn wir uns beeilen, klappt es sicher noch«, sagte ich zu Tara und Nicole. Ich trug Boots zu meiner Skinny Jeans. Tara konnte mir mit ihren praktischen Schuhen problemlos folgen, aber während ich vorlief, warf sie immer wieder einen Blick zurück.

Denn Nicole trug ein exquisites Paar Manolo Blahniks, die nun gar nicht für Langstrecken gedacht waren.

Alles an Nicoles Schönheit schien an diesem Abend noch eine Spur mehr zu leuchten. Sie hatte sich mit fast meditativer Aufmerksamkeit zurechtgemacht und war so vertieft darin gewesen, dass sie kaum ein Wort sagte. Ihre Haare fielen in schimmernden Kaskaden, ihr Make-up war eine perfekte Mischung aus natürlich und verrucht und ihr Kleid wirkte ausgesprochen elegant. An jedem anderen Abend hätte ich darin Nicoles ganz eigene Reaktion auf Xanax erkannt und mich nach ihrem Befinden erkundigt, vor allem nach dem, was ich am Morgen im Musée d'Orsay mitbekommen hatte.

Doch als ich mich selbst eher lässig zurechtmachte, telefonierte ich nebenbei mit Billy. Der Verkauf des Popstar-Hauses war schiefgegangen. Der Käufer, ein Mann, dem seine Privatsphäre heilig war, hatte sich zurückgezogen, weil Dramen und Chaos ihn genauso abschreckten wie Verzögerungen. Er wollte einen schnellen, reibungslosen Abschluss, aber den hatte es nicht gegeben. Am Abend der Endabnahme beschloss der Popstar, mit seinen Freunden ein letztes Mal sein Haus zu besuchen. Um sich von all den schönen Zeiten dort zu verabschieden. Morgens um drei. Da er den Türcode vergessen hatte, brach der Star ein und warf dazu einen Liegestuhl durch das Panoramafenster zur Terrasse. So fand ihn die Polizei: Er saß auf einem brandneuen fellbezogenen Sitzsack, aß mit einem Joint in der Hand Dekosüßigkeiten und bestaunte die altertümlichen Spielautomaten mit Pac-Man und Donkey-Kong (die nicht ihm, sondern auch nur zur Deko gehörten). Dabei brabbelte er in einer Tour, wie unglaublich das Haus doch aussähe. *»Jetzt schaut euch mein Haus an«*, sagte er zu den Cops. *»Ist das nicht cool?«* Da es faktisch immer noch sein Haus war, ging die Polizei wieder. Die nächsten zwölf Stunden tobte eine Party. Und das Einzige, was nicht mehr in den ursprünglichen Zustand zurückversetzt wurde, war der Wandschmuck mit den ausgestopften Tieren. Dazu hatte der Star einfach keine Zeit gehabt.

Billy und ich waren am Arsch. All die Stunden, die wir mit der Vorbereitung des Hauses und den anschließenden Verkaufsverhandlungen verbracht hatten, waren umsonst gewesen. Und die vielen tausend Dollar, die Billy für die Renovierung des Hauses vorgestreckt hatte, waren zum Teufel. Genauso wie das Geld für ein Werbevideo für das Anwesen. (Ich versprach, ihm die Hälfte zu ersetzen.) Die Maler, der Fliesenleger, die Reinigungskräfte mussten alle noch mal wiederkommen. Ein Teil des Videos musste noch mal gedreht werden. Und Dekomöbel zu ruinieren ist ein teures Vergnügen. Wir mussten unserem Star erklären, dass sie jetzt ihm gehörten oder dass er zumindest dafür bezahlen musste – in jedem Fall ein sehr unangenehmes Gespräch mit einem Kunden. Ich konnte auch eine baldige Provision vergessen, die mir die nächsten Monate ein bisschen Luft verschafft hätte, während ich versuchte, weitere Häuser zu verkaufen – mit Rückenwind aus dem Verkauf des Star-Anwesens, der für weitere Geschäfte sorgen sollte. Im Grunde standen wir wieder am Anfang – wenn wir Glück hatten! Denn der Manager hatte sein letztes Telefonat mit Billy mit Worten beendet, die kein Immobilienmakler gerne hört: »Wenn wir nicht sofort einen neuen Käufer finden, vermieten wir das Haus vielleicht.« Immobilienmakler vermieten auch Häuser, aber lieber verkaufen sie sie. Denn die Provisionen sind dann wesentlich höher.

Fuck, fuck, *fuck*.

Es wäre eine grobe Untertreibung gewesen zu sagen, dass ich an diesem Abend nicht ganz bei der Sache war.

»Ich kann nicht so schnell«, jammerte Nicole, als sie leicht schwankend über das Kopfsteinpflaster stöckelte. »Verdammt!« Sie zog sich einen Schuh aus und betrachtete den Absatz. Die Spitze hatte sich gelockert und war dann ganz abgegangen. Jetzt war nur noch ein dünner Metallstift zu sehen.

»Geht ohne mich weiter, wir treffen uns dort. Weit kann es nicht mehr sein. Nur noch ein oder zwei Blocks nach links, oder so. Ich gehe in meinem Tempo.«

Ich überblickte die Straße: dunkle Kunstgalerien, hier und da Pariser mit Wollmänteln, die von der Arbeit kamen. Alles wirkte vollkommen sicher, wenn auch ein bisschen still für diese Zeit. Ich wollte Nicole nicht allein lassen. Aber ich wollte auch keine nachlässige, unhöfliche Gastgeberin sein.

»Nicole hat recht, es ist nicht mehr weit«, bestätigte Tara. »Und wir kommen sowieso schon zu spät.«

»Bist du sicher, dass du klarkommst, Nicole?«

»Ja, jetzt geht schon, los! Ich hab doch mein Handy. Es geht mir gut. Wir sehen uns in fünf Minuten!«

Sehr schnell entdeckten Tara und ich, dass wir viel weiter als gedacht von der Bar entfernt waren (wir waren irgendwo falsch abgebogen), doch nachdem wir uns einmal entschlossen hatten, trotzdem unverzüglich zur Bar zu gehen, gaben wir Gas. Nicole würde schon nachkommen.

Als wir schließlich am Le 1905 landeten, einer schicken, gemütlichen Cocktailbar über einem betriebsamen Bistro, war es bis auf die Barkeeperin vollkommen leer. Ich checkte mein Handy: 19.27 Uhr. Wo waren denn alle? War das überhaupt die richtige Bar? Die Barkeeperin bestätigte das. Ich fragte sie, ob schon eine Gruppe Frauen da gewesen und wieder gegangen wäre. Sie schüttelte den Kopf. Wir bestellten eine Flasche Champagner und zwölf Gläser. Und dann warteten wir. Und warteten.

Es kam eine SMS von Nicole.

Bin noch in einem Laden. Komme gleich.

Ein Glas Champagner wartet auf dich. Kein Problem«,

erwiderte ich. Understatement der Woche.

Denn ich war versetzt worden. In ganz großem Stil. Schweigend nippten Tara und ich an unserem Champagner. Wie hatte ich nur so blöd sein können zu glauben, dass all diese Frauen in irgendeine Bar kommen würden, um sich mit einer Fremden aus L.A. zu treffen? Eine Fremde, die selbst zugegeben hatte, eine peinliche Versagerin zu sein?

Meine Schwester versuchte, das Beste daraus zu machen.

»Ein ruhiger Abend ist doch auch nicht schlecht. Wir könnten hier ein paar Häppchen bestellen und unseren Aperitif genießen, während wir uns überlegen, wo wir in Paris zum letzten Mal gemeinsam essen gehen wollen.« Sie studierte die Karte. »Ich wünschte immer noch, du würdest mit mir bleiben, aber ich weiß, dass du nach Hause musst.«

Da spürte ich eine warme Hand auf meinem Rücken. Als ich aufschaute, sah ich eine zierliche junge Frau mit dunklen Haaren und freundlichen braunen Augen hinter einer Cat-Eye-Brille.

»Natasha?«, fragte sie leise. »Ich bin Mercedes.«

»Mercedes!« Ich sprang vom Barhocker und schlang meine Arme um sie. Zum Teufel mit der förmlichen französischen Begrüßung! »Ich fasse es nicht, dass du gekommen bist! Dies hier ist meine Schwester Tara. Und meine beste Freundin Nicole kommt auch noch. Oh, mein Gott!«

Ich traute meinen Augen nicht. Mercedes war die aufmerksame, großzügige Fremde, die sich vor Monaten bei mir auf Instagram gemeldet und vorgeschlagen hatte, ich sollte mich Facebookgruppen in Paris anschließen. Die, die Hunderte meiner Flyer ausgedruckt und überall verteilt hatte. Und nun stand sie persönlich vor mir!

»Wir waren gerade zu dem Schluss gekommen, dass hier kein Mensch auftaucht«, erklärte ich.

Mercedes lachte schüchtern. »Tja«, sagte sie mit ihrer sanften Stimme, »vielleicht wisst ihr nicht, dass es hier in Paris noch ziemlich früh für einen Besuch in einer Bar ist?«

Ah. Nein, das hatten wir tatsächlich nicht gewusst. Jetzt sah die Sache schon ganz anders aus, und meine Stimmung hob sich. Ich schenkte Mercedes ein Glas Champagner ein.

»Ich möchte unbedingt mehr von dir wissen. Bist du Single? Und auch auf der Suche nach der Liebe? Denn warum sonst sollte eine so junge und hübsche Frau einer alten Schachtel wie mir folgen?«

»Ich bin nicht Single. Mein Freund und ich sind schon seit Jahren zusammen. Ich weiß nicht genau, warum mich deine Suche so berührt. Aber ich wusste sofort, dass ich dazu beitragen wollte.«

Tara lächelte, als sie Mercedes zuhörte. Die beiden verstanden sich auf Anhieb. Und dann tauchte Nicole neben mir auf. Irgendetwas wirkte komisch an ihr. Ihre Haare saßen nicht mehr ganz so perfekt, und ganz kurz sah ich einen Ausdruck an ihr, den ich noch nie wahrgenommen hatte: grau, verhärmt, verloren, ganz ohne ihr typisches Strahlen. Aber dieser Ausdruck verschwand sofort wieder. Vielleicht hatte ich mir das auch nur eingebildet? Schließlich war es ein langer Tag gewesen.

»Alles in Ordnung?«, flüsterte ich, als ich ihr ein Glas Champagner reichte, nachdem ich sie Mercedes vorgestellt hatte.

»Ja«, antwortete Nicole wenig überzeugend. Doch bevor ich nachfragen konnte, öffnete sich die Tür des Le 1905, erst einmal und dann immer wieder, denn nach und nach kamen Frauen herein, die meine Einladung gesehen hatten. Mit jeder neuen Besucherin stieg die Stimmung in der Bar. Die meisten Frauen stammten nicht aus Paris, sondern waren wegen ihrer Arbeit, wegen der Liebe oder wegen ihrer Familie hierhergekommen. Sie waren wagemutige Suchende jeden Alters und jeder Herkunft. Sie kannten sich nicht, wollten sich aber kennenlernen. Und sie wollten *mich* kennenlernen.

Da war Dominique, eine hinreißende ältere Dame mit Witz und Ironie, der man mit ihrer schmalen schwarzen Jeans und dem Blazer die ehemalige Moderedakteurin ansah. Wie sie später gestand, hatte sie sich anfangs gefragt, ob sie sich tatsächlich mit einer Verrückten und ihren ebenfalls durchgeknallten Begleiterinnen treffen wollte (war sie Colettes unentdeckte Schwester?). Vor allem Tara fand das komisch. Zum ersten Mal wurde ihr klar, dass man auch meinen konnte, man müsste wegen *uns* vorsichtig sein und nicht wegen eines potenziellen Seelenverwandten. Dominique war ebenfalls geschiedene Mutter und ging schon lange nicht mehr aus, überlegte aber nun, ob sie nicht wieder damit anfangen sollte. Sie wollte genau wissen, was mir alles widerfahren war. Dann war da die ernste Magritte, eine ehemalige Nanny, die jetzt als Lehrerin arbeitete und in ihrer Freizeit eine Facebook-Gruppe gegründet hatte, mit der sie Au-Pair-Mädchen in Paris unterstützte. Eine Krankenschwester namens Annabelle interessierte sich leidenschaftlich für Astrologie, Anita, eine feministische Wissenschaftlerin Mitte dreißig, erzählte uns zum Schreien komische Geschichten von ihren Verabredungen, und die winzige, gerade mal neunzehn Jahre alte Beatrix war direkt aus ihrem Bus aus Budapest gestiegen und mit Geige und schwerem Rucksack in die Bar gekommen. Als Magritte hörte, dass Beatrix noch keine Übernachtungsmöglichkeit hatte, bot sie ihr sofort ein Bett an, bis sie eine Arbeit gefunden hätte. Ja, das passierte vor meinen Augen im Le 1905!

Bei Champagner, Tapas und Geschichten an einem großen Tisch auf der Terrasse wurden aus Fremden spontan Freunde. Die Frauen wollten wissen, wie die Suche lief, wie ich Paris und die französischen Männer fand und ob ich den Einen bereits gefunden hatte.

»Ganz ehrlich, bislang bin ich von all meinen Kandidaten ignoriert oder versetzt worden. Das Ganze war eine riesige Enttäuschung.«

Magritte schüttelte den Kopf. »Das ist so typisch für Pariser Männer. Wahrscheinlich hast du sie eingeschüchtert. Ich schwöre, jedes Mal, wenn ich einen Franzosen um ein Date gebeten habe, *wirkte* er angetan, aber dann verlief es immer im Sand. Franzosen können ziemlich chauvinistisch sein.«

»Das stimmt«, bestätigte Rosalie, eine kultivierte Niederländerin Mitte dreißig, »außerdem gibt es da noch das Problem, überhaupt jemanden kennenzulernen. Denn Franzosen halten sich fast nur in ihren eigenen Kreisen auf und treffen sich mit Freunden und deren Freunden. Man wird höchst selten in Cafés oder Bars angesprochen, wie ich das in den Staaten erlebt habe. Und Blind Dates gibt es gar nicht. Ich glaube, deshalb sind manche von uns hier in Frankreich auch von Dating-Apps begeistert, die andere vielleicht eher abstoßend finden. Ich zum Beispiel finde AdopteUnMec toll, wo man Männer in Einkaufswagen packen kann. Wenn's nur so wäre!«

»Du solltest die Geburtszeiten aller Kandidaten ermitteln«, erklärte

Annabelle, die sich auskannte. »In der Astrologie ist Timing alles – genau wie im Leben.«

»Seit ich in Paris bin, kann ich die meisten von ihnen nicht mal zu einem Kaffee bewegen«, lachte ich, »doch der Vorschlag ist gut.«

»Aber du wirst doch nicht aufgeben, oder?«, erkundigte sich eine andere.

»Nein«, antwortete sofort eine andere für mich. »Wird sie nicht. Sie ist doch schon so weit gekommen.«

Dieses eine Mal wehrte ich das Kompliment nicht ab, sondern stand auf, erhob mein Glas und brachte einen Toast auf all die Frauen aus. Ich dankte ihnen, dass sie gekommen waren, um mich kennenzulernen, und mir damit gezeigt hatten, wie viel Liebe es doch in Paris gab. Sie hatten recht, fügte ich hinzu. Ich würde nicht aufgeben. Dabei fiel mir plötzlich auf, dass ich, Natasha Sizlo, vor einer Menge sprach und überhaupt keine Angst hatte! Das hatte es noch nie gegeben. Was war los? Ich hatte keine Ahnung, aber es gefiel mir.

Fast drei Stunden tranken und lachten wir und kamen zu dem Schluss, dass die Partnersuche schwer sein konnte, ganz unabhängig vom Land. Doch meist sprachen wir gar nicht über unsere Enttäuschungen, sondern über unsere wildesten Träume, über seltsame Zufälle und Bauchentscheidungen. Beatrix nahm ihre Geige und spielte uns Lieder über Liebe, Glück und Herzschmerz. Es schien kein Gefühl zu geben, das sie nicht mithilfe ihrer Musik heraufbeschwören konnte.

Schließlich mussten all diese wunderbaren Frauen los: nach Hause zu ihren Kindern, ins Bett oder sogar zu ihren eigenen Verabredungen. Ich umarmte jede einzelne und versprach ihnen, sie auf dem Laufenden zu halten. Nicole und ich hatten zwar schon für unseren Flug am nächsten Morgen eingecheckt, doch mein Seelenverwandter konnte ja auch am Flughafen warten. *N'est pas?*

Draußen warteten wir auf ein Taxi.

»Okay. Wow! Ehrlich: WOW. Ich fasse es nicht, wie viele aufgetaucht sind!« Noch auf dem Weg zur Bar war ich zu Tode betrübt gewesen, doch jetzt war mir himmelhoch jauchzend zumute. *Wow!*

»Was war das gerade?«, fragte Tara fast genauso erschlagen wie ich. »Tasha, ich hatte keine Ahnung, wie viel deinen Followern die Suche nach deinem Seelenverwandten bedeutet. Und wie cool und beeindruckend sie sind. Du etwa?«

»Nein. Ich weiß nicht, was ich heute Abend erwartet habe, doch das hat wirklich all meine Hoffnungen überstiegen.« Mir schwirrte der Kopf, weil ich all das kaum begreifen konnte. Aber ich konnte auch nicht aufhören zu lächeln.

»Ich muss ins Bett«, sagte Nicole müde.

»Nein, noch nicht«, flehte Tara. »Wir sollten noch was essen. Es ist doch unser letzter gemeinsamer Abend in Paris, der darf noch nicht enden. Außerdem hatten wir in der Bar nur ein paar Häppchen. Habt ihr denn keinen Hunger? Also, ich schon!«

Tara drückte es noch milde aus, denn sie hatte den ganzen Tag nichts Anständiges gegessen. Mittlerweile musste sie völlig ausgehungert sein.

»Natürlich müssen wir noch unser *grand finale* haben«, bekräftigte ich. »Steak frites? Was ist mit dir, Nicole? Können wir dich überreden?«

Als wir sie daran erinnerten, dass es in unserem schönen kleinen Hotel keine Küche und daher auch keinen Zimmerservice gab, erklärte sich Nicole bereit, uns zu begleiten. Wir landeten in einem Restaurant, das nur ein paar Schritte vom Hôtel du Petit Moulin entfernt war, sodass wir leicht dorthin zurückkommen konnten, vor allem Nicole mit ihrem kaputten Schuh. Normalerweise war das unauffällige Bistro nichts, was wir für unser letztes Essen in Paris gewählt hätten, doch wenigstens war es noch geöffnet. Zumindest teilweise. Der Wirt führte uns durch einen leeren Raum, wo ein junger Mann schon die Stühle auf die Tische stellte, bis wir in einem ebenfalls leeren Bereich ganz hinten ankamen. Der Wirt meinte, auch die Küche wäre schon geschlossen, aber er könnte uns noch Salat und eine letzte Portion Fritten bringen. Dankbar nahmen wir sein Angebot an.

Unsere Kellnerin ließ unendlich lange auf sich warten. Nicole fielen immer wieder die Augen zu. Tara wollte weiter über die Frauen reden, die wir gerade kennengelernt hatten. Unser Wein kam. Mir fiel auf, dass Nicole ihn nicht anrührte.

»Alles in Ordnung?«, fragte ich erneut. Mir fiel ein, wie verhärmt sie am Anfang des Abends gewirkt hatte. Und dass sie sich irgendwann entschuldigt hatte und verschwunden war. Wo war sie hingegangen? Mich beschlich das unangenehme Gefühl, dass irgendwas ganz und gar nicht stimmte.

»Nein, ehrlich gesagt nicht«, erwiderte Nicole. »Auf dem Weg zur Bar ist mir jemand gefolgt.«

Ich starb vor schlechtem Gewissen, als Nicole uns erzählte, was passiert war. Zwar hatten wir alle gemeinsam beschlossen, uns zu trennen, damit Tara und ich rechtzeitig zur Bar kamen, dennoch war nicht zu leugnen, dass wir Nicole nachts allein in einer fremden Stadt zurückgelassen hatten.

Als sie mit ihrem gebrochenen Absatz durch die Straße humpelte und abwechselnd nach einem Taxi Ausschau hielt und Google Maps konsultierte, beschlich sie plötzlich das alarmierende Gefühl, es würde sich jemand an sie heranschleichen. Sie drehte sich um. Eigentlich hatte sie gedacht, die Straße wäre leer. Doch hinter ihr war ein Mann aufgetaucht. Als Nicole stehen blieb, blieb er ebenfalls stehen. Als sie wieder loslief, setzte er sich auch in Bewegung. Als sich Nicole erneut nach ihm umdrehte, durchzuckte sie Panik, denn er wirkte irgendwie komisch. Sie ging schneller. Eine furchtbare Minute überlegte sie, was zum Teufel sie tun sollte. Gab es in Frankreich eine Notrufnummer? Und wie lautete die? Dann sah Nicole einen Laden, in dem noch Licht war, und stürzte darauf zu. Ein breitschultriger Angestellter, der in Nicoles Augen wirkte wie ein Schutzengel mit schimmernder Aura, stand zufällig am Eingang und rauchte. Ihr Verfolger ließ sich zurückfallen. Er wartete auf der gegenüberliegenden Straßenseite, starrte zum Laden und entfernte sich erst langsam, als Nicoles Taxi eintraf.

Tara wurde bleich, als sie Nicole zuhörte.

Ich wäre am liebsten im Erdboden versunken. Auch wenn ich vielleicht die besten Absichten gehabt hatte, so war es mir wichtiger gewesen, nicht zu spät in eine (leere!) Bar zu kommen, als meine beste Freundin zu beschützen. Ich stammelte eine Entschuldigung, weil ich einfach keine Worte fand, die auch nur entfernt angemessen gewesen wären.

Doch Nicole hob abwehrend die Hand. »Tash, du bist nicht dafür verantwortlich, dass mir irgendein komischer Typ nachschleicht, der Vergewaltigung oder Schlimmeres im Sinn hat. Keine Frau ist dafür verantwortlich. Ja, ich hätte dich dabei gut gebrauchen können. Und ich hätte dir nicht sagen sollen, dass du ruhig vorgehen kannst. Das war scheiße, aber niemand war schuld. Zumindest niemand an diesem Tisch. Wenn ich erst mal ein bisschen Schlaf bekommen habe, sieht es morgen schon wieder anders aus. Die Sache hat nur üble Gefühle in mir hochgeholt.«

»Bist du deshalb in der Bar verschwunden? Ich wollte dich schon suchen, aber dann bist du zurückgekommen.«

»Ja, ich wollte Justin anrufen, aber er war nicht da, und dann ging's mit mir bergab. Können wir jetzt über was anderes reden? Die Frauen heute Abend waren einfach fabelhaft. Ich bin froh, dass wir das erlebt haben. Es war die reine Magie. Ich fühle mich geehrt, dass ich dabei sein konnte. Aber jetzt bin ich einfach nur noch platt. Es ist spät.«

Mist. Sie hatte Justin angerufen. Das zeigte mir noch deutlicher, dass Nicole sich allein gefühlt hatte. Ich hatte es richtig vermasselt, ganz gleich, was sie behauptete. Voller Reue griff ich nach ihrer Hand.

»Es tut mir so, so leid, Nicole. Das da auf der Straße hätte niemals passieren dürfen. Kommt, wir lassen uns die Rechnung geben und verschwinden.« Ich winkte der Kellnerin, die am anderen Ende des dunklen Raums herumlungerte. Mit einem kurzen Nicken signalisierte sie, dass sie mich gesehen hatte. So hatte der Abend – oder die ganze Reise – nicht enden sollen. Es tauchte alles in ein düsteres Licht. Aber ich wusste nicht, wie ich das ändern sollte. Die letzten Stunden in Paris verflogen viel zu schnell.

Da meldete sich mein Handy.

Chloe, die selbstbewusste, freigeistige Künstlerin, die Tochter eines am 2. November 1968 geborenen Mannes, die Frau, die ich unbedingt hatte treffen wollen, erklärte sich endlich doch bereit, mit mir zu essen: morgen, etwa zwei Stunden *nach* unserem Abflug. Schlechter hätte das Timing nicht sein können. Ein Teil von mir wollte ihr sofort absagen, weil es zu spät war und ich schon abreiste. Aber was war, wenn Chloes Dad oder gar sie selbst der Mensch war, den ich treffen sollte? War ich wirklich den langen Weg hierhergekommen, um ihn *nicht* zu finden?

»Nicole ... ich glaube ... also ... das klingt vielleicht komisch ... aber guck dir das mal an.« Ich zeigte ihr mein Handy. »Ich könnte mich doch noch mit jemandem von meiner Liste treffen. Sollte ich noch einen Tag bleiben? Ich weiß doch nicht, wann ich wieder hierherkommen kann. So wie es bei mir auf der Arbeit aussieht, könnte das Jahre dauern!«

»Das kannst nur du entscheiden, Tash. Horch in dich hinein. Was sagt dir dein Herz?«

Da machte es bei mir klick. Ich musste hierbleiben. Schließlich war es nur ein einziger weiterer Tag. Ein Tag, der mein ganzes Leben verändern konnte. Ich hatte fast ein ganzes Jahr daran gearbeitet, Kandidaten mit dem richtigen Geburtsdatum aufzuspüren. Da war es absurd, Chloe abzusagen. Es kam mir vor, als würde ich aufgeben, was ich doch auf gar keinen Fall gewollt hatte. Was auch mein Dad nie gewollt hätte. Was sagte mein Boxtrainer im Fitnessstudio immer? Es war nicht schlimm, zu Boden zu gehen. Schlimm war nur, wenn man nicht wieder aufstand. Oder so ähnlich ...

»Also gut, ich tue es. Und ich versuche, noch eine zweite Verabredung zu treffen. Der süße Radfahrer Amir meinte, er wäre morgen Abend in Paris. Ich melde ihm, dass ich auch da bin. Das könnte vielleicht noch klappen.« Ich spürte, wie mich wieder Energie und Zuversicht durchströmten. Es war noch nicht alles verloren. Ich hatte noch einen ganzen weiteren Tag in Paris!

Mir fiel gar nicht auf, dass Tara kein Wort zu meinen Plänen mit Chloe und Amir gesagt hatte.

Ich rief meine Flugreservierung auf und änderte die Daten.

»Ist das dein Ernst?«, fragte Tara mit zitternder Stimme. »*Jetzt* beschließt du, doch zu bleiben? Nicht mal acht Stunden vor deinem Aufbruch zum Flughafen?«

Ich sah meine Schwester an. Tränen glitzerten in ihren Augen, aber sie war nicht traurig. Sie war fuchsteufelswild. Ich kann es immer noch nicht fassen, dass ich nicht sofort begriff, wieso.

»Äh, ja?«, erwiderte ich verwirrt. »Ich muss Chloe und Amir doch eine Chance geben. Schließlich habe ich den Frauen heute Abend versichert, ich würde meine Suche nicht aufgeben. Ich habe das sogar versprochen, weißt du nicht mehr?«

»Nein: Du hast *Dad* versprochen, dich hier mit ihm zu treffen. Du hast *mir* versprochen, gemeinsam Paris zu erleben. Hast du das alles vergessen? Ich bitte dich schon seit Wochen, noch einen Tag extra zu bleiben, nur wir zwei. Aber du konntest dich nicht entschließen. Bis jetzt. Denn jetzt hat dich eine vollkommen Fremde gefragt, die nicht mal das richtige Geburtsdatum hat, sondern ihr Dad – der nicht das Geringste von dir weiß!«

Ich öffnete den Mund und klappte ihn wieder zu. *Verdammt.* Der Abend war ein einziges Minenfeld.

Jetzt strömten meiner Schwester die Tränen übers Gesicht.

Sie versuchte, sie wegzuwischen. »Ich weiß nicht, was mit mir los ist. Natürlich will ich, dass du bleibst, trotzdem wäre es vielleicht besser, wenn wir morgen getrennte Wege gehen. Du triffst dich mit deinen Kandidaten, aber ich brauche, ehrlich gesagt, mal etwas Zeit für mich. Seit Dads Tod habe ich keine Nacht mehr richtig geschlafen. In meinen Träumen sehe ich ständig sein Gesicht. Er ist krank und ringt nach Luft. Jede Nacht wache ich auf, weil mich der Gedanke quält, ich hätte irgendwas vergessen. Eine Versicherungsrechnung. Einen Anruf bei der Krankenschwester. Die Pillen, die ihn hätten retten oder zumindest seine Schmerzen lindern können. Ich brauche einfach mal eine Pause. Und das sollte diese Reise sein. Mir war nicht klar, dass wir die ganze Zeit durch die Gegend rennen würden!«

Nicole wusste, dass sie Tara jetzt nicht berühren durfte. Aber sie sagte: »Lass deine Trauer zu, Tara. Erlaube allem, was gerade in dir ist, an die Oberfläche zu kommen. Es will gehört werden. Du musst dich nicht die ganze Zeit beherrschen.«

Ach du Scheiße!

»Die Trauer zulassen? Sie will gehört werden? Soll das ein Witz sein? Aufgepasst: Es gibt keine spirituelle Blitzheilung! Es ist schon fast ein Jahr her, und ich kann mich trotzdem nur geradeso über Wasser halten!«

Jetzt schluchzte Tara richtig. Nicole und ich saßen wie erstarrt da. Aus dem Augenwinkel sah ich, dass unsere Kellnerin kommen wollte und dann abrupt kehrtmachte.

»Ist dir eigentlich klar, wie viel ich noch für Mom mache, Tash? Wirklich? Dad hat jede einzelne medizinische Quittung und Arztrechnung aufbewahrt, vom Tag unserer Geburt bis letztes Jahr! Kisten voller Akten. In jedem Zimmer. Ich musste seine Firma abwickeln, seine Sterbeurkunde zu Kreditkartenfirmen schicken, sein Auto verkaufen, Steuern zahlen … es hört einfach nicht auf. Und meine Familie braucht mich auch. Du hast keine Ahnung, wie schwierig es war, mir sechs Tage freizuschaufeln. Und weißt du, was auf dieser Reise das Schönste für mich war? Der Hinflug! Weil ich da allein auf meinem winzigen Sitz hocken konnte und niemand was von mir wollte.«

Ein halbes Jahr vor Bobs Tod war Tara praktisch bei meinen Eltern eingezogen, um sich Tag und Nacht um sie kümmern zu können. Damals war das nur vernünftig gewesen, weil sie flexibler über ihre Zeit verfügen konnte als Edna und ich mit unseren Maklerjobs. Ich kam nach Summerland, so oft ich konnte, was ziemlich häufig war, doch wenn ich die Kinder hatte, ging das nicht. Wir alle standen sehr unter Druck. Aber Tara hatte sich mehr als wir anderen aufgebürdet, und das war einfach zu viel gewesen. War es immer noch. Ich hatte Tara noch nie so weinen sehen wie an diesem Abend im Restaurant, geschweige denn erlebt, dass sie zugab, eine Pause zu brauchen. Noch nie!

Hier war meine Schwester, die meine Hilfe brauchte, und da war meine beste Freundin, die genauso meine Aufmerksamkeit brauchte wie ich ihre. Und hier war ich und veränderte mich auf eine Weise, die gleichzeitig gut und schrecklich war. Und irgendwo da draußen war mein Seelenverwandter, den ich unbedingt finden wollte. Doch zuerst musste ich mein Haus in Ordnung bringen. Und nicht mein astrologisches.

»Es hätte Dad das Herz gebrochen, wenn er uns streiten gesehen hätte«, sagte ich schließlich und griff damit auf das Einzige zurück, was ich in diesem Augenblick sicher wusste. Auf das, womit ich zu meiner Schwester vordringen würde.

Tara putzte sich die Nase. »Ich weiß, ich weiß. Es tut mir leid. Ich muss mich zusammenreißen. Ich habe diese Reise genossen, Tash. Ich weiß nicht, wieso ich das mit dem Hinflug gesagt habe. Zwar war der großartig, wirklich, aber alles andere auch. Ganz ehrlich. Ich gehe jetzt mal auf die Toilette und mache mich frisch. Spritze mir kaltes Wasser ins Gesicht, und dann können wir gehen. Was muss nur die arme Kellnerin von mir denken? Ich schäme mich.«

Nicole und ich zahlten und holten die Mäntel, da kam Tara von der Toilette zurück. In der Hand hielt sie eine kleine weiße Karte. Ihre Miene zeigte Überraschung, sogar Schock. Und ein Lächeln.

»Tasha, du warst doch noch nie hier, oder?«

»Wo, hier, in diesem Restaurant? Nein.«

»Dann guck dir das mal an. Das fand ich an der Pinnwand vor der Toilette.«

Tara gab mir die Karte. Es war eine von meinen. *Nous pourrions être des âmes sœurs.* Wir könnten Seelenverwandte sein.

»Und? Von denen habe ich viele verteilt. Sehr viele.«

»Dreh sie mal um.«

Auf der Rückseite der Karte stand unter dem Geburtsdatum und meinen Kontaktdaten in schwarzer Handschrift: *Alles kann passieren.*

Eine Sekunde war ich wie vor den Kopf geschlagen. Die Luft um mich herum war plötzlich wie aufgeladen. Positiv. Die Karte war sicher ein weiterer Zufall. Vom Verstand her wusste ich das natürlich. Geister schrieben nicht auf Visitenkarten und hefteten sie an Pinnwände.

Alles kann passieren, Kind. Alles kann sein. Mein Dad hatte das auf die Rückseite des Fotos geschrieben, das mich als Sechsjährige zeigte. Und jetzt standen hier wieder diese Worte. Es war unerklärlich.

»Oh, mein Gott.«

»Wow«, sagte Nicole.

»Das war Dad«, erklärte Tara.

Lächelnd steckte ich die Karte in meine Jackentasche. Es klingt kitschig, aber ich hatte fast das Gefühl, das sie von Sternenstaub umgeben war. Sie fühlte sich anders an, schwebend. Natürlich konnte das auch am Wein oder der späten Stunde liegen, aber ich dachte lieber, dass es Bob war.

Ich umarmte meine Schwester, und sie ließ es zu. Ich umarmte auch Nicole. Als wir hinaus in die Nacht traten, waren wir froh, dass das Hotel nur wenige Meter entfernt war. Weiter hätten wir es nicht mehr geschafft. In der kleinen Suite unter dem Dach versank mein Körper in der weichen Matratze, die mir riesig vorkam. Endlich wieder ein richtiges Bett!

Zehntes Haus

La Vie en Rose

Das Zehnte Haus repräsentiert das öffentliche Leben, den eigenen Ruf, den Vater, Autoritätspersonen, Verlassenwerden, Einsamkeit, Regierung, Angst, Lasten, Erfolg und Ruhm. Es ist nach dem Ersten Haus das zweitwichtigste im Geburtshoroskop. Wir lernen, hart zu arbeiten, um in den Augen der Welt erfolgreich zu sein, nur um dann zu entdecken, dass es sehr einsam an der Spitze ist. Das Zehnte Haus ist ein unerbittlicher Lehrer. Es lehrt uns, dass wir nach Regeln leben müssen, und gleichzeitig, dass die einzig wichtigen Regeln die sind, die uns Glück und persönliche Erfüllung bringen. Kein Wunder, dass das Zehnte Haus für Trickbetrüger und für Sarkasmus steht.

In diesem Haus erfahren wir auch Selbstzweifel, Angst, Enttäuschung und Depressionen. Und doch sind alle Häuser gleich wichtig auf unserer Reise nach innen, um unser wahres Selbst zu entdecken. Nachdem wir erst einmal verstanden haben, dass die Ziele, die die Gesellschaft uns vorgibt, nicht unbedingt zu unserer Zufriedenheit führen, erkennen wir langsam, wie wir unser Herz für die größten Freuden im Leben öffnen. Manchmal ist das beste Geschenk die Erkenntnis, was wir nicht wollen.

Mein Glückspunkt, oder auch nördlicher Knoten, befindet sich in meinem Zehnten Haus, und zwar im Schützen, dem Sternzeichen der Wahrheit. Und daneben steht Neptun, der Schöpfer der Illusion, bis man endlich die spirituelle Erkenntnis anstrebt.

»Guten Morgen«, sagte ich schlaftrunken, als ich mich zu Nicole umdrehte, die ebenfalls gerade aufwachte. Sie hatte einen frühen Flug zu erwischen. »War das eine wilde Nacht. Mein Kopf fühlt sich an, als hätte mich im Schlaf ein französischer Müllwagen gestreift. Ich glaube, ich habe so was wie ein spirituelles oder emotionales Schleudertrauma. Wie geht es dir? Alles in Ordnung?«

»Ja, letzte Nacht war ganz schön heftig. Für alle. Aber das überrascht mich nicht. Wir sind auf einer gemeinsamen Reise, Tash. Ich hab zwar keine Ahnung, was auf Taras Seelenkarte in Paris vorgesehen ist, aber ich weiß, dass sich unsere Seelen fast dasselbe Geburtshoroskop ausgesucht und aus einem ganz bestimmten Grund zusammengefunden haben. Wie Stephanie schon sagte: Wir sind beide Waagen mit Aszendent Fisch. Doch das Wichtigste ist, dass wir beide Pluto Aliens sind.«

Ich fing an zu lachen. »Ich liebe dich wirklich, aber dafür ist es zu früh. Ich bin schon verwirrt genug. Ich wollte, Penelope wäre hier. Sie kommt als Einzige mit dem Kaffeebereiter in diesem Zimmer klar.«

»Ich drück's mal einfacher aus: Bei Pluto geht's um die Wahrheit, darum, alle Illusionen zum Teufel zu jagen. Genau das brauchst du jetzt an deinem letzten Tag in Paris.«

»Wie soll ich das denn machen? Da wüsste ich ja nicht mal, wo ich anfangen sollte. Illusionen ist ein bisschen zu allgemein.«

»Vielleicht denkst du mal darüber nach, ob es dir nicht Klarheit bringen könnte, mal für andere da zu sein. Das jedenfalls erdet mich immer. Und ist etwas ganz Konkretes.«

Sofort musste ich an Tara denken. Ich wusste genau, wie ich für sie da sein konnte. Ich konnte mit ihr Paris erleben. Nur wir zwei. *Aber was war mit meinen Dates?* Wie erhofft, wollte Amir mich später am Nachmittag treffen. Und da war auch noch Chloe. Ich hatte zwei Dates – *zwei!* – mit potenziellen Seelenverwandten. Ich fragte Nicole, was sie meinte, und entschuldigte mich gleichzeitig, dass ich nicht wie geplant mit ihr zurückflog.

»Tash, du *solltest* heute hier bei Tara bleiben. Etwas anderes hätte dein Dad gar nicht zugelassen. Außerdem werde ich den gesamten Rückflug schlafen. Ehrlich, ich kann's kaum erwarten. Und du solltest auch Chloe und noch möglichst viele andere treffen. Da bin ich ganz sicher. Ich habe das Gefühl, dass deine Schwester heute in deine spirituelle Reise involviert ist. Und ich bin überzeugt, dass du deine große Liebe findest. Ganz sicher.«

»Sag das mal dem Universum!«

»Zu dem habe ich einen direkten Draht«, erwiderte sie zwinkernd.

Nachdem ich Nicole mit den Koffern geholfen und sie in ein Taxi gesetzt hatte, packte ich sorgfältig all die sexy Kleider, die ich so hoffnungsvoll mitgebracht hatte, und entschied mich letztlich für Jeans, ein bequemes Oberteil und Sneakers. Meine Haare waren sauber und gekämmt, aber nicht mehr lockig und mit Haarspray in Form gebracht. Nicole hatte zwar angeboten, mir den Lockenstab dazulassen, aber ohne sie konnte ich damit nichts anfangen. Das Gleiche galt für mein Make-up. Ich schminkte mich nicht. Da meine amtierende Hauptkomplizin sich verabschiedet hatte, war ich wieder nur die kleine Schwester.

Im Laufe des Morgens zeigte sich zwischen den Wolken die Sonne. Ich öffnete das Fenster und ließ mich dort mit einem Kaffee aus der Lobby nieder. Zum ersten Mal seit einer Woche war ich nicht in Eile. Im neuen Hotel konnten wir erst um fünfzehn Uhr einchecken, und Tara brauchte ihren Schlaf. Am Abend zuvor hatten wir verabredet, lange zu schlafen, zu packen, unser Gepäck unten beim Concierge abzugeben und dann durchs Marais-Viertel zu schlendern. Danach konnte ich mich auf ein Mittagessen mit Chloe freuen, und im Anschluss wollte ich mit Amir spazieren gehen. Es waren die letzten beiden Verabredungen von den sechzehn, die ich mir für diese Woche erhofft hatte. Tara hatte noch nicht entschieden, was sie in der Zwischenzeit machen wollte. Vielleicht noch ein Museum besuchen? Später jedenfalls würden wir Schwestern essen gehen. Es würde ein schöner Tag werden.

Die Stadt vor meinem Fenster war still. Schliefen etwa alle noch? Den Rhythmus von Paris kannte ich nicht. Ich ließ meine Gedanken schweifen und landete bei der Frage, was Chloe von mir denken mochte und ob es zwischen mir und Amir funken würde. Als ich die Augen schloss, spürte ich die kühle Morgenluft auf meiner Haut. Und dann bemerkte ich leise Trompetenmusik in der Ferne. Jemand spielte ein Lied, das mir vertraut war. Als ich die Ohren spitzte, erkannte ich die Melodie.

»La Vie en Rose«.

Unser Lied. Es war egal, wer es sang: Edith Piaf, Grace Jones oder Lady Gaga. Für mich war es immer das Lied von Philippe und mir gewesen. Das letzte Mal hatte ich es auf der Party zu Ehren von Bob gehört, in der französischen Version von der Piaf, und war in Philippes ausgebreitete Arme gestürzt. Wir hatten uns wiedergefunden. Zumindest dachte ich das.

»Weißt du noch, was der Text bedeutet, Natasha?«, hatte er mir ins Ohr geflüstert.

Natürlich wusste ich das noch, schließlich hatte er es mir oft übersetzt. Der Text sprach von Hingabe an eine alles verzehrende, leidenschaftliche Liebe. Vom Zauber einer Umarmung. Von Hoffnung nach der Verzweiflung. So was vergaß ich nicht so leicht. Schon gar nicht, wenn Philippe im Spiel war.

Aber an diesem Morgen in Paris hörte ich das Lied anders: mehr so, wie mein Vater es auffasste, wann immer wir *Sabrina,* seinen allerliebsten Lieblingsfilm, zusammen sahen. »La Vie en Rose« war das Titellied des Films.

»Ein Leben in Rosa, Natasha, das bedeutet der Titel«, sagte mein Vater. Mit anderen Worten: das Leben durch die rosarote Brille. Er wollte, dass seine Mädchen so durchs Leben gingen, dass sie nie ihre rosarote Brille abnehmen mussten. Es spricht viel dafür, in der Welt und in den anderen Menschen nur das Beste zu sehen. Es spricht viel für den Spruch *Tu so als ob, bis du es geschafft hast* und viel für die Überzeugung, dass am Ende alles gut wird. Doch die unverfälschte Wahrheit hat auch was für sich.

In fünf Minuten unten,

simste ich Tara.

»Was machen wir als Erstes? Shoppen?«, fragte ich Tara, als wir ins Freie traten.

»Es klingt vielleicht albern«, erwiderte Tara. »Aber könntest du ein paar Fotos von mir machen? Damit ich sie an Mom und die Kinder schicken kann? Mir ist gestern Abend klar geworden, dass ich kein einziges habe, das nur mich in Paris zeigt. Von dir und Nicole habe ich haufenweise, aber ...«

Gott, war ich eine Idiotin! »Oh, das tut mir so leid, Tara. Du hättest früher was sagen sollen. Nein, ich hätte von selbst darauf kommen sollen. Gib mir dein Handy.«

Wir schlenderten durch die Straßen, und ich fotografierte Tara vor großen glänzend lackierten Türen, auf Bistrostühlen oder beim Versuch, ein Taxi heranzuwinken. Es gefiel mir, meine Schwester herumalbern zu sehen wie in unserer Kindheit. Wir schickten die Fotos an Edna und versprachen, uns später über Facetime zu melden.

»Postest du ein paar davon auf Instagram, damit KC und Heather ein Lebenszeichen von dir haben?«, witzelte ich.

»Nein, ich habe heute Morgen schon was gepostet. An meine *zwölf* Follower, die ich mittlerweile habe, haha. Ein Selfie mit dir vor dem Opernhaus. Aber was ist mit dir? Solltest du nicht wenigstens melden, was heute mit Chloe und Amir stattfindet?«

»Es ist Zeit für ein Geständnis der Bachelorette«, sagte ich, als ich ein Video aufnahm.

»Ist er im Café? NON. Ist er beim Metzger? NON. Ist er auf der Straße? NON.« Ich drehte mich um mich selbst und filmte die Straße. »Dies ist mein letzter Tag in Paris! Und ich habe *zwei* Verabredungen. Bald mehr ...« Damit steckte ich mein Handy zurück in die Tasche.

An diesem Morgen waren Tara und ich wie zwei unbändige Teenager, die ständig in unkontrollierbares Gekicher ausbrachen. Wir kauften Kaffeebecher mit der Aufschrift *bonjour asshole* und identische Ketten mit *je t'aime*-Anhängern und konnten unsere Blicke nicht von einem paradiesapfelroten unhöflichen Gartenzwerg lösen, der in einem Schaufenster stand. Wieso unhöflich? Nun, weil er dem Universum mit seinem gereckten Mittelfinger unmissverständlich signalisierte, was er dachte. Auf solche Art Kunst stand ich. Und Bob hätte es geliebt.

»Schieß ein Foto und schreib Nicole, dass ich endlich mein Krafttier gefunden habe«, lachte Tara und stellte sich ebenfalls mit gerecktem Mittelfinger vor das Schaufenster.

Danach ging es zu A.P.C., wo sich Tara am Tag zuvor in eine teure Handtasche aus schwarzem Leder verliebt hatte. Sie hatte zwar einen Schulterriemen, doch die kürzeren Henkel zeigten an, dass man sie über dem Arm trug wie Grace Kelly. Die Tasche war stylish und raffiniert. Gleichzeitig schlicht, klassisch und cool. Aber ein bisschen schicker als die Taschen, die Tara normalerweise hatte.

»Ich befürchte, sie könnte nicht zu mir passen«, sagte sie. »Benutze ich die auch wirklich? Du weißt doch, was ich normalerweise trage. Und glaube ja nicht, ich wüsste nicht, was du von meinen Cargohosen hältst. Also sei ganz ehrlich. Kann ich die kaufen?«

Zugegeben, ich war wirklich kein großer Fan der armygrünen Cargohose, die Tara in den Monaten vor Bobs Tod ständig getragen hatte. Oder von Cargohosen ganz allgemein. Aber ich hatte nichts gesagt, weil es ja nicht so war, als hätte ich keinen Schrank voller kitschiger Paillettenröcke und Statement-T-Shirts. Die *Vogue* würde in absehbarer Zeit sicher nicht bei mir anrufen. Ich wusste alles über Trostklamotten, obwohl ich die meiner Schwester am liebsten in die Tonne gekloppt hätte.

»Haben wir diese Hosen nicht mit Dad begraben?«, witzelte ich. »Aber jetzt mal im Ernst, Tara. Diese Tasche ist super für dich. Du hast dir bis jetzt nur deshalb noch keine solche Tasche gekauft, weil du dir fast nie was gönnst. Also, schnapp sie dir!«

Ich sah, dass meine Schwester mit sich rang, ob der Kauf einer solchen Tasche gerechtfertigt war. Ob sie *praktisch* war. Sie warf einen Blick auf ihre zuverlässige, unauffällige Crossbody-Tasche. Dann wanderte ihr Blick zu meiner roten Celine-Tasche, die, wie ich sagen muss, noch nach jahrelangem Gebrauch unleugbar schick aussah.

»Ich tue es«, verkündete Tara entschieden.

»Ist doch kein mitternächtlicher Ausflug ins Don Q«, scherzte ich. »Sondern nur eine Tasche.«

Da reckte Tara ganz unauffällig den Mittelfinger, während sie die wunderschöne Handtasche zur Kasse trug.

Während Tara die Tasche bezahlte (und fragte, ob sie direkt imprägniert werden könnte), checkte ich WhatsApp, weil ich mich vergewissern wollte, dass Chloe nicht absagte. Oder Amir. Von ihnen hatte sich keiner gemeldet, Fabrice aber schon. Dies war seine erste Nachricht, seit er mir am Vortag vom Tod seines Vaters geschrieben hatte.

> *Danke, Natasha, für deine Worte, die mich tief berührt haben. Du hast eine wunderschöne Seele, und ich wünsche dir nur das Beste. Vielleicht werde ich eines Tages Teil deines Lebens sein, wenn unsere Seelen sich in Liebe vereinigen. Ich hoffe, dein Aufenthalt in Paris war glücklich und du kommst bald zurück.*

Ich zeigte Tara die Nachricht, die, typisch für Fabrice, mit Emojis gespickt war. »Der ist mein Favorit«, sagte sie, »er hat was.«

»Ich weiß. Aber das Timing stimmt einfach nicht, das muss ich wohl akzeptieren.«

Tara checkte ebenfalls ihr Handy, wo eine Nachricht unseres neuen Hotels auf sie wartete. Unser Zimmer war schon früher fertig. Als wir zurückgingen, um unser Gepäck zu holen, klebte ich schnell noch ein paar Flyer an eine Mauer neben einer *pâtisserie*. Mein Seelenverwandter konnte immer noch irgendwo da draußen sein. Aber Tara riss sie sofort wieder ab.

»Man kann dich doch sehen! Willst du an unserem letzten Tag noch wegen Vandalismus verhaftet werden?«

»Wo genau ist das Hotel?«, fragte ich. Tara hatte dem Taxifahrer die Adresse genannt, aber der Straßenname sagte mir nichts.

»Das wirst du schon sehen.«

Zehn Minuten später hielten wir vor dem Fünfsternehotel Regina Louvre im 1. Arrondissement. Tara zeigte aus dem Taxifenster auf die große vergoldete Bronzestatue von Jeanne d'Arc. Sie trug eine Rüstung und reckte auf dem Rücken ihres Pferdes triumphierend eine wehende Fahne in die Höhe.

»Irgendwie erinnert sie mich an dich, Tasha. Sie strahlt Hoffnung aus. Kraft und Stärke. Wusstest du, dass auch sie Stimmen in ihrem Kopf hörte? Hahaha. Ich finde, sie ist die perfekte Schutzpatronin für deine Reise. Das ist einer der Gründe, warum ich hier übernachten wollte.«

In Geschichte kannte ich mich nicht besonders gut aus, aber von Jeanne d'Arc hatte selbst ich schon gehört.

»Und ... findest du es verrückt von mir, hier zu bleiben, um zu sehen, was mit Chloe möglich wäre? Oder mit Amir?«

»Nein«, erwiderte Tara jetzt vollkommen ernst, »finde ich nicht. Fand ich auch nie.«

Ein Portier erwartete uns am Bordstein, um unser Gepäck zu nehmen. An der imposanten Fassade des Hotels hingen Fahnen der Verbündeten Frankreichs, und eine große Drehtür führte ins Innere. Ein weiterer Portier mit weißen Handschuhen führte uns zur eleganten Rezeption. An den hohen Decken hingen riesige Kristallleuchter und an den cremefarbenen Wänden goldene Lampen. Die großen Fenster und die grünen Marmorböden trugen zum Eindruck luftiger Opulenz bei. Überall sah man kleine Sitzgruppen und Beistelltische mit üppigen Bouquets aus weißen Blumen. Es gab keine winzigen Aufzüge, keine winzigen Wendeltreppen und auch sonst nichts Winziges in diesem Fünfsternehaus.

»Wie bist du denn auf dieses Hotel gekommen?«, fragte ich staunend.

Sie wurde rot. »Eigentlich war das Erik. Er hat mir die Nacht hier geschenkt, weil er gesehen hat, wie schwer das letzte Jahr für mich war. Er wollte, dass meine letzte Nacht in Paris unvergesslich wird.« Tara glühte vor Freude, als sie sich in der prächtigen Lobby umschaute.

»Danke, dass ich dabei sein darf. Das wäre wirklich nicht nötig gewesen«, sagte ich leise.

»*Bonjour*! Willkommen.« Eine strahlende junge Frau, die nicht aussah wie eine Hotelangestellte in Uniform, sondern eher wie eine Pariser Influencerin, kam lächelnd auf uns zu. »Sie müssen Tara und Natasha sein. Ich habe Sie schon erwartet.«

Was? Woher wusste sie denn, wer wir waren? Ich warf einen fragenden Blick zu Tara, doch sie folgte bereits der Angestellten, die uns rasch eincheckte und dann darauf bestand, uns persönlich zu unserem Zimmer zu bringen.

»Ich habe eine ganz besondere Überraschung für Sie«, sagte die junge Frau, als sie die Tür zu unserem Zimmer öffnete, das zwei große Einzelbetten hatte und ganz in Creme und Gold gehalten war.

»Haben Sie meinen Seelenverwandten gefunden?«, platzte es aus mir heraus. Das sollte natürlich ein Scherz sein. *Gott, diese Frau muss mich ja für eine Verrückte halten! Oder für eine Idiotin. Oder beides.*

Aber sie zuckte nicht mit der Wimper. »Es ist fast so gut, versprochen.« Sie durchquerte das Zimmer und riss schwungvoll die Vorhänge beiseite. »*Voilà*. Eine der schönsten Aussichten in ganz Paris: der Eiffelturm! Er funkelt nachts wie die Sterne, denen Sie folgen. Das heißt, bis zur letzten Show um ein Uhr nachts.«

Die Aussicht war wirklich atemberaubend, daher vergaß ich, sie zu fragen, woher sie das mit den Sternen wusste. Wir konnten Jeanne d'Arc unter uns sehen, der Jardin des Tuileries zeigte sich in seiner strahlend grünen Pracht, und in der Ferne ragte, wie versprochen, der Eiffelturm in den leuchtend blauen Himmel.

»Einfach umwerfend«, sagte Tara. »Ein Traum! Ist das ein Upgrade? Ich hatte doch nur ein einfaches Zimmer reserviert. Mit so einem Ausblick hatte ich gar nicht gerechnet.«

Die Angestellte nickte lächelnd. »*Oui*, das stimmt. Als Ihre Schwester das Zimmer buchte, erzählte sie ein bisschen von Ihnen, Natasha. Seitdem bin ich völlig fasziniert von Ihrer Suche. Auch ich suche nach der wahren Liebe. Sie haben mich inspiriert, nicht aufzugeben, und daher möchte ich auch Sie inspirieren. Mit unserer wunderschönen Stadt.«

Ich konnte es kaum glauben – und Tara auch nicht, nach ihrer verblüfften Miene zu urteilen. »Danke«, sagte ich, »vielen Dank für diese wahnsinnig schöne Aussicht. Ich bin wirklich inspiriert, aber nicht nur von der Aussicht, sondern auch von den Frauen in Paris, die genauso offen und großzügig waren wie Sie. Ehrlich gesagt, gehört das mit zum Besten dieser Reise. Aber ich werde Sie auch über meine Suche auf dem Laufenden halten. Denn mein Seelenverwandter ist nicht aufgetaucht. Noch nicht.«

»Ich freue mich, dass es Ihnen gefällt«, erwiderte die Hotelangestellte. »Und ich glaube daran, dass wir sie finden werden, die wahre Liebe.«

»Hoffentlich haben Sie recht«, sagte ich, als sie uns verließ, damit wir uns einrichten konnten.

Wir packten nicht viel aus, denn mein Flug ging in nicht mal vierundzwanzig Stunden und Taras kurz darauf.

»Gott sei Dank haben wir zwei Betten«, bemerkte Tara und wählte das, das näher am Bad lag. »Weißt du noch, wie wir als Teenager in einem Bett geschlafen haben? In der winzigen Wohnung von Mom und Dad, nachdem du aus dem Internat geworfen wurdest und ich aus dem College heimkam? Ich weiß noch, wie wir ständig um Platz kämpften und ich dich anschrie, weil blauer Eyeliner und Haarspray von dir auf meinem Kopfkissen waren.«

»Wie könnte ich das vergessen? Du hast meine Uniform von McDonald's auf den Balkon geschmissen, weil du angeblich allergisch warst gegen den Geruch von Eternity und alten Hamburgern. Es war absurd.«

»Ich bleibe dabei: Es war eine Allergie!«

»Mom und Dad hätten uns am liebsten umgebracht. Wir waren unerträglich. Das war in dem Sommer, als Mom uns von unserer Halbschwester erzählte. Weißt du noch? Wie sie nach Vancouver fuhr? Sie war völlig am Ende. Das war eine chaotische Zeit.«

In jenem Sommer hatte sich mein Bild von unserer Familie vollkommen verändert. *Wir haben eine Schwester!* Wie gerne hätte ich erzählt, dass es für uns ein Happy End gegeben hatte und dass Catherine nur nicht mit uns nach Paris gekommen war, weil sie anderweitige Verpflichtungen hatte – oder auch dass sie meine Suche idiotisch fand und nicht zusehen wollte, wie ich mich zum Affen machte. Aber jede Familie mit ähnlichen Konstellationen weiß, dass es eben nicht immer ein Happy End gibt, wie sehr man sich das auch wünschen mag. Und ich kann mir nur immer wieder das sagen, was ich an jenem Nachmittag in Paris dachte: *Mein Herz und meine Tür stehen dir offen. Immer.* Und: *Welch ein Glück, dass ich Tara habe.*

»Ich hab das noch nie gesagt, Tara, aber du warst eine tolle große Schwester. Du hast mir Briefmarken gekauft, damit ich meinen Freundinnen schreiben konnte. Du hast mir heimlich den Schwangerschaftstest besorgt. Ich war in Panik und furchtbar einsam.«

»Das ist doch verständlich, schließlich war es schrecklich, du warst doch erst fünfzehn, also genauso alt wie Margot jetzt. Damals schwor ich, ich würde nie mehr zulassen, dass dir irgendwas passiert. Oder Mom. Wahrscheinlich mache ich mir deshalb ständig Sorgen. Ich will eigentlich gar nicht so kontrollsüchtig sein. Ich versuche nur, mich um jeden zu kümmern. So wie Dad. Ich hab ihm versprochen, das nach seinem Tod zu übernehmen. Das war das Letzte, was ich zu ihm gesagt habe.«

Darauf konnte ich erst mal eine Weile nichts erwidern. Denn ich wusste nicht mehr, was ich als Letztes zu meinem Vater gesagt hatte. Als Dad starb, war Tara als Einzige bei ihm. In den Tagen, Wochen und Monaten nach seinem Tod erzählte Tara immer wieder, wie unvergesslich es gewesen war, ihn sterben zu sehen – furchtbar und gleichzeitig schön. Sie ging mit ihm bis zur letzten Klippe. Ich hingegen hatte das verpasst. Natürlich wusste ich, dass man den Tod weder planen noch wirklich verstehen kann und dass wir nur einen flüchtigen Blick darauf erhaschen. Dass er zu hoch für uns ist. Es war auch niemand schuld, dass ich im Moment von Bobs Tod nicht dabei war. Trotzdem hatte ich diese unlogischen Gefühle.

»Tasha?«, meldete sich Tara wieder zu Wort. »Ich hätte dir das schon seit Langem sagen sollen, aber es tut mir sehr leid, dass ich dich bat, Mom zu wecken, als Dad starb. Ich wusste einfach nicht, was ich machen sollte. Ich dachte, wir hätten noch mehr Zeit. Außerdem hatte ich Dad versprochen, nicht von seiner Seite zu weichen und dafür zu sorgen, dass die Schwester ihm das Sterben so leicht wie möglich machen würde. Trotzdem war es nicht richtig, und das tut mir leid.«

»Ich hätte ja trotzdem bleiben können. Aber ich glaube, tief im Innern wusste ich, dass Dad mich und Mom nicht dabeihaben wollte. Damit wir es nicht mitansehen mussten. Der Anblick wäre für Mom wohl zu schrecklich gewesen. Und für mich auch, obwohl ich das gar nicht gerne zugebe.«

»Trotzdem tut es mir leid.«

»Ach, lass die Vergangenheit ruhen, Schwesterherz. Steht das nicht auf Seite 256 des Handbuchs zum Sterben, das wir nie gekriegt haben?« Ich zwang mich zu lächeln, um die Stimmung ein bisschen aufzuhellen.

»Ist zwischen uns alles okay?«

»Aber immer.«

Tara fing an, ihre Brieftasche, ihr Handy, den Stadtplan und die Lippenstifte aus ihrer Crossbody-Tasche in die neue Handtasche umzupacken. »Ich will noch mal in den Louvre, wir können uns dann nach deiner Verabredung treffen. Oder ich geh zum Eiffelturm und melde mich von dort aus über Facetime bei Spencer und Colin. Was meinst du, wann deine Verabredung mit Chloe zu Ende ist? Könntest du mir sagen, wo ihr euch trefft, falls irgendwas Unerwartetes passiert? Sorry, ich weiß, ich mach mir schon wieder zu viele Gedanken. Alte Gewohnheiten lassen sich schwer abstellen.«

Es war fast schon Zeit, sich mit Chloe zu treffen. Aber es kam mir nicht richtig vor, Tara jetzt allein zu lassen.

»Willst du nicht mitkommen? Ich würde mich freuen, wenn du mein Co-Pilot wärst. Dad hätte das auch gewollt.«

Tara wurde munterer. »Oh ja! Ich will unbedingt selbst sehen, wie diese Geschichte endet – oder auch nicht. Außerdem finde ich es toll, dass Chloe dich wegen ihres Vaters trifft. Natürlich muss sie dich erst mal abchecken! Ich mag sie schon jetzt.«

Chloe hatte vorgeschlagen, sich mit mir im Les Bains zu treffen, einem ehemaligen Nachtclub, der jetzt ein Luxushotel mit illustren Gästen wie Mick Jagger, Kate Moss und Catherine Deneuve war. Es war Paris' Antwort auf das Studio 54 in New York und das Chateau Marmont in L.A. Als Tara und ich das düstere und ausgefallene Interieur betrachteten, fanden wir, dass dies der coolste Ort war, den wir bislang in Paris gesehen hatten.

»Ich bin schon wieder nervös«, erklärte ich, als wir uns an die Bar setzten. »Ganz im Ernst. Bei Chloe habe ich am stärksten das Gefühl, dass es eine schicksalhafte Begegnung werden könnte. Sie war gar nicht auf der Suche, ihre Cousine hat sie auf meine Suchanzeige aufmerksam gemacht. Unser Treffen kommt mir vor wie Bestimmung.«

Dann fing ich ein Gespräch mit dem Barkeeper an. »Glauben Sie an Astrologie?«, fragte ich, nachdem ich ihm erklärt hatte, woher wir stammten und was wir in Paris wollten.

»*Non*«, erwiderte er sofort. »*Très américain.* Aber ich glaube an Tequila, das ist der einzige Hype aus L.A., den ich nachvollziehen kann. Den verfolge ich mit großem Interesse.«

Da klingelte tatsächlich mein Handy, was in Paris noch nicht passiert war. Seit ich hier war, meldeten sich alle von zu Hause nur über WhatsApp oder Facetime bei mir. Aber jetzt rief jemand an: eine fremde Nummer mit französischer Vorwahl.

»*Bonjour,* ist dort die reizende Natasha?«, fragte eine warme, dunkle Männerstimme mit französischem Akzent.

»Äh … ja?«, sagte ich und winkte Tara näher zu mir, damit sie mithören konnte. Ich spürte, wie ich rot wurde.

»Hier spricht Julien. Erinnerst du dich an mich? Ich hab deine Nummer online gefunden, weil du mir nicht aus dem Kopf gegangen bist.«

Natürlich erinnerte ich mich an Julien. Er war bei Weitem der attraktivste 2. November, den ich bislang gefunden hatte: groß, dunkel, muskulös. Ein paar Tage zuvor hatte er einen der Flyer gesehen, die ich in der ganzen Stadt verteilt hatte. (Ja, die funktionierten. Irgendwie.) Es gab nur ein Problem bei Julien: Sein Geburtsort war Luxemburg.

»Ich warte schon den ganzen Tag darauf, dich zu sehen, dich zu spüren. *Je veux te baiser*«, sagte er mit dunkler Stimme. »Auf der Stelle.«

Als meine Schwester das bei Google Translate eingab, klappte ihr die Kinnlade nach unten. Ich musste Tara gar nicht erst fragen, was Julien gesagt hatte. Es war eindeutig. Blinzelnd versuchte ich, meine Gedanken zu ordnen.

»Ich weiß, rein logisch betrachtet ergibt es keinen Sinn«, zwang ich mich zu sagen, »und ich bedaure es jetzt schon. Meine Freundin Katie würde mir eine Ohrfeige verpassen, wenn sie hier wäre. Aber es geht nicht. So verrückt es auch klingt, aber der Geburtsort ist wichtig für mich. Ich muss mich daran halten.«

Tara reckte beide Daumen. Und dann legte sie eine Hand aufs Herz. Denn meine Absage verlangte Willensstärke. Sie hatte die Fotos von ihm gesehen.

»Ich könnte dir eine unvergessliche Stunde bereiten, Natasha. Also ruf an, wenn du es dir anders überlegst.« *Verdammt!*

In diesem Augenblick kam Chloe in die Bar gestürmt. Mit der Lederjacke, der ausgeblichenen Jeans und den hochhackigen Stiefeln sah sie genauso aus wie die Rockstars, die früher hier abgehangen hatten.

»Hey«, sagte sie und küsste uns beide auf die Wangen. »Hättet ihr was dagegen, wenn wir uns raussetzen? Dann könnten wir rauchen.«

Ich zögerte, weil ich auf Taras Reaktion warten wollte, doch sie war sofort einverstanden.

Chloe hatte dunkelbraune Augen, die gut zu ihrer wilden Lockenmähne passten. Ihre olivfarbene Haut strahlte, obwohl ich keine Spur von Make-up entdecken konnte – jedenfalls nicht das Highlighter-lastige, das ich von zu Hause gewohnt war. Ihr einziges Accessoire war ein schwarzbrauner Fendi-Schal, doch bei ihr wirkte er eher zweckmäßig als angeberisch. So als bräuchte sie ihn, wenn sie später auf Motorradtour ging. Und tatsächlich trug sie auch eine Baskenmütze, die an ihr superschick aussah. Ich hatte an diesem Morgen auch eine anprobiert, doch sah ich damit aus wie der lila Koch aus der Serie *Strawberry Shortcake*. Wenn die unglaublich coole Chloe einfach nur ihren Drink heruntergekippt hätte und sofort wieder verschwunden wäre, hätte ich das voll und ganz verstanden.

Doch schon bald merkten wir, dass Chloe jemand war, der voll bei der Sache ist, wenn er sich erst mal für etwas entschieden hat. Sie war gleichzeitig selbstsicher und verletzlich. Sie zog an ihrer Zigarette, stieß den Rauch aus und sagte: »Wir sind doch alle drei wegen unseres Vaters hier, oder nicht?«

Also erzählte ich ihr von Bob. Dieses Mal fing Tara nicht an zu weinen und ergriff auch nicht die Flucht. Auch für mich fühlte sich die Geschichte meines Vaters jetzt anders an. Sie überwältigte mich nicht mehr wie eine Flutwelle schmerzlicher Gefühle. Zum ersten Mal seit seinem Tod fühlte es sich gut an, von ihm zu reden. Was zuerst komisch war, denn die Trauer war immer noch spürbar. Es würde wohl noch eine Weile dauern, bis ich bei der Erinnerung an ihn aus vollem Herzen lachen konnte. Aber Bob hätte das gut gefunden und gesagt, dass ich meine rosarote Brille wiedergefunden hätte. Chloe hörte aufmerksam zu und nickte hin und wieder.

»Du glaubst an deinen Vater und an die Liebe. Das verstehe ich, weil es mir ähnlich geht. Mein Vater und ich sind ziemlich starke Persönlichkeiten, die sich nicht immer einig sind. Aber ich glaube an ihn.«

Chloes Vater war ein erfolgreicher Geschäftsmann, der die meiste Zeit in Dubai lebte. Er und Chloe standen sich sehr nahe, aber ihre Beziehung war nicht unkompliziert. Als sie ihm beichtete, dass sie sich in eine Frau verliebt hatte, konnte er sich zuerst nicht für sie freuen. Erst mit der Zeit verstand er es: Sie hatte den für sie bestimmten Menschen gefunden. Die Eine. Jetzt wollte sie, dass auch er wieder die Liebe fand. Chloes Eltern hatten sich vor langer Zeit scheiden lassen.

»Ich glaube, du und mein Vater würdet euch verstehen«, sagte Chloe entschieden. »Auch wenn ich nicht weiß, ob ihr Seelenverwandte seid. Denn für Astrologie wird er sich nie erwärmen. Oder für Instagram. Aber trotzdem solltet ihr euch mal treffen. Du würdest gut zu ihm passen.«

»Auf deinen Dad! Ich hoffe, ich treffe ihn wirklich mal«, erwiderte ich und hob mein Glas. »Danke, dass du gekommen bist. Ehrlich gesagt befürchtete ich schon, du würdest absagen.«

»Nein, nein, nein«, sagte sie kopfschüttelnd, als wäre der Gedanke abwegig.

»Du hättest doch denken können: Sie ist verrückt, sie will sich meinen Vater schnappen ...«

(Ich hatte Chloe viel zu viele Nachrichten geschickt, um unser Treffen festzuzurren; es grenzte an ein Wunder, dass sie mich nicht wegen Stalking blockiert hatte.)

»Aber nicht doch«, erwiderte sie voller Selbstvertrauen. »Wir sind uns ähnlich, Natasha. Ich hoffe, ich kann das erklären. Wenn wir die Liebe finden, erkennen wir das sofort. Da sind wir uns sicher. Und wir entschuldigen uns nicht. Aber wenn wir nicht ein bisschen mit dem Feuer spielen, lässt uns das kalt. Das macht manchen Menschen Angst. Ich fühlte mich sofort zu dir hingezogen. Denn ich bin eine Frau, die sich ihrer Partnerin verpflichtet hat, noch bevor sie sie persönlich kennenlernte.« Chloe zog ihren Ärmel hoch, wobei ein wunderschönes Tattoo auf der Innenseite ihres Unterarms sichtbar wurde: eine fliegende Schwalbe mit einem Frauennamen darunter. »Aus Liebe. Am Tag, bevor wir uns persönlich trafen, ließ ich mir ihren Namen tätowieren. Weil ich es sofort wusste, als ich ihr Foto sah.« Chloe fuhr mit dem Finger über das blaue Tattoo und lachte. »Sie fand das verrückt, aber seitdem sind wir zusammen. Manchmal bleibt man nur bei Sinnen, wenn man etwas Verrücktes tut.«

»Es war auf jeden Fall Schicksal, dass wir uns getroffen haben«, nickte ich. »Wenn wir von Glauben sprechen.«

»Ich glaube auch an dich«, sagte Chloe.

Als wir uns von Chloe verabschiedeten, war es kurz vor halb fünf. Um halb sechs wollte ich Amir am Pont des Arts treffen, was mir als idealer Treff- und Zeitpunkt für ein erstes Date mit dem Schicksal erschien – und als meine letzte Chance dafür in Paris. Auf genau dieser Brücke hatten sich in der letzten Szene des Remakes von *Sabrina* Julia Ormond und Harrison Ford geküsst (Bob mochte diese Version ebenfalls). Wir hatten den Film schon so oft gesehen, dass ich mir ohne Weiteres mein eigenes Happy End auf dieser Brücke vorstellen konnte. Wenn alles gut lief.

Außerdem war es wichtig, dass es abends war. Penelope hatte mir vor zwei Tagen die Formulierung *la nuit tombe* beigebracht, was übersetzt *die Nacht bricht herein* bedeutet und das Gefühl beschreibt, wenn man bei Sonnenuntergang am Seineufer spazieren geht und langsam die Lichter der Stadt erwachen. Wie Sterne. Tatsächlich leuchteten in der Stadt des Lichts nur die Straßenlaternen, die Lampen der fürs Abendessen öffnenden Restaurants, die Strahler der Denkmäler und die silbrigen Bootslaternen, da die Sterne am Himmel wegen der Lichtverschmutzung nicht zu sehen waren. Ich hatte das Gefühl, ein perfektes Date mit Amir arrangiert zu haben, denn Bobs Geist würde sicher über der Pont des Arts über mich wachen, während Paris im Zwielicht versank und wie auch immer geartete Lichter erstrahlten. Ein weiterer Würfelwurf auf der Suche nach dem Seelenverwandten.

»Willst du nicht ins Hotel zurück, um dich umzuziehen?«, fragte Tara.

»Nein«, erwiderte ich, »gehen wir einfach in aller Ruhe zur Brücke. Sie ist nicht weit. Und ich will, dass du ihn auch kennenlernst.«

»Wirklich?«, gab Tara zurück. »Das fände ich toll. Außerdem glaube ich, dass die Pont des Arts die Brücke ist, wo die Pärchen als Zeichen ihrer ewigen Liebe kleine Vorhängeschlösser anbringen.« Sie tippte auf ihrem Handy herum. »Ja, genau. Das würde ich gerne sehen.«

Also hatte ich tatsächlich den idealen Treffpunkt gewählt.

»Ja, wirklich. Wer soll mich denn sonst retten, wenn er sich als grusliger Kerl erweist?«, sagte ich und fasste sie am Arm. »Es freut mich, dass es dir mit Chloe gefallen hat. Obwohl sie die ganze Zeit geraucht hat.«

Tara stupste mich an. »Ich bin doch nicht die Raucherpolizei.«

Als wir die Brücke erreichten, hatten wir noch viel Zeit – glücklicherweise, dachte ich, als ich die vielen Menschen darauf sah. Ich musste Amir einen genauen Treffpunkt simsen, sonst würden wir uns nie finden. Denn da die Stadt verboten hatte, Vorhängeschlösser an der Brücke anzubringen, und sogar spezielle Barrieren angebracht hatte, um die Liebenden davon abzuhalten, fingen die Pärchen an zu improvisieren. Entweder befestigten sie die Schlösser an Laternenpfählen, oder sie machten Selfies von sich, auf denen der eine das Schloss in der Hand hielt und der andere, man rät es schon, den Schlüssel. Innerhalb weniger Minuten bemerkten wir, dass keines der Pärchen auf der Brücke aus Frankreich zu stammen schien. Sie alle hatten Fotoapparate, Bauchtaschen und Einkaufstüten voller Souvenirs bei sich. Wir hörten Englisch, Japanisch, Spanisch und Deutsch. Hmmm. Hatte ich für meinen letzten Versuch, ein heißes Date mit einem potenziellen Seelenverwandten zu arrangieren, zufällig einen der Touristenhotspots in Paris ausgesucht? Denn absolut nichts in der Szene, die sich vor meinen Augen ausbreitete, sagte: »Lass uns später irgendwo an einem lauschigen, verschwiegenen Plätzchen am Fluss rummachen.« *Scheiße!* (Dabei hatte Tara versichert, sie würde sich unauffällig verziehen, wenn es bei mir und Amir funkte.)

Ich schrieb Amir:

> *Bonjour, an der Pont des Arts ist ziemlich viel los. Ich bin auf der Louvreseite, an der zweiten Laterne. Natürlich müssen wir nicht hierbleiben.*

Es war kurz vor halb sechs. Dann fünf nach halb. Dann zwanzig vor.

»Lass mich ein Foto von dir machen«, sagte Tara. »Das Licht ist wunderschön. Und Mom will bestimmt diese Brücke sehen, auch wenn sie ziemlich touristisch ist, aber sie hat eine Verbindung zu Dad.«

Viertel vor sechs. Zehn vor. Ich sah auf WhatsApp nach. Amir hatte meine Nachricht gelesen, aber nicht geantwortet.

Kein Problem, wenn du dich verspätest,

fügte ich hinzu.

Diese Nachricht las er auch. Ohne zu antworten. Die Schmetterlinge in meinem Bauch wichen so etwas wie Wut, doch ich versuchte, sie zu unterdrücken. Vielleicht war Amir auf dem Weg und konnte aus irgendeinem Grund nicht antworten. Zum Beispiel, wenn er mit dem Rad kam, da konnte er die Nachrichten lesen, aber nicht tippen.

Sechs Uhr. »Ich glaub, er kommt nicht mehr. Wahrscheinlich bin ich mal wieder versetzt worden. Was noch schlimmer ist, als ignoriert zu werden, oder?«

»Ich weiß nicht«, sagte Tara bedächtig. »Die Frage ist doch eigentlich, ob du auf ihn warten willst?«

Als ich mich am Tag zuvor mit Shayna unterhielt, hatte ich die Antwort genau gewusst. Ja, ich wollte warten. Aber hier auf der Brücke wusste ich nicht mehr, was ich eigentlich wollte.

»Was ist, wenn er hier war, die Menschenmassen gesehen hat, *mich* gesehen hat, und wieder abgehauen ist?« Ich stellte mir vor, wie der gut aussehende Amir vorbeigeradelt war, die Amerikanerin in Jeans und Sneaker in der Menge gesehen hatte, die den Hals nach ihm reckte (denn das hatte ich getan), und dann ... seine Meinung geändert hatte. Mist.

»Hey«, meldete sich Tara, »ich habe eine Idee. Geben wir ihm noch ein paar Minuten, oder mehr, wie du meinst, und wenn er nicht auftaucht, gehen wir zum Eiffelturm, fahren nach oben und werfen von dort alle restlichen Flyer in die Luft, damit sie sich über die Stadt verteilen können. Wer weiß, vielleicht hebt dein Seelenverwandter einen davon auf.«

Und *das* von meiner Schwester? Ich konnte es kaum glauben. Denn wenn wir je Gefahr liefen, wegen der Verteilung der Flyer verhaftet zu werden, dann doch wohl auf dem Eiffelturm!

Irgendetwas an dem (für meine Schwester) kühnen Plan ließ mich innehalten. Mit einem Mal sah ich die ganze Sache in einem anderen Licht. Was hätte ich wohl zu Margot gesagt, wenn sie auf Amir gewartet hätte. Oder zu Katie?

Als ich nach Paris kam, um meinen Seelenverwandten zu finden, hatte ich die ganze Zeit versucht, das Schicksal zu erzwingen. Ich hatte aller Welt erzählt, ich würde nur tun, was meine Astrologin von mir verlangt hätte. Dabei hatte Stephanie nie zu mir gesagt, dass ich irgendwohin fahren musste. Sie hatte auch nie gesagt, ich sollte mich auf einem öffentlichen Platz auf eine Säule stellen und brüllen: »ICH BIN BEREIT!« Glaubte ich wirklich, das Schicksal würde mir einen heißen Franzosen liefern, so als hätte ich eine Bestellung ans Universum abgegeben? (Na gut, genau das hatte ich geglaubt.) Was Stephanie mir tatsächlich gesagt hatte, war, dass ich aufhören sollte, mich mit anderen zu vergleichen. Ich sollte wieder schreiben. Ich *brauchte* keinen Partner, sondern sollte mich endlich für den Einen öffnen und erkennen, was einen echten Partner ausmachte. Letzteres begriff ich immer noch nicht richtig (was in aller Welt war denn falsch daran, dass man einen Seelenverwandten *brauchte*?!). Doch etwas von dem, was Stephanie tatsächlich gesagt hatte, hallte jetzt mächtig in mir nach: Sie hatte gesagt, ich sollte Spaß haben. Und dies hier war kein Spaß mehr.

»Nein, nicht zum Eiffelturm«, sagte ich, und das war mein Ernst. »Weißt du was? Ich bin durch.« Ich starrte zum Himmel. »Die Botschaft ist angekommen!«, schrie ich. »Ach ja, fuck off, Saturn!« Es war mir egal, ob ein paar der Touristen mich hörten. Schließlich war ich nur eine von ihnen, und auch das war in Ordnung. »Machen wir uns zum Abendessen fertig. Ich verhungere gleich.«

»Bist du sicher?«, fragte Tara.

»Ja.«

Untergehakt schlenderten wir zurück zum Hotel. Auf dem Weg kippte ich alle restlichen Flyer aus meiner Tasche in einen Mülleimer und schmiss auch die letzten Visitenkarten hinein. Es fühlte sich großartig an.

»Ist das klug?«

»Ja.«

»Okay, solange es dir gut damit geht.«

»Geht es. Hey, vielleicht finden wir vor dem Essen noch eine Kirche, die geöffnet hat? Schließlich haben wir jetzt jede Menge Zeit. Wir könnten endlich eine Kerze für Dad anzünden.«

»Aber Tasha, Dad hat uns doch den ganzen Tag begleitet.«

»Willst du dich nicht umziehen?«, fragte Tara und beäugte mein schlichtes Outfit. Es war praktisch das, was ich den ganzen Tag getragen hatte.

»Ich bin durch, schon vergessen?«, erwiderte ich und ließ mich aufs Bett fallen. »Sollen wir nicht einfach was aufs Zimmer bestellen?«

»Auf gar keinen Fall! Dies ist unser letzter Abend in Paris! Der muss legendär werden!«

»Na gut. Soll ich dann diese Jeans mit dem grünen Top und Sneakers anziehen?« Ich legte die Sachen zurecht, weil ich sie schick, aber leger fand.

»Ja, schon besser«, nickte Tara und drehte sich die Haare auf. »Machen wir Musik an?«

Ich koppelte mein Handy mit den Lautsprechern und wählte »Hello« von Lionel Ritchie, einen meiner Lieblingssongs seit jeher, der seltsamerweise auf keiner meiner Playlists stand. Dann machte ich mir eine Notiz im Hinterkopf, das zu ändern, während meine Schwester und ich »is it me you're looking for« schmetterten und mit weit ausgreifenden Gesten durchs Zimmer tanzten. Die Botschaft dieses Songs war ganz einfach. Manchmal ist das, was du willst, direkt vor deinen Augen, aber du kannst es nicht sehen. Ich spürte förmlich, wie sich die Zeiten veränderten und wir neue Erinnerungen schufen, die sich sacht auf die alten legten. Das letzte Mal waren Tara und ich in den schrecklichen, nervenaufreibenden Wochen vor Bobs Tod so lange zusammen gewesen.

»Tut mir leid, dass ich erst so spät wiedererkannt habe, wieso wir überhaupt hierher wollten«, sagte ich, als wir zusammen vor dem Spiegel standen und unseren Lippenstift erneuerten, bevor wir aufbrachen. »Ich hab dich lieb, große Schwester. Für immer und ewig. Bis in die Unendlichkeit.«

»Bis zum Totalgrad«, erwiderte Tara. »Aber ich weiß nicht, ob du irgendwas hättest anders machen sollen.«

Ich habe vergessen, wer uns geraten hatte, im Hôtel Costes zu essen, wenn wir in Paris wären, doch ich bin froh, dass wir es taten. Das Restaurant des Hotels war dunkel und gemütlich mit rotem Samt, poliertem Holz und Kerzenlicht. Ein Ort für die Schönen und Reichen, um zu sehen und gesehen zu werden. Und ein DJ sorgte mit sexy Hintergrundmusik zusätzlich für Stimmung.

Vor fünf Tagen noch hätte ich hektisch versucht, mich in die Szenerie einzufügen, einen potenziellen Seelenverwandten zu suchen und alles auf Instagram zu dokumentieren. Doch das war vorbei. Jetzt saß ich zufrieden mit meiner Schwester an unserem in Kerzenschein getauchten Tisch, lachte mit ihr, machte Selfies und brachte Toasts auf uns und auf Bob aus. Mein Handy blieb meist in meiner Tasche, wo es bei einem schicken Essen auch hingehörte. Wir bestellten alles, was Bob gemocht hätte, darunter auch Fritten und ein Clubsandwich. Nicht gerade die hohe französische Küche, aber eine perfekte Mahlzeit. Tara nahm eine der Fritten und tat so, als würde sie rauchen. »Bonjour, mein Name ist Natasha, bist du mein Seelenverwandter?«, scherzte sie mit aufgesetztem französischem Akzent und fuchtelte mit ihrer Frittenzigarette in der Luft.

»*Oui, oui*«, antwortete ich.

Es war nach Mitternacht, aber wir waren überhaupt nicht müde. Trotzdem mussten wir uns ein bisschen ausruhen, bevor wir am nächsten Tag unseren Flug nehmen würden. Meiner ging ziemlich früh. Als wir vom Tisch aufstanden, meinte Tara, sie müsste noch mal auf die Toilette. Ich sagte, ich bräuchte frische Luft und würde vor dem Hotel auf sie warten. Ehrlich gesagt wollte ich rauchen. Wie man das in Paris nach einem Essen so macht. Keine Ahnung, ob man das wirklich so machte. Aber ich wollte einen letzten Abschiedsgruß an den Traum senden, den ich in Paris zu finden gehofft hatte, und an Philippe und all den Spaß mit ihm – und ich wollte der Krankheit, die meinen Vater dahingerafft hatte, den Mittelfinger zeigen. Ich ging über den roten Teppich in der Eingangshalle des Hotels und streckte die Hand nach der massiven Tür aus.

Doch bevor ich sie aufdrücken konnte, wurde sie für mich geöffnet: von einem Mann, der draußen stand. Unsere Blicke trafen sich, und dann konnte ich meine Augen nicht mehr von ihm abwenden. Oder auch nur etwas sagen. Vage ging mir durch den Hinterkopf, dass es also *das* war, wenn die Leute von einer spontanen, elektrisierenden Verbindung sprachen. Träumte ich? Vor mir stand groß, dunkel und erschütternd gut aussehend der wunderbarste Mann von ganz Paris. Seine braunen Augen blickten wach und durchdringend. Sein kräftiges Kinn war von einem Dreitagebart bedeckt. Er trug ein frisches weißes Hemd, das zu dieser späten Stunde am Hals geöffnet und leicht zerknittert war.

»Merci«, brachte ich schließlich hervor, trat ins Freie und holte eine Zigarette aus meiner Tasche. Er bot mir Feuer an.

»*Bonsoir*«, erwiderte er, ohne den Blick von mir zu lösen. Seine Stimme, wie soll ich die beschreiben? Es war genau die dunkle, leicht heisere Stimme, die man spätnachts in Paris hören will. Vorzugsweise im Bett. Nackt.

Leichter Nieselregen kühlte die Luft. Die Straßen waren leer. Wir waren vollkommen allein.

»Schönes Hotel. Wohnen Sie hier?«, unterbrach ich die Stille und spürte, wie mein Herz hämmerte. *Was ist, wenn er kein Englisch spricht?*

»Ja«, antwortete er mit einem Akzent, den ich nicht zuordnen konnte. »Und Sie?«

»Ach, nein. Ich war nur zum Essen hier. Mit meiner Schwester.« Ich spielte mit meiner Zigarette. Alles in mir fühlte sich an wie elektrisiert. »Und, was machen Sie in Paris?«, stieß ich hervor.

»Ich habe mich mit meinem Verleger getroffen, um über das Wirtschaftsbuch zu reden, das ich gerade schreibe. Langweilig, ich weiß. Meistens schreibe ich über Liebe und Schicksal, das ist meine eigentliche Leidenschaft. Aber warum sind Sie heute Abend in Paris?«

Liebe und Schicksal? War das sein Ernst?

»Es klingt bestimmt total lächerlich, aber ich bin hierhergekommen, um meinen Seelenverwandten zu finden. Es ist was Astrologisches. Sie wurden nicht zufällig am 2. November 1968 in Paris geboren, oder?«, fragte ich, bevor ich mich bremsen konnte.

Er zog die Augenbrauen hoch und lächelte, lachte aber nicht. Und immer noch sah er mich unverwandt an.

»Nein, am 12. November 1968. Und nicht in Paris. Ist das wichtig?«

Gibt es in der Astrologie so was wie *nah dran?*, dachte ich. Ich wusste, dass es so was nicht gab, aber das war mir nicht mehr wichtig. Es war, als würde das Universum direkt zu mir sprechen.

Scheiß drauf!

Ich lachte, weil mir die Absurdität des Ganzen klar wurde. Dieser Mann war ultrascharf, seine Leidenschaft war es, Bücher über Liebe und Schicksal zu schreiben, und die Chemie zwischen uns stimmte eindeutig. Ich trat einen Schritt näher zu ihm, was er ebenfalls tat.

»Ist Ihnen kalt?«, fragte er. *Gott, er roch sogar gut! Nach Ambra, Weihrauch und frischen Laken.*

In diesem Augenblick tauchte Tara auf.

»Oh, hi«, sagte sie unsicher, weil sie spürte, dass sie störte.

Jede Faser in mir schrie danach, Tara in ein Taxi zu setzen, diesem attraktiven Fremden auf einen Drink ins Hotel zu folgen, um zu sehen, wie sich die Dinge entwickelten, und mich später mit meiner Schwester in unserem Hotel zu treffen – wenn mein Gefühl mich nicht trog, erst bei Sonnenaufgang. Aber ich hatte ihr ein Versprechen gegeben.

Also trat ich wieder einen Schritt zurück. Das wollte ich nicht. Aber ich tat es. Peinliches Schweigen breitete sich zwischen uns aus. »Tja, dies ist meine Schwester«, sagte ich schließlich. Wir hatten nicht mal unsere Namen genannt.

Dann steckte ich meine Hand in die Tasche und zog die Karte heraus, die Tara am Vorabend von der Pinnwand im Restaurant genommen hatte. *Dad.* Das war die einzige Karte, die mir noch geblieben war. Ich gab sie ihm und war mir dabei vollends bewusst, dass ich ihn damit vielleicht abschreckte, so wie ich wahrscheinlich alle anderen abgeschreckt hatte. Er betrachtete die Vorderseite, die mich mit einem meiner Schilder in der Hand zeigte, und drehte die Karte dann um.

»Sie sind Amerikanerin. Das ist eine Nummer in L.A.«, sagte er, blickte auf die Karte und dann wieder zu mir.

»Gute Nacht«, sagte ich, mehr brachte ich nicht hervor. Dann zog ich Tara auf die stille Straße und ging mit ihr davon. Als ich einen Blick über die Schulter warf, sah ich, dass er mir nachschaute. Er wandte den Blick nicht ab.

»Was zum Teufel war das denn?«, fragte Tara drängend, als wir um eine Ecke gebogen waren. Sie blieb stehen und sah mich an.

»Keine Ahnung«, sagte ich, völlig erschlagen von meinen Gefühlen, und schilderte ihr so gut wie möglich die Begegnung vor dem Hotel. *Habe ich tatsächlich gerade einen umwerfend gut aussehenden Mann getroffen, der nicht nur an Liebe und Schicksal glaubt, sondern auch noch laut darüber spricht?*

»Oh, mein Gott, könnte er dein Seelenverwandter sein?«, fragte Tara. »Heilige Scheiße, Tara, du solltest zurückgehen. Auf der Stelle! Sonst ist er weg.«

»Aber wirkt das nicht komisch? Ich meine, wahrscheinlich ist er jetzt schon wieder im Hotel. Wie soll ich ihn denn finden? Er könnte in der Bar sein. Oder auf dem Weg zu seinem Zimmer. Soll ich etwa an jede einzelne Tür klopfen? Ich kenne ja nicht mal seinen Namen!«

»Ja, das sollst du! Nach allem, was wir durchgemacht haben, hier in Paris und auch das ganze letzte Jahr, wäre es im Gegenteil völlig *normal*, wenn du dem heißesten Typen von ganz Europa nachrennen würdest. Er hat es doch selbst gesagt: Das Schicksal hat die Hand im Spiel! Muss erst eine Kristallkugel vom Himmel fallen und dich am Kopf treffen?

Das war Bestimmung. Dieser Kerl könnte dein Seelenverwandter sein!« Tara seufzte. »Bist du nicht genau deshalb hierhergekommen?«

Plötzlich waren unsere Rollen vertauscht. Eine Wendung, die ich nicht vorhergesehen hatte. Mein ganzes Leben lang war Tara mein Anker gewesen, der mich erden wollte, wenn ich mal wieder abhob. Sie hatte mich immer aus dem tiefen Ende des Schwimmbeckens gerettet. Aber nicht heute, nicht an diesem Abend. Nun holte ich Tara auf den Boden der Tatsachen zurück.

»Das träume ich doch nicht, oder?«

»Nein, es ist zwar spät, aber du träumst nicht. Ich war dabei. Er ist etwas ganz Besonderes. Ganz anders als die anderen.«

Obwohl alles in mir danach schrie, sofort umzukehren und zu dem Mann zurückzurennen, dem ich gerade begegnet war, um diese elektrisierende Unterhaltung fortzuführen, wusste ich doch, dass das nicht ging. Und zwar nicht nur, weil er das falsche Geburtsdatum hatte.

»Ich werde dich nicht allein lassen«, sagte ich. »Zwar habe ich Dad versprochen, nie den Glauben an Liebe und Magie zu verlieren, und dieses Versprechen halte ich auch. Aber dir habe ich auch etwas versprochen. Dieser Abend gehört uns. Wenn das wirklich mein Seelenverwandter war und wir füreinander bestimmt sind, wird die Liebe einen Weg finden. Davon bin ich überzeugt. Außerdem hat er meine Geschäftskarte.«

»Na gut«, fügte sich Tara. »Du bestimmst. Aber fürs kosmische Protokoll: Ich finde trotzdem, du solltest zurück zu ihm. Und ich würde das nicht gerade als Geschäftskarte bezeichnen.«

»Ist zur Kenntnis genommen.«

Und dann spazierten wir genau wie in unserer Kindheit durch die Nacht, Arm in Arm, steckten die Köpfe zusammen und plauderten die ganze Zeit. Und die Welt um uns verblasste, außer der Eiffelturm, der sich funkelnd vom dunklen Horizont abhob.

Elftes Haus

Au Revoir

Das Elfte Haus steht für Flugreisen, für Netzwerke und Kontakte, für die Medien, Freunde, Licht, Wohltätigkeit, Wohlwollen, Weckrufe und Durchbrüche. Für göttliche Intervention, den Himmel, Genie, Zukunft, Politik, Rebellion, Türme, Astrologie und alles, was merkwürdig und verrückt ist.

Wenn der Planet, der unser Fünftes Haus der Liebe, das Siebte Haus der Ehe oder das Achte Haus der Seelenverwandten regiert, auch das Elfte Haus beherrscht, dann besteht die hohe Wahrscheinlichkeit, dass man einen perfekten Fremden im Flugzeug oder am Flughafen trifft. Der Herrscher des Hauses wird bestimmt von dem Planeten, der den Aszendenten dieses Hauses regiert.

In meinem Elften Haus steht der Steinbock. Der Steinbock bestimmt auf seine Weise über das Schicksal und das, was unsere Seele für uns geplant hat, bevor sie inkarnierte. Im Elften Haus sieht sich der Steinbock gezwungen, an Hoffnung und die Erfüllung von Wünschen zu glauben.

Das konnte doch nur ein Traum sein, oder? Das war mein erster Gedanke, als mich am nächsten Morgen der Wecker viel zu schrill und viel zu früh weckte. Der attraktive Fremde, dem ich nach dem Essen draußen vor dem Hôtel Costes begegnet war. Unsere direkte, elektrisierende Verbindung. Seine Augen. Liebe und Schicksal. Eine Mitternachtsfantasie. Unmöglich, dass er *so heiß* gewesen war.

»Tara. Tara? Wir müssen aufstehen«, sagte ich groggy.

»Neeeeein«, stöhnte meine Schwester.

Wenn ich die Augen geschlossen hätte, wäre ich sofort wieder eingeschlafen. Aber gleich kam mein Taxi, und dann hatte ich eine sehr lange Reise vor mir. Taras Direktflug ging erst am späten Nachmittag. Sie konnte noch einen letzten Spaziergang durch Paris und ein letztes köstliches Essen genießen. Ich hingegen musste mich anziehen, packen und nach unten gehen. Hoffentlich blieb mir noch Zeit für einen Kaffee.

Von der heißen Dusche wurde ich vollends wach. Und was ich jetzt klarer sah, war nicht ein Traum, sondern die Wirklichkeit: Ich vermisste meine Kinder und wusste, dass ich zurück ins echte Leben musste, zu meiner Arbeit. Trotzdem sperrte sich ein Teil in mir gegen diesen Gedanken. Zwar hatte ich mir geschworen, nichts mehr auf die Meinung anderer zu geben, doch jetzt merkte ich, dass ich mir was vorgemacht hatte. Denn schon bald würde ich etwas gestehen müssen, das kein Spaß, sondern eher peinlich war: dass ich *eben nicht* meinen Seelenverwandten in Paris gefunden hatte. Dass mein Glück *nicht* in den Sternen stand. Wahrscheinlich würde ich mich zu Tode schämen. Was ich mittlerweile gewöhnt sein sollte. Nur würde ich wohl niemals in der Lage sein, wirklich nichts mehr auf die Meinung anderer zu geben. Stephanie hatte zwar behauptet, das würde noch in diesem Jahr geschehen, doch das schien genauso wenig wie mein Seelenverwandter wirklich in den Karten zu stehen.

Wenigstens hatte ich neue Freunde gefunden, redete ich mir ein. Mercedes. François. Ashley. Ein paar meiner Kandidaten. Ich war sicher, dass ich mit Fabrice in Kontakt bleiben würde. So war ich eben: Wann immer ich etwas in den Sand gesetzt hatte – und das war in den letzten Jahren viele, viele Male geschehen –, gewann ich neue Freunde. Und behielt sie.

Was mir zu einer Idee verhalf, wie Billy und ich vielleicht, nur vielleicht, doch noch unseren millionenschweren Verkauf zustande bringen könnten. Ich kannte jede Menge Leute aus verschiedenen Bereichen: der Mode- und Geschäftswelt, aus der Zeitschriftenbranche, von Filmsets, aus Wohltätigkeitsvereinen, von der Uni und so weiter. Als ich als Maklerin für Immobilien der Luxusklasse anfing, folgte ich dem Rat von Billy und Penelope und legte eine Datei mit Kontakten an, ganz gleich, ob diese sich ein solches Haus leisten konnten oder nicht. In der Agency verwenden wir viel Mühe darauf, erstklassige Werbung per E-Mail für unsere Objekte zu verschicken. Selbst Menschen, die nicht nach einem neuen Haus suchen, können so einen Blick auf L.A.s spektakulärste Anwesen werfen – deshalb ist *Million Dollar Listing Los Angeles* so beliebt. Ein Makler weiß nie, woher sein nächster Kunde kommt. Vielleicht erwähnt eine nette Kosmetikerin oder Barista mich oder eines meiner Angebote. Das ist schon vorgekommen! Aber im letzten Jahr hatte ich eines nicht gemacht, nämlich die auf der Suche nach meinem Seelenverwandten entstandenen Kontakte mit meinen beruflichen zu verknüpfen. Keine der Personen, die ich online kennengelernt hatte, war auf meiner Mailingliste. Ich hatte Bedenken gehabt, Berufliches mit etwas so Privatem zu vermischen. Schließlich sollten Immobilienmakler doch seriös sein, was auch immer das heißen mochte. Hier ging's ums große Geschäft. Aber die neuen Menschen in meinem Leben hatten ihre ganz eigene Macht. Und die war auch ernst zu nehmen. Das hatte ich gespürt, ich hatte es gelebt und war ihr bis nach Paris gefolgt. Jetzt war es Zeit, dass meine anscheinend getrennten Universen sich trafen. Das Haus des Popstars war etwas ganz Besonderes. Ich glaubte immer noch daran, dass es sich schnell verkaufen ließe. Auf meinem Langstreckenflug würde ich ausreichend Zeit haben, für meine erweiterte Kontaktliste eine neue exklusive Werbung für dieses Haus zu entwerfen, die dann verschickt werden sollte, sobald die Geschäftszeit in L.A. anfing. Sollte das Schicksal doch seinen Lauf nehmen!

»Tasha, raus mit dir!« Meine Schwester klopfte an die Badezimmertür. Ich musste lächeln. Manche Dinge änderten sich eben nie. Ich zog den flauschigen, weißen Bademantel und die Slipper vom Hotel an, packte die letzten Sachen in den Koffer und überlegte, was ich für die Reise anziehen sollte. Nur noch eines meiner Outfits war sauber und ungetragen, ein Overall mit Schlangenprint. Nicht gerade unauffällig. Aber als ich den Jumpsuit zu Hause anprobiert hatte, hatte ich entdeckt, dass er unglaublich weich war. Zwar fühlte er sich an wie ein einteiliger

Schlafanzug – und sah auch so aus –, doch da ich vorhatte, im Flieger so lange wie möglich zu schlafen, war dies die perfekte Wahl. Ich ließ den Jumpsuit im Schrank hängen, während ich meine Koffer aufräumte. Als ich Kosmetikartikel, Pullover und ein paar Souvenirs neu packte, fiel mir das bodenlange Abendkleid aus Samt und Seide in die Hände, das mir mein Designerfreund Tony großzügigerweise geliehen hatte, damit ich es tragen konnte, wenn ich die wahre Liebe fand. Ich nahm es heraus und betrachtete es. Hoher Ausschnitt. Dramatische Flügelärmel. Tiefstes Dunkelblau. Schick. Französisch. Perfekt. Tony war so aufgeregt gewesen, als er es mir gab, so sicher, dass ich es brauchen würde. Dieses Kleid war einzigartig. Und ich hatte nie die Gelegenheit gehabt, es zu tragen.

»Hast du etwa ein richtiges Abendkleid mitgenommen?«, fragte Tara erstaunt, als sie aus dem Bad kam. »Dein Koffer ist wie der Zylinder eines Modezauberers. Wie schaffst du es nur, immer neue Outfits rauszuziehen?«

»Das hier muss ich zurückgeben«, seufzte ich. »Ich sollte es tragen, wenn ich die wahre Liebe gefunden hatte.« Ich erzählte ihr von Tony.

»Es ist wunderschön und verdient ein Debüt in Paris, ob mit Traummann oder ohne. Zieh es an, dann mache ich ein Foto.«

Ich streifte den Bademantel ab und schlüpfte in das Märchenkleid. Nachdem Tara den Reißverschluss zugezogen hatte, drehte ich mich um mich selbst.

»Wow«, sagte sie. »Ich glaube, es gibt kein Kleid, das dir je besser gestanden hätte. Es ist atemberaubend. Vielleicht leiht Tony es dir noch mal, wenn du doch deinen Seelenverwandten findest.«

»Es wäre mir zu peinlich, ihn darum zu bitten«, erwiderte ich. »Außerdem hat sich die Sache erledigt. Lass uns einfach ein paar Fotos machen, damit Tony sehen kann, dass das Kleid perfekt für Paris ist.«

Ich ging zum Fenster, weil die Aussicht für einen spektakulären Hintergrund sorgen würde.

Tara richtete ihr Handy auf mich. Ich lächelte, aber nicht so breit, wie ich es wohl noch einen Tag zuvor gemacht hatte. Wenn ich dieses

Foto überhaupt postete, dann nur für Tony, um ihm zu zeigen, wie gut sein Kleid hierher passte. Es war Zeit zum Aufbruch. Dies war mein Abschiedsgruß.

Da meldete sich mein Handy, das ich auf der Kommode gelassen hatte. Aber ich schaute nicht direkt nach, da ich mich noch umziehen und nach unten gehen musste.

Tara saß auf der Kante ihres Betts und sah mir zu, während ich ein paar letzte Sachen in den Koffer packte.

»Sind das Hotelslipper? Nimmst du die etwa mit?«

»Na klar. Sind die nicht süß? Ich möchte ein Andenken an dieses Hotel.«

»Moment mal. Ist das legal?« Tara zog eine Augenbraue in die Höhe.

»Tara, echt jetzt? Das kann doch nicht dein Ernst sein! Das sind Wegwerfslipper! Glaubst du ehrlich, dieses Fünfsternehotel wäscht die jedes Mal und gibt den Gästen *gebrauchte* Slipper? Nein. Die sind für uns, damit wir sie nach Los Angeles mitnehmen können.«

»Ach ja? Da bin ich mir aber nicht so sicher.« Tara schnappte sich einen der weißen Slipper aus meinem Koffer und betrachtete ihn prüfend: Darauf stand in goldener Stickerei REGINA Paris.

»Und wenn schon! Was ist das Schlimmste, das passieren könnte? Dass man dir die Slipper berechnet? Na gut! Die sind es wert. Ich zahle sie. Und deine auch. Hier«, sagte ich und warf ihr die anderen aus dem Schrank zu. »Manchmal fühlt es sich gut an, ein paar Regeln zu brechen. Glaub mir.«

Ich sah Tara an, dass sie innerlich mit sich rang. Auf einmal fingen wir beide an zu lachen, weil wir erkannten, wie absurd unsere Debatte war. Wie unterschiedlich wir waren und doch auch ähnlich. Tara nahm das zweite Paar Slipper und legte es (widerstrebend) in ihren Koffer. Und da fiel mir etwas ein.

»Halt! Ich hab was für dich. Und ich schwöre, ich hab's nicht gestohlen oder irgendwelche Gesetze dafür gebrochen.«

Ich durchquerte das Zimmer und wühlte in meiner Tasche, bis ich die Kerze aus dem Geschenkeshop des Musée d'Orsay fand. Sie war in

Papier gewickelt. Ich reichte sie Tara. »Hier. Jetzt kannst du eine Kerze anzünden, wann immer du willst.«

Nachdem Tara vorsichtig das Papier entfernt hatte, schwieg sie für mein Empfinden ein bisschen zu lang. Vielleicht erinnerte sie sich wieder daran, dass wir es nie in eine Kirche geschafft hatten. *Mist. Mein Fehler.*

»Wenn das wegen deines Asthmas nicht geht, behalte ich sie. Ich dachte nur ...«

»Tasha, diese Kerze ist vom *Schwanensee* inspiriert, deshalb sieht man hier den Schwan mit der Tiara. Wusstest du, dass das mein Lieblingsballett ist? Und Dads auch?«

Nein, ehrlich gesagt wusste ich das nicht. Meine Schwester hatte als junges Mädchen jahrelang Ballett getanzt, und Bob hatte sich für jede Probe und jede Aufführung einen Platz in der ersten Reihe erobert, aber für mich war Ballett immer das Gleiche. Langweilig. Und als Jugendliche war mir Madonna lieber gewesen als Tschaikowsky.

»Da habe ich im Museumsshop wohl einfach Glück gehabt«, sagte ich.

»Das glaube ich nicht«, erwiderte Tara leise. »Ich glaube, das war Dad. Danke. Ich liebe diese Kerze, und ich liebe dich.«

»Ich liebe dich auch, Schwesterherz. Danke, dass ich mit dir in diesem piekfeinen Hotel übernachten durfte. Wenn ich erst mal ein erfolgreicher Immobilienhai bin, kommen wir wieder hierher. Auf meine Rechnung.«

»Ich verlass mich drauf.«

Als ich mich ein letztes Mal im Zimmer umschaute, fiel mir mein Handy auf der Kommode ins Auge. Ich nahm es und las die Nachricht, die kurz zuvor eingegangen war. Die Nummer war mir unbekannt, mit europäischer Vorwahl. Aber dieses Mal war es nicht Julien, der noch mal seinen Hut für Luxemburg in den Ring warf.

Es war sehr schön, Sie am Costes Hotel in Paris zu treffen.
Hoffe, wir sehen uns wieder. Grüße, A.

»Tara! Das ist er! Der Mann von letzter Nacht! Wie heißt der nur! Oh, mein Gott! Ich fasse es nicht, dass er mir geschrieben hat!« Plötzlich war ich hellwach.

Als ich Tara die Nachricht zeigte, grinste sie breit.

»Du musst zurückschreiben! Was willst du sagen?«

»Keine Ahnung! Was soll ich denn sagen! Halt, er hat nicht das richtige Geburtsdatum. Ist das wichtig?«, fragte ich, als ich seine Nummer unter IST DAS DER EINE? abspeicherte.

»NEIN«, sagte Tara mit Nachdruck.

Und da wusste ich es.

Glaubst du an Schicksal? Ganz ehrlich?,

tippte ich.

Er antwortete sofort. JA.

Dann erschienen drei Pünktchen, die mir signalisierten, dass er noch mehr schrieb.

Kann ich dich sehen? Heute?

Ich wünschte, das ginge. Aber ich fliege heute nach Hause.

Kommst du zurück?

Habe ich nicht geplant.

Wann fährst du zum Flughafen?

In 45 Minuten. Wenn du mich noch sehen willst, ich wohne ein paar Blocks von deinem Hotel entfernt im Regina Louvre. Gehe jetzt in den Frühstücksraum.

Bin auf dem Weg.

Oh. Mein. Gott. Was machte ich da nur? Zitternd gab ich Tara mein Handy, damit sie unseren Chat sehen konnte.

»Geh runter, Tasha. Auf der Stelle. Diesmal komme ich nicht mit, sondern hole mir später einen Kaffee. Aber informiere mich, so schnell es geht.«

»Versprochen. Okay, ich gehe jetzt. Auf der Stelle.« Dennoch rührte ich mich nicht vom Fleck. Auf einmal wusste ich nicht, ob ich noch mal einen Blick in den Spiegel werfen oder direkt runterrennen sollte.

»*Los*.«

Ich gab mein Gepäck beim Portier ab und ging in den Frühstücksraum, wo ich einen Kaffee und ein Croissant mit der Rechnung bestellte – praktisch in blinder Panik. Der Kellner brachte alles drei, und als ich die Rechnung quittiert hatte und aufschaute, stand *Ist das der Eine?* da, direkt vor mir.

Seine warmen braunen Augen schauten in meine. Er lächelte. Ich lächelte. Dann stand ich auf.

»Du bist es«, sagte er nur. Mit dieser Stimme.

Er neigte sich vor, bereit für *la bise*. Mittlerweile beherrschte ich die Kunst des Wangenküssens genauso wie eine echte Französin. Ich wusste, wie's lief, wusste aber gleichzeitig, dass dieser Kuss … mehr sein würde. Nicht nur eine flüchtige, beiläufige Berührung unserer Wangen. Kein Küsschen in die Luft. Seine weichen Lippen landeten direkt auf meiner Wange. Und blieben dort für eine herrlich süße Sekunde. Ich spürte, wie sich mein Puls beschleunigte und mein Gesicht heiß wurde. Was würde als Nächstes passieren? Ich hatte kein Skript.

Er ließ sich mir gegenüber nieder und stellte sich vor, als hätten wir alle Zeit der Welt. Sein Name war Anton. Wir plauderten darüber, was er in Paris machte, wer er und wer ich war. Anton arbeitete seit Langem als Wirtschaftsjournalist, schrieb in seiner Freizeit aber über die Geschichte der Liebe. Und des Schicksals. Er war genauso romantisch wie ich. Zwischen uns knisterte es. Wir befanden uns in einem hell erleuchteten Frühstücksraum, aber es hätte genauso gut eine verschwiegene Nische in einem gemütlichen Bistro sein können.

Bei Tageslicht sah Antons Gesicht anders aus. Zwar erinnerte er immer noch an einen griechischen Gott, was mir die Knie weich werden ließ, das war nicht zu leugnen. Außerdem war er groß, mindestens fünfzehn Zentimeter größer als ich. Schlank. Und doch wirkte er nahbarer und offener. Das gefiel mir. Sehr sogar. Vielleicht sparte er sich seine glutäugige Intensität für die Nacht auf, ein Gedanke, der mich noch tiefer erröten ließ. Er trug ein schwarzes Hemd und einen gut geschnittenen, ebenfalls schwarzen Blazer. Mir fiel auf, dass unter seinem Ärmel der Ansatz eines Tattoos zu sehen war. *Oh, mein Gott, das auch noch?* Wieder roch ich sein nach Ambra und Weihrauch duftendes Aftershave. Sein gesamtes Erscheinungsbild war makellos, bis auf eine Kleinigkeit: Er hatte sich beim Rasieren am Kinn geschnitten. Der Schnitt blutete noch ein bisschen und war wohl ganz frisch. War er schnell in die Dusche gesprungen und hatte sich noch rasiert, bevor er hierherkam? War auch er ein bisschen nervös? Anton war Franzose und kam aus dem Elsass. Seine Stimme war tief, sein Akzent kaum bemerkbar. Er hörte aufmerksam zu, als ich von der Sache mit dem 2. November 1968 erzählte, die mich nach Paris geführt hatte. An diesen Tisch, zu ihm. Ich erklärte ihm nur das Notwendigste. Zu mehr hatten wir keine Zeit. Er musste später auch noch seinen Flug erreichen.

»Es fühlt sich seltsam an hierherzukommen, nur um dich zu verabschieden«, bemerkte er. »Sag mal ganz ehrlich, bist du tatsächlich den ganzen Weg nach Paris geflogen, nur um die Liebe zu finden?«

»Ich kam nach Paris, um einen Menschen zu finden. Aber nichts war so, wie ich erwartet hatte. Rein gar nichts.« Ich lachte nervös und blickte unwillkürlich zur Uhr, weil ich mein Taxi nicht verpassen durfte.

»Bist du sicher, dass du in absehbarer Zeit nicht mehr hierher zurückkommst?«, erkundigte er sich.

»Ich würde ja gerne, aber wenn ich wirklich wieder hierherkommen würde, dann frühestens in ein paar Monaten. Ich muss arbeiten. Und ich habe zwei Kinder«, antwortete ich vollkommen aufrichtig. »Und jetzt muss ich gehen und mein Gepäck holen. Mein Taxi kommt gleich.«

Wir traten aus dem Frühstücksraum in die betriebsame Lobby, in der es von an- und abreisenden Gästen wimmelte. Man sah ein Pärchen bei einem Concierge, der auf einem Stadtplan ein paar Orte einkreiste. Ein kleines Kind, das um Süßigkeiten bettelte. Eine Frau, die mit einer großen Schachtel von Hermès zum Aufzug ging. Während die Kronleuchter über uns funkelten, drang das graue Pariser Morgenlicht durch die Fenster. Vielleicht ist dies der richtige Zeitpunkt, um zu erwähnen, dass die Lobby des Hotels Regina Louvre die majestätische Mutter aller Pariser Hotellobbys ist und schon für Dutzende von Filmen wie *Nikita* und *Die Bourne Identität* als Hintergrundkulisse diente. Irgendetwas in der prächtigen Halle gab den Besuchern das Gefühl, dass jeden Moment alles passieren konnte, dass nichts verloren war. An der Rezeption stand die junge Angestellte, die Tara und mich am Tag zuvor auf unser Zimmer gebracht hatte, und schaute zu mir her. Als sie Anton an meiner Seite sah, lächelte sie erfreut und anerkennend. Wäre sie Amerikanerin gewesen, hätte sie mir sicher zwei gereckte Daumen gezeigt.

Inmitten des Trubels standen Anton und ich. Als ich in seine Augen blickte und er in meine, verflog jeder Gedanke an mein Gepäck und das Taxi. Hier gab es keine Nischen im Kerzenschein, wo man sich verstecken konnte. Keine Schwester und keine Freundinnen, die mich ermutigten. Keine Handykameras, die mich filmten. Keine Drinks, die meine Angst milderten oder die harsche Wirklichkeit abdämpften. Nur uns zwei, mitten im Hier und Jetzt.

»Also, wann war noch mal dein Geburtstag?«, platzte es aus mir heraus.

Als Antwort legte Anton seinen Finger unter mein Kinn und hob es sanft an. »Darf ich dich küssen?«, fragte er.

Und kaum hatte ich mit einem Nicken Ja gesagt (aber so was von *Ja!*), berührten seine Lippen die meinen. Zuerst ganz sanft. Mit der einen Hand glitt er von meiner Schulter zu meinem unteren Rücken, mit der anderen umfasste er meine Wange. Er küsste mich, federleicht, und ich erwiderte seinen Kuss. Es war immer noch Zeit innezuhalten, sich zurückzuziehen und zu sagen: »Bis irgendwann mal«, ohne die *contenance* zu verlieren. Doch dann zog er mich enger an sich und küsste mich intensiver, leidenschaftlicher. Im Bruchteil einer Sekunde verwandelten wir uns in hoffnungslos verknallte Teenager, die wild herumknutschten. Er presste mich an sich und passte seinen Körper meinem an. Ich schmolz in seinen Armen dahin. Sein Mund wanderte zu meinem Hals und knabberte an meinem Ohr. Dann spürte ich seine Hand in meinen Haaren, hörte, wie sein Atem schneller ging. Durch den Druck seines Körpers fühlte ich mich so lebendig wie schon lange nicht mehr. Das plötzlich durch die Fenster strömende Sonnenlicht wärmte mein Gesicht. Nur noch undeutlich nahm ich wahr, wie sich die Welt um uns herum weiterdrehte. Wir standen sicher allen im Weg. Und ja, ich hatte den einteiligen Schlafanzug mit Schlangenprint an. Kein umwerfendes Abendkleid oder überhaupt ein Kleid. Doch das kümmerte mich nicht. Ich stand in Flammen, loderte so hell, wie man es sonst höchstens in köstlich pikanten Schmalzromanen lesen kann. Ich fühlte mich, als könnte ich mich hier und jetzt in reine Glückseligkeit auflösen. Hätte ich ein eigenes Zimmer gehabt, hätte ich es sofort mit Anton aufgesucht und noch mal meinen Flug umgebucht – und wenn ich dafür einen Zwischenstopp in Island und sechsundzwanzig Stunden Reisezeit in Kauf hätte nehmen müssen.

Dauerte unser Kuss fünf Minuten, zwanzig Stunden oder nur dreißig Sekunden? Ich weiß es nicht. Er fühlte sich an wie eine Ewigkeit und gleichzeitig wie der Bruchteil einer Sekunde.

Es war ein winziger Augenblick der Ewigkeit.

Ich hatte mir Colettes Übersetzung von Jacques Préverts Gedicht so oft angehört, dass es sich wie ein Songtext tief in mein Gedächtnis eingeprägt hatte. Zu den merkwürdigsten Zeitpunkten tauchten Fragmente davon auf und versanken wieder in meinem Innern. Ich hörte ein, zwei Zeilen davon, während ich bei Starbucks in der Schlange wartete. Oder während ich Wäsche faltete. Oder am Temescal Canyon wanderte. Ich wusste fast nie, was die Erinnerung in mir auslöste. Aber in der Lobby des Hotels Regina Louvre war das keine Frage.

Der Augenblick der Ewigkeit

Als du mich küsstest
Und ich dich küsste
An einem Morgen im Licht des Winters

Langsam löste sich Anton von mir, und ich kehrte in die Wirklichkeit zurück. Mein Taxi konnte jeden Moment da sein.

»Du verpasst noch deinen Flug«, sagte er und hauchte mir einen letzten Kuss auf die Stirn.

Ich erinnere mich nicht, ob ich ihm Lebewohl sagte. Ich erinnere mich an nichts mehr von seinem Abschied. Aber offenbar habe ich doch Lebewohl gesagt und ihm nachgesehen, als er ging, denn ich habe ein Foto von ihm am Ausgang des Hotels. Einen Beweis, dass *es wirklich passiert war.* Obwohl das Foto unscharf ist und Anton nur als große dunkle Gestalt in einer sich bewegenden Drehtür zeigt.

Als Nächstes weiß ich, dass ich mit meinem Gepäck im Taxi saß. Kaum berührte mein Po den Rücksitz, schickte ich Tara eine SMS, damit sie wusste, dass ich nicht entführt worden war.

HABEN WIE WILD
IN DER LOBBY RUMGEMACHT
UND ES WAR
🔥🔥🔥

Sofort simste Tara zurück.

ERZÄHL MIR ALLES!!!

Ich blickte aus dem Fenster zum Hotel. Zum Eiffelturm in der Ferne. Auf Jeanne d'Arc. Die Magie von Paris. Und dann entdeckte ich Anton auf dem Bürgersteig. Er starrte zu mir und wartete, dass mein Taxi losfuhr. Ich hob die Hand und winkte, als wir uns vom Bordstein lösten. Dann bogen wir um eine Ecke, und ich konnte weder ihn mehr sehen, noch den Eiffelturm, Jeanne d'Arc oder sonst irgendwas …

Ich weiß noch, dass ich die gesamte Fahrt aus dem Fenster des Taxis starrte und mir darüber klar zu werden versuchte, was gerade passiert war und was als Nächstes kommen würde. Ich war zutiefst erschöpft und fühlte mich gleichzeitig äußerst lebendig. Ein sehr seltsames, aber wunderschönes Gefühl. Paris rauschte an mir vorbei, bis die Magie der Stadt der sachlicheren Atmosphäre von Vorstadt und Flughafenumgebung wich.

Ping. Wieder Tara.

Sie hatte mir ein paar Fotos geschickt. Von ihr und mir vor dem Arc du Carrousel, ich natürlich mit meinen Flyern in der Hand. Von Nicole, Penelope und mir beim Essen mit François. Von mir – mit nervöser, fast panischer Miene – vor dem Little Red Door. Von mir und Andy, strahlend im Opernhaus.

Und dann von mir und Bob.

Hi, Dad.

Meinen Flug hätte ich fast verpasst. Ich betrat als Letzte den Flieger, der auf mich warten musste. Als ich auf meinen Sitz sank und mich bei meinen Nachbarn entschuldigte, meldete sich erneut mein Handy. Eine weitere SMS. Ich konnte es kaum erwarten, noch mehr Fotos von Tara zu sehen. Ich wollte nicht, dass Paris schon vorbei war.

Aber die SMS kam von IST DAS DER EINE.

> *Kennst du den Ausdruck ›coup de foudre‹? So fühlte sich unsere Begegnung an.*

»Bitte schalten Sie alle elektronischen Geräte ab, auch Ihr Handy, da wir uns zum Abflug bereit machen«, ertönte eine ernste Stimme durch den Lautsprecher, und ich sah, wie die Stewardess durch den Gang auf uns zukam und dabei jede Sitzreihe überprüfte. Doch ich saß ziemlich weit hinten, also hatte ich mindestens noch dreißig Sekunden.

Ich rief Google Translate auf und gab ›coup de foudre‹ ein, da ich den Ausdruck nicht kannte. Sofort erschien auf meinem Display die Übersetzung: *Liebe auf den ersten Blick.*

Zwölftes Haus

Ein Himmel voller Sterne

Das Zwölfte und letzte Haus repräsentiert Enden: die letzten Stadien eines Projekts, die Verknüpfung loser Enden, Abschlüsse, das Leben nach dem Tod und Kapitulationen. Es hilft dabei, sich zu einer vollkommeneren und erfüllteren Version seiner selbst zu entwickeln.

In meinem Zwölften Haus steht der Wassermann. Wo auch immer ich hingehe, finde ich Freunde. Es können Freunde für eine kurze Zeit oder auch Freunde fürs ganze Leben sein, doch keiner von ihnen ist neu. Denn Stephanie sagt, wir sind uns alle schon mal in einem unserer vergangenen Leben begegnet: an anderen Orten, in anderen Rollen, womöglich auch in anderen Geschlechtern.

Uranus herrscht über das Sternzeichen des Wassermanns, daher herrscht Uranus über mein Zwölftes Haus. Ich wurde mit Uranus als Waage geboren, bei der es um Gemeinschaft geht. Obwohl Uranus wegen des Wassermanns mein Zwölftes Haus regiert, ist es wichtig zu wissen, dass Uranus am Tag meiner Geburt als Reinkarnation meines Seelenverwandten in meinem Achten Haus auftauchte. Das Achte Haus steht auch dafür, Umstände zu kontrollieren, doch Uranus widersetzt sich jeder Kontrolle. Er braucht die Freiheit, um atmen zu können. Von dieser Perspektive aus musste sich Paris genauso entwickeln, wie es sich entwickelt hat.

Zuerst fühlte es sich sehr gut an, wieder in Los Angeles und in meinem kleinen gelben Haus zu sein. Obwohl ich nicht mal eine Woche fort gewesen war, hatte ich alles daran vermisst: die Blumen und Schmetterlinge im Garten, meine alte, aber unglaublich gemütliche Matratze und meine Küche, wo ich wusste, wie die Kaffeemaschine funktionierte. Die warme Sonne. Und am meisten Margot und Dash.

Dash begrüßte mich mit Umarmungen und hundert Fragen zum Essen in Paris. Hatte ich französische Zwiebelsuppe gegessen? Beefsteak Tartar? Stimmte es, dass die Franzosen keine Snacks zwischendurch hatten? Gab es dort Automaten mit Baguettes statt mit Süßigkeiten?

»Oh. Hey, Mom. Wie war Paris?«, fragte Margot im Vorübergehen. »Hast du deinen Seelenverwandten gefunden? Es sah aus, als hättet ihr Spaß gehabt.«

Und noch bevor ich ihr antworten konnte, war sie schon wieder weg – informierte mich aber vorher noch, dass sie sich um die Rolle des Maskottchens der Pali Highschool beworben hatte, und zwar mit Erfolg. *Margot*? Als Dewey Dolphin?

Ich musste zurück zur Arbeit, obwohl mir das mehr als widerstrebte. Nicht, dass ich meine Arbeit und meine Kollegen nicht gemocht hätte – natürlich mochte ich sie. Außerdem brauchte ich so schnell wie möglich Geld. Aber ich wollte meine Kollegen und Kunden nicht sehen, weil ich mich genauso schämte, wie ich es befürchtet hatte. Wer konnte es mir verdenken? Abgesehen von einer lächerlichen (aber heißen) Knutscherei in der Öffentlichkeit mit einem Mann, der das falsche Geburtsdatum hatte, war ich gründlich in Paris gescheitert, und eine Menge Leute wussten davon. Die halb mitfühlenden, halb amüsierten Bemerkungen meiner Kollegen am Empfang oder im Kopierraum konnte ich mir nur allzu gut vorstellen. Außerdem musste ich alle Plakate aus meinem Büro entfernen. Sehr demütigend. War es also ein Wunder, dass ich das so lang wie möglich aufschieben wollte? Was letztendlich gar nicht lang war.

Nur wenige Tage nach meiner Heimkehr wurde mir ein Platz bei einem exklusiven Ninja Coaching Workshop angeboten, der eigentlich nur für die Topverkäufer der Agency vorgesehen war. Normalerweise hätte dieses einwöchige Verkaufstraining ein kleines Vermögen gekostet. Und selbst wenn ich mir das hätte leisten können, hätte ich doch nicht dorthin gehört. Zu so einem Kurs gingen nur die Verkaufsgenies, die einen Umsatz von Hunderten Millionen hatten. Aber jemand sagte in letzter Minute ab, und jemand anderer dachte an mich. Und ich sagte zu, bevor ich zu lange darüber nachdenken konnte. Denn wenn das Ninja Coaching gut genug war für Billy und Mauricio, wer war ich dann, um es abzulehnen?

Der Kurs begann um acht Uhr morgens im Viceroy L'Ermitage Hotel in Beverly Hills. *Klingt nach großen Sälen*, dachte ich auf der Fahrt dorthin. *Da wird mich niemand bemerken, und meine Verspätung auch nicht. Ich schlüpfe unbemerkt rein und mach mir im Hintergrund Notizen.*

Falsch gedacht. Der Workshop fand im kleinsten Kreis in einem winzigen Konferenzraum statt. Schlimmer noch: Alle anderen waren pünktlich gekommen. Also richteten sich alle Augen auf mich, als ich leise die Tür öffnete, um mich reinzuschleichen.

»Bonjour!«, rief Mauricio mit seiner unnachahmlich dröhnenden Stimme quer durch den Raum. »Da ist sie ja wieder!«

»Haben Sie Ihren Seelenverwandten gefunden?«, fragte ein anderer.

»Willkommen zu Hause!«

»Yay, Natasha! Du hast es geschafft!«

»Wie war Paris?«

Während ich mir einen Platz suchte, applaudierten mir meine Kollegen. Ich wusste gar nicht, wohin mit mir. Eigentlich hatte ich gedacht, ich würde mich mit eingezogenem Kopf den demütigenden Fragen der anderen stellen und stotternd zugeben, dass mein Plan gescheitert war. Aber nicht ein Einziger im Raum verhielt sich so, als wäre ich eine verblendete Versagerin, die unsanft auf dem Boden der Tatsachen gelandet war. Im Gegenteil: Sie gratulierten mir.

»Äh, danke ... aber wozu die Glückwünsche?«, fragte ich und lachte gezwungen, während ich darauf wartete, dass sich der Boden unter mir auftat.

»Sie sind in ein verdammtes Flugzeug nach Paris gestiegen, um Ihren Seelenverwandten aufzuspüren. Selbst wenn Sie ihn noch nicht gefunden haben, würde ich trotzdem darauf wetten, dass Sie es schaffen werden«, sagte einer der Makler, von dem ich geglaubt hatte, dass er mich nicht mal wahrgenommen hatte. Wieso auch? Im Vergleich zu seinem Imperium war mein Geschäft ein Bauchladen.

»Was ist aus dem Letzten geworden? Ich sterbe vor Neugier!«, flüsterte Monique, als unsere Kursleiterin uns anwies, zur Ruhe zu kommen und die Aufmerksamkeit auf sie zu richten.

»Fangen wir mit einer Aufwärmübung an«, sagte sie munter. »Viele Menschen haben heutzutage Hemmungen, übers Handy zu sprechen, vor allem, wenn es um Kaltakquise geht. Dies hier ist eine Übung, die hilft, Selbstvertrauen aufzubauen. Jeder hier wird jetzt jemanden anrufen. Zum Beispiel einen alten oder neuen Kunden. Einen Kollegen. Eine Freundin. Ihre Mutter oder Schwester. Ganz gleich wen, solange Sie sie anrufen und ein Gespräch mit ihnen führen. Und wenn Sie nicht wissen, wen Sie anrufen sollen, bitte ich Sie, eine Art russisches Roulette mit Ihrem Handy zu spielen. Sie schließen die Augen, scrollen sich durch Ihre Kontakte und tippen einfach einen Gesprächspartner an.«

Das schien mir eine gute Idee zu sein, denn ich wollte noch nicht mit einem meiner Freunde telefonieren. Sie würden mich nur mit viel zu vielen Fragen bombardieren. Ich verließ den Raum, suchte mir ein stilles Eckchen, schloss die Augen und scrollte durch meine Kontakte. Als ich nachsah, wo mein Finger gelandet war, traute ich meinen Augen nicht: beim Radiosender, über den ich von meiner Suche erzählt hatte!

Das soll wohl ein Witz sein! Ich erwog kurz, noch mal zu wählen, zog die Übung dann aber durch und rief an. Es meldete sich dieselbe Person, mit der ich schon vor Monaten gesprochen hatte. Ich beschloss, mich sofort ins kalte Wasser zu stürzen.

»Erinnern Sie sich noch an mich? Ich bin die Frau, die in Paris ihren Seelenverwandten suchen wollte. Hi. Ich bin gerade zurückgekommen«, begann ich und erklärte ihr dann von meinem Kurs und dem Grund für meinen Anruf.

»Ein Verkaufstraining? Ninja? *In diesem Moment*? Oh, dann wollen die Moderatoren sicher mit Ihnen sprechen«, erwiderte die Stimme.

Die Moderatoren mussten erst mal lachen, als ich von meinem Kurs erzählte. Dann beglückwünschten sie mich, dass ich heil aus Paris zurückgekommen war, und erklärten den Zuhörern meine Hintergrundgeschichte. Schließlich fragten sie, was ich denn sagen wollte, nun, da ich live im Radio war und die Aufmerksamkeit der Zuhörer hatte.

Darüber hatte ich noch gar nicht nachgedacht. Eigentlich hatte ich nur die Übung durchziehen wollen. Und Mauricio war gerade zu mir gekommen und hörte mit.

»Sind Sie etwa ... *im Radio?*«, fragte er ungläubig.

Ich reckte nur den Daumen und lächelte zaghaft. Plötzlich aber wusste ich, worüber ich sprechen wollte: von dem Gefühl, als ich bemerkte, dass meine Kollegen mich diese Woche beim Kurs nicht als Paradebeispiel einer Versagerin betrachten würden, die sich in Illusionen verrannt hatte. Und auch sonst niemand.

»Vor allem möchte ich sagen, wie dankbar ich für viele Menschen in meinem Leben bin. Sogar für diesen Radiosender. Jeden Morgen hören mein Sohn und ich auf dem Weg zur Schule Ihre Sendung. Auch wenn mir das damals nicht klar war, so war Ihre Sendung doch eines der Dinge, das mich im letzten Jahr aufgemuntert hat, wenn ich es am dringendsten brauchte. Sie erinnerte mich jeden Tag daran, dass ich mich nicht hängen lassen darf. Also vielen Dank dafür.«

Ich weiß, ich plapperte sinnlos vor mich hin und klang dabei wahrscheinlich grässlich kitschig. Doch eines wusste ich genau: dass ich zutiefst dankbar war für die Menschen in meinem Leben, die mich unterstützten und ermutigten, während ich auf eine zweite (oder auch dritte und vierte) Chance auf ein Happy End in meinem Leben hoffte.

Kurz bevor ich das Gespräch beendete, sagte ich noch: »Wenn da draußen irgendjemand ein Haus sucht oder verkaufen will, möchte er mich bitte anrufen.«

»Sie haben live im Radio angerufen? Na, das habe ich in all den Jahren, die ich den Kurs gebe, noch nie erlebt«, rief die Verkaufstrainerin überrascht aus. Wir hatten alle erzählen müssen, wen wir angerufen hatten.

Ich schaffte nur zweieinhalb Tage des Ninja-Trainings, denn die

Kursleiterin wollte, dass wir unsere Handys und Laptops weglegten und uns von acht Uhr morgens bis achtzehn Uhr abends konzentrierten. Das konnte mein ADHS-Ich nicht. Trotzdem lernte ich etwas Wichtiges: Menschen, die ich respektierte, sahen mich, wie ich war – chaotisch, hoffnungsvoll, impulsiv, hart arbeitend, erfolgsorientiert –, und sie mochten mich! Sie schienen mich sogar ebenfalls zu respektieren. Außerdem erfuhr ich, dass das Haus des Popstars wahrscheinlich doch noch verkauft würde, wenn auch an einen anderen Interessenten. Die Rundmail an all meine alten und neuen Freunde und Bekannten hatte wie durch ein Wunder eine interessierte Käuferin auf den Plan gerufen, die nach einem solchen Haus suchte. Billy nahm mich in einer Pause am ersten Kurstag beiseite, um mir die guten Neuigkeiten zu berichten.

»Heute Morgen rief mich eine Interessentin an, die Ihr Rundschreiben bekommen hat. Zufälligerweise habe ich sie vor Jahren vertreten, als ich noch als Anwalt in der Unterhaltungsbranche gearbeitet habe. Sie ist umwerfend – und erwartet ihr drittes und viertes Kind: Zwillinge, ist das zu glauben? Deshalb braucht sie so schnell wie möglich ein größeres Haus. Sie will bar bezahlen und stellt kaum Bedingungen, außer dass der Verkauf schnell über die Bühne gehen soll. Es besteht die Chance, dass wir noch diese Woche ein Treuhänderkonto eröffnen können. Und es kümmert sie nicht, dass unser Verkäufer noch eine kleine Party gefeiert hat.«

Ich hatte schon immer den Eindruck gehabt, das Haus des Popstars wäre für eine Familie gedacht. Häuser haben genau wie Menschen eine bestimmte Energie. Ich hatte ein gutes Gefühl.

»Wenn ich je noch mal heirate, dann in einer weißen Version dieses Kleides«, sagte ich zu Tony, als ich ihm das Abendkleid zurückgab, das er entworfen und mir für die Suche nach meinem Seelenverwandten in Paris geliehen hatte. »Danke, dass du es mir anvertraut hast.« Wir befanden uns in seinem Atelier.

»Feierst du heute?«, fragte Tony.

»Nein, wieso sollte ich?«, erwiderte ich verwirrt.

»Aber heute ist doch *le deux novembre, chérie!* Da musst du feiern oder zumindest einen Toast ausbringen. Endlich ist der zweite November da!«

Tony wusste offensichtlich nicht, wie schlecht ich bei Daten war. Dennoch hatte er irgendwie recht. Zu Hause setzte ich mich mit einem Glas Sprudel (denn Blubberbläschen mussten sein) auf meine Couch und gratulierte all meinen sechzehn potenziellen Seelenverwandten per SMS zum Geburtstag. Sogar Narbenkerl und Amir, der mich auf der Brücke versetzt hatte.

Und einer nach dem anderen schrieb zurück. Selbst Chloe.

Maaz: *Merci!*

Antoine: *Hey.*

Chloe: *Ich denke oft an dich. An dich und deine Schwester.*

Alcide: *Ich hoffe, wir sehen uns 2020.*

(Dies von einem Mann, der in Paris nicht eine einzige Nachricht von mir beantwortet hatte.)

Amir: *Vielen Dank. Wie geht es dir? Ich dachte, du hättest mich vergessen. Und wann kommst du wegen unserer Liebe?*

(Äh, was?)

Thierry: *Hallo ein Vogel aus Paris. Mit Kuss und Lächeln.*

(Was zum Teufel bedeutete das denn?)

Ein paar dieser Typen fanden mich aus der Ferne offensichtlich anziehender.

> Fabrice: *Danke für deine Geburtstagsgrüße, Natasha ☺ ☆ das berührt mich sehr, die Feier war nur im kleinsten Kreis wegen meines Vaters, hatte keine sooo große Lust, ohne ihn zu feiern. Meine Mutter ruht sich zu Hause aus, wir sind bei ihr. Wie traurig muss es auch für dich gewesen sein. Du bist so lieb, danke für deine Worte. Ich küsse dich.*

Und dann schrieb ich Philippe.

> *Herzlichen Glückwunsch, P. Ich habe viele Männer kennengelernt, die am 2. November 1968 in Paris geboren sind. Aber keiner war wie du. In Liebe Xx*

Doch Philippe antwortete nicht, weder an diesem Tag noch am nächsten. Es sollten Wochen vergehen, bevor ich etwas von ihm hörte.

Als sich das Jahr 2019 dem Ende zuneigte, hätte ich auch an ein anderes Datum denken müssen, nicht nur an den 2. November. Tara und ich unterhielten uns eines Nachmittags in meiner Küche, als sie das kleine Glasschälchen bemerkte, das ich als Schutzhülle über ein winziges Aschehäufchen auf dem Regal mit meinen Schätzen gestülpt hatte. Daran klebte ein rosa Post-it mit der Warnung NICHT ANFASSEN, KÖNNTE BOB SEIN!

»Was ist das denn?«, fragte Tara, aber an ihrem Ton merkte ich, dass sie ganz genau wusste, was das war.

»Tja, das ist ... also ... es sollte eine Kindersicherung an diesem Zauberstab geben, den ich für Dads Asche gekauft habe. Denn er öffnet sich irgendwie, wenn ich am wenigsten damit rechne, und wenn ich nicht aufpasse, dann fällt das raus, was drin ist.«

»Fällt das raus, *was drin ist*? Du meinst *Dad*? Tasha, es ist höchste Zeit, dass du dafür eine Lösung findest, und zwar eine vernünftige! Bald ist der Jahrestag von Dads Tod. Am zehnten Dezember. Er soll sich jetzt endlich vollständig ausruhen können. Also weg mit dem Zauberstab! Das hätte Dad auch gewollt.«

Ich spürte, dass Tara recht hatte. Bevor ich nach Paris flog, hatte ich mich von einer Hellseherin namens Teresa wegen der Suche nach meinem Seelenverwandten beraten lassen – nur einer der vielen Wege, die ich in meinem Bemühen eingeschlagen hatte, den Einen zu finden. Zu meinem Liebesleben hatte Teresa nicht viel zu sagen, wohl aber zu Bob. Und zu meinem Onkel mütterlicherseits. Ich weiß, ich weiß. Nach meiner Rückkehr aus Paris rief ich sie noch mal an. Dad fehlte mir. Und sie, oder besser er, so sagte sie, hatte eine Nachricht für mich. Er liebte mich und war stolz auf mich, aber laut Teresa erwähnte Bob immer wieder ein Foto von ihm, das ich hatte. Er wollte, dass ich das Foto suchte und es respektvoll rahmen ließ. Ich wusste genau, welches Foto Dad meinte. Es zeigte ihn als jungen Mann am MIT. Nachdem ich das Gespräch mit Teresa beendet hatte, ging ich schnurstracks zu meinem Regal in der Küche. Dort fand ich das Foto, mit dem Bild nach oben liegend und besprenkelt mit Asche. Oh nein! Der Zauberstab. Wenn ich ihn nicht in meiner roten Tasche mitschleppte, lag er immer genau an dieser Stelle neben dem Foto. Offenbar war er nicht dicht. Ich wusste nicht, was ich tun sollte: einfach die Asche zurück in den Zauberstab geben und den Rest wegwischen? Es kam mir nicht richtig vor, die sterblichen Überreste meines Vaters mit einem Spritzer Windex und einem Zewa aufzuwischen. Wollte Dad überhaupt auf dem Regal mit meinen Schätzen sein? Was, wenn er woanders sein wollte? Ein kleines Schälchen als Schutzhülle schien mir eine gute Zwischenlösung zu sein, bis ich mir was überlegt hatte. Aber jetzt dachte ich, dass Bob wohl mehr wollte, als in einem Fotorahmen zu landen oder (in Teilen) als Schutzpatron der Küche zu dienen. Vielleicht war es das, was die Hellseherin gemeint hatte. Ich erzählte Tara davon.

»Ja, ja, das klingt genau wie etwas, was eine Hellseherin sagen würde. Aber ich bin froh, dass du das Foto gerahmt hast. Es ist eines von Moms Lieblingsfotos. Und der Zauberstab kriegt nur ein Sternchen von mir«, seufzte meine Schwester.

Am Ende entschieden wir, Bobs restliche Asche ins Meer zu streuen. Bob liebte den Ozean. Selbst sein Grab hatte eine großartige Aussicht auf die Küste. Wir mieteten ein kleines Boot, das uns direkt bis zur Stelle unterhalb des Friedhofs von Santa Barbara bringen würde. Nur wir drei würden dabei sein: Tara, Mom und ich. Und der Bootsmann. Ach, und Bob.

»Alles in Ordnung, Mom? Brauchst du was?«, fragte ich und wühlte in Taras perfekt aussehendem Picknickkorb, während unser Kapitän das zehn Meter große Segelboot vom Hafen in den Pazifik steuerte. »Ein Kleenex? Augentropfen? Salami mit Fenchel und schwarzem Pfeffer? Was ist das denn? Feine Wurstwaren für die Bestattung auf See?«, fragte ich meine Schwester.

Als Antwort reichte Tara mir nur eine Flasche Veuve Clicquot, genau wie die aus unserer Hotelminibar in Paris, nur größer. »Prüfe auf jeden Fall die Windrichtung, bevor du diesen Zauberstab öffnest. Im Ernst! Ich habe Nachforschungen über das Verstreuen von Asche betrieben und möchte nicht, dass mir dasselbe passiert wie in *The Big Lebowski.*«

»Du machst dir einfach zu viele Sorgen«, erwiderte ich und ließ den Korken knallen. »Entspann dich! So schwer kann's doch nicht sein, ein bisschen Asche zu verstreuen.«

»Bob hätte das gefallen«, bemerkte Edna mit aufrichtigem Lächeln, als ich ihre Plastikflöte mit Champagner füllte und die Joe Cool-Playlist über die Musikanlage des Boots startete. Natalie Coles »This Will Be (an Everlasting Love)« drang aus den Lautsprechern hinaus aufs offene Meer. Ich freute mich, Mom so glücklich zu sehen.

Als wir drei nautische Meilen vom Ufer entfernt waren – der gesetzlich vorgeschriebene Mindestabstand zur Entsorgung der sterblichen Überreste – erklärte unser Kapitän uns freundlich, dass die Zeit zum Abschied gekommen war.

»Ist gut«, sagte ich und schluckte hart. Das war mein Stichwort. Aber ich wusste immer noch nicht, wie ich das tun sollte. Ich blickte zu meiner Schwester und meiner Mutter, die mich beide durch ihre übergroßen Sonnenbrillen anschauten. Wo war noch mal das verdammte Handbuch zum Sterben? Wieso war Bobs Seebestattung jetzt meine Aufgabe? Warum war ich nicht wie meine Schwester fürs Catering verantwortlich? Oder für die Unterhaltung unseres attraktiven Kapitäns wie meine Mutter? Mir tat der Kopf weh. Mir tat das Herz weh.

Cool bleiben, flüsterte eine leise Stimme. *Sei Joe Cool.*

Hi, Dad.

»Auf den Großen Bob Sizlo«, sagte ich und hob das Glas. »Danke, dass du bei uns bleibst, Dad. Wir lieben dich.«

Sorgfältig entfernte ich den Verschluss des goldenen Zauberstabs und begann, die Asche ins Meer zu streuen. *Ist gar nicht so schlimm*, dachte ich. *Eigentlich sogar ganz schön. Der Kreislauf des Lebens. Ich gebe den Körper meines Vaters der Erde zurück (oder dem Meer). Asche zu Asche, Staub zu Staub.* Die schwereren Anteile der Asche sanken ins dunkle Wasser, während ein staubgrauer Film sacht auf der Oberfläche dem Sonnenuntergang entgegendriftete. Ich warf eine Handvoll weißer Rosenblätter ins Wasser und beobachtete, wie sie sich mit der Asche meines Vaters vermischten. Meine Mom war ganz still. Ich hörte Tara schniefen. Und doch war unsere Trauer auch wohltuend. Es war Zeit loszulassen. Aber irgendwie war dieses Loslassen auf dem Meer gar kein Loslassen, sondern ein Hereinlassen. Wir wehrten uns nicht gegen Bobs Tod und liefen auch nicht davor weg, sondern öffneten uns einfach dieser Realität und damit auch Bob. Wir ritten die Welle der Trauer, der Liebe und der Erinnerung, wir ließen uns von ihr überspülen. Es war ein vollkommener Augenblick.

Allerdings nur, bis die letzten Aschereste von Bob im Zauberstab stecken blieben.

Sanft schlug ich damit auf die Reling des Boots, um sie zu lösen. Doch nichts kam heraus. Ich schlug ein bisschen härter. Immer noch nichts.

»Soll das so sein?«, quetschte Tara leise durch ihre zusammengebissenen Zähne.

Während ich immer wieder den Zauberstab mit der Asche meines Vaters gegen die Reling schlug, spürte ich, wie der Wind auffrischte.

»Mach den Mund zu«, riet ich meiner Schwester, die ziemlich entsetzt wirkte.

Mann, saß die Asche fest!

Bang-bang-bang.

Immer härter schlug ich gegen die Reling, um Bob zu ermutigen, endlich loszulassen und sich dem Unvermeidlichen zu fügen, doch selbst tot und eingeäschert war er noch ein ziemlich sturer Kerl. Als das Boot sich auf den Wellen drehte, schlug uns der Wind plötzlich voll ins Gesicht.

»Oho!«, rief ich aus, als die Asche sich löste und gefährlich nah an uns vorbeiflog. »Da hast du dir wohl mit Recht Sorgen gemacht!«

Ein paar Sekunden schauten Tara und ich uns an, und ein winziges Lächeln umspielte unsere Lippen. Wie gut ich dieses Gefühl aus unserer Kindheit kannte: wenn wir nebeneinandersaßen und zum unpassendsten Zeitpunkt gegen einen Lachanfall kämpfen mussten. Mit reiner Willenskraft konnte ich mich beherrschen, holte tief Luft und wartete darauf, dass der Anfall vorbeiging. Ich konnte sehen, dass Tara mit demselben Gefühl zu kämpfen hatte. Während sie ihren Drang zu lachen unterdrückte, kamen ihr die Tränen. Der Ausdruck in ihren Augen war derselbe wie in unserer Kindheit.

»Das ist gar nicht komisch, Dad«, stieß Tara aus, bevor sie doch losplatzte und sich vor Lachen bog.

Und dann war es Zeit für einen letzten Gruß von uns Schwestern. Wir entfernten uns von unserer Mutter, gingen zum Bug des Bootes und hielten zwei Flaschen Modelo – Bobs Lieblingsbier – in die Höhe.

»Wir lieben dich! Wir lieben dich, Dad!«, riefen wir und gossen das bernsteinfarbene Bier ins durchscheinend dunkelblaue Wasser.

Ich lehnte mich über die Reling, schloss die Augen und sprach direkt zu meinem Dad. Ich dankte ihm, dass er ein so großartiger Vater, Großvater, Ehemann und Freund gewesen war. Ich dankte ihm, weil er mich gelehrt hatte, dass alles möglich ist, und zwar immer. Ich dankte ihm, dass er Tara und mir auf dem Sterbebett versprochen hatte, sich in Paris mit uns zu treffen. Und dass er tatsächlich ein Jahr später in der

Stadt des Lichts erschienen war, dass sein Geist über den mit Kopfstein gepflasterten Straßen geschwebt und mir die Kraft gegeben hatte, zu leben und wieder zu lieben. Ich dankte ihm, dass er mich gelehrt hatte, zu glauben, Vertrauen zu haben und mich immer wieder aufzurappeln. Ich dankte ihm, weil er mich aufgefordert hatte, nie den Glauben an Magie und Liebe zu verlieren. Und weil er mich daran erinnert hatte, unter allen Umständen *cool* zu bleiben.

Das Meer hatte sich beruhigt. Die Sonne war untergegangen, und der Himmel erstrahlte in magischem Feuerrot. Der große, fast ganz runde Mond spiegelte sich im Wasser. Weiße Rosenblätter wippten am Horizont. Tara und ich saßen schweigend nebeneinander. Dann holte sie ihr Handy heraus und drückte auf ›Aufnahme‹.

»Unser Kapitän ist ziemlich süß«, sagte sie in vertraulichem Ton zur Kamera gewandt und schoss mir mit hochgezogener Augenbraue einen Blick zu. Sie wies nickend zum Heck des Boots, wo Mom sich noch ein Glas Champagner einschenkte und mit unserem attraktiven jungen Kapitän Johnny plauderte.

»Vielleicht sollte ich ihn nach seinem Geburtstag fragen«, erwiderte ich und zog ebenfalls eine Augenbraue hoch. »Mom jedenfalls mag er schon mal.«

Aber Edna war uns bereits voraus. »Er wurde 1986 in Miami geboren«, verkündete sie und umarmte ihn herzlich, als wir in den Hafen einliefen. »Er ist zwar nicht der Eine, aber aye, er ist ein hübscher Junge.«

»Wie haben wir noch mal unsere Kindheit überlebt?«, flüsterte ich Tara zu.

»Keine Ahnung ... haben wir das überhaupt?«

Später an diesem Tag postete ich ein paar Fotos vom Boot auf Instagram. Seit meiner Rückkehr hatte ich mich kaum mehr gemeldet und mich auf mein altes, Social-Media-fernes Ich zurückgezogen. Es war eine echte Erleichterung, einfach nur auf der Welt zu sein, ohne sich darum zu kümmern, wie irgendetwas wirkte. Andererseits musste ich auch immer wieder an die vielen, vielen Menschen denken, die sich im vergangenen Jahr mit mir in Kontakt gesetzt hatten, und zwar nicht nur wegen meiner Suche nach dem Einen, sondern auch weil sie selbst Probleme mit der unvorhersehbar niederschmetternden Trauer hatten, wenn sie einen geliebten Menschen verloren hatten. Ich hatte sehr ehrlich beschrieben, wie brutal es für mich gewesen war, mit dem Tod meines Vaters zurechtzukommen. Ich musste nicht so tun, als wäre alles in Ordnung, denn ich hatte bereits allen gezeigt, die ich gut und auch nicht so gut kannte, dass dem nicht so war. Es war nicht in Ordnung, dass mein Vater tot war. Es ist nicht in Ordnung. Aber es war Tatsache. Und an diesem Tag auf dem Boot hatte ich gespürt, dass Tara, meine Mom und ich endlich doch einen Weg gefunden hatten, unsere Trauer zu überwinden. Nein, wir waren nicht im Land der Rosen, Schmetterlinge und ewiger Sonne gelandet. Sondern irgendwo anders. An einem Ort, wo es manchmal wirklich mies war, aber auch irgendwie okay. Mit meinem Post wollte ich meinen Mitreisenden einen kleinen Gruß senden. *Hallo! Wir sind noch da! Wir leben noch!*

Mitte Dezember hörte ich endlich etwas von Philippe.

> Philippe: *Hi. Ich wollte mich nach deinem Geburtstagsgruß nicht ausschweigen. Wusste nur nicht, was ich schreiben sollte. Du fehlst mir. Sollten wir nicht mal einen Kaffee trinken gehen?*
>
> Ich: *Wahrscheinlich.*
>
> P.: *Sehr begeistert scheinst du nicht zu sein.*
>
> Ich: *WAHRSCHEINLICH.*

Natürlich gingen wir keinen Kaffee trinken, sondern ein Glas Rosé. Okay: zwei.

Wir trafen uns im Casa del Mar und zwar genau an dem Platz an der

Bar, wo ich ein Jahr zuvor gesessen hatte, weil ich auf ein paar verirrte Dads nach dem Feuer in Malibu hoffte. Genau an der Stelle, wo ich Nicole gesimst hatte:

Philippe kann nicht der Eine sein!!!,

bevor ich beschloss, die ganze Welt nach jedem anderen Mann abzusuchen, der den gleichen Geburtstag hatte wie Philippe.

Was für ein Jahr!

»Und, wie waren die anderen mit meinem Geburtstag?«, begrüßte mich Philippe lächelnd an der Bar.

Ich spürte, wie ich knallrot wurde. »Das ist mir so peinlich. Ich würde lieber nicht darüber reden«, antwortete ich.

Philippe sah immer noch gut aus. Und er trug ein weißes Hemd. Zum Teufel mit ihm!

»Ach, tut mir leid. Ich wusste nicht, dass das auf der Liste der Dinge steht, über die wir nicht reden dürfen. Wie wär's denn mit diesem Thema: Interessiert es dich, wie es ist, der Mann zu sein, der am 2. November geboren wurde?«, fragte er. »Können wir darüber reden? Deswegen haben mich nämlich Leute angerufen, besser gesagt, sie rufen mich immer noch an. Wegen meines Geburtstags und deines verrückten Abenteuers. Meine Mom war total verwirrt.«

»Ach, das tut mir wirklich leid.«

Philippe sah mich nur an und schüttelte den Kopf. »Schön, dich zu sehen, Natasha.«

»Danke, Philippe. Schön, gesehen zu werden.«

Schweigend nippten wir an unserem Rosé.

»Ich wollte dir sagen, wie leid es mir tut«, bemerkte Philippe. »Was wir hatten, war ...« Er verstummte.

»Perfekt, bis es nicht mehr perfekt war?«, erwiderte ich leise. »Ich weiß. Wir waren beide ziemlich kaputt. Außer Kontrolle. Das Trinken, die durchgemachten Nächte. Und wie es endete. Das war hart für mich, ist es in gewisser Weise immer noch. Ich kann nicht anders, ich frage mich ständig, ob es auch für dich hart ist. Wahrscheinlich ist die Frage nicht fair, aber ich muss sie stellen. Ich habe so lange darüber nachgedacht.« Nie hätte ich gedacht, dass ich mich trauen würde, diese Frage laut auszusprechen.

»Natürlich war es auch für mich hart«, nickte Philippe. »Ist es vielleicht immer noch, ich weiß nicht.«

Und dann sagte er nichts mehr, genau wie damals am schrecklichen Ende, als wir idiotischerweise immer noch versuchten, einfach weiterzumachen. Eine ganze Minute schwiegen wir uns an.

»Ich hab dich unterbrochen«, sagte ich schließlich. »Du wolltest dich bei mir entschuldigen. Aber wofür?«

»Du hast mich gebeten, dich zu heiraten, und ich habe dir nie eine Antwort gegeben.«

»Oh. Hast du das mit Absicht gemacht?«

»Du wolltest gar nicht *mich*, Natasha. Du wolltest, dass dich jemand rettet und wieder aufrichtet. Und dann bist du nach Paris geflogen.«

So hätte ich es nicht gerade ausgedrückt. Doch wusste ich, dass es ihn viel gekostet hatte, überhaupt etwas in dieser Richtung zu sagen. Und an seinen Bemerkungen war viel Wahres.

»Nein, mir muss es leidtun, Philippe. Ich wollte tatsächlich von jemandem gerettet werden, und das für eine lange Zeit nach meiner Scheidung und Bobs Tod. Aber weißt du was? In gewisser Weise hast du mich auch gerettet. Und dafür bin ich dir dankbar. Ich werde dir immer dankbar sein.«

Sagten wir endlich all das, was wir nie gesagt hatten? Von Angesicht zu Angesicht? *Nicht* betrunken und *nicht* mitten in der Nacht? Ja, das taten wir. Es war schwierig, aber auch gut. Philippe war einst mein Fels in der Brandung gewesen, genau wie mein Dad. Aber langsam sah ich Philippe mit anderen Augen. Langsam verstand ich, was er mit meinem Glückspunkt zu tun hatte, genau wie Stephanie gesagt hatte, und dass ich nicht unbedingt mit ihm zusammen sein musste. Nur weil etwas endet, heißt das nicht, dass es nicht hätte sein sollen. Ich konnte jetzt den sehr menschlichen, wunderschönen, verletzlichen Mann aus Fleisch und Blut schätzen und lieben und mich doch weiterentwickeln.

An jenem Abend in der Bar brach ich weder zusammen, noch warf ich mich in Philippes Arme, wie ich es früher, vor Paris, vor Bobs Tod vielleicht getan hätte. Und ehrlich gesagt auch noch nach Bobs Tod. Stattdessen fragte ich ihn nach der Frau, mit der er ausging. Ich erklärte ihm, ich hoffte, dass es gut mit ihr liefe. Und das meinte ich auch so.

»Ja, tatsächlich läuft es gut. Ich glaube, ich habe ein, zwei Dinge gelernt, Natasha«, erwiderte Philippe.

»Schon komisch, wie das so geht.«

Kurz darauf ging Philippe, um sich mit Giles zu treffen, einem guten Freund aus seiner Jugend, der nur für einen Abend in der Stadt war. Der arme Giles musste gerade selbst eine schlimme Scheidung durchstehen, und Philippe hoffte, ihn ein bisschen ablenken und unterstützen zu können.

Früher wäre ich vielleicht in der Bar geblieben und hätte eine Freundin telefonisch gebeten, sich zu mir zu gesellen. Ich hätte noch ein paar Gläser getrunken. Auf einen heißen Typen gehofft, der durch irgendeinen Zufall neben mir gelandet wäre. Aber an diesem Abend ging ich nach Hause, kochte mir einen Tee, klappte meinen Laptop auf und fing an nachzudenken. Zu schreiben. Über meinen Dad. Die Liebe. Philippe. War unsere Geschichte beendet? Einerseits fühlte es sich so an, doch andererseits flüsterte eine leise Stimme in meinem Kopf, dass es dafür zu einfach gewesen war. *Einfach?*, wollte ich zurückbrüllen. *Was von alledem war denn einfach gewesen?*

Ich nahm mein Handy und schickte Philippe eine Nachricht.

Ich: *War das der Abschluss?*

P: *Fühlt es sich für dich so an?*

Ich: *Irgendwie schon.*

P: *Dann ist es das irgendwie schon.*

Ich: *Hatten wir gerade die verrückteste Trennung in der Geschichte der Trennungen?*

P: *Kein Kommentar.*

Dann schickte er mir ein Selfie von sich und Giles. Zwei erwachsene Männer steckten die Köpfe zusammen und taten so, als wollten sie die Kamera knutschen. So etwas hätte auch zu Katie und mir gepasst. Giles und Philippe waren fast ihr ganzes Leben lang beste Freunde gewesen. Und sie waren an genauso einem Ort, wo Katie und ich auch immer so was machten. Im Élephante, einem aktuellen Hot Spot, um die Liebe zu finden – jedenfalls L.A.s Version davon. *Wir machen doch alle dasselbe*, dachte ich lächelnd.

Ich: *Na, das nenne ich mal eine Liebesgeschichte.*

P: *Seit 34 Jahren.*

Ich: *Liebe Grüße an Giles. Ich wünsche ihm viel Glück bei den heißen Frauen im Élephante.*

Und das war's. Ich wusste, dass ich Philippe nicht am nächsten Tag oder in der nächsten Woche schreiben würde. Aber es war auch nicht so, dass ich nie wieder mit ihm reden würde. Ich musste Philippe nicht aus meinem Leben streichen. Er war zur richtigen Zeit in mein Leben getreten, als gerade alles falsch lief. Die Liebe wollte ich auch nicht aus meinem Leben streichen – im Gegenteil, ich wollte sie in mein Leben lassen, in welcher Form sie auch immer auftreten mochte.

Als ich am ersten Januar 2020 am späten Nachmittag über den Pacific Coast Highway nach Hause fuhr, dachte ich über den Silvesterabend und das kommende Jahr nach. Was hatte Stephanie wohl zu 2020 zu sagen? Zu Beginn eines neuen Jahres – und jetzt sogar einer neuen Dekade – mussten Astrologen sehr viel zu tun haben. Ich sah förmlich vor mir, wie Stephanie und ihre Assistentin Sheri sich wochenlang über Horoskope und Sternkarten beugten und ihre Entdeckungen formulierten. Ich sandte ein kleines Stoßgebet zum Himmel, damit es ein gutes Jahr wurde. Für meine Kinder. Meine Schwester. Nicole. Meine Mom. Vor allem für meine Mom. Denn ich kam gerade aus ihrem Haus in Santa Barbara.

Margot und Dash hatten Silvester bei Michael und Anna verbracht, und Tara war bei ihrer Familie gewesen, daher hatten Katie und ich Edna zu einem Glas Champagner in ein schickes Hotel eingeladen und dann bei ihr zu Hause zu Abend gegessen. Nur wir drei. Und Friday. Denn meine kleine, mit dem Schwanz wackelnde Knutschkugel aus dem Tierheim war bei Edna eingezogen. Die beiden liebten sich heiß und innig, und es war gut, dass Edna Gesellschaft hatte. Allerdings vermissten die Kinder und ich Friday sehr. Im Großen und Ganzen war es ein schöner, sogar lustiger Abend gewesen, was mich leicht überraschte. Aber wenn man mich sechs Monate zuvor gefragt hätte, ob ich mir vorstellen könnte, mit Katie, Edna und einem Chihuahua das neue Jahr einzuläuten, hätte ich geantwortet: *Das soll wohl ein Witz sein! Da knutsche ich in Manhattan mit meinem Seelenverwandten, während die Kugel fällt.* (Denn New York liegt auf halber Strecke zwischen L.A. und Paris). Was Katie dazu zu sagen gehabt hätte, will ich gar nicht wissen.

Nachdem Katie am Neujahrsmorgen gegangen war, stellte ich zusammen mit Edna Überlegungen über ihr Geschäft als Immobilienmaklerin an. Ich redete unheimlich gern mit ihr über Geschäftliches, denn Edna war eine verdammt gute Maklerin und ich lernte viel von ihr. Manchmal ergab sich sogar die Gelegenheit, gemeinsam einen Verkauf durchzuziehen. Edna hatte ein neun Millionen teures Anwesen in Montecito im Angebot, das sich nach unserem Dafürhalten mit dem tollen Marketingteam der Agency noch besser verkaufen würde. Daher beschlossen wir, uns gemeinsam darum zu kümmern. Während wir am

Küchentisch über ihre früheren Abschlüsse und künftigen Projekte redeten, erkannte ich zum ersten Mal, wie gut meine Mutter im Laufe der Jahre für meinen Vater gesorgt hatte. Eigentlich hatte ich immer gedacht, es wäre anders herum, doch sie waren die ganze Zeit ebenbürtige Partner gewesen. Bob war zwar brillant gewesen, hatte jedoch einige berufliche Rückschläge hinnehmen müssen, und sein schlechter Gesundheitszustand hatte ihn gezwungen, frühzeitig in den Ruhestand zu gehen. In solchen prekären Situationen war Edna eingesprungen und hatte unermüdlich gearbeitet, um mit ihren Provisionen die Familie zu unterstützen – und zwar mehr, als mir bislang klar gewesen war.

Wie sich herausstellte, war meine Mom die Große Edna Sizlo.

Meine Mom hatte für uns gesorgt. Bis zum Totalgrad.

Während der Fahrt leuchtete die Nachmittagssonne wie eine blank polierte Kupfermünze über dem endlos blauen Ozean. *Welch eine schöne Fahrt*, dachte ich zum millionsten Mal. Und: *Muss sie so schnell enden?* Wie so oft rief mich das Meer. Aber dieses Mal musste ich mich nicht beeilen. Also fuhr ich rechts ran, nicht an den weiten Stränden von Zuma, sondern an einem felsigen Abschnitt, wo man nur ziemlich unbequem sitzen konnte und deshalb kaum jemand anhielt. So weit das Auge reichte, war die Straße leer. Aber das war schon in Ordnung. Eigentlich war es sogar besser. Da konnte sich keiner von mir gestört fühlen. Blieben nur der Sonnenuntergang und ich.

Ping! Eine Nachricht von Nicole.

> *Frohes neues Jahr, meine wunderschöne Freundin! Ich kann dir gar nicht genug danken, dass du mich auf deine aufregende Reise mitgenommen hast. Ich wünsche dir ein Jahr voller erfüllter Träume.*

Sie hatte ein Foto beigefügt, das sie in flauschiger Jogginghose und T-Shirt zeigte, mit einem Müllbeutel in der Hand. Ihre zwei halbwüchsigen Töchter hatten eine Silvesterparty geschmissen, und jetzt räumte die gesamte Familie auf. Justin stand grinsend neben ihr und hatte seinen Arm um ihre Schulter gelegt. Sie wirkten entspannt. Glücklich. Ja, sie waren nach unserer Rückkehr aus Paris wieder zusammengekommen. Wie Nicole sagte, hatten sie entschieden, ihre Beziehung wegen der Vergänglichkeit noch mehr zu genießen. Als sie mir das erklärte, erkannte ich, dass es genauso Sinn ergab wie viele ihrer abgehoben wirkenden Ansichten, wenn man sie näher betrachtete.

Dann kam noch ein Foto: die rote Treppe des Shakespeare and Company-Buchladens in Paris. An den Vorderseiten der Stufen standen Wörter, die ich vorher nicht bemerkt hatte. In Großbuchstaben. Wie hatte ich das übersehen können? Ich zoomte näher heran.

I WISH
I COULD SHOW YOU
WHEN YOU ARE
LONELY OR
IN DARKNESS
THE ASTONISHING
LIGHT
OF YOUR OWN
BEING.
HAFIZ

Hab dich lieb, Tash,

fügte Nicole hinzu.

Ich dich auch,

schrieb ich zurück und musste lächeln, weil mein Herz voller Liebe war. Natürlich hatte ich das Gedicht in Paris übersehen. Ich war wohl noch nicht bereit dazu gewesen. Das magische Licht der untergehenden Sonne erfüllte meinen Wagen und die gesamte Umgebung. Es war Teil von mir, und ich war Teil von ihm. *Das* war es, was Stephanie mit *spirituell* meinte. Ich las noch einmal das Gedicht. Sobald Margot und Dash von ihrem Dad zurück waren, würde ich es ihnen zeigen. Nein, vielleicht würde ich es sogar Michael zeigen!

Es war Zeit heimzufahren.

Da entdeckte ich etwas im Getränkehalter des Beifahrersitzes: das blaue Glas, das ich bis zum Rand mit Wünschen zu meinem Seelenverwandten gefüllt hatte. Ich hatte es dort untergebracht, als wir wegen eines Brands in Pacific Palisades evakuiert worden waren, und es dann vergessen.

Sofort wurde mir klar, wieso der Strand mich an diesem Nachmittag so gelockt hatte. Ich musste die Wunschzettel einen nach dem anderen anzünden, damit die Wünsche darauf wahr werden konnten. Jedenfalls laut Angaben auf der Verpackung. Leider hatte ich bis dahin nicht den richtigen Ort dafür gefunden, denn offenes Feuer war momentan in L.A. verboten. Aber an einem Strand? Mit mehr Wasser, als man je zum Löschen brauchen würde? Das sollte gehen. Konnte man das neue Jahr besser beginnen als mit Wünschen?

Vorsichtig kletterte ich hinunter zu den Felsen am Strand und suchte mir einen Sitzplatz. Überraschenderweise war der Strand nicht leer. Offenbar gab es doch Menschen, die hier herunterkamen. Nur ich hatte bis jetzt nicht dazugehört. Links von mir hüpfte eine Gruppe Teenager lachend von einem Fels zum anderen, während eine ältere Frau mit ihrem Hund am Wassersaum spazieren ging. Ich angelte den ersten Wunsch aus dem blauen Glas und las ihn im Stillen:

Einen Jengapartner fürs Leben!

Guter Wunsch, dachte ich, während ich den Zettel anzündete. Ich sah zu, wie er in die Luft stieg und wirbelnd von der Flamme zu Asche verwandelt wurde, genau wie versprochen. Dann nahm ich einen zweiten Wunsch aus dem Glas.

Einen Romantiker

Diesen Wunsch verbrannte ich nicht sofort. Stattdessen las ich einen weiteren Wunsch und dann noch einen, bis das Glas leer war. Ich hatte mir die Wünsche nie mehr angesehen, sondern nur zu Papier gebracht, zusammengefaltet, sie ins Glas gesteckt und vergessen. Als ich sie jetzt alle noch mal las, erkannte ich etwas. Denn dies war etwas anderes, als mein Tagebuch zu lesen oder durch meine alten Posts auf Instagram zu scrollen. Diese Wünsche zeigten nur eines, nämlich was ich in den vergangenen zwölf Monaten in meinem tiefsten Innern gewollt hatte. In Wahrheit waren diese Wünsche nicht vergessen gewesen oder hatten nur in meinem Herzen geschlummert. Sie waren wie Samen in den fruchtbaren Boden meines Lebens gelegt worden. Jeder einzelne dieser Wünsche hatte auf seine Art Wurzeln getrieben, war gewachsen und erblüht. Vielleicht nicht genauso, wie ich es mir vorgestellt hatte, als ich sie aufgeschrieben und ins Glas gesteckt hatte – mal hoffnungsvoll, mal wütend, mal traurig, mal frustriert und mal ungeduldig. Aber sie waren erblüht. Eindeutig.

Ich, Natasha Sizlo, hatte fünfundvierzig Jahre gebraucht, bis ich laut aussprach, was ich mir wirklich und wahrhaftig wünschte. Und das Universum hatte ein Jahr für seine Antwort gebraucht.

Fast all meine Wünsche in diesem Glas waren von jemandem in meinem Leben erfüllt worden, während ich mich auf die unkonventionelle Reise nach meinem Seelenverwandten begab.

Jemand mit einem großen Herzen: Dashiell

Jemand, der die Welt verbessern möchte: Margot

Jemand, der emotional aufgeschlossen ist: Fabrice

Jemand, der keine Angst hat, das Ruder in die Hand zu nehmen: François

Jemand, der mit mir tanzt, auch wenn keine Musik erklingt: meine Schwester

Kosmischen Sex: Dev

Jemand, der Pizza liiiiiebt: auch Dev

Jemand, der mich inspiriert: Chloe

Jemand, der einen nie aufgibt: meine Mom

Jemand, der den Wert von Freundschaft zu schätzen weiß: Penelope

Jemand, der Geduld mit mir hat, während ich wachse und lerne, mich verändere, intensiver liebe, Fehler mache, mein Bestes gebe: Nicole

Jemand, der einen richtigen Job hat: Hope

Jemand, der mich unterstützt (bei meinem Job und meinen Träumen): Billy

Jemand, der meine Kinder liebt oder lieben könnte: Anna

Jemand, mit dem man Pferde stehlen kann: Katie

Jemand, den mein Vater geliebt hätte: Andy

Jemand, der mich zu einem besseren Menschen macht: Philippe

Und ich hatte auch – kaum zu fassen – diesen Wunsch in meinem Glas:

Jemand, der an Liebe auf den ersten Blick glaubt

Nur ein Wunsch war unerfüllt geblieben:

Jemand, der auch findet, dass Lionel Richie der verkannteste Musiker der Welt ist und eigentlich in die Rock and Roll Hall of Fame gehört.

Ich verbrannte einen Wunschzettel nach dem anderen und sagte nicht *Lebwohl*, sondern *Hallo*. *Hallo* zur Liebe. Davon hatte ich jede Menge in meinem Leben. Wenn ich darüber nachdachte, hatte ich eigentlich schon all die Liebe in meinem Leben, nach der ich so hektisch gesucht hatte. Verstand ich vielleicht endlich, was Stephanie über meine Suche gesagt hatte? Dass ich eigentlich keinen Partner brauchte, sondern mich durch diese Erfahrung für jemanden öffnen würde? Damals hatte mir das gar nicht gefallen, denn für mich war es mehr als offensichtlich, dass ich auf jeden Fall einen Partner brauchte. Ich wollte auch einen, unbedingt. Doch als ich jetzt am Strand saß und an die Wünsche dachte und die Menschen, die sie so liebevoll erfüllt hatten, erkannte ich, dass ich mich um mich selbst kümmern konnte. Und um meine Kinder. Mithilfe meiner Familie und meiner Freunde hatte ich das schon die ganze Zeit getan.

Von *Brauchen* konnte bei meiner Suche nicht mehr die Rede sein.

War ich jetzt also, da ich keinen Seelenverwandten mehr brauchte, endlich, *endlich* dazu bereit, dass er in mein Leben trat? Und zwar bald?

Ehrlich gesagt wusste ich das nicht. Das klang doch viel zu sehr nach dem abgeschmackten Rat, den Singles ständig zu hören bekommen: *Schätzchen, du findest ihn erst, wenn du aufhörst zu suchen.* Wenn das stimmte, wäre Tinder bankrott und niemand würde sich mehr schminken, um Blumenkohl im Supermarkt zu kaufen. Doch Scherz beiseite: Ich glaubte wirklich, dass an Stephanies astrologischen Richtlinien etwas dran war. An allem, was sie mir damals gesagt hatte und was seitdem in mir arbeitete, ob ich es verstanden hatte oder nicht. Sie hatte in vielerlei Hinsicht recht gehabt.

Am nächsten Morgen rief ich bei heißem Kaffee und einem Croissant meinen E-Mail-Account auf. Dash und Margot schliefen noch, die Sonne schien und ich war bereit, ein paar Häuser zu verkaufen. Doch gerade als ich ein neues Angebot losschicken wollte (das Immobiliengeschäft in L.A. nimmt nach den Feiertagen an Fahrt auf), sah ich, dass Stephanie mir geantwortet hatte. Denn ich hatte ihr ein paar Wochen zuvor gemailt, direkt nach der erwachsenen, nach einem echten Abschluss aussehenden Verabredung mit Philippe. Ich hatte einen Geistesblitz gehabt: Der 2. November 1968 kann doch nicht das einzige Geburtsdatum für meinen Traummann gewesen sein, oder?

An: Natasha Sizlo
Von: Stephanie Jourdan
2. Januar 2020
RE: Suche nach dem Seelenverwandten, Teil 2

Hi, Natasha,
in der Astrologie gilt, dass es viele Seelenverwandte geben kann, viele Menschen, mit denen wir glücklich verheiratet sein können. Es wird Sie nicht überraschen, dass die meisten das nicht gerne hören. Lieber glauben sie daran, dass sie den Einen gefunden haben. Aber wir haben viele Gefährten aus unseren vergangenen Leben, denen wir in diesem Leben wieder begegnen und bei denen wir dann das Gefühl haben, sie könnten ein Seelenverwandter sein. Im Gegensatz zur allgemeinen Meinung in unserem Kulturkreis geht die Astrologie davon aus, dass die Möglichkeiten mit dem Alter zunehmen. Das Geburtshoroskop liefert einem eine Beschreibung des möglichen Partners, und dieser Beschreibung können viele Menschen entsprechen.
Also: Trommelwirbel, los geht's … Suchen Sie nach einer Person, die am 28. oder 29.8.1979 im Westen von Italien, Korsika, Sardinien oder der Schweiz geboren wurde, oder im Osten von Frankreich, im Westen von Deutschland, im Osten der Niederlande oder im Westen von Dänemark. Wahrscheinlich wurde diese Person zwischen 21.44 Uhr und 2.00 Uhr morgens geboren. Also zwischen 21.44 bis Mitternacht am 28.8.1979 oder zwischen Mitternacht und 2.00 Uhr morgens am 29.8.1979.
Sonnenzeichen Jungfrau.
Mondzeichen Skorpion.
Aszendent höchstwahrscheinlich Zwillinge oder Krebs.
Das macht für siebenundsechzig Minuten 469 Dollar. Sagen Sie mir Bescheid, wie Sie am liebsten bezahlen möchten.

Das ist mehr, als Gwyneth Paltrows Paartherapeutin verlangt, dachte ich und überwies ihr das Geld. Und: *Will ich das wirklich noch mal machen? Tja, Nicole liebt Schuhe von Giuseppe Zanotti, und Katie und ich könnten Skifahren lernen.* (Katie war zu der Überzeugung gekommen, dass man in Skiliften gut heiße Typen kennenlernen konnte, da sie nicht einfach Reißaus nehmen konnten. Vielleicht war da was dran.)

Das Universum dachte an diesem Tag wohl an mich, denn gerade als ich die Vorteile von Schnitzel gegenüber denen von Carbonara abwog, meldete sich mein Handy erneut mit einer Nachricht.

Sie kam von Anton.

Ja, von IST DAS DER EINE. Seit meiner Heimkehr hatten wir uns hin und wieder geschrieben. War er mein Seelenverwandter? Keine Ahnung. Ich hatte Stephanie nicht nach ihm gefragt und wollte es auch nicht. Ich brauchte die Sterne nicht, um zu wissen, wie ich mich bei Anton gefühlt hatte. Außerdem hatte ich mir Penelopes weise Worte zu Herzen genommen: Die besten Liebesgeschichten hatten alle ein kleines Geheimnis.

> Anton: *Hi.*

> Ich: *Hi.*

(Ich schickte ihm ein Foto von meinem Croissant.)

> Anton: *Hübsch, aber ich glaube, in Paris würde das besser schmecken.*

> Ich: *Hahaha. Glaube ich auch.*

> Anton: *Und? Was denkst du?*

> Ich: *Worüber?*

Anton: *Mich in Paris zu treffen. Sag Ja, Natasha.*

Ich antwortete Anton nicht sofort. Stattdessen schenkte ich mir Kaffee nach und befahl Alexa, die Playlist Teil Zwei im Zufallsmodus abzuspielen. Dann tanzte ich durch die Küche und schüttelte den Kopf über das Timing. Mir fiel meine Serienkiller-Wand mit Tinderprofilen und Stadtplänen von Paris ins Auge, die jetzt größtenteils mit Fotos von Freunden und Familie und Andenken aus dem vergangenen Jahr bedeckt war. Dann musste ich lächeln. Es war vielleicht nicht ganz das, was die meisten für ein angemessenes Küchendekor oder auch für einen vernünftigen Plan gehalten hätten. Na und?

Ich setzte mich an meinen Schreibtisch, klappte meinen Laptop auf und klickte auf ein neues Dokument. Mit den Fingern auf der Tastatur betrachtete ich die leere Seite.

Was kommt als Nächstes, Natasha?, fragte eine Stimme.

Hmm. Die Frage gefällt mir.

Ich holte tief Luft. Erwartungsvoll blinkte der Cursor.

Ihr Glückspunkt ist es, eine Geschichte zu erzählen, hörte ich Stephanies beruhigende Stimme.

Und dann wusste ich, was ich als Nächstes tun wollte. Ich fing an zu tippen, schneller als je zuvor.

DIE WUNDERSAME UND UNGLAUBLICHE GESCHICHTE,
WIE NATASHA IHREN SEELENVERWANDTEN FAND

Dank

Dieses Buch verdankt vielen Menschen viel.

Ein riesiger Dank geht an meine Agentin Jen Marshall (Zwilling: treue Partnerin und Freundin mit vielen Talenten und messerscharfem Verstand). Die von Merkur regierten Sternzeichen Zwilling und Jungfrau repräsentieren Literaturagenten, und Jen ist Zwilling mit Aszendent Jungfrau, daher ist sie genau in der richtigen Branche. Ich bin mehr als dankbar, dass das Schicksal uns zusammengeführt hat. Danke, dass du an meine Geschichte geglaubt und es mit mir versucht hast. Ich bin gespannt, wohin uns unser gemeinsamer Glückspunkt führt.

Dank auch an mein restliches phänomenales Team bei Aevitas Creative Management. An Allison Warren (Waage: diplomatisch, charismatisch, clever) und Shenel Ekici-Moling in der Abteilung Film und Fernsehen, an David Kuhn, weil er zur richtigen Zeit am richtigen Ort war (an einem Samstagabend Ende Oktober 2019 in einer Bar in Los Angeles), meine Geschichte hörte und sofort Jen anrief. Da standen die Sterne wirklich günstig! Für den Rest unseres Lebens gehen die Drinks auf mich!

Dank an Sarah Pelz (Jungfrau: sanft, fleißig, eine ganz krasse Frau. Zwilling und Jungfrau stehen auch für Lektoren, also ist hier eine weitere Bücherfrau genau am richtigen Platz!) Sarah ist die hilfreichste und scharfsinnigste Lektorin, die sich ein Schriftsteller wünschen kann. Dieses Buch ist in vielerlei Hinsicht nur durch ihre Klugheit und Freundlichkeit besser geworden. Danke, Sarah, dass du mir grünes Licht gegeben hast, über *alles* zu schreiben. Dank auch an Emma Peters, Taryn

Roeder, Katie Tull, Deb Brody, Abigail Nover, Emily Snyder, Lisa Glover und Tracy Roe. Die Teams bei Mariner Books und HarperCollins sind Weltklasse, und ich habe Riesenglück gehabt. Danke, dass Sie sich für dieses Buch eingesetzt, dass Sie an mich geglaubt und meine Welt und meine Worte zum Leben erweckt haben. Ich bin hingerissen von Ihren kreativen Visionen, Ihren klugen Ideen und Ihrer makellosen Umsetzung. Dank an Mark Robinson für sein wunderbares Cover. Dank auch an alle, die an der Herausgabe, am Vertrieb und Verkauf dieses Buchs beteiligt waren.

Ich danke Michael Sugar (Krebs: intuitiv, beharrlich, mit großem Beschützerinstinkt. Krebse agieren durch die Wahrnehmung von Gefühlen aus der Seele. Sie sind äußerst intuitiv und haben oft exakte Vorahnungen). Kein Wunder, dass Sie vierfacher Alien sind! Danke für Ihren Einsatz und Ihren Glauben an mich. Danke auch an Lauren Wall Sugar (Widder, strotzend vor Lebenskraft). An Angela Ledgerwood (Skorpion: leidenschaftlich, ehrgeizig, ehrlich): Ich liebe dich, Angie! Dank an das gesamte Superteam bei Sugar23: Jillian, Kay, Ashley, Zalta: *Ich bin euch allen unglaublich dankbar.*

Dank an meine Kinder Margot (Jungfrau: fleißig, kreativ, gütig. Jungfraukinder scheinen frühzeitig weise zu sein) und Dashiell (Löwe: großzügig, warmherzig, liebevoll; Löwekinder erinnern uns daran, dass das Ziel Lebensfreude ist). Danke für eure Hilfe und Ermutigung, während ich diese Geschichte in der Pandemie schrieb. Und davor, als ich sie erlebte. Ihr seid mein *Universum, die hellsten Sterne an meinem Himmel, und ich bin stolz auf euch beide. Ihr inspiriert mich. Vergesst nie: Alles ist möglich.* Ihr werdet nicht nur anerkannt, sondern *bis zum Totalgrad geliebt.*

Ich danke meiner Schwester Tara (Löwe: stark, loyal, großzügig – und dominant, haha. Das Feuerzeichen Löwe regiert das Herz. Wenn Sie das Glück haben, einen Löwen in der Familie oder im Freundeskreis zu haben, dann suchen Sie seinen Rat, denn er wird den Ihres Herzens spiegeln). Ohne dich wäre ich einfach aufgeschmissen. Da es so viel gibt, wofür ich dir danken sollte, kommt mir der Versuch schon absurd vor. Es heißt, dass es eine gewisse Dunkelheit erfordert, um die Sterne sehen zu können, daher bin ich dankbar für all unsere gemeinsamen Zeiten, auch die schweren. Danke, dass du mich als Schwester ausgesucht hast. Dass du mich gerettet hast, als ich noch nicht schwimmen konnte. Und dass du mich hast fliegen lassen, als es Zeit dafür war. Ich liebe dich aus ganzem Herzen.

An die Schwester, die ich nie kennengelernt habe: Ich liebe dich.

Dank an meine Mom Edna Margaret Henretty Sizlo (Jungfrau: aufrichtig, bescheiden, fleißig. Eine Jungfrau-Mutter kann trotz ihrer üblichen Sachlichkeit überraschend einfühlsam und mitfühlend sein). Ich danke dir für deine schottische Tapferkeit, Freundlichkeit und Entschlossenheit. Für dein *riesengroßes Herz.* Deinen Glauben an mich. Du bist mein größtes Vorbild. *Danke für alles. Ich liebe dich.*

Dank an Nicole Cannon, meine Schwester im Geiste, die mit mir durch dick und dünn geht (Waage: künstlerisch, fürsorglich, stark. Das Luftzeichen Waage regiert unser Alter Ego, das abgespaltene Ich. Wenn Sie eine Waage im Freundeskreis haben, dann werden Sie immer daran erinnert, dass Ihr größtes Potenzial noch in Ihnen ruht). Danke für dein unglaubliches Geschenk, das zu diesem Abenteuer geführt hat. Für die Lektion, dass es im Leben mehr gibt, als das Auge sieht. Ich bin unendlich dankbar, meine Lebensreise mit dir zusammen unternehmen zu können. Ich liebe dich bis in alle Ewigkeit.

Dank an Penelope Alexitch (Stier: romantisch, ruhig, loyal. Das Erdzeichen Stier steht für das, was wir schätzen, und lehrt uns, das Leben mit unseren Sinnen zu genießen: mal innezuhalten, um den Duft eines geliebten Menschen zu riechen, die Vögel im Flug zu betrachten, dem Wind zu lauschen, den Sand unter den Füßen zu spüren und jeden Bissen des Schokoladensoufflés zu genießen. Daran erinnern uns die Stiere). *Ich liebe dich, P.!* Ich glaube, es ist Zeit für ein neues Abenteuer.

Dank an Katie Viera (Zwilling: abenteuerlustig, gesprächig, fürsorglich. Jeder Mensch bräuchte einen Zwilling als Partner für muntere Gespräche, die sich als unerwartet tiefsinnig und bedeutsam erweisen). *Meine Begleiterin fürs Leben.* Wer ist bereit für Après-Ski?

Ich danke Stephanie Jourdan, PhD (Jungfrau, natürlich haben Sie dasselbe starke Sternzeichen wie meine Mutter und meine Tochter! Unsere Horoskope sind durch die Sonne und Uranus verbunden, was auf eine gemeinsame Geschichte in einem früheren Leben hindeutet): *die beste Astrologin, die es jemals gab, gibt und geben wird. Ich liebe Sie! Danke für Ihre himmlische Führung und für Ihre Hilfe bei diesem Buch. Sie sind ein magisches Wesen.* Ich bin unendlich dankbar und freue mich auf viele gemeinsame Leben.

Dank an Philippe (Skorpion: leidenschaftlich, magnetisch, treu. Das Wasserzeichen des Skorpions führt in die Tiefe, lockt uns, mehr auf das Unbekannte zu achten, sodass wir durch unser Licht das Unbewusste bewusst machen. Es ist fast immer ratsam, sich mit einem Skorpion einzulassen ... wie zehn Jahre Therapie verkürzt in einem Jahr): Danke, dass du mich verstehst. Selbst wenn du es nicht tust. *Ich liebe dich für immer.* Hoffentlich ist das Leben mit dir lang.

Dank an Michael Barrett (Zwilling: klug, anpassungsfähig, kreativ. Ein Zwilling als Partner hilft uns herauszufinden, was wir wollen und was nicht ... ein echtes Geschenk): *Danke,* dass du ein so guter Vater und Ex-Mann bist. Dank an Anna Faris (Schütze: abenteuerlustig, philosophisch, sehr humorvoll): Danke, dass du die coolste böse Stiefmutter aller Zeiten bist. Obwohl du eigentlich gar nicht böse bist. Für deine Liebe und Freundlichkeit werde ich für immer dankbar sein. Unsere kleine moderne Familie ist ein wunderbares Geschenk.

Großen Dank schulde ich auch Billy Rose (Zwilling: intelligent, ehrlich, innovativ. Zwillinge zeigen uns, wie wir das anziehen, an das wir denken, selbst wenn es das Gegenteil von dem ist, was wir uns wünschen. Sie erinnern uns daran, dass wir alle Teil des großartigen, wunderbaren spirituellen Universums sind). Danke, dass Sie mich inspiriert, unterstützt und vieles gelehrt haben, während ich dieses Buch schrieb und auch sonst. Dank an Mauricio Umansky (Krebs: liebevoll, beschützend, intuitiv) und an all meine Kollegen der Agency: Deede Howard, Farrah Brittany, Allie Lutz, Keri White, Gloria Castellanos, Marci Kays, Monique Navarro, Kate Schillace, Alejandra Sorensen, Kathrin Nicholson, Courtney Lingle, Eric Haskell, Sean O'Neill, Alex

Brunkhorst, James Harris, David Parnes, Santiago Arana, Makenzie Green, Paul Leser, Michael Grady, Stefan Pommepuy, Mike Leipart, Doug Sandler, um nur einige zu nennen. Dank an *alle* in der Agency. Danke, dass Sie ein Unternehmen erschaffen, das einen ermutigt, Risiken einzugehen, Regeln zu brechen und Aufsehen zu erregen. Sie sind meine Wahlfamilie.

Dank an IST DAS DER EINE: Auch wenn die Pandemie unsere Liebesgeschichte auf Pause gestellt hat, wird Paris immer für uns da sein. Danke, dass du nicht den Glauben an uns verloren hast. Ich freue mich auf unser baldiges Wiedersehen.

Dank an alle Sterne an meinem Himmel, die ich auch gerne als ›Star Band‹ bezeichne. Ihr erhellt meine Welt und zeigt mir den Weg. In keiner besonderen Reihenfolge: Allison Oleskey, Lucy Lee, Sharon Ainsberg und all die Frauen von Fist-n-Ropes; Taryn Weitzman, Kristina Grish, Dawn Davis, Jenny Minton Quigley, Jennifer Gates, Laura Nolan, Ellen Kinney, Decia Lazarian, KC Ryan-Foster, Heather Irving, Varun Soni, Anne Thomopoulos, Charles Alazet, Mitch Smelkinson, Shayna Klee, Clara Fantasin, Anita Pocsik, Sheri Buron, die Familie McVey, Cynthia Vincent, Keri White, Gloria Castellanos, Monique Navarro, Kate Schlance, die Women of the Agency, all meine wunderbaren Kunden, Caroline Pinal, Dancing Girl, Anne Burkin, Sarah Conner, Remy Rosen, Rhonda Byrne, Laurie Fortier, Teresa Symes, Dallas, Evelyn Hall, Friday, Bruce Lang, Hope Leigh, Tony Hamdan Djendeli, Felicia Alexander, Kate Walsh, Ashley Park, Lucas Bravo, Darren Star, Andy Fleming, Busy Philipps, Ellen Pompeo, Carrie Byalick, Rob Long, Mercedes Eraso Zamora, Marsha und Ivan Barrett, Shachar Scott, Rhiannon Dourado, Kristiana Tarnuzzer und die Avocado Toasts. Der Sizlo-Henretty-Kraber-Clan. Erik, Colin und Spencer – danke, dass ihr es mit der komischen Tante Natasha aushaltet. Meine Mitschülerinnen an der Thacher School: Danke, dass ihr mit mir zusammen beim offiziellen Dinner 1990 alle Schwarz getragen und zwanzig Jahre später (irgendwie) versucht habt, den Karren aus dem Dreck zu ziehen. Alle Frauen in Paris, die auftauchten, als ich sie am meisten brauchte: *Danke*. Alle passenden Kandidaten auf Tinder, Bumble, Facebook und IG: Ich wünsche euch Liebe, Magie und alles, was zählt. Jeder am 2. November 1968 in Paris Geborene, den ich getroffen habe: *Je t'aime.* Unsere Beschützer von der Feuerwehr von Carpinteria-Summerland, vom mobilen Hospiz und vom Krankenhaus in Santa Barbara: Danke für Ihre unermüdliche Arbeit. Alle Künstler auf meinen Playlists (vor allem Lionel Richie): *Danke!* Dank an alle Geister in meinem kleinen gelben Haus (und meinem Kopf): weil ihr mir helft und die beste Version meiner selbst fördert. Ohne euch hätte ich es nicht geschafft. Dank an alle Hellseher, Tarotkartenleser, Astrologen, Heiler und vollkommen abgefahrenen Kristallkugelsammler, die meinen Weg gekreuzt haben. Dank auch an alle, die mir *bonne chance* auf diesem Weg gewünscht haben. Nichts, was ich zustande gebracht habe, und schon gar nicht dieses Buch, habe ich allein geschafft. Ich liebe euch alle. Bis zum Totalgrad.

Einen ganz besonderen Dank an alle Organisationen, die sich dafür einsetzen, dass Menschen so leben, lieben und sterben können, wie sie wollen.

Für alle, die trauern: Dieses Buch wurde für euch geschrieben. Ihr seid nicht allein.

An alle, die am 2. November 1968 in Paris oder am 28. oder 29. August 1979 im Westen von Italien, Korsika, Sardinien, der Schweiz, im Osten von Frankreich, im Westen von Deutschland, im Osten der Niederlande oder im Westen von Dänemark geboren wurden, und zwar zwischen 21.44 Uhr und 2.00 Uhr morgens: Meldet euch bei mir! Es ist unser Schicksal!

An alle, die ein Haus kaufen oder verkaufen wollen: Ich bin für euch da! Ruft mich an!

Schließlich danke ich meinem Vater Robert Joseph Sizlo. Bob. Joe Cool (Widder: abenteuerlustig, mutig, voller Liebe. Das Feuerzeichen Widder weiß, dass es immer mehr zu tun, zu sehen, zu erfahren und zu sein gibt. Obwohl dieses Sternzeichen das meiste Yang hat, sind Widder doch großartige Vorbilder für ihre Töchter, weil sie ihnen Unabhängigkeit, Selbstvertrauen und Führungsqualitäten beibringen): Danke für alles, *für alles*. Nichts von alledem wäre ohne deine Liebe und Führung passiert; während du bei uns warst und vor allem, als du nicht mehr bei uns warst. Du hast mir *Magie, Liebe* und die Macht des *Glaubens* nahegebracht. Ich weiß, eigentlich steckst du hinter diesem wilden Abenteuer. Ich spüre dich bei mir, in meinem kleinen gelben Haus, in den Bäumen, in den Wolken. Ich liebe dich bis zum Totalgrad. Alles ist cool, Dad. Alles ist cool.

Natasha Lunn hat zwei Jahre lang Menschen zu ihren Beziehungen und ihrer Liebe befragt und dabei herausgefunden, dass sich alle Fragen, die wir haben, auf drei große zurückführen lassen:

WIE FINDEN WIR DIE LIEBE?
WIE KÖNNEN WIR SIE FESTHALTEN?
WIE ÜBERLEBEN WIR, WENN WIR SIE VERLOREN HABEN?

Dieses Buch versammelt wunderschöne Geschichten über die Liebe und praktische Ratschläge von Expertinnen und Experten.
Mit Beiträgen von **Philippa Perry, Hilary Mantel, Dolly Alderton** und **Alain de Botton.** Die Texte geben Hoffnung – die Liebe zu finden, sie aufrechtzuerhalten, über sie hinwegzukommen. Am Ende geht es nicht nur darum, was wir in der Liebe wollen, sondern auch darum, wer wir selbst sein wollen.

Natasha Lunn
Gespräche über die Liebe
Wie wir sie finden, an ihr wachsen und sie nicht verlieren

Aus dem Englischen von Katja Hald
Hardcover mit Schutzumschlag
Auch als E-Book erhältlich
www.ullstein.de

ullstein